Zugang zur Online-Datenbank:

stotax-portal.de/registrieren

Bitte folgenden Registrierungscode im
Eingabefeld „Registrierungscode" eingeben

44X9Z30DA4

und durch einen Klick auf „Weiter" bestätigen. Nach
erfolgter Registrierung erhalten Sie für die Aktivierung
Ihrer persönlichen Zugangsdaten eine E-Mail.

Stollfuß Verlag

StBVV

RVG

**Gebühren-
übersichten**

**StBVV-Beratungstabelle
A**

**StBVV-Abschlusstabelle
B**

**StBVV-Buchführungstabelle
C**

**StBVV-Landwirtschaftstabelle
D**

**RVG-Verwaltungs-, Gerichtsverfahrens-,
Prozesskostenhilfetabellen
RVG**

**RVG-Vergütungsverzeichnis
VV-RVG**

Steuerberater-vergütungsverordnung

mit Einführung

von Rechtsanwalt
Fachanwalt für Erb- und Steuerrecht

Dr. Christoph Goez

– Partner der ALPMANN FRÖHLICH
Rechtsanwaltsgesellschaft mbH, Münster,
Vizepräsident des Deutschen
Unternehmenssteuer Verbandes e. V. –

12. Auflage

Stollfuß

Bibliografische Information der Deutschen Nationalbibliothek

Die Deutsche Nationalbibliothek verzeichnet diese Publikation in der Deutschen Nationalbibliografie; detaillierte bibliografische Daten sind im Internet über http://dnb.ddb.de abrufbar.

ISBN 978-3-08-**371013**-4

Stollfuß Verlag 2022 · Alle Rechte vorbehalten
Satzherstellung: rdz GmbH, Siegburg
Druck und Verarbeitung: Bonner Universitäts-Buchdruckerei (bub)

Vorwort

Es war ein überfälliger Schritt: Das Bundesministerium der Finanzen (BMF) hat zum 1.7.2020 die Gebührensätze nach der Steuerberatervergütungsverordnung (StBVV) um 12 % angehoben. Damit leistete das Ministerium einen wichtigen Beitrag dazu, dass Steuerberater ihre anspruchsvolle Tätigkeit nicht unter Wert verkaufen müssen. Der Deutsche Steuerberaterverband e.V. (DStV) hatte sich im Vorfeld für eine Erhöhung der Rahmen- und Zeitgebühren stark gemacht, die allein schon inflationsbedingt nötig war.

Zum 1.1.2021 wurden auch die Gebühren für Rechtsanwälte im Schnitt um 10 % angehoben. Von dieser Erhöhung der Gebührensätze profitieren die Steuerberater, denn seit 2020 ist gem. § 40 StBVV bei Verfahren vor den Verwaltungsbehörden nicht mehr die StBVV, sondern das RVG einschlägig. Das bedeutet, dass Steuerberater im Einspruchsverfahren nach den gleichen gesetzlichen Vorgaben abrechnen wie Rechtsanwälte. Dass für Anwälte und Steuerberater im Verwaltungsverfahren derselbe Gebührenmaßstab gilt, ist wegen ihrer vergleichbaren rechtsstaatlichen Rolle und Funktion mehr als berechtigt. Rechtsanwälte sind „unabhängige Organe der Rechtspflege" (§ 1 BRAO) und Steuerberater „unabhängige Organe der Steuerrechtspflege" (§ 32 Abs. 2 Satz 1 StBerG).

Durch die Vierte Verordnung zur Änderung der Steuerberatervergütungsverordnung vom 10.6.2022, BGBl. I 2022, 877, wird zur Berechnung einer Gebühr für Erklärungen zur Feststellung oder Festsetzung für Zwecke der Grundsteuer im Rahmen des ab dem Jahr 2025 anzuwendenden Grundsteuerrechts in § 24 Abs. 1 StBVV eine neue Nr. 11a eingefügt, die eine gleichmäßige Berechnung der Gebühr in allen Bundesländern sicherstellt. Sofern kein Grundsteuerwert vorliegt, wird ein fiktiver Grundsteuerwert für die Berechnung der Gebühr zugrunde gelegt. Im Übrigen wird durch die Herabsetzung des Gebührenrahmens dem Umstand Rechnung getragen, dass die Grundsteuerwerte bzw. die fiktiven Grundsteuerwerte höher als die bisherigen Einheitswerte sein werden.

Zum 1.8.2022 treten durch das Gesetz zur Neuregelung des Berufsrechts der anwaltlichen und steuerberatenden Berufsausübungsgesellschaften sowie zur Änderung weiterer Vorschriften im Bereich der rechtsberatenden Berufe vom 7.7.2021, BGBl. I 2021, 2363 (berichtigt durch Gesetz vom 30.3.2022, BGBl. I 2022, 666) gem. Art. 13 (Rechtsanwaltsvergütungsgesetz) und Art. 21 (Steuerberatervergütungsverordnung) aufgrund der Neuregelung der Berufsausübungsgesellschaft weitere Änderungen in Kraft, die bereits in dieser Textausgabe berücksichtigt sind.

Die Ihnen vorliegende 12. Auflage des Werks „Steuerberatervergütungsverordnung" von RA/FAStR/FAErbR *Dr. Christoph Goez,* einem ausgewiesenen Gebührenexperten, trägt dem Umstand Rechnung, dass Steuerberater bei der Gebührenabrechnung in immer mehr Fällen auf das RVG zurückgreifen müssen. Das Werk umfasst daher nicht nur den vollständigen Text der aktuellen StBVV mit den jüngsten Änderungen samt Vergütungstabellen, sondern auch das RVG im Wortlaut. Das RVG-Vergütungsverzeichnis (VV-RVG) erscheint seit der 11. Auflage sogar an exponierter Stelle im Tabellenteil. Das soll dem Leser einen besseren und schnelleren Zugriff auf die dort enthaltenen Werte und Gebührentatbestände ermöglichen. Darüber hinaus beinhaltet der Tabellenteil auch die für Verwaltungs- und Gerichtsverfahren einschlägige RVG-Tabelle zu § 13 Abs. 1 Satz 3 RVG. Über die Tabelle zu § 13 RVG ist anhand des Gegenstandswerts die jeweilige Gebührenhöhe zu bestimmen. Die für die Vergütung des im Wege der Prozesskostenhilfe beigeordneten Steuerberaters einschlägige Gebührentabelle gem. § 49 RVG komplettiert den Tabellenteil. Die vom Gesetzgeber erlassenen RVG-Tabellen sind in diesem Werk redaktionell ergänzt um Umrechnungswerte, die die Dezimalangaben zur Gebührenhöhe im RVG in absoluten Zahlen ausdrücken. So können Mindest- und Höchstgebühr eines Gebührenrahmens auf Anhieb erfasst werden. Das erhöht den praktischen Nutzen. Ebenso enthalten auch die im Tabellenteil abgedruckten Gebührentabellen der StBVV die entsprechenden Umrechnungswerte zu den in der StBVV in Brüchen angegebenen Mindest- und Höchstgebühren eines Gebührenrahmens. Weitere Umrechnungswerte (etwa zu den Mittelgebühren) enthält der Gebührenrechner in der ergänzenden

Vorwort

Onlinedatenbank, auf die die Käufer dieses Werks ohne Zusatzkosten zugreifen können.

Darüber hinaus bietet das Ihnen vorliegende Ringbuch für die Vergütungspraxis nützliche, von A bis Z sortierte Gebührenübersichten sowie Erläuterungen zu den über die Vorbehaltsaufgaben (§ 33 StBerG) hinaus gem. § 57 Abs. 3 StBerG mit dem Beruf des Steuerberaters vereinbaren Tätigkeiten.

Eine praxisgerechte Einleitung erläutert zudem anschaulich das Gebührenrecht im Allgemeinen und die jüngsten Änderungen der StBVV und des RVG im Besonderen. Sie führt in die neuen Gebührensätze ein und gibt Hinweise zu möglichen Zweifelsfragen. Wegen der gewachsenen Bedeutung des RVG für Steuerberater widmet sich die Einleitung in der Neuauflage ausführlicher als bisher der Frage, wo das RVG in der Vergütungspraxis des Steuerberaters gilt, wie es anzuwenden ist, und sie gibt wichtige Tipps für die Praxis.

Steuerberater sichern maßgeblich die Qualität der steuerlichen Beratung in Deutschland. In ihrer gesetzlich verankerten Funktion als „unabhängiges Organ der Steuerrechtspflege" drückt sich der hohe Qualitätsanspruch aus, den Gesellschaft und Staat an die Arbeit der Steuerberater haben. Die hohe Qualität, die Steuerberater Tag für Tag bieten, fällt aber nicht vom Himmel. Sie beruht vielmehr auf der hervorragenden Ausbildung sowie der äußerst anspruchsvollen Steuerberaterprüfung und setzt sich fort mit der gesetzlichen Pflicht zur fachlichen Fortbildung, der die Kolleginnen und Kollegen regelmäßig nachzukommen haben und nachkommen. Somit investieren Steuerberater viel Zeit und Geld in die Qualität ihrer Arbeit. Qualität setzt also eine gesunde wirtschaftliche Basis voraus. Oder anders ausgedrückt: Qualität hat ihren Preis. Somit ist es nur konsequent, dass die Gebühren zuletzt nach einer längeren Durststrecke wieder erhöht wurden. Die Anpassung der Gebührensätze ist ein Beitrag zur Qualitätssicherung in der Steuerrechtspflege.

Ein besonderer Service für Sie: Als Nutzer dieses Leitfadens haben Sie die Möglichkeit, mit einem Zugangscode, den Sie auf der ersten Seite des Werks abgedruckt finden, auf eine Online-Datenbank mit elektronischem Gebührenrechner zuzugreifen. Mit diesem Onlineangebot unterstützt Sie der

Leitfaden zusätzlich beim Errechnen dessen, was Ihre Arbeit nach dem neuen Vergütungsrecht in der Praxis tatsächlich wert ist. Ich wünsche Ihnen dabei viel Erfolg!

Berlin im Juni 2022   Torsten Lüth

Steuerberater
Präsident des Deutschen
Steuerberaterverbandes e.V. (DStV), Berlin

Inhaltsübersicht

Einführung

Seite

1. Teil
Einführung zur StBVV und zum RVG

I. Einleitung 20
  1. Von der „Geburt" des Honorarrechts bis zur StBVV und zum RVG 2022 22
  2. Die Steuerberatervergütungsverordnung 27
    a) Die StBVV 2012 27
    b) Änderungen der StBVV bis 2019. 28
    c) Massive Änderungen der StBVV in 2020. 30
      aa) Anhebung der Tabellenwerte 30
      bb) Neue Formvorgaben für Honorarnoten (§ 9 StBVV). 31
      cc) Höhere Zeitgebühr (§ 13 Satz 2 StBVV) . . 32
      dd) Erhöhung der Fahrtkosten (§ 18 StBVV) . . 32
      ee) Prüfung der Erfolgsaussichten eines Rechtsmittels (§ 21 Abs. 2 StBVV) 32
      ff) Höhere Gebühr für die EÜR (§ 25 StBVV) . 33
      gg) Teilnahme an Prüfungen und Nachschauen (§ 29 StBVV) 33
      hh) Erhöhung bei der Lohnbuchführung (§ 34 StBVV) 33
      ii) Buchführungs-/Abschlussarbeiten für LuF-Betriebe (§ 39 StBVV) 33
      jj) RVG-Anwendung bei Rechtsbehelfen (§ 40 StBVV) 33
      kk) Wegfall der Rechtsbehelfstabelle E. 34
      ll) Wirksamwerden der Änderungen 35
    d) Aktuelle Änderungen in 2022 35
      aa) Gesetz zur Neuregelung des Berufsrechts der anwaltlichen und steuerberatenden Berufsausübungsgesellschaften sowie zur Änderung weiterer Vorschriften im Bereich der rechtsberatenden Berufe 35
      bb) Vierte Verordnung zur Änderung der StBVV 36
    e) Inkrafttreten und Übergangsregelungen (§ 47a StBVV). 37
  3. Das Rechtsanwaltsvergütungsgesetz. 37
    a) Entwicklung bis 2020 38

Inhaltsübersicht

Einführung

	Seite
b) Kostenrechtsänderungsgesetz 2021	39
c) Änderungen in 2022	41
4. Ausblick für die StBVV und für das RVG	42

II. Regelungen der Steuerberatervergütungsverordnung (StBVV) 43
   1. Rechtsgrundlagen 43
   2. Grundzüge der StBVV 49
      a) Begriffsbestimmungen 49
      b) Festlegung der Gebührenhöhe 50
      c) Einzeltätigkeiten (§§ 21 bis 39 StBVV) 54
      d) Die Abrechnung nach RVG durch Steuerberater . 58
         aa) Rechtsbehelfsverfahren 58
         bb) Gerichtsverfahren 60
         cc) Weitere nach RVG abzurechnende Tätigkeiten 61
      e) Gebührenvereinbarungen 62
      f) Auslagen und Umsatzsteuer 64
   3. Durchsetzung des Honoraranspruchs 65
      a) Einforderbarkeit der Vergütung 65
      b) Außerprozessuale Möglichkeiten 67
      c) Honorarprozess 71
   4. Abrechnung vereinbarer Tätigkeiten 72

III. Regelungen des Rechtsanwaltsvergütungsgesetzes (RVG) 74
   1. Überblick 74
   2. Rechtsgrundlagen 78
      a) Der Paragraphenteil (§§ 1 bis 62 RVG) 78
      b) Das Vergütungsverzeichnis (VV-RVG) 81
   3. Wichtige Regelungen zur Steuerrechtshilfe 82

IV. Fazit 86

2. Teil

Steuerberatervergütungsverordnung

Vergütungsverordnung für Steuerberater, Steuerbevollmächtigte und Berufsausübungsgesellschaften (Steuerberatervergütungsverordnung – StBVV)

ERSTER ABSCHNITT
Allgemeine Vorschriften

		Seite
§ 1	Anwendungsbereich	93
§ 2	Sinngemäße Anwendung der Verordnung	93
§ 3	Auslagen	93
§ 4	Vereinbarung der Vergütung	93
§ 5	Mehrere Steuerberater	94
§ 6	Mehrere Auftraggeber	94
§ 7	Fälligkeit	94
§ 8	Vorschuß	94
§ 9	Berechnung	95

ZWEITER ABSCHNITT
Gebührenberechnung

§ 10	Wertgebühren	95
§ 11	Rahmengebühren	95
§ 12	Abgeltungsbereich der Gebühren	96
§ 13	Zeitgebühr	96
§ 14	Pauschalvergütung	97

DRITTER ABSCHNITT
Umsatzsteuer, Ersatz von Auslagen

§ 15	Umsatzsteuer	97
§ 16	Entgelte für Post- und Telekommunikationsdienstleistungen	98
§ 17	Dokumentenpauschale	98
§ 18	Geschäftsreisen	99

StBVV

		Seite
§ 19	Reisen zur Ausführung mehrerer Geschäfte	99
§ 20	Verlegung der beruflichen Niederlassung	99

VIERTER ABSCHNITT
Gebühren für die Beratung und für die Hilfeleistung bei der Erfüllung allgemeiner Steuerpflichten

§ 21	Rat, Auskunft, Erstberatung	100
§ 22	Gutachten	100
§ 23	Sonstige Einzeltätigkeiten	100
§ 24	Steuererklärungen	101
§ 25	Ermittlung des Überschusses der Betriebseinnahmen über die Betriebsausgaben	106
§ 26	Ermittlung des Gewinns aus Land- und Forstwirtschaft nach Durchschnittssätzen	107
§ 27	Ermittlung des Überschusses der Einnahmen über die Werbungskosten	107
§ 28	Prüfung von Steuerbescheiden	108
§ 29	Teilnahme an Prüfungen und Nachschauen	108
§ 30	Selbstanzeige	108
§ 31	Besprechungen	108

FüNFTER ABSCHNITT
Gebühren für die Hilfeleistung bei der Erfüllung steuerlicher Buchführungs- und Aufzeichnungspflichten

§ 32	Einrichtung einer Buchführung	109
§ 33	Buchführung	109
§ 34	Lohnbuchführung	110
§ 35	Abschlußarbeiten	110
§ 36	Steuerliches Revisionswesen	112
§ 37	Vermögensstatus, Finanzstatus für steuerliche Zwecke	112
§ 38	Erteilung von Bescheinigungen	113
§ 39	Buchführungs- und Abschlußarbeiten für land- und forstwirtschaftliche Betriebe	113

SECHSTER ABSCHNITT

Gebühren für die Vertretung im außergerichtlichen Rechtsbehelfsverfahren und im Verwaltungsvollstreckungsverfahren

		Seite
§ 40	Verfahren vor den Verwaltungsbehörden	115
§ 41	[Geschäftsgebühr]	115
§ 42	[Besprechungsgebühr]	115
§ 43	[Beweisaufnahmegebühr]	115
§ 44	Verwaltungsvollstreckungsverfahren	116

SIEBENTER ABSCHNITT

Gerichtliche und andere Verfahren

§ 45	Vergütung in gerichtlichen und anderen Verfahren	116
§ 46	Vergütung bei Prozeßkostenhilfe	116

ACHTER ABSCHNITT

Übergangs- und Schlußvorschriften

§ 47	Anwendung	116
§ 47a	Übergangsvorschrift für Änderungen dieser Verordnung	117
§ 48	[Berlin-Klausel]	117
§ 49	Inkrafttreten	117
Anlage 1	Tabelle A (Beratungstabelle)	118
Anlage 2	Tabelle B (Abschlusstabelle)	120
Anlage 3	Tabelle C (Buchführungstabelle)	123
Anlage 4	Tabelle D Teil a (Landwirtschaftliche Tabelle – Betriebsfläche)	124
	Teil b (Landwirtschaftliche Tabelle – Jahresumsatz)	126

3. Teil

Rechtsanwaltsvergütungsgesetz
Gesetz über die Vergütung der Rechtsanwältinnen und Rechtsanwälte (Rechtsanwaltsvergütungsgesetz – RVG)

ABSCHNITT 1
Allgemeine Vorschriften

§ 1	Geltungsbereich	136
§ 2	Höhe der Vergütung	136
§ 3	Gebühren in sozialrechtlichen Angelegenheiten	137
§ 3a	Vergütungsvereinbarung	137
§ 4	Unterschreitung der gesetzlichen Vergütung	138
§ 4a	Erfolgshonorar	138
§ 4b	Fehlerhafte Vergütungsvereinbarung	139
§ 5	Vergütung für Tätigkeiten von Vertretern des Rechtsanwalts	139
§ 6	Mehrere Rechtsanwälte	140
§ 7	Mehrere Auftraggeber	140
§ 8	Fälligkeit, Hemmung der Verjährung	140
§ 9	Vorschuss	140
§ 10	Berechnung	141
§ 11	Festsetzung der Vergütung	141
§ 12	Anwendung von Vorschriften über die Prozesskostenhilfe	142
§ 12a	Abhilfe bei Verletzung des Anspruchs auf rechtliches Gehör	142
§ 12b	Elektronische Akte, elektronisches Dokument	143
§ 12c	Rechtsbehelfsbelehrung	143

ABSCHNITT 2
Gebührenvorschriften

§ 13	Wertgebühren	144
§ 14	Rahmengebühren	145

RVG

	Seite
§ 15 Abgeltungsbereich der Gebühren	145
§ 15a Anrechnung einer Gebühr	146

ABSCHNITT 3
Angelegenheit

§ 16 Dieselbe Angelegenheit	147
§ 17 Verschiedene Angelegenheiten	149
§ 18 Besondere Angelegenheiten	150
§ 19 Rechtszug; Tätigkeiten, die mit dem Verfahren zusammenhängen	152
§ 20 Verweisung, Abgabe	155
§ 21 Zurückverweisung, Fortführung einer Folgesache als selbständige Familiensache	155

ABSCHNITT 4
Gegenstandswert

§ 22 Grundsatz	156
§ 23 Allgemeine Wertvorschrift	156
§ 23a Gegenstandswert im Verfahren über die Prozesskostenhilfe	157
§ 23b Gegenstandswert im Musterverfahren nach dem Kapitalanleger-Musterverfahrensgesetz	157
§ 24 Gegenstandswert im Sanierungs- und Reorganisationsverfahren nach dem Kreditinstitute-Reorganisationsgesetz	157
§ 25 Gegenstandswert in der Vollstreckung und bei der Vollziehung	158
§ 26 Gegenstandswert in der Zwangsversteigerung	158
§ 27 Gegenstandswert in der Zwangsverwaltung	159
§ 28 Gegenstandswert im Insolvenzverfahren	159
§ 29 Gegenstandswert im Verteilungsverfahren nach der Schifffahrtsrechtlichen Verteilungsordnung	160
§ 29a Gegenstandswert in Verfahren nach dem Unternehmensstabilisierungs- und -restrukturierungsgesetz	160
§ 30 Gegenstandswert in gerichtlichen Verfahren nach dem Asylgesetz	160

Inhaltsübersicht

RVG

		Seite
§ 31	Gegenstandswert in gerichtlichen Verfahren nach dem Spruchverfahrensgesetz.	160
§ 31a	Ausschlussverfahren nach dem Wertpapiererwerbs- und Übernahmegesetz	161
§ 31b	Gegenstandswert bei Zahlungsvereinbarungen . . .	161
§ 32	Wertfestsetzung für die Gerichtsgebühren	161
§ 33	Wertfestsetzung für die Rechtsanwaltsgebühren . .	161

ABSCHNITT 5
Außergerichtliche Beratung und Vertretung

§ 34	Beratung, Gutachten und Mediation	163
§ 35	Hilfeleistung in Steuersachen	164
§ 36	Schiedsrichterliche Verfahren und Verfahren vor dem Schiedsgericht	164

ABSCHNITT 6
Gerichtliche Verfahren

§ 37	Verfahren vor den Verfassungsgerichten.	164
§ 38	Verfahren vor dem Gerichtshof der Europäischen Gemeinschaften	165
§ 38a	Verfahren vor dem Europäischen Gerichtshof für Menschenrechte	165
§ 39	Von Amts wegen beigeordneter Rechtsanwalt	166
§ 40	Als gemeinsamer Vertreter bestellter Rechtsanwalt .	166
§ 41	Besonderer Vertreter	166
§ 41a	Vertreter des Musterklägers	166

ABSCHNITT 7
Straf- und Bußgeldsachen sowie bestimmte sonstige Verfahren

§ 42	Feststellung einer Pauschgebühr.	167
§ 43	Abtretung des Kostenerstattungsanspruchs	168

ABSCHNITT 8
Beigeordneter oder bestellter Rechtsanwalt, Beratungshilfe

§ 44	Vergütungsanspruch bei Beratungshilfe	169
§ 45	Vergütungsanspruch des beigeordneten oder bestellten Rechtsanwalts	169

	Seite
§ 46 Auslagen und Aufwendungen	170
§ 47 Vorschuss	170
§ 48 Umfang des Anspruchs und der Beiordnung	171
§ 49 Wertgebühren aus der Staatskasse	173
§ 50 Weitere Vergütung bei Prozesskostenhilfe	174
§ 51 Festsetzung einer Pauschgebühr	174
§ 52 Anspruch gegen den Beschuldigten oder den Betroffenen	175
§ 53 Anspruch gegen den Auftraggeber, Anspruch des zum Beistand bestellten Rechtsanwalts gegen den Verurteilten	176
§ 53a Vergütungsanspruch bei gemeinschaftlicher Nebenklagevertretung	177
§ 54 Verschulden eines beigeordneten oder bestellten Rechtsanwalts	177
§ 55 Festsetzung der aus der Staatskasse zu zahlenden Vergütungen und Vorschüsse	177
§ 56 Erinnerung und Beschwerde	178
§ 57 Rechtsbehelf in Bußgeldsachen vor der Verwaltungsbehörde	179
§ 58 Anrechnung von Vorschüssen und Zahlungen	179
§ 59 Übergang von Ansprüchen auf die Staatskasse	180
§ 59a Beiordnung und Bestellung durch Justizbehörden	180

ABSCHNITT 9
Übergangs- und Schlussvorschriften

§ 59b Bekanntmachung von Neufassungen	181
§ 60 Übergangsvorschrift	181
§ 61 Übergangsvorschrift aus Anlass des Inkrafttretens dieses Gesetzes	182
§ 62 Verfahren nach dem Therapieunterbringungsgesetz	182
Anlage 1 (zu § 2 Abs. 2) – Vergütungsverzeichnis	183
Anlage 2 (zu § 13 Absatz 1 Satz 3)	183

Inhaltsübersicht

Gebührenübersichten

Seite

4. Teil
Gebührenübersichten und Gebührentabellen

I. Gebührenübersichten. 186
   1. Gebührentatbestände 186
      a) Beratungstätigkeiten. 186
      b) Sonstige Tätigkeiten 187
      c) Steuererklärungen 189
      d) Abschlussarbeiten/Buchführung 196
      e) Land- und forstwirtschaftliche Buchführung . . . 203
      f) Rechtsbehelfs-, insbesondere Einspruchsverfahren. 205
      g) Verwaltungsvollstreckung 206
      h) Gerichtliche und andere Verfahren. 207
      i) Prozesskostenhilfe 213
   2. Streitwertübersicht im FG-Verfahren 214
   3. Abrechnung von vereinbaren Tätigkeiten 231
II. Gebührentabellen 241
   StBVV-Beratungstabelle (Tabelle A). 242
   StBVV-Abschlusstabelle (Tabelle B) 251
   StBVV-Buchführungstabelle (Tabelle C). 257
   StBVV-Landwirtschaftstabelle (Tabelle D). 261
   RVG-Verwaltungs- und Gerichtsverfahrenstabelle
   (Tabelle § 13 RVG). 273
   RVG-Prozesskostenhilfetabelle (Tabelle § 49 RVG) . 278
   RVG-Vergütungsverzeichnis (VV-RVG) 281

1. TEIL

Einführung

Einführung zur StBVV und zum RVG

RA/FAStR/FAErbR Dr. Christoph Goez,
Gesellschafter der ALPMANN FRÖHLICH
Rechtsanwaltsgesellschaft mbH, Münster

I. Einleitung

Rz. 1

Bekanntermaßen richtet sich die Vergütung der Angehörigen der steuer- und rechtsberatenden Berufe nach rechtlichen Vorgaben. Mitten in der die Republik erschütternden Corona-Krise fand der Gesetzgeber die Zeit, die **Steuerberatervergütungsverordnung (StBVV)**, die den Steuerberatern (selbstverständlich auch Steuerberaterinnen; zur besseren Lesbarkeit darf im Folgenden die Berufsbezeichnung „Steuerberater" genutzt werden, da die weiblichen Berufsangehörigen auch diesen Titel führen dürfen; § 43 Abs. 1 StBerG), Steuerbevollmächtigten und Berufsausübungsgesellschaften wie insbesondere Steuerberatungsgesellschaften vorgegeben ist, in eine aktuelle und moderne Fassung zu bringen. So wurde zuletzt Mitte des Jahres 2022 die umfangreiche Tätigkeit der Steuerberaterkanzleien bei der Ermittlung der Werte zur Grundsteuerveranlagung durch entsprechende Gebührenansätze im Rahmen der Vierten Verordnung zur Änderung der StBVV[1]) ergänzt. Maßgeblich zugrunde zu legen ist allerdings insbesondere die am **1.7.2020** in Kraft getretene Fassung (BGBl. I 2020, 1495) der StBVV. Kurz vor Ende des Jahres 2020 wurde dann zeitverzögert durch Gesetzesbeschluss auch das **Rechtsanwaltsvergütungsgesetz (RVG)** an die heutigen Verhältnisse angepasst. Dabei wurden die Gebührenwerte der **RVG-Regeltabelle (Tabelle zu § 13 Abs. 1 RVG)** und des **Vergütungsverzeichnisses (VV-RVG)** für Rechtsanwälte erheblich angehoben. Das VV-RVG ist als Anlage 1 zu § 2 Abs. 2 RVG Bestandteil des Gesetzes über die Vergütung der Rechtsanwältinnen und Rechtsanwälte (s. dazu → Rz. 46). Diese Änderungen im RVG, die auch für Steuerberater von Belang sind, weil das RVG in Teilen auch Rechtsgrundlage für ihre Honorarabrechnung bildet (s. dazu → Rz. 32 ff. und → Rz. 47), sind am **1.1.2021** in Kraft getreten (BGBl. I 2020, 3229).

---

1) Verabschiedung Bundesrat am 10.6.2022, BR-Drucks. 173/22. Verkündung erfolgte am 17.6.2022, daher am Folgetag in Kraft getreten; ausführlich *Schneider*, Die Honorarfrage zur Grundsteuererklärung, NWB 2022, 1213.

I. Einleitung

Schon kurze Zeit später zum 1.10.2021 wurden mit dem Gesetz zum Verbraucherschutz im Inkassorecht (BGBl. I 2020, 3320) und dem Gesetz zur Förderung verbrauchergerechter Angebote im Rechtsdienstleistungsmarkt (sogenanntes Legal Tech-Gesetz; BGBl. I 2021, 3415) weitere wesentliche Änderungen vorgenommen. Die Änderungen beziehen sich auf die Geschäftsgebühr für Inkasso-Dienstleistungen, auf Einigungsgebühren und Zahlungsvereinbarungen und auf die Zulässigkeit von Erfolgshonoraren. Schon die **Erhöhung der Tabellenwerte** um **10 %** im RVG und um ca. **12 %** in der StBVV wird weiterhin den wirtschaftlichen Hintergrund für eine qualifizierte Berufsausübung sichern. Voraussetzung dafür ist es allerdings, die wesentlichen Grundzüge und die sich bietenden Möglichkeiten des Vergütungsrechts zu kennen. Dies ist die Aufgabe der Leitung einer jeden Kanzlei – ob bei **Steuerberatern** oder **Rechtsanwälten**.

Mit Wirkung zum 1.1.2020 haben Steuerberater durch das „Gesetz zur weiteren steuerlichen Förderung der Elektromobilität und zur Änderung weiterer steuerlicher Vorschriften" vom 12.12.2019 (BGBl. I 2019, 2451) gesetzlich die Stellung als „**unabhängiges Organ der Steuerrechtspflege**" erhalten (§ 32 Abs. 2 Satz 1 StBerG). Diese Funktion war zuvor zwar schon von der Rechtsprechung, aber bis dahin noch nicht ausdrücklich per Gesetz anerkannt worden. Die als Voraussetzung für eine funktionierende Steuerrechtspflege hervorgehobene Position der Steuerberater ist für den Bereich des Steuerrechts vergleichbar mit der gesetzlich in § 1 BRAO verbrieften Funktion des Rechtsanwalts als „unabhängiges Organ der Rechtspflege" auf dem Gebiet der Gesamtrechtsordnung. Eine Konsequenz aus der mit dem Rechtsanwalt vergleichbaren Organstellung des Steuerberaters ist, dass immer mehr Regeln des RVG auch dem Steuerberater bei der Honorierung seiner Arbeit zur Beachtung vorgegeben werden. Die Kenntnisse der die Steuerberater betreffenden Vergütungsregeln des RVG (s. dazu → Rz. 32 ff.) ist daher neben der Beherrschung der Vorschriften der StBVV (s. dazu → Rz. 27 ff.) für jede Steuerberaterkanzlei genauso elementar wie das Wissen um die Möglichkeiten der Durchsetzung des Honorars (s. zur Honorardurchsetzung → Rz. 38 ff.).

> **Beratungshinweis:**
>
> Hilfreich für die Honorarpraxis sind die in verschiedenen Kommentaren entwickelten **Muster**. Kein Steuerberater muss „das Rad neu erfinden"; beispielsweise kann auf die ausführliche Mustersammlung bei *Meyer/Goez/Schwamberger*, Die Vergü-

tung der steuerberatenden Berufe, Loseblattkommentar, Fach 7, Kz. 7050, 7/2022, oder bei *Feiter*, Steuerberatervergütungsverordnung, 3. Aufl. 2020, Teil C, verwiesen werden.

1. Von der „Geburt" des Honorarrechts bis zur StBVV und zum RVG 2022

Rz. 2

Der Weg zur **StBVV** und zur heutigen Fassung des **RVG** war lang:

Schon **1879** gab es die erste Gebührenordnung für Rechtsanwälte; **1957** wurde diese in einem einheitlichen Gesetz zur **Bundesrechtsanwaltsgebührenordnung (BRAGO)** zusammengefasst (Art. 8 des Gesetzes zur Änderung kostenrechtlicher Vorschriften vom 26.7.1957, BGBl. I 1957, 1861). Anders war die Entwicklung bei den Angehörigen der steuerberatenden Berufe (Steuerberater, Steuerbevollmächtigte und Steuerberatungsgesellschaften): In den **50er Jahren** verfügte der Berufsstand über eine „**Allgemeine Gebührenordnung für die wirtschaftsprüfenden sowie wirtschafts- und steuerberatenden Berufe" (AllGO)**, die nicht nur für die originären Aufgaben der Steuerberater eine Vergütung, sondern insbesondere auch für die mit dem Beruf darüber hinaus vereinbaren Tätigkeiten festlegte. Das Bundeskartellamt beanstandete die AllGO allerdings als ordnungswidrige Preisempfehlung des Berufsstands. Daraufhin wurde von diesem der Erlass einer Gebührenverordnung durchgesetzt. Seit **1982** haben daher Steuerberater ihre Gebühren nach der amtlich vorgegebenen **Steuerberatergebührenverordnung (StBGebV)** vom 17.12.1981 (BGBl. I 1981, 1442) zu erheben. Intention des Gesetzgebers war es bei dem Erlass, dass die wesentlichen Vorschriften der StBGebV mit denen des Anwaltsgebührenrechts übereinstimmen sollten.

Im Folgenden kam es zu zahlreichen **Änderungen der BRAGO**. Insbesondere wurden im Jahr 1994 im Rahmen des **Kostenrechtsänderungsgesetzes 1994** (Gesetz zur Änderung von Kostengesetzen und anderen Gesetzen [Kostenrechtsänderungsgesetz 1994 – KostRÄndG 1994] vom 24.6.1994, BGBl. I 1994, 1325) die Werte in der Tabelle zu § 11 BRAGO angehoben. Deutlich später erreichte auch der Berufsstand der Steuerberater eine Anpassung mit der **Dritten Änderungsverordnung zur StBGebV** (Dritte Verordnung zur Änderung der Steuerberatergebührenverordnung vom 20.8.1998, BGBl. I 1998, 2369). Am 1.1.2002 erfolgte bei beiden Gebührenordnungen die **Umstellung auf den Euro** (Gesetz zur Umstellung des Kostenrechts und der Steuerberatergebührenverordnung auf Euro – KostREuroG – vom 27.4.2001, BGBl. I 2001, 751).

1. Von der „Geburt" des Honorarrechts bis zur StBVV und zum RVG

Mit dem **Gesetz zur Modernisierung des Kostenrechts vom 5.5.2004** wurde das Gesetz über die Entschädigung von Zeugen und Sachverständigen (ZSEG) durch das **Justizvergütungs- und -entschädigungsgesetz (JVEG)** und die BRAGO durch das **Rechtsanwaltsvergütungsgesetz (RVG)** abgelöst (BGBl. I 2004, 718, 788). Seit dem 1.7.2004, dem Inkrafttreten des RVG, gilt nach wie vor unterschiedliches Recht für Rechtsanwälte und für Steuerberater. Gleichzeitig erfolgte damit aber die Klarstellung durch den Gesetzgeber, dass auch Rechtsanwälte die Hilfeleistung bei der Erfüllung allgemeiner Steuerpflichten und bei der Erfüllung steuerlicher Buchführungs- und Aufzeichnungspflichten nach den §§ 23 bis 39 StBGebV abzurechnen haben (**§ 35 RVG**), nachdem diesen früher ein Wahlrecht zwischen BRAGO und StBGebV eingeräumt worden war (vgl. *Meyer/Goez/Schwamberger*, Steuerberatervergütungsverordnung, Praxiskommentar, 10. Aufl. 2021, Einführung Rz. 42). Seit dem 1.7.2006 ist **§ 34 RVG** in der geänderten Fassung in Kraft; die Vorschrift wurde schon bei Erlass des RVG in zwei Fassungen veröffentlicht. Als Folgewirkung mussten auch die entsprechenden Nrn. des Vergütungsverzeichnisses zum RVG (**VV-RVG**) geändert werden (vgl. Nr. 2100 bis 2103 VV-RVG). Damit wurde die **außergerichtliche Beratung** neu geregelt. Nunmehr hatte der Rechtsanwalt bei seinen Mandanten für die Beratung, die Ausarbeitung eines schriftlichen Gutachtens oder für die Tätigkeit als Mediator auf eine Gebührenvereinbarung hinzuwirken. Wenn keine Vereinbarung getroffen wird, erhält der Rechtsanwalt die üblichen Gebühren nach den Vorschriften des Bürgerlichen Rechts. Ist der Auftraggeber Verbraucher und wurde keine Vergütungsvereinbarung getroffen, beträgt die Gebühr für die Beratung oder Ausarbeitung eines schriftlichen Gutachtens nur noch höchstens 250 € und für ein erstes Beratungsgespräch höchstens 190 €.

Mit dem **Jahressteuergesetz 2007** (JStG 2007) vom 13.12.2006 (BGBl. I 2006, 2878, 2905 = BStBl I 2007, 28, 53) hat der Gesetzgeber die zu diesem Zeitpunkt geltende StBGebV durch zahlreiche Änderungen nicht nur wieder an das RVG – zumindest teilweise – angleichen, sondern auch den bereits erfolgten steuerrechtlichen Vorgaben durch Einführung neuer Gebührentatbestände Rechnung getragen (ausführlich: *Goez*, Massive Änderungen in der StBGebV geplant, BBKM 2006, 263).

Der Begründung des JStG 2007 ist zu entnehmen, dass die steuerrechtlichen Änderungen der Vorjahre zwingend eine Umsetzung auch in der StBGebV zur Klarstellung des Honorars erforderten. Zudem sollte die StBGebV wieder dem seit dem 1.7.2004 geltenden RVG angeglichen werden. Gerade Letzteres belegen zahlreiche Änderungen im Allgemeinen Teil (§§ 3, 4, 6, 9, 11, 13, 16 bis 18 StBGebV a.F.) und im Besonderen Teil der StBGebV a.F. (§§ 21, 23 bis 26, 29, 31, 35, 36, 40 und 44 unter Wegfall der §§ 41 bis 43 StBGebV a.F.).

Wesentliche Änderungen betreffen auch die Formvorgaben für **Vergütungsvereinbarungen** nach § 4 StBGebV a.F.: Soll eine höhere Vergütung als nach der Verordnung abgestimmt werden, muss der Steuerberater Art und Umfang des Auftrags in der Vereinbarung genau bezeichnen. Wichtig war auch die Änderung in § 11 StBGebV a.F., wonach die **Angemessenheitskriterien** neu gefasst wurden und vor allem das besondere Haftungsrisiko des Steuerberaters als weiteres Kriterium eingefügt worden ist.

Bei den Einzeltätigkeiten in § 24 StBGebV a.F. wurden **Gebührentatbestände** für die zahlreichen Anträge und Erklärungen auf Grund der Steueränderungsgesetze der Vorjahre eingefügt, beispielsweise für Altersvorsorgezulagen oder Festsetzung von Rückzahlungsbeträgen nach § 94 Abs. 2 EStG oder für den Steuerabzug von Bauleistungen. Auch für Feststellungserklärungen entsprechend der 1997 eingeführten Bedarfsbewertung sowie für Anträge auf Erteilung einer Freistellungsbescheinigung nach § 48b EStG wurden entsprechende Gebührentatbestände vorgesehen (vgl. § 24 Abs. 4 Nr. 6 StBGebV a.F.). Auch wurde erfreulicherweise klargestellt, dass die **Entwicklung einer Steuerbilanz** aus der Handelsbilanz mit 5/10 bis 12/10 einer vollen Gebühr nach Tabelle B neben der Ableitung des steuerlichen Ergebnisses aus dem Handelsbilanzergebnis ergänzend abzurechnen ist (§ 35 Abs. 1 Nr. 3 Buchst. a und b StBGebV a.F.). Die Vorschriften zum **Einspruchsverfahren** wurden völlig neu gefasst. Die §§ 41 bis 43 StBGebV a.F. wurden aufgehoben; der gesamte Regelungskomplex wurde in § 40 der damaligen StBGebV aufgenommen. Auch die Anträge auf **Aussetzung der Vollziehung** oder die **Beseitigung der aufschiebenden oder hemmenden Wirkung** wurden dort integriert (§ 40 Abs. 7 StBGebV a.F.). Letztlich wurde durch § 44 StBGebV a.F. das RVG für das Honorar bei Tätigkeiten im Rahmen des **Verwaltungsvollstreckungsverfahrens** für sinngemäß anwendbar erklärt.

Neben zahlreichen kleineren Änderungen im RVG ermöglichte das Gesetz zur Neuregelung des Verbots der Vereinbarung von **Erfolgshonorar** vom 12.6.2008 (BGBl. I 2008, 1000) unter strengen Voraussetzungen Rechtsanwälten den wirksamen Abschluss **erfolgsorientierter Vergütungsvereinbarungen** (§ 49b Abs. 2, § 4a RVG). Dieser Regelung ist **§ 9a StBerG** im Wesentlichen wortgleich durch das 8. StBÄndG (Achtes Gesetz zur Änderung des Steuerberatungsgesetzes vom 11.4.2008, BGBl. I 2008, 666) gefolgt, so dass auf die Ausführungen zur Erfolgsvergütung verwiesen werden kann (s. dazu → Rz. 27).

Beratungshinweis:

Im steuerberatenden Bereich werden Erfolgshonorare kaum vorkommen. Voraussetzung ist insbesondere die fehlende Finanzierungsmöglichkeit des Verfahrens für den Mandanten; zudem sind äußerst strenge Vorgaben an den formalen Inhalt einer solchen mindestens in Textform zu treffenden Vereinbarung zu beachten. Das Risiko eines Totalausfalles des Honorars besteht ebenfalls!

Mit demselben Gesetz vom 12.6.2008 wurde auch eine Vorgabe – ähnlich § 4 StBVV – für **Vergütungsvereinbarungen** in § 3a RVG getroffen. Zudem wurde in § 4b RVG festgestellt, dass aus einer Vergütungsvereinbarung, die nicht den entsprechenden Anforderungen entspricht, keine höhere als die gesetzliche Vergütung verlangt werden kann. Durch Gesetz vom 30.7.2009 (Gesetz zur Modernisierung von Verfahren im anwaltlichen und notariellen Berufsrecht, zur Errichtung einer Schlichtungsstelle der Rechtsanwaltschaft sowie zur Änderung sonstiger Vorschriften vom 30.7.2009, BGBl. I 2009, 2449) erfolgte entsprechend der Rechtsprechung des BGH die Klarstellung des Gesetzgebers in § 15a RVG, dass trotz Anrechnung einer Geschäftsgebühr auf die gerichtliche Verfahrensgebühr beide Gebühren selbständig nebeneinander stehen, gedeckelt allerdings auf den um den Anrechnungsbetrag verminderten Gesamtbetrag der beiden Gebühren.

Mit § 49b Abs. 4 Satz 2 BRAO ist zudem einem Rechtsanwalt die **Abtretung der Vergütungsforderung** an einen Nicht-Rechtsanwalt ermöglicht worden; es bedarf allerdings des Einverständnisses des Mandanten oder der rechtskräftigen Feststellung der Forderung. Somit genügt auch das ausdrückliche Einverständnis des Mandanten zur Abtretung an eine Abrechnungsstelle für Rechtsanwälte oder im Rahmen eines Factorings als Finanzierungsinstrument.

Beratungshinweis:

Gerade für Steuerberater bietet sich die Nutzung von Inkasso-Unternehmen eher nicht an: Der Mandant erwartet einen wirtschaftlich kompetenten Vertreter, der von diesem auch in der Wahrnehmung seiner eigenen Interessen beobachtet wird. Die erhoffte Arbeitserleichterung ist begrenzt, weil bei dem regelmäßig erfolgenden „unechten Factoring" im Falle eines

I. Einleitung

Rechtsstreites wiederum der Berater tätig werden muss – und ein Teil der Vergütung für die Kosten der Abtretung verliert!

Zu beachten ist zudem, dass einige Regeln im RVG (§§ 16 und 23a RVG) und der Unterabschnitt 2 des VV-RVG (Revision, dort Nrn. 3206 bis 3213) seit dem 1.11.2010 in leicht abgeänderter Form gelten. Auch in den Jahren 2011 und 2012 hat das RVG einige **Änderungen** in Bezug auf die Honorare bei Sicherungsverwahrungsmaßnahmen, bei unterhaltsrechtlichen Fragen, bei überlangen Gerichtsverfahren und strafrechtlichen Ermittlungsverfahren und in Bezug auf die Beratung von geschädigten Kapitalanlegern (Gesetz zur Reform des Kapitalanleger-Musterverfahrensgesetzes vom 19.10.2012, BGBl. I 2012, 2182) mit Inkrafttreten der Änderung zum 1.11.2012 erfahren.

Bei der Rechtsanwaltschaft gab es mit dem Zweiten Gesetz zur Modernisierung des Kostenrechts Ende 2012 Ergänzungen (2. Kostenmodernisierungsgesetz – 2. KostRModG vom 23.7.2013, BGBl. I 2013, 2586; zur Motivation BT-Drucks. 17/11471 vom 14.11.2012), die verbesserte Regelungen für die Vergütung der Notare und Rechtsanwälte und für die Honorare der Sachverständigen, Dolmetscher und Übersetzer wie auch zu der Entschädigung von ehrenamtlichen Richtern, Zeugen und sonstigen Dritten mit sich brachten.

Insbesondere wurde das Vergütungsverzeichnis wegen der allgemeinen Kostensteigerung angepasst, die **Tabellenwerte** wurden deutlich angehoben. Gleichzeitig erfolgten erhebliche **Anhebungen der Wertgebühren** nach dem Gerichtskostengesetz und höhere Auffangstreitwerte bei Verfahren vor den Verwaltungs-, Finanz- und Sozialgerichten (von 5 000 € auf 6 000 €).

Neben den Neuerungen im Rahmen der Rechtsanwaltsvergütung kamen auch Änderungen durch das Gesetz zur Änderung des **Prozesskostenhilfe- und Beratungshilferechts** vom 31.8.2013 (BGBl. I 2013, 3533) hinzu. Dieses Gesetz ist auch für die Angehörigen der steuerberatenden Berufe im Bereich der Prozesskosten- und Beratungshilfe (§§ 65, 65a StBerG) anzuwenden (ausführlich: *Goez* in Kuhls u.a., Kommentar zum Steuerberatungsgesetz, 4. Aufl. 2020, § 65 StBerG Rz. 4 f., § 65a StBerG Rz. 15 f.).

Beratungshinweis:

Falls Ihnen ein Mandant mit der Bitte um Beratungshilfe oder Vertretung im Rahmen einer Prozesskostenhilfe den entsprechenden Auftrag erteilen will, ist es Berufspflicht, diesen auch durchzuführen. Auch wenn es gerade bei der Beratungshilfe ärgerlich erscheint, ist eine quasi „Erstberatung" notwendig. Bei einer Prozesskostenhilfe gibt es zwar niedrigere Gebühren als in sonstigen Gerichtsverfahren; diese sind aber nicht unerheblich seit dem 1.1.2021 angehoben worden (vgl. → Rz. 67).

2. Die Steuerberatervergütungsverordnung

Rz. 3

Der Berufsstand der Steuerberater blieb insbesondere aufgrund der dargestellten Erhöhung der Tabellenwerte nach dem RVG nicht untätig und verlangte schon vor über neun Jahren erfolgreich eine entsprechende deutliche Nachbesserung auch im Gebührenrecht der Steuerberater. Im Jahr 2020 setzten sich Steuerberater und Rechtsanwälte erneut durch, um akzeptable Gebührenansätze zu erreichen.

Es erfolgten wesentliche Änderungen der StBVV, ergänzt um eine weitere durch die Vierte Verordnung zur Änderung der StBVV im Jahre 2022.

a) Die StBVV 2012

Rz. 4

30 Jahre nach Inkrafttreten der StBGebV am 17.12.1981 erfolgten zunächst Ende 2012 sprachlich, inhaltlich, insbesondere aber auch in der Gebührenhöhe massive Änderungen durch die **„Verordnung zum Erlass und zur Änderung steuerlicher Verordnungen" vom 11.12.2012** (BGBl. I 2012, 2637). Die Überschrift der StBGebV wurde insofern dem RVG angeglichen, als der Ausdruck „Vergütung" nun als Oberbegriff für Gebühren und Auslagen gewählt wurde. Nunmehr hatte der Steuerberater unter Berücksichtigung der Übergangsvorschriften die **„Vergütungsverordnung für Steuerberater, Steuerbevollmächtigte und Steuerberatungsgesellschaften (Steuerberatervergütungsverordnung – StBVV)"** anzuwenden. Die geänderte Fassung ist am 20.12.2012 in Kraft getreten.

Für die massiven Änderungen hat es mehrere **Gründe** gegeben:

– Mit der StBVV 2012 passte der Verordnungsgeber das Honorar des Steuerberaters an die **gestiegenen Preise und an die Kosten in den Steuerberaterpraxen** an. Die Bundessteuerberaterkammer hatte ausgerechnet, dass in den Jahren 1982 bis 2011 der Lebenshaltungskostenindex um 67 % gestiegen war (*BStBK*, Rundschreiben 22/2012 vom 18.1.2012). Somit war eine entsprechende Anpassung erforderlich gewesen. Zudem musste die StBVV an zahlreichen Stellen strukturell bereinigt werden. Der Verordnungsgeber erwartete durch die Reform des Gebührenrechts zwar eine gewisse Steigerung der Kosten für die betroffenen Verbraucher, Steuerpflichtigen und die Wirtschaft, ohne dass er eine genaue Größenordnung hätte beziffern können. Positiv galt es dabei jedoch festzuhalten, dass sich durch die Anhebung von durchschnittlich 15,9 % bei den Gebühren und durch die zahlreichen angehobenen Mindestgegenstandswerte die Arbeit des Steuerberaters endlich wieder lohnte. Ein Beispiel dafür war die Anhebung der Rahmengebühr bei der Lohnbuchhaltung (§ 34 StBVV). Hier erfolgte eine Erhöhung um 78 %, nachdem jahrelang immer wieder festgestellt werden musste, dass zuvor selbst mit der „alten" Höchstgebühr bei weitem nicht kostendeckend gearbeitet werden konnte.

– Darüber hinaus erfolgten **zahlreiche einzelne Neuregelungen**. Die Erstberatungsgebühr wurde auf das Niveau des RVG von 190 € angehoben, die Beratung im Bereich der Selbstanzeige wurde mit einem Mindestgegenstandswert und mit einer genauen Darlegung der Bestimmung des Gegenstandswerts (Summe der berichtigten, ergänzten und nachgeholten Angaben) praktikabel ergänzt. Vorarbeiten im Bereich des § 27 StBVV sind zusätzlich mit einer Zeitgebühr abzurechnen; nicht nur die Finanzbuchführung, sondern auch „andere steuerliche Aufzeichnungen" werden nunmehr nach § 33 StBVV abgerechnet.

b) Änderungen der StBVV bis 2019

Rz. 5

Für Aufregung sorgte bei der Steuerberaterschaft allerdings die Einleitung eines **EU-Vertragsverletzungsverfahrens** gegen die Bundesrepublik Deutschland: Die EU-Kommission beanstandete im Juni 2015, dass die StBVV feste Tarife beinhalte und deshalb nicht mit Unionsrecht vereinbar sei (§ 15 EU-Dienstleistungsrichtlinie). Eine verbindliche Vorgabe von Gebührensätzen sei unzulässig, wenn diese sowohl für in Deutschland ansässige Dienstleister als auch für vorübergehende grenzüberschreitende Erbringungen von Dienstleistungen gelten würden; insbesondere sei das strikte Verbot von Gebührenunterschreitungen europarechtswidrig.

Beratungshinweis:

Beobachten Sie als Berater genau die Entwicklung in Brüssel! Nach wie vor wird kritisiert, dass mit einem liberalen Markt recht starre Regelungen zur Honorargestaltung für nicht in jedem Fall vereinbar erachtet werden. Dieserhalb hat im außer-

2. Die Steuerberatervergütungsverordnung

gerichtlichen Bereich die Rechtsanwaltschaft schon vorgesehen, dass regelmäßig individuelle Vereinbarungen mit dem Mandanten getroffen werden sollen.

Daraufhin wurde die **Dritte Verordnung zur Änderung steuerlicher Verordnungen vom 18.7.2016** (BR-Drucks. 201/16 mit Erläuterungen; verkündet am 22.7.2016, BGBl. I 2016, 1722) erlassen, die erhebliche Korrekturen an der StBVV vornahm.

Mit dieser am **23.7.2016** in Kraft getretenen Verordnung wurde dem EU-Beanstandungsverfahren der Wind aus den Segeln genommen und der Kritik der EU-Kommission, dass starre Gebührenverordnungen in Deutschland für Steuerberater vorlägen, die die Möglichkeit einer niedrigeren Honorierung als gesetzlich vorgesehen ausschlossen, genauso entgegengewirkt wie dem Vorwurf, die StBVV verstoße gegen die **EU-Dienstleistungsrichtlinie** (RL 2006/123/EG des Europäischen Parlaments und des Rates vom 12.12.2006 über Dienstleistungen im Binnenmarkt, ABl.EU L 376 vom 27.12.2006, 36), weil sie auch für grenzüberschreitende Tätigkeiten Gültigkeit habe (ausführlich: *Schick*, Europäische Initiative und deren Auswirkungen auf das Berufsrecht der Steuerberater, DStR 2016, 692).

Durch die Dritte Verordnung zur Änderung steuerlicher Verordnungen vom 18.7.2016 wurde demgemäß in **§ 1 Abs. 1 StBVV** klargestellt, dass die StBVV nur noch für Steuerberater mit Sitz im **Inland** und für die im Inland selbständig ausgeübte Berufstätigkeit gilt. In **§ 4 StBVV** wurden zudem die neuen Absätze 3 und 4 aufgenommen, wonach die Möglichkeit für Steuerberater und Mandanten eröffnet wurde, in außergerichtlichen Angelegenheiten nicht nur eine höhere, sondern auch eine **niedrigere als die gesetzliche Vergütung** in **Textform** zu vereinbaren. Dabei wurden die Formerfordernisse parallel geregelt zu denjenigen bei der Rechtsanwaltschaft oder auch bei der Erfolgshonorierung gem. § 9a Abs. 3 StBerG. Allerdings muss die niedrigere Vergütung in einem **angemessenen Verhältnis zur Leistung, Verantwortung und zum Haftungsrisiko** des Steuerberaters stehen. Sodann wurde bestimmt, dass ein Steuerberater in Textform jeden Mandanten darauf **hinzuweisen** hat, dass eine solche höhere oder niedrigere Vergütungsvereinbarung abgeschlossen werden kann.

Neben einigen redaktionellen Änderungen wurde im Übrigen auch die **Mindestgebühr von 10 € gestrichen** sowie die Tabelle D, Teil a (landwirtschaftliche Tabelle – Betriebsfläche) neu gefasst im Hinblick auf die Erläuterungen der Berechnung der Gebühr in Abhängigkeit von der Betriebsfläche.

I. Einleitung

Am 20.7.2017 traten schließlich die Änderungen durch die **Vierte Verordnung zur Änderung steuerlicher Verordnungen vom 12.7.2017** (BGBl. I 2017, 2360) in Kraft. In § 14 Abs. 1 Satz 2 StBVV wurden dabei die formalen Anforderungen für **Pauschalvereinbarungen** an das weniger strenge, bereits für über der gesetzlichen Vergütung liegende Vereinbarungen vorgeschriebene Formerfordernis der **Textform** angeglichen (BR-Drucks. 412/17, 23). § 29 Nr. 1 StBVV wurde zudem neu gefasst, um die darin enthaltene Zitierung an den neuen Zollkodex der EU und die entsprechenden Durchführungsvorschriften anzupassen. In der damaligen Tabelle E (Rechtsbehelfstabelle) wurde ein redaktionelles Versehen des Verordnungsgebers behoben und die mit der **Verordnung zum Erlass und zur Änderung steuerlicher Verordnungen vom 11.12.2012** (BGBl. I 2012, 2637) versehentlich eingeführte Formulierung „vom Mehrbetrag bis 500 000 Euro" ersetzt durch „vom Mehrbetrag über 500 000 Euro".

c) Massive Änderungen der StBVV in 2020

Rz. 6

Im Jahr 2020 erreichte der Berufsstand der Steuerberater, dass am 29.6.2020 die lange erwartete **Fünfte Verordnung zur Änderung steuerlicher Verordnungen vom 25.6.2020** im Bundesgesetzblatt verkündet wurde (BGBl. I 2020, 1495). Die Verordnung beinhaltete eine massive Anhebung der Gebührenwerte in der StBVV, führte eine modernere Form für das Ausstellen von Honorarnoten gem. § 9 StBVV ein und brachte weitere, teilweise erhebliche Änderungen im Vergütungsrecht mit sich.

Seit Ende 2012 waren bis dahin die Ansätze für die Gebühren nach der StBVV nicht mehr erhöht worden. Auf Initiative des Berufsstands hatte sich das Bundesfinanzministerium dieser Frage aber angenommen und im Februar 2020 zunächst einen Referentenentwurf vorgelegt, der nach Anhörung der Interessenverbände in einen vom Bundeskabinett am 22.4.2022 beschlossenen Regierungsentwurf mündete, der hinsichtlich der Änderungen der StBVV gem. § 64 StBVV nur mit Zustimmung des Bundesrats als Verordnung in Kraft gesetzt werden konnte. Nach Bewilligung durch das Länderparlament am 5.6.2020 und Verkündung im Bundesgesetzblatt am 29.6.2020 traten die Änderungen am **1.7.2020** in Kraft. Dazu im Einzelnen:

aa) Anhebung der Tabellenwerte

Rz. 7

Durch Art. 9 der Fünften Verordnung zur Änderung steuerlicher Verordnungen sind **sämtliche Tabellenwerte angehoben** worden. Die **Beratungstabelle A** und die **Abschlusstabelle B** wurden um ziemlich genau **12 %**, die **Buchführungstabelle C** um gut **6 %** linear angehoben. Ähnliches gilt für die **Landwirtschaftstabelle D**, wobei hier eher noch eine höhere Anpassung erfolgte.

bb) Neue Formvorgaben für Honorarnoten (§ 9 StBVV)

Rz. 8

Durch die Änderung von § 9 StBVV wurde die Formvorgabe für Honorarnoten modernisiert und den Bedürfnissen der täglichen Praxis angepasst. Absatz 1 dieser Regelung lautet nunmehr wie folgt:

> **§ 9 Abs. 1 StBVV**
>
> [1]Der Steuerberater kann die Vergütung nur auf Grund einer dem Auftraggeber mitgeteilten Berechnung einfordern. [2]Die Berechnung ist von dem Steuerberater zu unterzeichnen oder vorbehaltlich der Zustimmung des Auftraggebers in Textform zu erstellen. [3]Die Zustimmung muss nicht für jede Berechnung einzeln erteilt werden. [4]Der Lauf der Verjährungsfrist ist von der Mitteilung der Berechnung nicht abhängig.

Was juristisch kompliziert klingen mag, ist von der Sache her nachvollziehbar und richtig: Zu Beginn des Mandats ist der Auftraggeber um die Zustimmung zu bitten, dass die **Rechnungen** an diesen **per Textform** – insbesondere somit per **E-Mail** – übermittelt werden können. Es genügt für diesen Fall somit die **eingescannte Unterschrift**.

Der Begriff **Textform ist in § 126b BGB geregelt**. Danach bedeutet Textform die Abgabe einer lesbaren Erklärung auf einem dauerhaften Datenträger, in der die Person des Erklärenden (= Steuerberater) genannt ist. Ein dauerhafter Datenträger ist jedes Medium, das es dem Empfänger ermöglicht, eine auf dem Datenträger befindliche, an ihn persönlich gerichtete Erklärung so aufzubewahren oder zu speichern, dass sie ihm während eines für ihren Zweck angemessenen Zeitraums zugänglich und geeignet ist, die Erklärung unverändert wiederzugeben.

Damit kann der Steuerberater Rechnungen auch elektronisch per E-Mail an den Auftraggeber versenden, wodurch den Notwendigkeiten einer voranschreitenden Digitalisierung bei den steuerberatenden Berufen Rechnung getragen wird. Der Verordnungsgeber weist selbst darauf hin, dass weiterhin entscheidend ist, dass der Steuerberater die Verantwortung für die „Richtigkeit, Angemessenheit und Kenntnisnahme der Rechnung" übernimmt. Die eigenhändige Unterschrift ist hingegen nicht entscheidend, weil auch eine Rechnung per E-Mail dem verantwortlichen Steuerberater eindeutig zugeordnet werden kann. Damit ist auch der Vorgabe einer „Eigenverantwortlichkeit" in diesem Bereich i.S.v. § 57 Abs. 1 StBerG hinreichend Rechnung getragen.

Beratungshinweis:

Nutzen Sie die neue Möglichkeit der Textform! Sie können z.B. per Rundbrief alle Mandanten bitten, dieser Abrechnungsmöglichkeit zuzustimmen; die Rückläufe sollten Sie in die persönliche Mandantenakte einlegen. Sodann können Sie Honorarnoten wesentlich einfacher per Textform übermitteln.

cc) Höhere Zeitgebühr (§ 13 Satz 2 StBVV)

Rz. 9

Die Bestimmung zur Zeitgebühr in § 13 Satz 2 StBVV wurde dahingehend geändert, dass diese nunmehr „**30,00 EUR bis 75,00 EUR** [statt bisher 70,00 €] **je angefangene halbe Stunde**" beträgt. Damit ist der Mittelwert pro Stunde von 100 € auf 105 € angehoben.

dd) Erhöhung der Fahrtkosten (§ 18 StBVV)

Rz. 10

Als Reaktion auf die allgemeine Kostenentwicklung wurden die **Fahrtkosten** in § 18 Abs. 2 Nr. 1 StBVV erhöht. Nunmehr erhält der Steuerberater für die **Benutzung eines Kraftfahrzeuges** anstelle von 0,30 €/km einen Betrag i.H.v. **0,42 €/km**. Zudem wurde das **Tage- und Abwesenheitsgeld** in § 18 Abs. 3 StBVV von 20 € auf **25 € (bis zu vier Stunden)**, von 35 € auf **40 € (bis zu acht Stunden)** und bei **längerer Abwesenheit** von 60 € auf **70 €** erhöht.

Beratungshinweis:

Diese Beträge, insbesondere bei Nutzung des eigenen Fahrzeuges, werden kurzfristig im Hinblick auf die steigenden Kosten der Energieversorgung nicht mehr genügen. Auch hier besteht gem. § 4 StBVV die Möglichkeit, eine zumindest in Textform abgefasste zusätzliche Vereinbarung über höhere Auslagen mit dem Mandanten abzuschließen.

ee) Prüfung der Erfolgsaussichten eines Rechtsmittels (§ 21 Abs. 2 StBVV)

Rz. 11

Bemerkenswert ist auch die Änderung des § 21 Abs. 2 StBVV, wonach ein Steuerberater, der mit der Prüfung der Erfolgsaussicht eines Rechtsmittels beauftragt wird, sinngemäß die **Vergütungsregeln nach dem RVG** anzuwenden hat, die in Teil 2 Abschn. 1 VV-RVG geregelt sind.

ff) Höhere Gebühr für die EÜR (§ 25 StBVV)

Rz. 12

Massiv angehoben wurden neben der schon erwähnten Erhöhung der entsprechenden Tabelle B auch die Gebühren für die Einnahme-/Überschussrechnungen nach § 25 StBVV: Die Spanne reicht nunmehr von **5/10 bis 30/10** einer vollen Gebühr nach Tabelle B statt wie früher nur bis 20/10. Auch ist der **Mindestgegenstandswert** nicht mehr 12 500 €, sondern 17 500 €.

gg) Teilnahme an Prüfungen und Nachschauen (§ 29 StBVV)

Rz. 13

§ 29 StBVV wurde verschlankt und erhielt die Überschrift „Teilnahme an Prüfungen und Nachschauen". Die Hinweise auf EU-Verordnungen und Zollkodex sind mittels des kurzen Hinweises, dass die Zeitgebühr für die Teilnahme an einer Prüfung, insbesondere an einer Außenprüfung, einer Zollprüfung oder einer Nachschau anzusetzen ist, entfallen.

hh) Erhöhung bei der Lohnbuchführung (§ 34 StBVV)

Rz. 14

Die Erhöhung der Einzelbeträge bei der Lohnbuchführung in § 34 StBVV erfolgte dadurch, dass bei der erstmaligen Einrichtung von Lohnkonten i.S.v. Absatz 1 die Gebühr nunmehr **5 € bis 18 €** (anstelle von 16 €) und die Gebühr für das Führen von Lohnkonten und die Anfertigung der Lohnabrechnung von **5 € bis 28 €** (anstelle von 25 €) reicht.

ii) Buchführungs-/Abschlussarbeiten für LuF-Betriebe (§ 39 StBVV)

Rz. 15

Klargestellt wurde in § 39 StBVV, dass der Bereich der „Buchführungs- und Abschlussarbeiten für land- und forstwirtschaftliche Betriebe" auch **„das Führen steuerlicher Aufzeichnungen"** umfasst.

jj) RVG-Anwendung bei Rechtsbehelfen (§ 40 StBVV)

Rz. 16

Eine ganz wesentliche und der Stellung des Steuerberaters als Organ der Steuerrechtspflege (s. dazu unter → Rz. 22 ff.) gerecht werdende Änderung erfuhr § 40 StBVV. Der früher aus acht Absätzen bestehende § 40 StBVV wurde mit nur einem einzigen Satz wie folgt neu gefasst:

> **§ 40 StBVV – Verfahren vor den Verwaltungsbehörden**
>
> Auf die Vergütung des Steuerberaters für Verfahren vor den Verwaltungsbehörden sind die Vorschriften des Rechtsanwaltsvergütungsgesetzes sinngemäß anzuwenden.

Damit ist das Einspruchsverfahren nicht mehr nach **Tabelle E** abzurechnen, die **aufgehoben** wurde (s. dazu → Rz. 17), sondern analog nach den einschlägigen **Vorschriften des RVG** (s. dazu → Rz. 32 ff. und → Rz. 47). Hierdurch wurde auch eine weitere Identifizierung für den wichtigen Bereich der Steuerrechtsberatung mit der Rechtsanwaltschaft vorgenommen.

> **Beratungshinweis:**
>
> Die Abrechnung nach den neuen Regeln mit dem RVG ist nicht schwer: Gute Muster dazu finden Sie beispielsweise bei *Meyer/Goez/Schwamberger*, Vergütung der steuerberatenden Berufe, Loseblattkommentar, Fach 7, 7/2022. Berechnungsbeispiele finden sich bei *Feiter*, Steuerberatervergütungsverordnung, 3. Aufl. 2020, § 40 StBVV n.F., Rz. 1 ff.

kk) Wegfall der Rechtsbehelfstabelle E

Rz. 17

Die Rechtsbehelfstabelle E ist entbehrlich geworden und daher entfallen. Hintergrund ist, dass für das **Einspruchsverfahren** in **§ 40 StBVV** auf die entsprechenden **Vorschriften des RVG** verwiesen wird (s. dazu → Rz. 16 und → Rz. 32 ff.). Einen vergleichbaren Rückgriff auf die Regeln des RVG findet sich in der StBVV bekanntermaßen schon seit Längerem für das Verwaltungsvollstreckungsverfahren (§ 44 StBVV), die gerichtlichen und anderen Verfahren (§ 45 StBVV: Finanzgerichtsbarkeit, Sozialgerichtsbarkeit, Verwaltungsgerichtsbarkeit, Strafverfahren, berufsgerichtliche Verfahren, Bußgeldverfahren und Gnadensachen) und für die Vergütung bei der Prozesskostenhilfe (§ 46 StBVV). Darüber hinaus bemisst sich gem. § 17 Abs. 2 StBVV auch die Höhe der Dokumentenpauschale nach den hierfür im RVG bestimmten Beträgen. Wird ein Steuerberater, der mit einer Angelegenheit noch nicht befasst gewesen ist, mit der Prüfung der Erfolgsaussichten eines Rechtsmittels beauftragt, ist für die Vergütung ebenfalls das RVG sinngemäß anzuwenden und die Gebühren bestimmen sich in diesem Fall nach Teil 2. Abschn. 1 VV-RVG (s. zur Anwendung von Regeln des RVG auf die Honorarabrechnung der Steuerberater → Rz. 32 ff. und → Rz. 47).

2. Die Steuerberatervergütungsverordnung

II) Wirksamwerden der Änderungen

Rz. 18

Die Änderungen der StBVV durch Art. 8 der Fünften Verordnung zur Änderung steuerlicher Verordnungen vom 25.6.2020 (BGBl. I 2020, 1495) sind gem. Art. 11 Abs. 3 der Verordnung am **1.7.2020** in Kraft getreten. Gemäß der **Übergangsvorschrift** in § 47a StBVV gilt allerdings für die Abrechnung von Tätigkeiten aus **Aufträgen, die vor Inkrafttreten der Änderung der Verordnung erteilt worden sind**, das seinerzeit geltende Recht.

> **Beratungshinweis:**
>
> Nur für Mandate, die nach dem Inkrafttreten der Änderung der StBVV 2020 erteilt wurden, kann die geänderte Fassung mit den höheren Sätzen zugrunde gelegt werden.

Für **Honorarvereinbarungen, insbesondere i.S.v. § 14 StBVV**, aber auch dann, wenn der Steuerberatungsvertrag eine Mindestdauerzeit von einem Jahr vorsieht, gilt für das gesamte Jahr 2020 die „alte" Fassung der StBVV. Allerdings muss der Steuerberater aufgrund der unklaren Regelung in § 47a StBVV bei **Pauschalvereinbarungen** zumindest in Textform eine **Ergänzung seiner vertraglichen Grundlage** abstimmen, damit auch bei dieser Art von Vereinbarungen die neuen Sätze nach der StBVV im neuen Jahr angewandt werden können.

> **Beratungshinweis:**
>
> Die BStBK hat Hinweise mit Erläuterungen u.a. zum Anwendungszeitpunkt der ab 1.7.2020 gültigen Änderungen in der StBVV erlassen (vgl. *BStBK*, Hinweise zur Steuerberatervergütung ab 1.7.2020, abrufbar auf www.bstbk.de, unter „Themen – Berufsrecht – Steuerberatervergütungsverordnung").

d) Aktuelle Änderungen in 2022

aa) Gesetz zur Neuregelung des Berufsrechts der anwaltlichen und steuerberatenden Berufsausübungsgesellschaften sowie zur Änderung weiterer Vorschriften im Bereich der rechtsberatenden Berufe

Rz. 19

Mit dem Gesetz zur Neuregelung des Berufsrechts der anwaltlichen und steuerberatenden Berufsausübungsgesellschaften sowie zur Änderung weiterer Vorschriften im Bereich der rechtsberatenden Berufe vom 7.7.2021 (BGBl. I 2021, 2363) wurde auch die StBVV geändert (Art. 30). Das Gesetz beschäftigt sich mit den Berufsausübungsgesellschaften, so dass die entsprechende

I. Einleitung

Bezeichnung der StBVV geändert wurde auf „Vergütungsverordnung für Steuerberater, Steuerbevollmächtigte und Berufsausübungsgesellschaften". Diese Änderung erfolgte auch in § 1 Abs. 2 StBVV. Übersehen hatte der Verordnungsgeber bei den Änderungen des § 40 StBVV im Jahre 2020, dass in § 6 auf die alten Regelungen verwiesen wurde. Dies wurde korrigiert.

Bei mehreren Auftraggebern kann der Steuerberater insgesamt nicht mehr fordern, als sich bei einer Tätigkeit in derselben Angelegenheit für mehrere Auftraggeber einmal ergibt (§ 6 Abs. 1 StBVV); auch die Auslagen sind dementsprechend begrenzt (§ 6 Abs. 2 Satz 2 StBVV 2022). Zudem wurde in § 9 Abs. 3 StBVV klargestellt, dass die Mitteilung der Berechnung so lange gefordert werden kann, wie ein Steuerberater nach § 66 StBerG verpflichtet ist, seine Handakten aufzubewahren.

Fehlerhaft formuliert wurde im Jahr 2020 die Neuregelung in § 21 Abs. 2 StBVV, wonach das RVG sinngemäß anzuwenden ist, wenn eine Prüfung der Erfolgsaussichten eines Rechtsmittels zu bearbeiten ist. Klargestellt wurde nunmehr, dass es nicht darauf ankommt, ob der Steuerberater schon mit dieser Angelegenheit früher befasst gewesen ist oder noch nicht.

Beratungshinweis:

Eigentlich kommt diese Regelung des § 21 Abs. 2 StBVV nur zum Zuge, wenn nicht tatsächlich ein Rechtsbehelfsverfahren, insbesondere Einspruchsverfahren, von dem Steuerberater durchzuführen ist. Wird jedoch ein Einspruch oder eine Klage sodann erhoben, muss auf die Vergütung im weiteren Verfahren die Gebühr nach § 21 Abs. 1 StBVV angerechnet werden!

Im Ergebnis sind daher mit diesem Gesetz vom 7.7.2021 keine wesentlichen Änderungen bei der Anwendung der StBVV erfolgt, sondern vorrangig Klarstellungen.

bb) Vierte Verordnung zur Änderung der StBVV

Rz. 20

Anders ist es im Hinblick auf die Beratung bei der Ermittlung der Werte für die Grundsteuer, weswegen die Vierte Verordnung zur Änderung der StBVV erlassen wurde.[1] Mit dieser Verordnung wurde § 24 Abs. 1 StBVV in Nr. 11 und 11a dahingehend angepasst, dass eine gleichmäßige Berechnung der Gebühr für Erklärungen zur Feststellung oder Festsetzung für Zwecke der Grund-

---

1) Verabschiedung Bundesrat am 10.6.2022, BR-Drucks. 173/22. Verkündung: 17.6.2022, Inkrafttreten: 18.6.2022.

steuer im Rahmen des ab dem Jahr 2025 anzuwendenden Grundsteuerrechts in allen Ländern gewährleistet wird. Auch wurde durch die Herabsetzung des Gebührenrahmens dem Umstand Rechnung getragen, dass die Grundsteuerwerte bzw. die fiktiven Grundsteuerwerte höher als die bisherigen Einheitswerte sein werden. Demzufolge wurde in Nr. 11 bestimmt, dass Nr. 11a vorrangig ist; nach Nr. 11a erhält nunmehr der Steuerberater für die Anfertigung der Erklärung zur Feststellung oder Festsetzung für Zwecke der Grundsteuer im Rahmen des ab dem Jahr 2025 anzuwendenden Grundsteuerrechtes 1/20 bis 9/20 einer vollen Gebühr nach Tabelle A. Dabei ist der Gegenstandswert der Grundsteuerwert bzw. dann, wenn dessen Feststellung nicht vorgesehen ist, der jeweilige Grundsteuermessbetrag dividiert durch die Grundsteuermesszahl (§ 15 Abs. 1 Nr. 2a GrStG). Wie in Nr. 11 wird auch hier als Mindestgegenstandswert 25 000 € vorgesehen.

Diese Vierte Verordnung zur Änderung der StBVV enthält nichts anderes als diese ergänzende Regelung im Hinblick auf die unterschiedlichen Länderregelungen zur Festsetzung der Werte zur Ermittlung der Grundsteuer.

e) Inkrafttreten und Übergangsregelungen (§ 47a StBVV)

Rz. 21

Bei allen Änderungen ist immer auch die Übergangsvorschrift in § 47a StBVV zu beachten. Danach ist die Vergütung nach bisherigem Recht zu berechnen, wenn der Auftrag zur Erledigung der Angelegenheit vor dem Inkrafttreten einer Änderung der VO erteilt worden ist. Eine Besonderheit gilt dann, wenn zwischen dem Steuerberater und dem Mandanten Honorarvereinbarungen, insbesondere i.S.v. § 4 StBVV, oder eine Pauschalvergütungsvereinbarung gem. § 14 StBVV abgeschlossen wurde. Dann ist die Vergütung bis zum Ablauf des Jahres, in dem eine Änderung in Kraft tritt, noch nach bisherigem Recht zu berechnen.

3. Das Rechtsanwaltsvergütungsgesetz

Rz. 22

Aufgrund der ständigen Gesetzesänderungen in so gut wie allen Bereichen müssen die Regelungen zur Honorierung der Rechtsanwälte regelmäßig angepasst werden. Während dies bis 2020 für Steuerberater eher zu vernachlässigende Sachverhalte betraf, erfolgte durch die Fünfte Verordnung zur Änderung steuerlicher Verordnungen eine grundlegende Änderung (s. dazu → Rz. 12 und → Rz. 17): Zum 1.1.2021 hat das **Kostenrechtsände-**

I. Einleitung

rungsgesetz 2021 (BGBl. I 2020, 3229, 3247) eine deutliche Erhöhung der Tabellenwerte im RVG und insbesondere auch Verbesserungen bei den Regeln zur Prozesskostenhilfe vorgenommen, wovon nun auch Steuerberater profitieren.

a) Entwicklung bis 2020

Rz. 23

Nach den zum **30.7.2013** in Kraft getretenen Änderungen der Rechtsanwaltsvergütung durch das **2. Kostenrechtsmodernisierungsgesetz** vom 23.7.2013 (BGBl. I 2013, 2586) war beim RVG eigentlich bis Ende 2020 Ruhe eingekehrt. Der Gesetzgeber begnügte sich in der Zwischenzeit mit kleineren Korrekturen, Verweisungsanpassungen und im Wesentlichen klarstellenden Ergänzungen, die aber kaum Auswirkungen hatten und insbesondere nicht jene Regeln des RVG betrafen, die für die Vergütung der steuerberatenden Berufe einschlägig waren (vgl. im Einzelnen: *Mayer*, Entwicklungen zur Rechtsanwaltsvergütung 2014, NJW 2015, 1647).

Wichtiger war sodann die am **1.1.2016** in Kraft getretene Änderung des **§ 1 Abs. 2 RVG** durch das Gesetz zur Neuordnung des Rechts der **Syndikus-Anwälte** und zur Änderung der Finanzgerichtsordnung vom 21.12.2015 (BGBl. I 2015, 2517), mit der klargestellt wurde, dass das RVG auf die Tätigkeit eines Syndikus-Anwalts keine Anwendung findet. Im Jahr 2016 erfolgten weitere kleinere Änderungen, wonach es für die Honorarabrechnung nunmehr – wie bei Steuerberatern – für die anzuwendende Fassung der Vergütungsregeln auf den Zeitpunkt der Auftragserteilung ankommt. Zudem erfolgten sprachliche Ergänzungen hinsichtlich der Anpassung des RVG an die EU-Verordnung Nr. 655/2014 (VO [EU] Nr. 655 des Europäischen Parlaments und des Rates vom 15.5.2014 zur Einführung eines Verfahrens für einen Europäischen Beschluss zur vorläufigen Kontenpfändung im Hinblick auf die Erleichterung der grenzüberschreitenden Eintreibung von Forderungen in Zivil- und Handelssachen, ABl.EU Nr. L 189 vom 27.6.2014, 59), als dass das Erwirken eines Europäischen Beschlusses zur vorläufigen Kontenpfändung und hiermit im Zusammenhang stehende Tätigkeiten aufgenommen wurden (vgl. Gesetz zur Durchführung der Verordnung [EU] Nr. 655/2014 sowie zur Änderung sonstiger zivilprozessualer, grundbuchrechtlicher und vermögensrechtlicher Vorschriften und zur Änderung der Justizbeitreibungsordnung [EuKoPfVODG] vom 21.11.2016, BGBl. I 2016, 2591).

Ferner wurde noch im Jahr **2017** eine Anpassung durch das Gesetz zur Reform der strafrechtlichen Vermögensabschöpfung vom 13.4.2017 (BGBl. I 2017, 872) vorgenommen (Tätigkeiten im Zusammenhang mit der Einziehung). Weitere Änderungen betrafen die Abrechnung für anwaltliche Tätigkeiten im Insolvenzverfahren (vgl. Gesetz zur Durchführung der Verordnung [EU] 2015/848 über Insolvenzverfahren vom 5.6.2017, BGBl. I 2017, 1476) und im Unterbringungsverfahren (vgl. Gesetz zur Einführung eines familiengerichtlichen Genehmigungsvorbehalts für freiheitsentziehende Maßnahmen bei Kindern vom 17.7.2017, BGBl. I 2017, 2424).

Am **12.7.2018** wurde im Rahmen des „Gesetzes zur Einführung einer zivilprozessualen Musterfeststellungsklage vom 12.7.2018 (BGBl. I 2018, 1151; *Mayer*, Entwicklungen zur Rechtsanwaltsvergütung 2018, NJW 2018, 3558) § 19 Abs. 1 Satz 2 Nr. 1a RVG dahingehend ergänzt, dass auch die Anmeldung von Ansprüchen oder Rechtsverhältnissen zum Klageregister für Musterfeststellungsklagen sowie deren Rücknahme zu dem Verfahren gehört, für das der Rechtsanwalt einen Klageauftrag hat. Diese Änderung trat am 1.11.2018 in Kraft.

Sodann wurde in § 19 Abs. 1 RVG eine Forderung des Gesetzes zum internationalen Güterrecht vom **17.12.2018** (BGBl. I 2018, 2373) umgesetzt und die Abrechnung der auszustellenden Bescheinigung neu geregelt; zudem wurden im Bereich ärztlicher Zwangs- und freiheitsentziehender Maßnahmen in Kindschaftssachen Anpassungen in den §§ 42 und 51 RVG sowie im VV-RVG vorgenommen (BGBl. I 2019, 1202). Die letzten – für die Angehörigen der steuerberatenden Berufe weniger bedeutsamen – Änderungen des RVG vor der umfassenden Gebührenanhebung durch das Kostenrechtsänderungsgesetz 2021 vom 21.12.2020 (BGBl. I 2020, 3229) betrafen am **10.12.2019** (BGBl. I 2019, 2121 und 2128) den Vergütungsanspruch bei gemeinschaftlicher Nebenklagevertretung gem. § 53a RVG sowie die Beiordnung und Bestellung von Rechtsanwälten durch die Staatsanwaltschaft (§ 59a RVG).

b) Kostenrechtsänderungsgesetz 2021

Rz. 24

Am 29.12.2020 wurde das Kostenrechtsänderungsgesetz 2021 im Bundesgesetzblatt verkündet (BGBl. I 2020, 3229); es ist am **1.1.2021** in Kraft getreten. Umgehend nach dem Tag der Verkündung trat die geänderte Übergangsvorschrift des § 60 Abs. 1 RVG in Kraft, um sicherzustellen, dass die Anpassungen des

I. Einleitung

RVG für ab dem 1.1.2021 neu erteilte Aufträge unverzüglich Anwendung finden konnten.

Inhaltlich erfolgte eine lineare **Erhöhung der anwaltlichen Gebühren** um **10 %**, bei **sozialrechtlichen Sachverhalten** sogar um **20 %**. Die neuen Werte können der **Regeltabelle** (Anlage 2 zu **§ 13 Abs. 1 Satz 3 RVG** zum Verwaltungs- und Gerichtsverfahren) und der **Prozesskostenhilfetabelle** gem. **§ 49 RVG** entnommen werden (s. dazu → Rz. 66 f.).

Auch brachte das Gesetz strukturelle Änderungen im RVG mit sich, die sich stichwortartig wie folgt zusammenfassen lassen:

– Gesetzliche Verankerung einer außergerichtlichen Einigungsgebühr
– Deckelung der Anrechnung der mehrfach angefallenen Geschäftsgebühr
– Terminsgebühr für privatschriftliche Vergleiche
– Erstreckung der Prozesskostenhilfe-Beiordnung im Fall eines Mehrvergleiches
– Erhöhung von Fahrtkostenpauschale, Tages- und Abwesenheitsgeldern

Während die zugleich erfolgte Anhebung des Regelverfahrenswertes in Kindschaftssachen für Steuerberater eher unerheblich erscheint, ist für den auch als **Steuerstrafverteidiger** tätigen Berater wichtig, dass nunmehr Pausenzeiten in Strafsachen finanziell Berücksichtigung finden.

Nicht unerwähnt bleiben darf, dass mit dem Kostenrechtsänderungsgesetz 2021 auch die Werte nach dem **Gerichtskosten- und Notarkostengesetz (GNotKG)**, dem **Gerichtsvollzieherkostengesetz (GvKostG)** sowie dem **Justizvergütungs- und -entschädigungsgesetz (JVEG)** teilweise deutlich angehoben worden sind. Dies ist gerade auch für als gerichtliche Sachverständige tätige Steuerberater relevant.

Beratungshinweis:

Die Vergütung solcher Tätigkeiten, zu denen regelmäßig die Angehörigen der steuerberatenden Berufe, gerade auch von Gerichten, ebenfalls berufen werden, richtet sich nach den entsprechenden Vorgaben und können der Übersicht zur „Abrechnung von vereinbaren Tätigkeiten" (→ Rz. 61) entnommen werden.

c) Änderungen in 2022

Rz. 25

Zwar schon am 7.7.2021, aber erst mit Wirkung zum 1.8.2022 wurde durch das Gesetz zur Neuregelung des Berufsrechts der anwaltlichen und steuerberatenden Berufsausübungsgesellschaften sowie zur Änderung weiterer Vorschriften im Bereich der rechtsberatenden Berufe (BGBl. I 2021, 2363) im Art. 22 als Änderung des RVG vorgesehen, dass „Prozesspfleger" nunmehr „besondere Vertreter" heißen, was wenig relevant für Steuerberater ist.

Wichtiger für Berater war es, dass mit dem Gesetz vom 10.8.2021 (BGBl. I 2021, 3415) auch Änderungen im RVG zum Verbraucherschutz im Inkassorecht und zum Legal Tech-Inkasso normiert wurden. Es wurde ein neuer Gebührentatbestand mit reduziertem Rahmen und neuen Schwellenwerten in Nr. 2300 Anmerkung Abs. 2 VV-RVG geschaffen. Eine Gebühr von mehr als 0,9 kann nur gefordert werden, wenn die Inkasso-Dienstleistung besonders umfangreich und besonders schwierig war; in einfachen Fällen kann nur eine Gebühr von 0,5 gefordert werden, gerade bei Fällen, in denen die Forderung auf die erste Zahlungsaufforderung hin beglichen wird. Gedeckelt ist der Gebührensatz auf 1,3.

Auch wurde eine neue Wertstufe in § 13 RVG eingeführt, um die Geschäftsgebühr nach Nr. 2300 Anmerkung Abs. 2 VV-RVG für Forderungen bis 50 € deutlich zu verringern. Die volle Gebühr beträgt nunmehr nur 30 € anstelle von 49 €.

Des Weiteren sind Änderungen bei der Einigungsgebühr und der Wertvorschrift für Zahlungsvereinbarungen in Nr. 1000 VV-RVG bzw. § 31b RVG erfolgt. Die Einigungsgebühr im Falle einer Zahlungsvereinbarung beläuft sich nur noch auf 0,7 anstelle von 1,5. Wird der Hauptanspruch anerkannt, entfällt die 1,5 Einigungsgebühr. Wird eine Zahlungsvereinbarung getroffen, kommt jetzt nur noch die niedrigere 0,7 Einigungsgebühr in Betracht.

Zu beachten wird die neue Regelung in § 4 RVG sein, wonach die Möglichkeiten eines Unterschreitens der gesetzlichen Vergütung sowie sogar der vollständige Gebührenverzicht angesprochen werden. Während dies früher nur dann möglich war, wenn ein Mandant die Voraussetzungen für die Bewilligung von Beratungshilfe hatte und zudem die Vergütung in einem angemessenen Verhältnis zur Leistung, Verantwortung und zum Haftungsrisiko des Rechtsanwalts stehen musste (s. zu der Parallelvorschrift § 4 Abs. 3 StBVV), kann ein Vollverzicht nunmehr ausgesprochen werden, wenn Gegenstand der außergerichtlichen Angelegenheit eine Inkassodienstleistung (§ 2 Abs. 2 Satz 1 RDG) ist. Die Regeln zu dem grundsätzlich bestehenden Verbot von Erfolgshonoraren wurden gelockert. Solche können vereinbart werden, wenn sich der Auftrag auf eine Geldforderung von höchstens 2 000 € bezieht oder eine Inkassodienstleistung erbracht wird (Verfahren nach § 79 Abs. 2 Satz 2 Nr. 4 ZPO). § 49b Abs. 2 BRAO hält daran aber fest, dass eine Erfolgshonorarvereinbarung dann unzulässig ist, falls sich der Auftrag auf eine Forderung bezieht, die der Pfändung nicht zugänglich ist, wie beispielsweise bei Unterhaltsforderungen (*Mayer*, Anwaltsblatt 2021, 477).

Mit Bekanntmachung vom 15.3.2022 (BGBl. I 2022, 610) erfolgte dann die Neufassung des RVG unter Berücksichtigung aller Gesetzesänderung seit der Bekanntmachung im Jahr 2004, zuletzt durch Artikel 7 des Gesetzes zur Durchführung der Verordnung (EU) 2019/1111 über die Zuständigkeit, die Anerkennung und Vollstreckung von Entscheidungen in Ehesachen und in Verfahren betreffend die elterliche Verantwortung und über internationale Kindesentführungen sowie zur Änderung sonstiger Vorschriften vom 10.8.2021 (BGBl. I 2021, 3424).

4. Ausblick für die StBVV und für das RVG

Rz. 26

Der Gesetzgeber hat die rechtliche Stellung des Steuerberaters der Stellung der Rechtsanwälte als unabhängige Organe der Rechtspflege (§ 1 BRAO) zum 1.1.2020 gesetzlich für den Bereich der Steuerberatung gleichgestellt: In § 32 Abs. 2 Satz 1 StBerG ist seither ausdrücklich normiert, dass jeder Steuerberater ein „**unabhängiges Organ der Steuerrechtspflege**" ist (vgl. Gesetz zur weiteren steuerlichen Förderung der Elektromobilität und zur Änderung weiterer steuerlicher Vorschriften vom 12.2.2019, BGBl. I 2019, 2451). Dennoch darf, wie das 2015 eingeleitete EU-Vertragsverletzungsverfahren (s. dazu → Rz. 5) zeigt, nicht verkannt werden, dass auf europäischer Ebene gesetzliche Vergütungsvorgaben gefährdet sind, was schon zur Beanstandung der Honorarordnung für Architekten und Ingenieure (HOAI) durch die europäischen Gremien führte. Rechtsanwälte haben insofern einen etwas besseren Stand als Steuerberater, weil jedes europäische Land – und darüber hinaus – eine Rechtsanwaltschaft mit entsprechenden Rechten und Privilegien hat, die vergleichbar mit demjenigen des Berufsstandes in Deutschland ist. Anders ist es bei den steuerberatenden Berufen: Hier gibt es nur wenige europäische Länder, die ein solches gesondertes Berufsbild kennen. Der **Berufsstand der Steuerberater** muss daher achtsam sein und die modern aufgestellte StBVV verteidigen. Wichtig ist es, den Gleichklang mit den Anwaltsregeln aufrechtzuerhalten: Beispielsweise bei der RVG- und BRAO-Änderung zum Erfolgshonorar bedeutet dies für die Standesorganisationen der Steuerberater, eine entsprechende Anpassung und Vereinfachung in § 9a StBerG durchzusetzen.

Das Problem fehlender europäischer Vergleichbarkeit stellt sich für die **Rechtsanwaltschaft** nicht in dieser Schärfe. Dennoch muss auch dieser Berufsstand im wohlverstandenen eigenen Interesse, aber auch im Interesse der Transparenz für die Mandantschaft, weiterhin darauf achten, dass die Rechtsanwaltsvergütung den jeweiligen gerichtlichen und außergerichtlichen Verhältnissen angepasst wird. Jedenfalls für die nächsten Jahre dürfte allerdings trotz der deutlich gestiegenen Inflationsrate hier eine Gebührenanpassung „nach oben" nicht mehr erfolgen. Dies gilt (leider) auch für die Honorarvorgaben für Steuerberater.

Problematisch ist und bleibt die angesprochene teilweise fehlende Transparenz, gerade auch für die Mandanten von Steuerberatern oder Rechtsanwälten: Die umfangreiche Rechtsprechung in Honorarprozessen zeigt schon, wie komplex und undurchsichtig die Regeln bei dem rechtsratsuchenden Publikum erscheinen. Die vom Gesetzgeber vorgenommenen Änderungen führen häufig zu einer Verkomplizierung der Vorgaben. Die Anwender haben Probleme, die Mandanten durchschauen die Einzelheiten nicht mehr. Wünschenswert wären daher zukünftig noch deutlich klarere und einfacher gefasste Regelungen im Vergütungsrecht.

II. Regelungen der Steuerberatervergütungsverordnung (StBVV)

1. Rechtsgrundlagen

Rz. 27

Grundlage für den Vergütungsanspruch ist der zwischen dem Steuerberater und seinem Mandanten geschlossene **Vertrag**. Bei diesem handelt es sich regelmäßig um einen entgeltlichen Geschäftsbesorgungsvertrag i.S.v. § 675 BGB mit dienst- oder werkvertraglichem Charakter. Die Unterscheidung richtet sich danach, ob der Berater vorrangig eine (laufende) Dienstleistung erbringen soll oder ob das Ergebnis seiner Tätigkeit im Vordergrund steht und ein bestimmter Erfolg erwartet wird (ausführlich *Meyer/Goez/Schwamberger*, StBVV, Praxiskommentar, 10. Aufl. 2021, Einführung, Rz. 4 bis 7; zur Differenzierung BGH vom

26.1.2017, IX ZR 285/14, Stbg 2017, 180). Sofern die weiteren Voraussetzungen vorliegen, hat der Steuerberater einen Anspruch auf seine Vergütung gem. § 612 BGB (Dienstvertrag) oder § 632 BGB (Werkvertrag). Diese ist bei Vorliegen einer „Taxe", wie sie die StBVV darstellt, ansonsten entsprechend der „Üblichkeit" festzusetzen, wenn die StBVV nicht einschlägig ist, wie es insbesondere bei jenen Tätigkeiten, die jenseits der Vorbehaltsaufgaben mit dem Beruf des Steuerberaters vereinbar sind (§ 57 Abs. 3 StBerG), der Fall ist (s. dazu die Übersicht in → Rz. 61).

> **Beratungshinweis:**
>
> Der Vergütungsanspruch bei Kündigung des Vertrages vor abschließender Erledigung des Mandates führt dazu, dass der Steuerberater beim Dienstvertrag regelmäßig nur den auf die erbrachte Leistung entfallenden Vergütungsanspruch hat. Individuell kann dies aber auch mit dem Mandanten zu Beginn des Mandats so vereinbart werden, dass der Steuerberater zumindest bei Vertragswidrigkeit des kündigenden Mandanten nach Hinweis auf das Angebot zur Erbringung der Leistung Schadensersatz verlangen kann (*Feiter*, Steuerberatervergütungsverordnung, 3. Aufl. 2020, A. Grundlagen des Gebührenrechts, Rz. 28). Bei werkvertraglicher Vereinbarung ist § 648 BGB einschlägig, so dass die volle vereinbarte Vergütung unter Berücksichtigung der ersparten Aufwendungen bei Vorliegen der weiteren Voraussetzungen verlangt werden kann.

Zur Bestimmung der Vergütung – somit der Gebühren und Auslagen – sind Steuerberater und Steuerberatungsgesellschaften gem. § 64 Abs. 1 Satz 1 StBerG an die „Gebührenordnung" (im Rahmen eines entsprechenden Änderungsgesetzes sollte der Begriff „Gebührenordnung" in § 64 StBerG an den Begriff „Steuerberatervergütungsverordnung" angepasst werden) gebunden (vgl. **§§ 64, 72 Abs. 1 StBerG i.V.m. § 1 StBVV**). Diese „Gebührenordnung" erlässt das Bundesministerium der Finanzen gem. § 64 Abs. 1 Satz 2 StBerG durch Rechtsverordnung mit Zustimmung des Bundesrates.

§ 64 Abs. 1 Satz 3 StBerG regelt materiell-rechtlich, dass die Höhe der Gebühren den Rahmen des **Angemessenen** nicht übersteigen darf und sich nach Zeitaufwand, Wert des Objekts und Art der Aufgabe zu richten hat. Schon hier ist anzumerken, dass diese Angemessenheitskriterien durch § 11 StBVV konkretisiert werden. Die Vorgabe einer „angemessenen" Gebühr im Verhältnis zur Leistung wurde 2016 dadurch Rechnung getragen, dass entsprechende niedrigere Vergütungsvereinbarungen für zulässig erklärt wurden (§ 4 Abs. 3 StBVV; Art. 9 Nr. 3 Buchst. b der Dritten Verordnung zur Änderung steuerlicher Verordnungen vom 18.7.2016, BGBl. I 2016, 1722, 1725).

Wie § 1 StBVV klarstellt, richtet sich die Verordnung an **alle inländischen Berufsträger** (Steuerberater, Steuerbevollmächtigte, Steuerberatungsgesellschaften), wobei aufgrund des erwähnten EU-Beanstandungsverfahrens (s. dazu → Rz. 5) klargestellt wurde, dass „der Steuerberater seinen Sitz im Inland" haben muss und es nur um dessen „im Inland selbständig ausgeübte Berufstätigkeit" geht. Zudem stellt schon § 1 Abs. 1 StBVV im zweiten Satz klar, dass die Höhe der Vergütung nur dann nach der StBVV zu bestimmen ist, wenn „nichts anderes vereinbart" wurde. Sachlich gilt die StBVV für die **selbständig ausgeübte Berufstätigkeit**. Damit bezieht sie sich auf die **Originärtätigkeiten** i.S.v. § 33 StBerG, somit auf die Steuerberatung, Steuerdeklaration, Steuerdurchsetzung sowie Tätigkeiten in Steuerstrafverfahren (*Meyer/Goez/Schwamberger*, StBVV, Praxiskommentar, 10. Aufl. 2021, § 1 Rz. 11 ff.).

Beratungshinweis:

Während der „Nur-Wirtschaftsprüfer" auch für steuerberatende Dienstleistungen keine gesonderte Gebührenvorgabe hat (vgl. auch §§ 55, 55a WPO), hat der WP/StB bei der Leistung geschäftsmäßiger Steuerrechtshilfe kein Wahlrecht, sondern ist an die StBVV gebunden.

Für sog. **vereinbare Tätigkeiten i.S.v. § 57 Abs. 3 StBerG bzw. § 15 BOStB** (z.B. betriebswirtschaftliche Beratung aller Art, Treuhandtätigkeiten, Vermögensverwaltung, Insolvenzverwaltung, Testamentsvollstreckung u.a.) gilt – soweit für die Vergütung nicht Sonderbestimmungen einschlägig sind – die StBVV nur bei entsprechender Vereinbarung mit dem Mandanten. Ansonsten sind diese Tätigkeiten nach den allgemeinen Regeln des BGB abzurechnen (s. → Rz. 41 und den **Katalog** für vereinbare Tätigkeiten in → Rz. 61).

Bei der **Mandatsübernahme** hat der Steuerberater seit Mitte 2016 strikt zu beachten, dass er gem. § 4 Abs. 4 StBVV „den Auftraggeber in **Textform** darauf hinzuweisen hat, dass eine höhere oder niedrigere als die gesetzliche Vergütung in Textform vereinbart werden kann". Damit ist eine Klarstellung im Interesse der Auftraggeber, insbesondere von solchen als Verbrauchern, gefunden, dass zwingend schon bei Mandatsannahme die Vergütungsfrage angesprochen werden muss (Muster bei *Meyer/ Goez/Schwamberger*, Die Vergütung der steuerberatenden

Berufe, Loseblattkommentar, Fach 7, Kz. 7115, 7/2021). Dies gilt im Übrigen generell. Es gehört zur Transparenz im Rahmen der gegenseitigen Vertragspflichten, dass der Steuerberater in geeigneter Form seinen Mandanten auf das entstehende Honorar aufmerksam macht (beispielsweise für RA: BGH vom 3.11.2011, IX ZR 49/09, BRAK-Mitt. 2012, 26).

Regelmäßig werden vorformulierte Vertragsbedingungen, sog. allgemeine Auftrags- oder Geschäftsbedingungen (AGB), genutzt. Diese sind gerade auch im Hinblick auf die Haftungsbegrenzung (§ 67a StBerG) sinnvoll. Zu beachten ist zunächst, dass diese bei Beginn des Mandatsverhältnisses vereinbart werden müssen. Hinsichtlich der Honorargestaltung allerdings sind diese vorformulierten Vertragsbedingungen weniger ergiebig, weil sie regelmäßig nur auf die Regeln der StBVV Bezug nehmen. Honorarvereinbarungen müssten gesondert getroffen werden.

Beratungshinweis:

Wenn AGB genutzt werden, muss der Berater nachweisen können, dass diese zu einem bestimmten Zeitpunkt Vertragsinhalt geworden sind; dies ist regelmäßig dadurch möglich, dass der Mandant im (Erst-)Beratungsgespräch ein Exemplar erhält und ein Weiteres für die Mandantenakte des Steuerberaters unterzeichnet.

Der Berater hat allerdings noch **weitere Normen bei der Festlegung der Vergütung** zu berücksichtigen. Hierzu zählt § 9 StBerG, wonach die Abgabe wie auch die Entgegennahme eines Teils der Gebühren, aber auch die Annahme oder Vereinbarung von **Provisionen** oder sonstiger Vorteile, für die Vermittlung von Aufträgen unzulässig ist (vgl. auch § 2 Abs. 3 BOStB). Sodann bestimmt § 9a StBerG, nachdem verfassungsrechtlich der völlige Ausschluss von **Erfolgshonoraren** beanstandet wurde (jedenfalls bei RA: BVerfG vom 12.12.2006, 1 BvR 2576/04, BVerfGE 117, 163), dass unter sehr rigiden und formstrengen Vorgaben die Vereinbarung einer Vergütung in Abhängigkeit der Höhe vom Ausgang der Sache oder von dem Erfolg der Tätigkeit möglich ist. Eine solche Vereinbarung darf nur für den Einzelfall und nur dann getroffen werden, wenn der Mandant auf Grund seiner wirtschaftlichen Verhältnisse bei vollständiger Betrachtung ohne die Vereinbarung eines Erfolgshonorars von der Rechtsverfolgung abgehalten würde; auch bedarf die Vereinbarung (mindestens) der Textform (*Goez*, Vergütungsvereinbarungen in Textform, NWB 2016, 2968); sie muss als „Vergütungsvereinbarung oder in vergleichbarer Weise" bezeichnet werden. Sie darf insbesondere nicht in der erteilten Vollmacht enthalten sein. Zudem sind in der Vereinbarung selbst die wesentlichen Gründe anzugeben, die für die Bemessung des Erfolgshonorars bestimmend sind. Verstöße gegen diese Vorgaben bei der Vereinbarung von Erfolgsvergütungen oder -beteiligungen führen zur Nichtigkeit der Vereinbarung (§ 134 BGB); der Steuerberater kann sodann keine höhere als die gesetzliche Vergütung fordern (BGH vom 5.6.2014, IX ZR 137/12, NJW 2014, 2653), unabhängig davon, dass er seinen Anspruch auch mit einer ungerechtfertigten Bereicherung (§ 812 Abs. 1 Satz 1 1. Alt. BGB) begründen kann (Muster einer Erfolgsvergütungsvereinbarung bei *Meyer/Goez/ Schwamberger*, Die Vergütung der steuerberatenden Berufe, Loseblattkommentar, Fach 7, Kz. 7335, 7/2022; *Feiter*, Steuerberatervergütungsverordnung, 3. Aufl. 2020, Teil D, Rz. 947). Im Hinblick auf die BRAO-Änderung zur Erfolgshonorierung (→ Rz. 25) bleibt abzuwarten, ob § 9a StBerG angepasst wird.

Eine vorsätzliche **Gebührenüberhebung** ist berufsrechtlich untersagt; darüber hinaus dürfte diese einen Verstoß gegen § 352 StGB darstellen (*Goez*, Können Steuerberater Täter einer Gebührenüberhöhung i.S.v. § 352 StGB sein?, wistra 2009, 223). Auch Vereinbarungen über höhere Gebühren i.S.v. § 4 Abs. 1 StBVV finden ihre Grenzen dort, wo sie sittenwidrig (§ 138 BGB) oder unangemessen hoch sind. Daher bestimmt auch Absatz 2 dieser Vorschrift, dass bei einer unangemessen hohen, nach Absatz 1 vereinbarten Vergütung diese in einem Rechtsstreit auf den „angemessenen Betrag bis zur Höhe der sich aus dieser Verordnung ergebenden Vergütung herabgesetzt werden" kann. Interessant ist eine solche Vereinbarung auch deswegen, weil nicht nur (Stunden-)Zeithonorare vereinbart werden können, sondern z.B. auch Vereinbarungen über die Höhe des Gegenstandswertes – sinnvoll bei der Betreuung von Existenzgründern – oder auch für die Übernahme der DATEV-Kosten o.Ä. getroffen werden können (Muster bei *Meyer/Goez/ Schwamberger*, Die Vergütung der steuerberatenden Berufe, Loseblattkommentar, Fach 7, Kz. 7305, 7/2022).

Eine **Gebührenunterschreitung** kann zwar berufsrechts- und wettbewerbswidrig sein; aufgrund der seit Mitte 2016 gültigen Fassung der StBVV kann aber eine entsprechende niedrigere Vergütung vereinbart werden, worauf der Auftraggeber gem. **§ 4 Abs. 4 StBVV bei Mandatsübernahme sogar in Textform hinzuweisen** ist. Gemäß **§ 4 Abs. 3 StBVV** kann nämlich in außergerichtlichen Angelegenheiten eine niedrigere als die gesetzliche Vergütung vereinbart werden. Dabei muss diese Vergütung aber in einem angemessenen Verhältnis zu der Leistung, der Verantwortung und dem Haftungsrisiko des Steuerberaters stehen. Damit kann besonderen Umständen wie insbesondere der Bedürftigkeit eines Auftraggebers durch Ermäßigung oder Streichung von Gebühren oder Auslagenersatz Rechnung getragen werden. Dem Bedürfnis der Praxis folgend ist auch hier eine Vereinbarung in **Textform** – sowohl bei niedrigeren als auch bei höheren Gebühren – genügend. Damit kann diese z.B. per **Fax** oder **E-Mail** abgeschlossen werden (*Goez* in Kuhls u.a., Kommentar zum Steuerberatungsgesetz, 4. Aufl. 2020, § 9a StBerG Rz. 19; Muster bei *Meyer/Goez/Schwamberger*, Die Vergütung der steuerberatenden Berufe, Loseblattkommentar, Fach 7, Kz. 7320, 7/2022).

Zur Vereinfachung der Abrechnung steht den Angehörigen der steuerberatenden Berufe darüber hinaus die **Pauschalvereinbarung** gem. § 14 StBVV zur Verfügung. Diese dient gerade nicht einer Gebührenunterschreitung, sondern soll eine Hilfestellung bei der üblichen „Komplett-Mandatierung" geben und Transparenz und Rechtssicherheit für beide Vertragspartner bewirken (*Goez*, Pauschalvereinbarung nach § 14 StBVV in Textform möglich, KP 2017, 174). Auch diese Pauschalvereinbarung muss mindestens in **Textform** und für mindestens ein Jahr für wiederkehrende Tätigkeiten abgeschlossen werden (Muster bei *Meyer/ Goez/Schwamberger*, Die Vergütung der steuerberatenden Berufe, Loseblattkommentar, Fach 7, Kz. 7325, 7/2022; *Feiter,* Steuerberatervergütungsverordnung, 3. Aufl. 2020, Teil D, Rz. 937).

Grundsätzlich hat der Steuerberater ergänzend die **Berufsordnung (BOStB)** der Bundessteuerberaterkammer zu beachten. Allerdings hat die Satzungsversammlung bei der Bundessteuerberaterkammer die frühere ausführliche Regel zur Vergütung (§ 45 BOStB a.F.) im Jahr 2011 aufgehoben, weil diese im Wesentlichen nur gesetzliche Vorgaben wiederholt hat. An verschiedenen Stellen (§ 2 Abs. 3, § 5 Abs. 6, § 8 Abs. 3 und § 19 Satz 2, dritter Spiegelstrich BOStB) werden nunmehr noch Vorgaben für den Steuerberater hinsichtlich seiner Vergütung bzw. deren Durchsetzung getroffen. So bleibt die Vereinbarung und Annahme von Provisionen verboten (so ausdrücklich § 9 StBerG); ein Steuerberater, der Gebührenforderungen abtreten oder ihre Einziehung Dritten übertragen will, muss den neuen Gläubiger oder Einziehungsermächtigten auf dessen gesetzliche Verschwiegenheitsverpflichtung hinweisen (ausführlich geregelt in § 64 Abs. 2 StBerG). Ein Steuerberater darf auch aus ihm anvertrauten Vermögenswerten keine Vergütung oder Vorschüsse entnehmen, soweit die Vermögenswerte zweckgebunden sind, und zudem hat der Steuerberater bei Übernahme eines Mandats die Vorgabe zu beachten, wonach er kein Angebot abgeben darf, zu einer unangemessen niedrigen Vergütung tätig zu werden.

2. Grundzüge der StBVV

Rz. 28

Der die StBVV anwendende Berater muss sich über die verwendeten Begriffe klar sein und sein Recht zur Festlegung der Vergütungshöhe ordnungsgemäß ausüben.

a) Begriffsbestimmungen

Rz. 29

Die **Vergütung** des Steuerberaters bestimmt sich nach der StBVV. Dabei umfasst der Begriff der „Vergütung" sowohl die „**Gebühren**" als auch die „**Auslagen**". Hinzuzusetzen ist die „**Umsatzsteuer**" (§ 15 StBVV).

Jede einzelne **Angelegenheit** (§ 12 StBVV) ist nach der StBVV gebührenmäßig abzurechnen. Dabei kann das Steuerberatungsmandat durchaus eine Mehrzahl von Angelegenheiten umfassen. Die Angelegenheit ist somit eine Untereinheit des **Auftrags**. Dennoch ist sie von den **Einzeltätigkeiten** zu trennen. Regelmäßig umfasst eine Angelegenheit mehrere Einzeltätigkeiten (ausführlich *Meyer/Goez/Schwamberger*, StBVV, Praxiskommentar, 10. Aufl. 2021, Einführung Rz. 50 f.). Insbesondere ist diese Unterscheidung wichtig, um beispielsweise die weiterhin als Werbungskosten oder Betriebsausgaben abzugsfähigen Steuerberaterkosten von den **nicht mehr als Sonderausgaben abzugsfähigen Honorarbestandteilen** (insbesondere von der „Mantelbogengebühr" nach § 24 Abs. 1 Nr. 1 StBVV) abzugrenzen. Daraus ergibt sich auch, dass der Steuerberater bei der Liquidation keineswegs zur Kompensation in einem (steuerlich abzugsfähigen) Bereich eine höhere Vergütung ansetzen darf als in dem steuerlich nicht mehr abzugsfähigen Bereich.

Die StBVV setzt **Rahmengebühren** fest. Dabei richten sich **Wertgebühren** nach dem in der Verordnung jeweils bestimmten Gegenstandswert oder nach dem Wert des Interesses (§ 10 Abs. 1 StBVV). **Zeitgebühren** werden nach dem jeweiligen Zeitaufwand erhoben (§ 13 StBVV). Für bestimmte Sachverhalte (z.B. Lohnbuchführung gem. § 34 StBVV, Steuerstrafverteidigung gem. § 45 StBVV i.V.m. Teil 4 VV-RVG) wird eine **Betragsrahmengebühr** durch Vorgabe eines Mindest- und eines Höchstbetrages festgesetzt.

Durch die Vergütung werden die **allgemeinen Geschäftskosten** – im Regelfall einschließlich DATEV-Kosten – mit abgegolten (§ 3 Abs. 2 StBVV); gesondert sind **Umsatzsteuer** und **Auslagen** auszuweisen (§ 3 Abs. 3 sowie §§ 15 bis 20 StBVV). Die früher statuierte Mindestgebühr von 10 € ist seit Mitte 2016 entfallen (Art. 9 Nr. 2 Buchst. b der Dritten Verordnung zur Änderung steuerlicher Verordnungen vom 18.7.2016, BGBl. I 2016, 1722, 1724). Die Gebühren richten sich nach den der Verordnung beigefügten **Tabellen A bis D** (§ 10 Abs. 1 StBVV); dieses sind die **Beratungstabelle (A)**, die **Abschlusstabelle (B)**, die **Buchführungstabelle (C)** und die **landwirtschaftlichen Tabellen (D mit den Teilen a und b)**; Mitte 2016 wurde Teil a der landwirtschaftlichen Tabelle D überarbeitet und neu gefasst, wobei diese redaktionelle Neufassung zur Erläuterung der Berechnung der Gebühr abhängig von der Betriebsfläche diente. Entfallen ist im Jahr 2020 die frühere „**Rechtsbehelfstabelle**" (Tabelle E). Nach **§ 40 StBVV** sind stattdessen die **Regeln des RVG** entsprechend anzuwenden (s. dazu → Rz. 38 ff. und → Rz. 47).

Bis 2012 war die Tabelle A bis zu einem Gegenstandswert von 290 000 € identisch mit der Gebührentabelle zu § 13 Abs. 1 RVG. Nachdem allerdings mit Wirkung vom 1.1.2013 die Anhebung dieser Tabellen erfolgte, ist eine gewisse Differenzierung, die wenig sachlich gerechtfertigt ist, gegeben, wobei bei niedrigeren Gegenstandswerten eher höhere und bei höheren Gegenstandswerten eher niedrige Gebührenansätze statuiert sind. Seit dem 1.1.2021 erfolgte nicht nur durch die Anhebung der RVG-Tabelle wiederum eine Annäherung auch an die Tabelle A der StBVV; insbesondere aber wurden zahlreiche Sachverhalte wie die Honorierung eines Rechtsbehelfsverfahrens oder auch für die Prüfung der Erfolgsaussichten eines Rechtsmittels nunmehr generell den Regeln des RVG unterworfen (s. dazu → Rz. 11, → Rz. 16 f.).

b) Festlegung der Gebührenhöhe

Rz. 30

Der Steuerberater hat die Höhe der Gebühren „**angemessen**" (§ 64 Satz 3 StBerG) und somit nach „Billigkeit" zu bestimmen und festzulegen. Er muss sein **Gläubigerbestimmungsrecht** i.S.d. §§ 315 f. BGB sachgerecht ausüben.

Zunächst ist der **Wert** der beauftragten und bearbeiteten Angelegenheiten zu bestimmen. Gemäß § 10 StBVV bestimmt sich der Wert danach, was der Gegenstand der beruflichen Tätigkeit ist. Maßgebend ist vorrangig der **Wert des Interesses** für den Auftraggeber, soweit nicht entsprechende Vorgaben in der StBVV statuiert sind. Dieser Interessenwert richtet sich im Regelfall nach der steuerlichen Auswirkung der Beratung für den Mandanten, wobei ggf. sogar bei „mehreren Gegenständen" die Werte zusammenzurechnen sind (§ 10 Abs. 2 StBVV). Zu beachten ist natürlich, dass vorrangig die Einzelangaben in den Sondervorschriften der StBVV zu berücksichtigen sind.

Bei der angemessenen Festlegung der Gebührenhöhe hat der Steuerberater als Bestimmungsberechtigter i.S.v. § 315 BGB die Vergütung im Einzelfall unter Berücksichtigung aller Umstände, vor allem des Umfangs und der Schwierigkeit der beruflichen Tätigkeit, der Bedeutung der Angelegenheit sowie der Einkommens- und Vermögensverhältnisse des Auftraggebers nach **billigem Ermessen** festzusetzen (§ 11 StBVV). Dabei kann ein besonderes **Haftungsrisiko** herangezogen werden. Das Haftungsrisiko ist sogar zwingend bei Rahmengebühren, die sich nicht nach dem Gegenstandswert richten, zu berücksichtigen. Mit dieser Klarstellung hat das Jahressteuergesetz 2007 (JStG 2007) vom 13.12.2006 (BGBl. I 2006, 2878, 2905 = BStBl I 2007, 28, 53) die frühere Rechtsprechung in die Verordnung übernommen.

Bei der Ausübung des Ermessens darf der Steuerberater **Sonderprobleme** wie insbesondere die Tätigkeit am Abend oder am Wochenende wie z.B. auch die Notwendigkeit von Zusatzleistungen auf Grund der Vorverlegung der Fälligkeit der Sozialversicherungsbeiträge berücksichtigen (*Feiter*, Steuerberatervergütungsverordnung, 3. Aufl. 2020, § 11 StBVV Rz. 213).

Um die „**angemessene Gebühr**" bestimmen zu können, wird der Berater für eine abzurechnende Angelegenheit zunächst die von der StBVV vorgesehene Spanne (Mindest- und Höchstgebühr) bestimmen müssen, um innerhalb des Rahmens durch Wertung der erwähnten Umstände zu einem sachgerechten Ansatz zu kommen.

Hilfreich ist dabei die in der Rechtsprechung aus dem Anwaltsgebührenrecht entwickelte „**Mittelgebühr**". Diese findet Anwendung, wenn eine Angelegenheit von durchschnittlicher Bedeutung, durchschnittlichem Umfang der Tätigkeit und durchschnittlicher Schwierigkeit vorliegt und der Auftraggeber in durchschnittlichen Vermögens- und Einkommensverhältnissen lebt.

> **Beratungshinweis:**
>
> Aber **Vorsicht**: Der **BGH** hat mit Urteil vom 6.7.2000 (IX ZR 210/99, HFR 2001, 806) bestimmt, dass die Mittelgebühr nur in einem Durchschnittsfall zugebilligt werden kann. Dies

sieht die aktuelle Rechtsprechung, insbesondere in ständiger Rechtsprechung seit 2011 das **OLG Hamm** (vgl. die Entscheidungen 25 U 33/09 und 25 U 27/11, bestätigt mit Beschluss vom 14.5.2013, I-25 U 5/13), als Begründung dafür an, dass der Steuerberater „im Regelfall die Mittelgebühr als dem Normalfall entsprechend ansetzen kann" (ausführlich *Goez*, Erneute Rechtsprechungsänderung zur Mittelgebühr, Stbg 2012, 124).

Nach Ansicht des **OLG Düsseldorf** (vgl. Urteil vom 8.4.2005, 23 U 190/04, GI 2005, 125, 128) ist allerdings zu beachten, dass nicht „schematisch" von einer bestimmten Gebühr, auch nicht von einer Mittelgebühr, ausgegangen werden kann. Diesen Begriff als solchen kennen die Vergütungsverordnungen nicht. Vielmehr trägt der Steuerberater als Bestimmungsberechtigter i.S.v. § 315 BGB die **Darlegungs- und Beweislast** für die Billigkeit seiner Honorarfestsetzung. Die Mittelgebühr ist dabei in allen Fällen, die keine Besonderheiten aufweisen, nach wie vor recht einfach als „angemessen" zu begründen. Allerdings sind bei jeder Abrechnung die individuellen Besonderheiten, Erleichterungen und Erschwernisse einzubeziehen.

Auch bei der **Zeitgebühr** (§ 13 Satz 2 StBVV) wird eine Spanne für jede angefangene halbe Stunde vorgegeben. Nach der bis Ende 2012 geltenden Regel betrug die Vergütung nur 19 € bis 46 €; nach der Änderung der StBVV zum 20.12.2012 konnte der Berater **für jede angefangene halbe Stunde** einen Betrag innerhalb der Spanne von 30 € bis 70 € geltend machen (Art. 5 Nr. 2 der Verordnung zum Erlass und zur Änderung steuerlicher Verordnungen vom 11.12.2012, BGBl. I 2012, 2637, 2638); durch die Änderung der StBVV zum 1.7.2020 wurde die Spanne auf **30 € bis 75 €** weiter erhöht. Damit beträgt die **Mittelgebühr für eine Stunde Arbeit des Steuerberaters** immerhin 105 €. Auch wenn die Zeitgebühr häufig nur eine „Hilfsgebühr" ist (vgl. z.B. §§ 25 Abs. 2, 33 Abs. 7, 35 Abs. 3 StBVV), entspricht dies nach wie vor nicht immer dem Wert der geleisteten Arbeit. Dies gilt insbesondere für hochqualifizierte Beratungsleistungen wie beispielsweise für die Teilnahme an **Prüfungen und Nachschauen** (§ 29 Nr. 1 StBVV), die der Berufsangehörige im Regelfall selbst vornehmen muss. Damit gilt seit 2020 die Zeitgebühr für sämtliche entsprechende Außenprüfungen wie auch Zollprüfungen und Umsatzsteuernachschauen o.Ä. Unter Berücksichtigung der Kriterien in § 11 StBVV wird der Ansatz in solchen **komplexen Fällen** im höheren Bereich der Spanne zu bestimmen sein. Generell ist zudem festzuhalten, dass die Zeitgebühr nicht „isoliert" angesetzt werden kann; zunächst ist die gebührenrechtliche Bestimmung für die Einzeltätigkeit aufzusuchen. Die Zeitgebühr kann nur berechnet werden, wenn dies die Verordnung selbst vorsieht oder keine genügenden Anhaltspunkte für eine Schätzung des Gegenstandswerts vorliegen (vgl. § 13 Satz 1 StBVV).

> **Beratungshinweis:**
>
> Damit muss in der Gebührenrechnung bei Zeitgebühren immer eine **Paragraphenkette** zitiert werden, z.B. „§ 29 Nr. 1 i.V.m. § 13 Satz 1 Nr. 1, Satz 2 StBVV" oder „§ 23 Nr. 10 i.V.m. § 13 Satz 1 Nr. 2, Satz 2 StBVV".

Eine Besonderheit gilt jedenfalls aus zivilrechtlicher Sicht für den Fall, dass während der Bearbeitung eines Mandats der **Auftrag aufgekündigt** wird oder aus sonstigen Gründen sich die entsprechende Angelegenheit **vorzeitig erledigt**. Gemäß § 12 Abs. 4 StBVV, wortidentisch mit § 15 Abs. 4 RVG, hat es auf bereits entstandene Gebühren – die ja mit Beginn der Arbeiten schon anfallen – keinen Einfluss, falls ein solcher Fall eintritt. Allerdings hat der Steuerberater bei der Festlegung der „angemessenen" Gebührenhöhe zu berücksichtigen, dass er sich weitere Arbeiten erspart hat und das Arbeitsergebnis nicht vollständig fertiggestellt zu werden brauchte (vgl. ausführlich *Meyer/Goez/Schwamberger*, StBVV, Praxiskommentar, 10. Aufl. 2021, § 12 StBVV Rz. 16 ff.). Die Frage, ob bei vorzeitig beendetem Mandat entsprechendes Honorar oder bei vertragswidrig durch den Mandanten beendetem Mandat sogar **Schadensersatz** verlangt werden kann, ist Gegenstand der Rechtsprechung (Ablehnung bei Schadensersatz: OLG Koblenz vom 1.12.2005, 6 U 951/04, GI 2006, 119; Schadensersatzanspruch zumindest bei nachweislichem Angebot der Tätigkeit: *Feiter*, Steuerberatervergütungsverordnung, 3. Aufl. 2020, § 12 StBVV Rz. 231; *Goez*, Vergütung oder Schadensersatz bei vertragswidrig beendetem Mandat?, KP 2016, 88). Hier kommt es auf den Einzelfall an und auch auf eventuelle individuell vereinbarte Regelungen zur Schadensersatzverpflichtung. Generell ist leider die Rechtsprechung sowohl im dienst- als auch im werkvertraglichen Rechtsverhältnis eher ablehnend. Auf den Beratungshinweis in → Rz. 27 darf Bezug genommen werden.

Formell hat der Berater § 9 StBVV – neben den Regeln des Umsatzsteuergesetzes – zu beachten und seine Rechnungen so auszugestalten, dass der Inhalt der Tätigkeit bekannt ist. Nicht mehr notwendig ist es seit 2020, dass die Honorarnote von dem Praxisinhaber persönlich unterzeichnet wird; hier genügt nunmehr die **Textform**, somit beispielsweise bei Zustimmung des Mandanten die Übermittlung per E-Mail oder in ähnlich geeigneter Form, um den Nachweis des Zuganges der Rechnung bei dem Mandanten führen zu können.

c) Einzeltätigkeiten (§§ 21 bis 39 StBVV)

Rz. 31

Der allgemeinen steuerlichen **Beratung** (§ 21 StBVV) wurde durch die Dritte Verordnung zur Änderung der Steuerberatergebührenverordnung vom 27.8.1998 (BGBl. I 1998, 2369) zum 28.8.1998 – entsprechend der seinerzeitigen Regelung in § 20 Abs. 1 Satz 2 BRAGO – eine **Erstberatungsgebühr** hinzugefügt. Diese darf **bei Verbrauchern (§ 13 BGB) nicht höher als 190 €** sein. Mit der entsprechenden Anhebung Ende 2012 ist der Verordnungsgeber einer alten Forderung des Berufsstands nachgekommen, dass die Erstberatungsgebühr der entsprechenden Gebühr bei Rechtsanwälten entspricht (§ 34 Abs. 1 Satz 3 RVG; Verordnung zum Erlass und zur Änderung steuerlicher Verordnungen vom 11.12.2012, BGBl. I 2012, 2637).

Seit 2020 ist § 21 Abs. 2 StBVV klarstellend so geregelt, dass sich bei der Prüfung der **Erfolgsaussichten eines Rechtsmittels** die Vergütung „sinngemäß" nach dem RVG (somit nach Teil 2 Abs. 1 VV-RVG) richtet. Die Regelung wurde im Jahr 2021 mit Wirkung zum 1.8.2022 klarstellend so gefasst, dass dies unabhängig davon gilt, ob der Steuerberater vorher schon in dieser Angelegenheit tätig war oder ob es sich um einen Neuauftrag handelt (→ Rz. 19 f.).

> **Beratungshinweis:**
>
> Die Paragraphenkette lautet somit „§ 21 Abs. 2 StBVV i.V.m. Nr. 2100, 1008 VV-RVG" für die Prüfungsgebühr und „Nr. 7002 VV-RVG" für die Postentgeltpauschale. Allerdings ist die Prüfungsgebühr bei einem Rechtsmittelverfahren anzurechnen (Anmerkung zu Nr. 2100 VV-RVG).

Die im Regelfall schriftlich und mit ausführlicher Darlegung des Sach- und Rechtsstreits verbundene **Gutachtenerstellung** ist in § 22 StBVV erfasst. **Einzeltätigkeiten**, wie beispielsweise Anträge auf Stundung oder auch auf Anpassung der Vorauszahlungen wie auch auf Erstattung und Wiedereinsetzung in den vorigen Stand außerhalb eines Rechtsbehelfsverfahrens, regelt § 23 StBVV.

In § 24 StBVV sind die einzelnen **Steuererklärungen** – regelmäßig mit „Wertgebühren" abzurechnen – aufgelistet, wobei zunächst im Jahr 1998 insbesondere Gebührenregelungen für die Beantragung von Kindergeld (§ 24 Abs. 1 Nr. 23 StBVV) und Eigenheimzulage (§ 24 Abs. 1 Nr. 24 StBVV) hinzugefügt worden sind. Im Rahmen des Jahressteuergesetzes 2007 (JStG 2007) vom 13.12.2006 (BGBl. I 2006, 2878, 2905 = BStBl I 2007, 28, 53) wurde diese Vorschrift noch weiter deutlich ergänzt. Neben Klarstellungen im Rahmen der Körperschaft- und Umsatzsteuererklärung wurde insbesondere Abs. 4 massiv erweitert. Die mit dem Jahressteuergesetz (JStG) 1997 vom 20.12.1996 (BGBl. I 1996, 2049 = BStBl I 1996, 1523) eingeführte Bedarfsbewertung und die entsprechende Fertigung von Feststellungserklärungen sind nach § 24 Abs. 4 Nr. 1 StBVV und die Anfertigung eines Antrags auf Erteilung einer Freistellungsbescheinigung nach Nr. 6 dieses Absatzes abzurechnen. Hinzu kamen Regelungen zu den Gebühren bei Anträgen auf Altersvorsorgezulage und bei weiteren Anträgen nach den §§ 89, 90 Abs. 4, 92a, 92b Abs. 1, 94 Abs. 2, 95 Abs. 2 und 3 EStG. Mit diesen Ergänzungen des Vergütungsrechts hat der Gesetzgeber entsprechende Entwicklungen im Steuerrecht in diesen Punkten im Gebührenrecht umgesetzt. Mit der Verordnung zur Änderung steuerlicher Verordnungen vom 11.12.2012 wurden weitere zahlreiche Änderungen in § 24 StBVV vorgenommen (Art. 5 Nr. 5 der Verordnung zum Erlass und zur Änderung steuerlicher Verordnungen vom 11.12.2012, BGBl. I 2012, 2637, 2639). Generell wurden die **Mindestgegenstandswerte** von 6 000 € auf 8 000 € angehoben bzw. bei der Körperschaftsteuererklärung (§ 24 Abs. 1 Nr. 3 StBVV) von 12 500 € auf 16 000 €. Diese Anhebung erfolgte auch im Hinblick auf die Erstellung einer Erbschaft- oder Schenkungsteuererklärung (Nr. 12 bzw. Nr. 13). Auch wurde sowohl hinsichtlich der Erstellung „sonstiger Steuererklärungen" dem Abs. 1 eine Nr. 26 ebenfalls mit einem Mindestgegenstandswert von 8 000 € angehängt. Zudem wurde § 24 Abs. 2 StBVV, welcher **Zeitgebühren** für bestimmte Tätigkeiten vorsieht, deutlich kürzer gefasst, indem Nr. 1, 4, 6 bis 10 entfallen sind. Andererseits wurden eine Zeitgebühr für die Überwachung und Meldung der Lohnsumme sowie der Schon- und Behaltensfrist nach dem Erbschaftsteuer- und Schenkungsteuergesetz und die Berechnung des Begünstigungsgewinns gem. § 34a Abs. 1 Satz 1 EStG als weitere Gebührentatbestände aufgenommen.

> **Beratungshinweis:**
>
> Der Zeitaufwand ist genau und spezifiziert (keine Pauschalangaben erlaubt!) im Kanzleiorganisationsprogramm zu dokumentieren; die Bearbeitungszeiten für solche maßgeblichen Zusatztätigkeiten sind im Verhältnis zu der Haupttätigkeit gesondert zu erfassen.

II. Regelungen der Steuerberatervergütungsverordnung (StBVV)

Letztlich wurde § 24 StBVV durch die 4. VO zur Änderung der StBVV vom 22.4.2022 (s.o. → Rz. 19 f.) insofern ergänzt, als die Grundsteuerreform aufgegriffen und im Hinblick auf die uneinheitliche Vorgehensweise der Bundesländer neben der Grundnorm in § 24 Abs. 1 Nr. 11 StBVV eine Nr. 11a ergänzt wurde, wonach bei der Erklärung zur Feststellung oder Festsetzung für Zwecke der Grundsteuer eine 1/20 bis 9/20 Gebühr entsteht. Dabei ist der Gegenstandswert bei fehlender Feststellung nicht der Grundsteuerwert, sondern „der jeweilige Grundsteuermessbetrag dividiert durch die Grundsteuermesszahl (§ 15 Abs. 1 Nr. 2a Grundsteuergesetz)". Es bleibt in allen Fällen in diesem Bereich bei einem Mindestgegenstandswert von 25 000 €.

Nach § 25 StBVV wird die **Einnahme-Überschuss-Rechnung** einschließlich der Bearbeitung des Formulars EÜR nach Erhöhung im Jahre 2020 mit 5/10 bis 30/10 einer vollen Gebühr nach Tabelle B – bei einem Mindestgegenstandswert von 17 500 € – abgerechnet. Mit demselben Gegenstandswert wird auch die Aufstellung eines schriftlichen Erläuterungsberichts ergänzend abgerechnet, wobei die Spanne 2/10 bis 12/10 der vollen Gebühr beträgt. Zudem gibt es nach Absatz 2 eine Zeitgebühr für „über das übliche Maß erheblich hinausgehende Vorarbeiten".

Die „Ermittlung des Überschusses der Einnahmen über die Werbungskosten", wie insbesondere die entsprechende Erstellung der **Anlagen zur Einkommensteuererklärung** wie die Anlagen V, KAP und N, regelt § 27 StBVV. Der Berater hat hier zu beachten, dass tatsächlich „ermittelt" werden muss und nicht nur Zahlen beispielsweise aus Lohnsteuerbescheinigungen übertragen werden. Mindestgegenstandswert ist seit Ende 2012 ein Betrag i.H.v. 8 000 €; darüber hinaus erhält der Steuerberater nach Absatz 3 – wortgleich mit § 25 Abs. 2 StBVV – für Vorarbeiten, die über das übliche Maß erheblich hinausgehen, zusätzlich die Zeitgebühr.

§ 29 StBVV regelt die Mitwirkung an Prüfungen und Nachschauen, somit insbesondere an einer **Betriebsprüfung**. Dabei ist zu unterscheiden: Bei der Teilnahme an der Prüfung, auch an einer Zollprüfung oder beispielsweise Umsatzsteuernachschau, wird eine entsprechende **Zeitgebühr** fällig. Die Vorschrift ist klarstellend im Hinblick auf die Regelungen der EU gerade in Bezug auf die Zollprüfungen noch Mitte 2017 (Vierte Verordnung zur Änderung steuerlicher Verordnungen vom 12.7.2017, BGBl. I 2017, 2360 = BStBl I 2017, 892, 894) und sodann durch die Fünfte Verordnung zur Änderung der steuerlichen Verordnungen vom 5.6.2020 (BGBl. I 2020, 1495) geändert worden. Hingegen ist bei schriftlichen Einwendungen gegen den Prüfungsbericht eine **Wertgebühr** (5/10 bis 10/10 nach Tabelle A) anzusetzen (§ 29 Nr. 2 StBVV).

In § 30 StBVV wird die Gebühr für eine **Selbstanzeige** bestimmt; dabei ist es unerheblich, ob der Berater die Eingabe an das Finanzamt tatsächlich als „Selbstanzeige" bezeichnet oder beispielsweise eine geänderte Steuererklärung einreicht. Der Gegenstandswert bestimmt sich nach der Summe der berichtigten, ergänzten und nachgeholten Angaben und beträgt mindestens 8 000 €. Bei einer erstmaligen Anfertigung oder Neuerstellung – beispielsweise der Anlage KAP – sind zusätzlich die an anderer Stelle vorgesehenen Gebühren zu berechnen (ausführlich *Meyer/Goez/Schwamberger*, StBVV, Praxiskommentar, 10. Aufl. 2021, § 30 Rz. 2 ff.; differenzierend in Bezug auf verschiedene Einkunftsarten: *Berners*, Bildet eine Einkunftsart jeweils einen Gegenstandswert nach § 30 StBVV?, NWB 2017, 3669), bei dem Beispiel also zusätzlich die Gebühr nach § 27 Abs. 1 StBVV.

> **Beratungshinweis:**
> Für die umfangreichen notwendigen Tätigkeiten bei der vollständigen Bearbeitung einer Selbstanzeige ist dies aber häufig bei weitem nicht ausreichend, so dass sich die Vereinbarung einer (höheren) Zeitgebühr aufdrängt (§ 4 Abs. 1 StBVV).

Wirkt der Berater bei einer **Besprechung** mit Behörden mit, insbesondere der FinVerw., oder mit Dritten, z.B. Kreditinstituten in Bezug auf die Steuerbilanz, erhält er eine Gebühr nach § 31 StBVV. Auch hier ist eine Wertgebühr (5/10 bis 10/10 einer vollen Gebühr nach Tabelle A) entsprechend dem „Wert des Interesses" für den Auftraggeber festzusetzen.

Die **Buchführung** wie auch andere **steuerliche Aufzeichnungen** einschließlich eventueller Nebentätigkeiten sind in §§ 32 f. StBVV erfasst, die Lohnbuchführung ist in § 34 StBVV geregelt. Die Erstellung eines **Jahresabschlusses** (Bilanz sowie Gewinn- und Verlustrechnung) wird innerhalb der Spanne von 10/10 bis zu 40/10 abgerechnet (§ 35 Abs. 1 Nr. 1 Buchst. a StBVV). Der Gegenstandswert (Abs. 2) ist mit der Dritten Verordnung zur Änderung der Steuerberatergebührenverordnung vom 20.8.1998 (BGBl. I 1998, 2369) klarer definiert worden.

Zudem wurde mit dem Jahressteuergesetz 2007 (JStG 2007) vom 13.12.2006 (BGBl. I 2006, 2878, 2905 = BStBl I 2007, 28, 53) auch klargestellt, dass die **Entwicklung einer Steuerbilanz aus der Handelsbilanz** einen eigenen gebührenrechtlichen Tatbestand darstellt (§ 35 Abs. 1 Nr. 3 Buchst. b StBVV). Massiv angehoben wurde Ende 2012 die Gebühr für die Aufstellung eines **Zwischenabschlusses** oder eines vorläufigen Abschlusses in § 35 Abs. 1 Nr. 2 StBVV, wobei nunmehr ebenfalls die Spanne von 10/10 bis 40/10 wie bei der Aufstellung eines Jahresabschlusses vorgesehen ist (Art. 5 Nr. 11 der Verordnung zum Erlass und zur Änderung steuerlicher Verordnungen vom 11.12.2012, BGBl. I 2012, 2637, 2640).

d) Die Abrechnung nach RVG durch Steuerberater

Rz. 32

Wie schon ausgeführt, wird in zahlreichen Verfahren zwischenzeitlich vom Verordnungsgeber die Vorgabe statuiert, entsprechend den Regeln des RVG abzurechnen. Daher muss sich der Steuerberater intensiv mit den entsprechenden Vorgaben auseinandersetzen.

aa) Rechtsbehelfsverfahren

Rz. 33

Gerade beim Rechtsbehelfsverfahren muss unterschieden werden nach dem Zeitpunkt der Auftragserteilung. Ist beispielsweise ein Einspruch gegen einen Steuerbescheid einzulegen und erfolgte die Auftragserteilung vor dem 1.7.2020, ist die bis dahin geltende ausführliche Regelung in § 40 StBVV a.F. einschlägig. Bei Auftragserteilung nach dem 1.7.2020 gelten nunmehr über § 40 StBVV n.F. die Regeln des RVG. Dies gilt übrigens auch, wenn sich ein langjähriges Finanzgerichtsverfahren anschließt. Auch Jahre später noch ist sodann das Einspruchsverfahren nach den „alten" Regeln abzurechnen.

> **Beratungshinweis:**
>
> Ist der Auftrag vor dem 1.7.2020 zur Remonstration gegen einen Steuerbescheid von dem Mandanten erteilt worden und schließt sich nach längerem Einspruchsverfahren auch noch das Gerichtsverfahren an, muss im Rahmen der dreijährigen Verjährungsfrist reagiert werden: Das Einspruchsverfahren muss gesondert und ggf. vorab nach der alten Regel in § 40 StBVV a.F. abgerechnet werden – und zwar innerhalb von drei Jahren zum Jahresende. Innerhalb dieser Zeitspanne muss der Mandant auch zahlen, damit der Berater nicht seines Gebührenanspruchs verlustig geht!

Für das **Rechtsbehelfsverfahren** galt seit dem JStG 2007 eine einheitliche Vorschrift (§ 40 StBVV). Inhaltlich wurden seinerzeit die umfangreichen Regelungen schon teilweise an die Vorgaben für Verfahren vor den Verwaltungsbehörden nach dem RVG angeglichen. Noch wurden die Ermäßigungs- und Beschränkungstatbestände in diese Vorschrift integriert. Seit der am 1.7.2020 in Kraft getretenen Neufassung des § 40 StBVV durch die Fünfte Verordnung zur Änderung steuerlicher Verordnungen vom 25.6.2020 (BGBl. I 2020, 1495) wird darin allerdings nunmehr schlichtweg für Rechtsbehelfsverfahren nur noch auf das RVG verwiesen. Der Verordnungsgeber hat ausdrücklich in der Begründung für diese Änderung angemerkt, dass Steuerberater hier eine gleichwertige Tätigkeit wie Rechtsanwälte erbringen.

Beratungshinweis:

Wichtig ist hier auch deshalb eine exakte Abrechnung nach diesen Vorschriften, wenn in einem sich anschließenden – zumindest teilweise erfolgreichen – Finanzgerichtsverfahren auf Antrag des Prozessvertreters „die Kosten des Vorverfahrens für erstattungsfähig" erklärt werden und sodann die entsprechende Kostennote zur Erstattung bei dem Kostenbeamten des Finanzgerichts einzureichen ist. Ansonsten droht eine Beanstandung.

Die Paragraphenkette muss – je nachdem, welche Gebühren angefallen sind – lauten: „§ 40 StBVV i.V.m. Nr. 3100 VV-RVG (Verfahrensgebühr) und Nr. 3104 VV-RVG (Terminsgebühr)". Auch ist die Erhöhungsgebühr beispielsweise bei dem Vertreten von Ehepaaren gem. Nr. 1008 VV-RVG hinzuzusetzen.

Zu beachten hat der Steuerberater bei Rechtsbehelfsverfahren die Vorgaben in § 35 Abs. 2 RVG: War er bereits im Besteuerungsverfahren mit der Angelegenheit befasst und hat Gebühren nach §§ 23, 24 oder 31 StBVV verdient, muss er sich die Hälfte dieser Gebühr, bei mehreren Gebühren deren Summe, höchstens jedoch einen Satz von 0,75 auf die Geschäftsgebühr für das Rechtsbehelfsverfahren anrechnen lassen (vgl. auch Vorbemerkung 2.3 Abs. 4 Satz 1 VV-RVG). Dabei ist der Gegenstandswert maßgeblich, der sich aus dem Rechtsbehelfsverfahren isoliert betrachtet ergibt (vgl. ausführlich *Feiter*, Steuerberatervergütungsverordnung 3. Aufl. 2020, Rz. 684).

Beratungshinweis:

In diesem Bereich gilt, dass durch eine Vergütungsvereinbarung i.S.v. § 4 Abs. 1 StBVV diese Anrechnungsproblematik vermieden werden kann; beispielsweise sollte der Einfachheit halber eine am Zeitaufwand orientierte Honorierung zwischen Mandant und Steuerberater vereinbart werden!

II. Regelungen der Steuerberatervergütungsverordnung (StBVV)

Kurz zusammengefasst sind folgende Punkte wesentlich:

- Die Berechnung der Vergütung erfolgt nach § 10 RVG, nicht mehr nach § 9 StBVV;
- die früher geltenden Gebührenminderungs- oder -begrenzungstatbestände (§ 40 Abs. 2, 3, 4 und 6 StBVV a.F.) sind durch die Anrechnungstatbestände des RVG ersetzt worden;
- für Vergütungsvereinbarungen in diesem Bereich gelten nunmehr §§ 3a, 4, 4a und 4b RVG;
- eine eventuelle Erledigungsgebühr ist auf 1,5 erhöht (Nr. 1002 VV-RVG);
- immer gilt zumindest der neue Mindestgegenstandswert von 1 500 € (§ 23 Abs. 1 Satz 3 RVG);
- AdV-Anträge sind nach Nr. 2300 VV-RVG abzurechnen.

bb) Gerichtsverfahren

Rz. 34

Für weitere Verfahren gilt § 45 StBVV, wodurch für **finanz-, sozial- oder verwaltungsgerichtliche Verfahren** oder für das **Steuerstraf- und Bußgeldverfahren** bzw. auch für **berufsgerichtliche Verfahren** und **Gnadensachen** auf die Regelungen des RVG verwiesen wird. Bekanntermaßen sind Steuerberater vertretungsberechtigt beim Finanzgericht und Bundesfinanzhof, wobei regelmäßig **Verfahrens- und Terminsgebühren** entstehen. Die Verfahrensgebühr ist entsprechend einer zweiten Instanz bei anderen Gerichten in Rechnung zu stellen (Nr. 3200 VV-RVG). Die Terminsgebühr entsteht nach Nr. 3202 VV-RVG auch dann, wenn nach den Vorschriften der FGO ohne mündliche Verhandlung entschieden wird. Darüber hinaus kann eine Erhöhung der Gebühr bei **Mehrvertretungen** und bei Vorliegen der weiteren Voraussetzungen können **Erledigungs- und Einigungsgebühren** entstehen.

Gemäß § 67 Abs. 4 Satz 5 VwGO dürfen Steuerberater in Steuer- und Monopolsachen vor dem **VG und dem OVG** – somit insbesondere im Bereich der Grund- und Gewerbesteuer – auftreten. Sodann erhalten diese als Prozessbevollmächtigte eine 1,3 Verfahrensgebühr (Nr. 3100 VV-RVG) und eine 1,2 Terminsgebühr (Nr. 3104 VV-RVG). In Beschwerdeverfahren gegen die Nichtzulassung der Berufung entsteht gem. Nr. 3504 VV-RVG eine 1,6 Verfahrensgebühr sowie unter Umständen die Terminsgebühr. Dasselbe gilt für das Berufungsverfahren vor dem OVG selbst.

Durch die Erweiterung auf **sozialgerichtliche Verfahren** Ende 2012 hat der Verordnungsgeber klargestellt, dass insofern bei entsprechenden Verfahren gem. §§ 28h und 28p SGB IV der Steuerberater – entgegen der teilweise früher geäußerten anderen Auffassung von Sozialbehörden und -gerichten – tätig werden kann. Durch die Anhebung der Werte Anfang 2021 ist dieser Bereich sogar um 20 % höher abrechnungsfähig als zuvor. Gemäß § 45 StBVV i.V.m. § 3 Abs. 1 Satz 2 RVG sind solche Verfahren nach Gegenstandswerten abzurechnen. Es entstehen wiederum die Verfahrens- und Terminsgebühr (Nr. 3100 und 3104 VV-RVG). Erhöhte Gebühren gibt es vor dem Landessozialgericht. Auch kann es zu Mehrvertretungszuschlägen und Erledigungs- bzw. Einigungsgebühren kommen.

cc) Weitere nach RVG abzurechnende Tätigkeiten

Rz. 35

Bei **Steuerstraf- und Bußgeldverfahren** ist ebenfalls das RVG anzuwenden. Dabei richten sich die Gebühren des steuerlichen Beraters, der gem. § 392 Abs. 1 AO als Verteidiger, ggf. auch neben einem Rechtsanwalt tätig wird bzw. der nach Abgabe des Verfahrens an die Staatsanwaltschaft sogar zwingend nur neben Rechtsanwälten tätig werden kann, nach Teil 4 VV-RVG bzw. in Bußgeldverfahren nach Teil 5 VV-RVG.

Im **Verwaltungsvollstreckungsverfahren** gem. § 44 StBVV richten sich die Gebühren insbesondere nach Nr. 3309 ff. VV-RVG. Dabei erhält der Steuerberater bei Vollstreckung in das bewegliche Vermögen eine 0,3 Verfahrensgebühr zzgl. einer 0,3 Terminsgebühr bei der Teilnahme an gerichtlichen Terminen oder solchen zur Abgabe der eidesstattlichen Versicherung.

Zudem hat der Steuerberater das RVG bei den im Finanzgerichtsverfahren eher seltenen **Prozesskostenhilfeangelegenheiten** anzuwenden (§ 46 StBVV). Die entsprechende gesonderte Tabelle zur Prozesskostenhilfe wurde ebenfalls zum 1.1.2021 deutlich angehoben. Vor allen Dingen wurden auch die Vorschriften über das gem. § 115 ZPO einzusetzende eigene Vermögen des Antragstellers und die dabei zu berücksichtigenden Freibeträge angepasst.

> **Beratungshinweis:**
>
> Der sicherlich seltene Fall einer **Beratungshilfe** ist in der StBVV nicht geregelt. Die Verpflichtung des Steuerberaters hierzu ergibt sich aus § 65a StBerG. Honoriert wird diese Tätigkeit allein durch die Sätze des Beratungshilfegesetzes (vgl. ausführlich *Goez* in Kuhls u.a., Kommentar zum Steuerberatungsgesetz, 4. Aufl. 2020, § 65a StBerG, Rz. 15 ff.).

Schon erwähnt wurde die Anwendung des RVG bei der **Prüfung der Erfolgsaussichten eines Rechtsmittels** (§ 21 Abs. 2 StBVV). Hier entsteht eine Prüfungsgebühr gem. Nr. 2100, 1008 VV-RVG zzgl. der Postentgeltpauschale gem. Nr. 7002 VV-RVG, seit 2022 unabhängig davon, ob der Steuerberater zuvor schon mandatiert war oder dies erst zur Prüfung der Erfolgsaussichten geschieht (→ Rz. 19 f.).

e) Gebührenvereinbarungen

Rz. 36

Neben der Festsetzung der Gebühren nach den Einzelvorschriften kann der Berater auch eine **höhere oder niedrigere Gebühr** mit seinem Mandanten (§ 4 StBVV) oder auch eine Pauschalvereinbarung i.S.v. § 14 StBVV absprechen.

> **Beratungshinweis:**
>
> Bereits bei Mandatsübernahme hat der Steuerberater gem. **§ 4 Abs. 4 StBVV** einen neuen Mandanten in **Textform** auf die **Möglichkeit des Abschlusses einer höheren oder niedrigeren Vereinbarung als nach der StBVV vorgesehen** hinzuweisen. Diese Verpflichtung zum Erläutern der Vergütung ist eine Konkretisierung der Rechtsprechung, wonach es zu den Nebenpflichten von beratenden Berufen gehört, den Mandanten über die Vergütung aufzuklären.

Gebührenvereinbarungen haben in **Textform i.S.v. § 126b BGB** – und zwar gesondert von anderen Absprachen – zu erfolgen (*Goez*, Vergütungsvereinbarungen in Textform, NWB 2016, 2968). Dies gilt immer dann, wenn – wie üblich – der Steuerberater die Honorarvereinbarungen vorbereitet. Textform im Sinne des bürgerlichen Rechts heißt, dass der Aussteller (Steuerberater) als Verantwortlicher kenntlich gemacht ist, den Adressaten ausweist und das Ende der Rechnung ersichtlich ist.

Allerdings wird ein **Formmangel** gem. § 4 Abs. 1 Satz 2 StBVV bei höherer Vergütung dadurch geheilt, dass der Auftraggeber freiwillig und ohne Vorbehalt geleistet hat. Dies setzt allerdings bei höheren als den gesetzlich vorgesehenen Gebühren voraus, dass der Mandant erkannt hat, dass es sich hierbei um eine Überschreitung der ansonsten üblichen Vergütung handelt, wie sie sonst von der Gebührenverordnung vorgesehen wäre. Die Grenze einer solchen Vereinbarung wäre jedenfalls eine unangemessen hohe Vergütung; diese kann bei einem Rechtsstreit durch das Gericht auf den angemessenen Betrag bis zur Höhe der sich aus der StBVV ansonsten ergebenden Vergütung herabgesetzt werden (§ 4 Abs. 2 StBVV). Bei einer nicht von dem Mandanten verfassten Vergütungsvereinbarung müssen jedenfalls **Art und Umfang des Auftrags** genau bezeichnet werden. Damit sind die einzelnen Tätigkeiten, für die eine höhere als die gesetzliche Vergütung abgestimmt wurde, im Einzelnen aufzulisten.

Aber auch eine Vereinbarung gem. § 4 Abs. 3 StBVV über eine entsprechende **niedrigere Vergütung** als die gesetzlich vorgesehene ist unter Beachtung der gleichen Formerfordernisse möglich. Zu berücksichtigen hat der Steuerberater, dass eine solche niedrigere Vergütung in einem angemessenen Verhältnis zu der Leistung, der Verantwortung und dem Haftungsrisiko stehen muss.

> **Beratungshinweis:**
>
> Nach § 4 Abs. 4 StBVV muss jeder Mandant auf die Möglichkeit des Abschlusses entsprechender Vereinbarungen hingewiesen werden. Geschieht dies nicht, kann die Durchsetzung des ordnungsgemäß geltend gemachten Honorars dann problematisch werden, wenn beispielsweise im Rahmen von Insolvenzen der Verwalter behauptet, es wäre zu einer solchen „niedrigeren" Vereinbarung gekommen. Schicken Sie allen Mandanten ein entsprechendes Formschreiben!

Pauschalvereinbarungen können nach § 14 StBVV getroffen werden. Hierbei geht es aber nur um eine Vereinfachung der Gebührenberechnung; es soll keine Gebührenunterschreitung ermöglicht werden (so ausdrücklich die „Amtliche Begründung" zu § 14 StBGebV, abgedruckt in *Meyer/Goez/Schwamberger*, Die Vergütung der steuerberatenden Berufe, Loseblattkommentar, Fach 3 Kz. 3200, 3338, 7/2022). Voraussetzung ist, dass es sich um laufend auszuführende Tätigkeiten handelt und die Vereinbarung für mindestens ein Jahr getroffen wird; die Einzeltätigkeiten und der Leistungszeitraum sind aufzulisten. Bei der Pauschalvergütung ist nach der Verordnungsänderung vom 12.7.2017 wie auch bei anderen Vergütungsvereinbarungen eine Textform genügend (*Goez*, Pauschalvereinbarung nach § 14 StBVV in Textform möglich, KP 2017, 174). Damit sind sämtliche entsprechende Vereinbarungen im Hinblick auf die Vorgaben zur ordnungsgemäßen Form harmonisiert worden, nachdem dies für die „Erfolgshonorarvereinbarung" zuvor schon so in § 9a StBerG vorgesehen war.

Bei größeren Mandaten bietet es sich auch an, über einen angemessenen Ausschluss des ansonsten bestehenden **jederzeitigen Kündigungsrechts** des Mandanten (§ 627 BGB) nachzudenken:

Vorsicht ist allerdings geboten bei der Verwendung allgemeiner Geschäftsbedingungen (BGH vom 11.2.2010, IX ZR 114/09, HFR 2010, 656, m. Anm. *Goez/Noll*, SteuK 2010, 175). Jedenfalls dürfte aber individualvertraglich eine angemessene Kündigungsfrist mit dem Mandanten vereinbart werden können, so dass auch für einen gewissen Zeitraum das Honorar gesichert wird.

> **Beratungshinweis:**
>
> Der Steuerberater muss also berücksichtigen, dass er bei Abschluss eines Steuerberatungsvertrags nur sehr eingeschränkt eine Kündigungsfrist vereinbaren kann, zumeist wohl kaum mehr als für drei Monate. Anders ist dies bei der Pauschalvereinbarung nach § 14 StBVV, weil ja schon gemäß der Verordnung die Dauer für „jährlich wiederkehrende Arbeiten" vorgesehen ist; hier ist eine Kündigungsfrist von „drei Monate zum Jahresende" üblich und möglich. Allerdings bedeutet dies nicht, dass nicht doch der Steuerberatungsvertrag als Grundlage des Mandatsverhältnisses „unterjährig" gekündigt werden kann.
>
> Bei der Berechnung des Resthonorars für das laufende Jahr hat der Berater sodann unter Berücksichtigung von § 12 Abs. 4 StBVV zumindest Anspruch auf eine geminderte Restgebühr.

f) Auslagen und Umsatzsteuer

Rz. 37

Die Gesamtvergütung umfasst auch entsprechende **Auslagen** (§§ 16 bis 20 StBVV). Vorrangig kann der Berater bei jeder einzelnen gebührenrechtlichen Angelegenheit das Entgelt für **Post- und Telekommunikationsdienstleistungen** nach § 16 StBVV begehren. Übersehen wird manchmal, dass dabei die tatsächlichen Kosten geltend gemacht werden können. Ersatzweise ist der übliche Pauschbetrag von 20 % der jeweiligen Gebühr, höchstens jedoch ein Betrag i.H.v. 20 € anzusetzen.

> **Beratungshinweis:**
>
> Beispielsweise ist jeder Buchhaltungsmonat eine eigene Angelegenheit, so dass in diesem Zusammenhang regelmäßig 12 × die Gebühr nach § 16 StBVV anfällt – also häufig 12 × 20,00 € = 240,00 €. Auf dieses von allen Gerichten völlig unproblematisch akzeptierte „Nebenentgelt" sollte der Steuerberater nicht verzichten!

Unter entsprechenden Voraussetzungen erhält neben diesem Telekommunikationsentgelt der Steuerberater auch eine **Dokumentenpauschale (§ 17 StBVV) und Erstattung der Kosten für **Geschäftsreisen** gem. §§ 18 bis 20 StBVV, wobei es sich um Fahrt- und Übernachtungskosten sowie um Tage- bzw. Abwesenheitsgelder handelt. Auch diese sind durch die Fünfte Verordnung zur Änderung steuerlicher Verordnungen vom 5.6.2020 (BGBl. I 2020, 1495) angehoben worden, und zwar die **Fahrtkosten** für jeden gefahrenen Kilometer auf 0,42 € sowie das **Tage- und Abwesenheitsgeld** von nicht mehr als vier Stunden auf 25 €, bei vier bis acht Stunden auf 40 € und bei mehr als acht Stunden auf 70 €.

Zu den „Auslagen" gehören auch die **Kosten, die eine Finanzbehörde** nach § 89 Abs. 3 bis 5 AO (eingefügt durch das Jahressteuergesetz 2007 [JStG 2007] vom 13.12.2006, BGBl. I 2006, 2878, 2905 = BStBl I 2007, 28, 53, mit Wirkung ab 19.12.2006) für eine verbindliche Auskunft geltend macht, soweit der Steuerberater diese vorab für den Mandanten vorstreckt; dasselbe gilt für eventuell von dem Steuerberater verauslagte Finanzgerichtskosten.

Hinzuzusetzen ist gem. § 15 StBVV die sich entsprechend aus der Gesamtvergütung ergebende **Umsatzsteuer** von zurzeit 19 % – in der zweiten Jahreshälfte 2020 von 16 % (vgl. Zweites Corona-Steuerhilfegesetz vom 29.6.2020, BGBl. I 2020, 1512).

> **Beratungshinweis:**
>
> Tatsächlich sind die Arbeitsleistungen anhand des Kanzleiorganisationsprogramms darauf durchzusehen, welche Tätigkeiten in dieser Zeitspanne geleistet wurden – und ggf. müssen zwei verschiedene Honorarnoten mit unterschiedlichen Umsatzsteuersätzen erstellt werden.

3. Durchsetzung des Honoraranspruchs

a) Einforderbarkeit der Vergütung

Rz. 38

Bei der Durchsetzung eines berechtigten Honoraranspruchs hat der Steuerberater **formell** gem. § 9 Abs. 1 und 2 StBVV exakt die rechtlichen Anforderungen bei der Erstellung von Honorarnoten zu beachten.

Zwingende Voraussetzung einer wirksamen Liquidation ist die Übernahme der Verantwortung für diese durch den Steuerberater sowie eine **ausreichende Spezifikation**. Seit 1998 ist in der Kostennote eine kurze Bezeichnung des jeweiligen **Vergütungstatbestands** und die **Bezeichnung der Auslagen** aufzu-

II. Regelungen der Steuerberatervergütungsverordnung (StBVV)

nehmen; weiterhin sind die angewandten Vorschriften, der Wert-/Zeitaufwand und der Gebührenbetrag anzugeben sowie eventuelle **Vorschüsse** (§ 8 StBVV) von dem Gesamtbetrag abzuziehen.

> **Beratungshinweis:**
>
> Das Erstellen der **Kostennote** auch in Textform ist und bleibt **Sache des Praxisinhabers**, weil dieser die zivilrechtliche, berufs- und nicht zuletzt strafrechtliche Verantwortung für das geltend gemachte Honorar übernimmt.

Der Mandant muss erst zahlen, wenn sämtliche Vergütungsvoraussetzungen gegeben sind. Dafür muss die **Fälligkeit** eingetreten sein (§ 7 StBVV) und die Vergütung ordnungsgemäß gem. § 9 StBVV geltend gemacht werden. Er muss die Abrechnung nachweisbar erhalten haben.

> **Beratungshinweis:**
>
> Zwar kommen Unternehmer als Mandanten gem. § 286 Abs. 3 Satz 1 BGB nach Ablauf von 30 Tagen in Verzug; dies gilt aber bei „Verbrauchern" nur dann, wenn in der Rechnung auf den Verzugseintritt hingewiesen wird. Dies kann in der Fußnote der Honorarnote regelmäßig entsprechend indiziert werden!

Vorher können zwar Vorschüsse gem. § 8 StBVV abverlangt oder Abschlagszahlungen vereinbart werden; die Durchsetzung der Vergütung setzt aber insbesondere das strikte Beachten der vorstehenden Vorgaben voraus.

> **Beratungshinweis:**
>
> Bei unterjähriger Rechnungserteilung, insbesondere im Bereich der Buchführung, ist unbedingt auf die „Vorläufigkeit der Abrechnung" hinzuweisen, da eine Jahresabschlussrechnung erst nach Bekanntwerden des Jahresumsatzes erteilt werden kann (vgl. § 33 Abs. 6 StBVV).

Häufig wird eine Verweigerung der Zahlung allerdings damit begründet, dass sich angebliche Fehler bei der Bearbeitung herausgestellt haben. Gelten zwischen dem Steuerberater und dem Mandanten AGB, dürfte dort regelmäßig ein Nachbesserungsrecht statuiert sein. Dies gilt aber nur während des laufenden Mandats (BGH vom 11.5.2006, IX ZR 63/05, DStR 2006, 957). Ist der Vorwurf berechtigt, entsteht ein Aufrechnungssachverhalt, der allerdings von dem Mandanten dezidiert und unter Angabe der Gegenforderung beziffert werden müsste.

3. Durchsetzung des Honoraranspruchs

> **Beratungshinweis:**
>
> Sinnvoll ist es, individuell zu Beginn des Mandats zu vereinbaren, dass der Mandant gegenüber dem Steuerberater einen Anspruch auf Beseitigung etwaiger Mängel hat, wobei dem Steuerberater eine angemessene Frist zur Nachbesserung gewährt werden muss.

Auch ist auf die **Verjährung** von drei Jahren zum Ende eines Jahres für die Durchsetzung des Honoraranspruchs zu achten (§§ 195, 199 Abs. 1 BGB). Die Verjährung beginnt unabhängig davon, ob der Steuerberater seinem Auftraggeber eine Rechnung erteilt hat (BGH vom 21.11.1996, IX ZR 159/95, HFR 1997, 517). Dies stellt konsequenterweise auch § 9 Abs. 1 Satz 4 StBVV klar. Für die Berechnung des Verjährungszeitraums kommt es allein auf die **Fälligkeit** der Vergütung i.S.v. § 7 StBVV an. Um die Fälligkeit nicht eigenmächtig zu verzögern, ist der Steuerberater regelmäßig verpflichtet, in angemessener kurzer Zeit nach Beendigung der jeweiligen Tätigkeit abzurechnen.

Verhandelt der Mandant mit dem Steuerberater über die Honorarzahlungen, wird für den entsprechenden Zeitraum die Verjährung lediglich – regelmäßig für drei Monate – **gehemmt** (§ 203 BGB). Auch ein Klage- oder Mahnverfahren hemmt den Eintritt der Verjährung (§ 204 Abs. 1 Nr. 1 und Nr. 3 BGB) – hier sodann für sechs Monate. Bei einer Teilzahlung des Mandanten beginnt sogar der gesamte Verjährungszeitraum erneut zu laufen (§ 212 BGB), da dies als „Anerkenntnis" gewertet wird. Demgemäß läuft wiederum die dreijährige Regelverjährung.

Diese Regelverjährung gilt grundsätzlich auch bei einem Rückforderungsanspruch des Mandanten bei zu viel gezahltem Honorar. Dabei kann sich der Mandant regelmäßig nicht auf fehlende Kenntnis von der überhöhten Gebühr berufen, wenn er nach Erhalt der Honorarnote die Möglichkeit hatte, die Gebührenrechnung überprüfen zu lassen (*Feiter*, Steuerberatervergütungsverordnung, 3. Aufl. 2020, Rz. 43).

b) Außerprozessuale Möglichkeiten

Rz. 39

Einen sicheren Weg, nicht mit dem Vergütungsanspruch auszufallen, bietet § 8 StBVV. Der Steuerberater kann von dem Mandanten für die entstandenen und die voraussichtlich entstehenden Gebühren und Auslagen einen angemessenen **Vorschuss** fordern. Von dieser Möglichkeit wird allerdings – anders als bei Rechtsanwälten – von Steuerberatern viel zu wenig Gebrauch gemacht.

II. Regelungen der Steuerberatervergütungsverordnung (StBVV)

> **Beratungshinweis:**
>
> Äußerst sinnvoll erweisen sich Vorschusszahlungen gerade bei steuerstrafrechtlicher Begleitung des Mandanten, da nach Abschluss des Verfahrens das Interesse des (ehemaligen) Auftraggebers an dem Ausgleich des Honorars erfahrungsgemäß gering ist.

Falls der Mandant mit dem Ausgleich der fälligen Vergütung in Rückstand kommt, kann der Steuerberater ein **Leistungsverweigerungsrecht** (§ 320 BGB) ausüben und die Fortsetzung seiner Tätigkeit von einer vollständigen, zumindest einer Teilzahlung abhängig machen.

Ein wirksames Mittel zur Durchsetzung von Honoraransprüchen ist nach Kündigung des Mandats vor allem das Geltendmachen eines **Zurückbehaltungsrechts** i.S.v. § 273 BGB an Arbeitsergebnissen oder hinsichtlich der Herausgabe von Unterlagen des Mandanten (§ 66 Abs. 4 StBerG, § 13 Abs. 4 BOStB). Regelmäßig wird der Mandant ein erhebliches Interesse daran haben, seine – insbesondere noch nicht bearbeiteten (zur Problematik der unterschiedlichen Zeiträume: *BStBK*, Berufsrechtliches Handbuch, Teil I, 5.2.5, 2/2020) – Buchführungsunterlagen zurückzuerhalten, um seinen steuerlichen Pflichten und Möglichkeiten nachzukommen. Ausschließen kann der Mandant dieses Zurückbehaltungsrecht – beispielsweise bei Streit über Grund oder Höhe der Vergütung –, indem er den strittigen Betrag beim zuständigen Amtsgericht hinterlegt (§ 273 Abs. 3 BGB). Dann ist der Steuerberater ausreichend – insbesondere für den Zeitraum einer Honorarklage – gesichert und hat die Unterlagen herauszugeben.

Mit dem Achten Gesetz zur Änderung des Steuerberatungsgesetzes vom 11.4.2008 (BGBl. I 2008, 666) wurde die Möglichkeit der **Abtretung** von Gebührenforderungen völlig neu gefasst. Seitdem können Gebührenforderungen oder die Übertragung der Einziehung auch ohne Zustimmung des Mandanten an zur uneingeschränkten Steuerrechtshilfe Befugte i.S.v. § 3 Nr. 1 bis 3 StBerG und von solchen (insbesondere StB/RA/WP) gebildeten Berufsausübungsgemeinschaften i.S.v. § 56 StBerG abgetreten werden. Die Verschwiegenheitsregeln sind dabei zu beachten. Insofern ist die frühere Regelung, wonach die Abtretung von Gebührenforderungen auch an einen anderen Steuerberater nur mit Zustimmung des Auftraggebers zulässig sei bzw. zumindest ein berechtigtes Eigeninteresse des abtretenden Steuerberaters vorliegen musste, sachgerecht vereinfacht worden. Nach diesen Regelungen ist es auch möglich, Honorare über **Verrechnungs-**

stellen abzuwickeln (*Überfeldt*, Neue Möglichkeiten des Forderungsmanagements für Steuerberater, DStR 2008, 121). Hierzu bedarf es aber der vorherigen Zustimmung des Mandanten (§ 64 Abs. 2 StBerG; Muster bei *Meyer/Goez/Schwamberger*, Die Vergütung der steuerberatenden Berufe, Loseblattkommentar zur StBVV, Fach 7, Kz. 7720, 7/2022). Inzwischen haben sich entsprechende zertifizierte Inkassounternehmen i.S.v. § 2 Abs. 2 i.V.m. §§ 10 Abs. 1 Nr. 1, 11 Abs. 1 RDG gebildet. Allerdings sind solche Verrechnungsstellen auf die gesetzliche Verschwiegenheitspflicht hinzuweisen (§ 5 Abs. 5 BOStB). In geeigneten Fällen ist durch die Übertragung im Rahmen eines **Factorings** eine deutliche Erleichterung des Honorarmanagements für den Steuerberater verbunden. Dabei ist allerdings die Vorgabe der vorherigen Zustimmung des Mandanten, so es sich nicht um Personen nach § 3 StBerG handelt, zu beachten.

> **Beratungshinweis:**
>
> Ob die Übertragung an eine Verrechnungsstelle sinnvoll ist, muss jeder Kanzleiinhaber selbst beurteilen. Im Regelfall kann es sich dabei nur um ein „unechtes Factoring" handeln, so dass bei tatsächlich notwendigen gerichtlichen Auseinandersetzungen über das Honorar die Verrechnungsstelle die Durchsetzung im Gerichtsverfahren dem Steuerberater überträgt. Dann ist dafür doch wieder der Steuerberater zuständig. Versucht hingegen die Verrechnungsstelle im Rahmen eines echten Factorings das Honorar durchzusetzen, entstehen ersichtlich schnell Probleme im Hinblick auf die dem Steuerberater obliegende Verschwiegenheit, weil er Sachverhalte aus dem Mandat der Verrechnungsstelle als Kläger bekanntgeben müsste.

In entsprechend geeigneten Fällen, insbesondere bei Streit über die Höhe der Vergütung, mag der Antrag auf Durchführung eines **Vermittlungsverfahrens** zwischen Steuerberater und Mandant bei der zuständigen Steuerberaterkammer sinnvoll sein (§ 76 Abs. 2 Nr. 3 StBerG). Den entsprechenden Antrag kann sowohl der Auftraggeber als auch der Steuerberater stellen; darüber hinaus setzt die erfolgreiche Durchführung eines solchen Verfahrens die Zustimmung beider Seiten voraus (*Koslowski*, StBerG, 7. Aufl. 2015, § 76 Rz. 21). Auch ein gemeinsam durchgeführtes Vermittlungsverfahren hemmt im Regelfall eine eventuell eintretende Verjährung (§ 203 Satz 1 BGB).

Im Einzelfall kann zudem zur Sicherung des Honoraranspruchs auch die Abtretung eines **Steuererstattungsanspruchs** des Auftraggebers sinnvoll sein. Allerdings ist § 46 Abs. 4 AO zu beachten, wonach der geschäftsmäßige Erwerb (somit im Wiederholungsfalle) zu eigenen Zwecken unter Bußgeldandrohung untersagt ist.

Sehr hilfreich kann aber ein **konstitutives Schuldanerkenntnis** des Mandanten über die (Rest-)Honorarforderung – am besten mit Zwangsvollstreckungsunterwerfung vor einem Notar abgegeben – sein. Ein solches schließt alle tatsächlichen und rechtlichen Einwendungen für die Zukunft aus, die der Mandant bei Abgabe der Erklärung kannte oder mit denen er rechnen musste. Aber auch ein **deklaratorisches Schuldanerkenntnis** ist häufig nützlich, weil sich zumindest in einem Gerichtsverfahren die Beweislast zu Gunsten des Steuerberaters und zu Lasten des (ehemaligen) Mandanten umkehrt.

> **Beratungshinweis:**
>
> In der vorbehaltlosen Bezahlung liegt noch kein Anerkenntnis! Wurde allerdings zwischen Mandant und Steuerberater das Honorar ausführlich erörtert und im Ergebnis ein bestimmter Betrag festgelegt sowie ggf. eine Ratenzahlung vereinbart, dürfte regelmäßig ein deklaratorisches Schuldanerkenntnis vorliegen (OLG Düsseldorf vom 2.7.2002, 23 U 158/01, GI 2002, 250).

Gegebenenfalls kann auch gerade bei juristischen Personen als Mandanten an eine persönliche **Bürgschaft** oder **Schuldmitübernahmeerklärung** des Gesellschafters gedacht werden (vgl. *Berners*, Formerfordernisse der Vergütungsvereinbarung auch bei Schuldbeitritt, NWB 2016, 3618).

Besonders schwierig ist die Sicherung des Honorars in der **Krise** und bei einer **Insolvenz** des Mandanten. Insbesondere die in den letzten Wochen vor Insolvenzeröffnung erfolgten Zahlungen – auch an den Steuerberater – werden regelmäßig gem. §§ 129 ff. InsO vom (vorläufigen) Insolvenzverwalter zur Insolvenzmasse zurückverlangt (*Weyand*, Anfechtbarkeit von Zahlungen an Steuerberater ohne wirksame Gebührenvereinbarung, KP 2017, 156). Um dem Mandanten auch in der Krise beratend und helfend zur Seite stehen zu können, bietet es sich daher an, dass der Steuerberater mit diesem ein nach § 142 InsO zulässiges „**Bargeschäft**" vereinbart. Dies bedeutet, dass genau der Honorarbetrag zeitnah (nicht mehr als drei Wochen) direkt im Hinblick auf eine konkrete, zu diesem Zeitpunkt zu erbringende und notwendige Leistung gezahlt wird (Angabe auf dem Überweisungsträger/tatsächliche Barzahlung gegen entsprechende Quittung mit Tätigkeitsnachweis). Nach Insolvenzeröffnung kann Kontakt mit

c) Honorarprozess

Rz. 40

Vor einem Honorarprozess steht die ordnungsgemäße **Mahnung** (Muster bei *Meyer/Goez/Schwamberger*, Die Vergütung der steuerberatenden Berufe, Loseblattkommentar, Fach 7, Kz. 7705, 7/2022). Dies ist zwingend jedenfalls bei „Verbrauchern" (kein Unternehmer) i.S.v. § 12 BGB. Eine Mahnung sollte bei Mandanten, die der Steuerberater auch weiterbetreuen will, in höflicher, wenn auch deutlicher Form erfolgen.

Nach erfolgloser Mahnung wird der Vergütungsanspruch im Verweigerungs- oder Streitfall durch ein **Mahn- bzw. Klageverfahren** durchzusetzen sein (*Schwamberger*, Verschenken Sie kein Honorar, KP 2017, 195). Die Zuständigkeit des Gerichts richtet sich nach Ansicht des BGH (Beschluss vom 11.11.2003, X ARZ 91/03, Stbg 2004, 385) nach dem Wohnort des Mandanten als Schuldner der Vergütung; damit ist der in der früheren Rechtsprechung häufig herangezogene Erfüllungsort der Leistung aus dem Beratervertrag (Kanzleisitz) nicht gerichtsstandsbegründend i.S.v. § 29 ZPO.

Der Steuerberater hat **substanziiert** unter Angabe konkreter Tatsachen den Rechtsgrund für seinen Anspruch, die Art der Tätigkeit, das Vorliegen und den Zugang bei dem Mandanten der ordnungsgemäß erstellten Liquidation und die weiteren Voraussetzungen für die Fälligkeit des Anspruchs (§ 7 StBVV) darzulegen. Auch sind diese Angaben in geeigneter Form unter Beweis zu stellen (z.B. die „Angemessenheit" der Höhe der einzelnen Gebührenansätze durch Einholen eines Sachverständigengutachtens). Auf das Zugestehen einer **„Toleranzspanne"** (vgl. *Feiter*, Steuerberatervergütungsverordnung, 3. Aufl. 2020, § 11 StBVV Rz. 217) kann sich der Steuerberater nicht verlassen, obwohl einige Gerichte diese i.H.v. bis zu 20 % bestätigt haben (vgl. für RA: BGH vom 13.1.2011, IX ZR 110/10, NJW 2011, 1603, 1605).

Liegt eine formgerechte Berechnung (noch) nicht vor, kann diese im Klageverfahren nachgeholt werden (OLG Frankfurt vom 15.2.1993, 22 U 183/91, Stbg 1994, 72; *Goez*, Die nachträgliche Korrektur von Honorarabrechnungen, KP 2018, 40); der Steuerbe-

II. Regelungen der Steuerberatervergütungsverordnung (StBVV)

rater hat dann aber das **Kostenrisiko** zu tragen, falls der Mandant den Vergütungsanspruch sofort anerkennt – und (endlich) zahlt.

> **Beratungshinweis:**
>
> Noch ein Wort zu den Kosten: Häufig wird im Rahmen der Beweisaufnahme ein **gerichtliches Gutachten über die Angemessenheit der Gebühren** eingeholt. Die Anwalts-, Gerichts- und Sachverständigenkosten werden erfahrungsgemäß zumindest bei amtsgerichtlichen Auseinandersetzungen (bis 5 000 €) den Streitwert erreichen können. Zahlen muss der Unterlegene, wobei aber regelmäßig eine Kostenquotelung in Honorarprozessen mit Streit über die Angemessenheit des Honorars erfolgt und sich nicht eine der Parteien gänzlich mit seinem Klageantrag durchsetzt. Der klagende Steuerberater muss dies – einschließlich der von ihm einzusetzenden Zeiten durch Informationserteilung an den beauftragten Rechtsanwalt und des Aufwands für die Teilnahme an der Gerichtsverhandlung – berücksichtigen. Vielfach entsteht daher am Schluss des Verfahrens der Eindruck, dass es sich auch bei recht gutem Abschneiden vor Gericht „kaum gelohnt" hat. Häufig ist es daher besser, sich vor einem Prozess im Rahmen der Möglichkeiten auf eine angemessene Höhe des Honorars mit dem Mandanten zu einigen.

4. Abrechnung vereinbarer Tätigkeiten

Rz. 41

Nach § 1 StBVV gilt die Vergütungsverordnung nur für die originären (§ 33 StBerG) Tätigkeiten eines Steuerberaters. Tätigkeiten nach **§ 57 Abs. 3 StBerG**, konkretisiert auch in **§ 15 BOStB**, sind von dem Regelungsumfang der StBVV ausgenommen.

Die mit dem Beruf gem. § 57 Abs. 3 StBerG über § 33 StBerG hinaus „**vereinbaren Tätigkeiten**" sind schriftstellerische Tätigkeiten, Vortrags- und Lehrtätigkeiten, die Durchführung bestimmter Vortragsveranstaltungen, die Geschäftsführungsfunktion bei gerichtlicher Bestellung, die Tätigkeit der Mediation, die Verwaltung fremden Vermögens, das Halten von Gesellschaftsanteilen und die Wahrnehmung von Gesellschafterrechten wie auch die Tätigkeit als Beirat, Aufsichtsrat oder als Umweltgutachter, insbesondere aber die betriebswirtschaftliche und freiberufliche Unternehmensberatung in all ihren Facetten. Weitere vereinbare Tätigkeiten sind die Wahrnehmung des Amts als Testamentsvollstrecker, Nachlasspfleger, Vormund, Betreuer oder als Insolvenzverwalter, Vergleichsverwalter, Liquidator, Sequester, Zwangsverwalter und die Tätigkeit als Verwalter nach dem Wohnungseigentumsgesetz (WEG).

4. Abrechnung vereinbarer Tätigkeiten

Teilweise ist die Vergütung **gesetzlich geregelt** (z.B. für den Insolvenzverwalter nach der Insolvenzrechtlichen Vergütungsverordnung – InsVV), teilweise haben sich unter Berücksichtigung der Rechtsprechung **Gebührentabellen** entwickelt (z.B. die „Rheinische Notar-Tabelle" für den Testamentsvollstrecker i.S.v. § 2221 BGB, wonach eine angemessene Honorierung erfolgt).

> **Hinweis:**
>
> In Kurzform können die Grundsätze für die Abrechnung der vereinbaren Tätigkeiten eines Steuerberaters der **Übersicht** in → Rz. 61 entnommen werden.

Ansonsten dürfte der Steuerberater auf der „sicheren Seite" sein, wenn er für diese Tätigkeiten – im Regelfall, so keine Sondervorschrift eingreift – gem. **§ 675 i.V.m. § 612 Abs. 2 bzw. § 632 BGB** eine Zeitgebühr **analog § 13 Satz 2 StBVV** zur Bestimmung der Höhe ansetzt. Hiermit kann allerdings trotz der im Jahr 2020 erfolgten Erhöhung auf höchstens 150 €/Stunde ein teilweise nur unzureichendes Honorar erzielt werden. Regelmäßig dürften zurzeit aber Stundenansätze für diese Art von Tätigkeiten wie beispielsweise intensive betriebswirtschaftliche Beratung bei Unternehmensumwandlungen oder Firmen-Nachfolgeüberlegungen wegen der notwendigen hohen Qualifikation des beauftragten Steuerberaters zwischen 180 € und 250 €/Stunde – und auch darüber hinaus – üblich geworden sein. Dies sollte der Berufsangehörige in Abstimmung mit dem Auftraggeber sinnvollerweise vor der Abrechnung der Leistung zumindest in Textform (§ 126b BGB), möglichst aber sogar schriftlich, in einer entsprechenden Vergütungsvereinbarung niederlegen.

Im Übrigen kann der Steuerberater das Honorar für solche Tätigkeiten **frei vereinbaren**. Auch hier ist als Grenze eine unangemessene, den Mandanten einseitig benachteiligende Höhe zu beachten (§ 138 BGB). Jedenfalls ist eine formgerechte vertraglich bindende Abstimmung mit dem Mandanten für die Sicherung des Vergütungsanspruches anzuraten.

> **Beratungshinweis:**
>
> Als Grundlage für eine entsprechende Vereinbarung kann selbstverständlich die Vergütungsvereinbarung nach § 4 Abs. 1 StBVV genommen werden – diese muss allerdings in Bezug auf den Inhalt der Beratungstätigkeit entsprechend abgeändert werden (Muster bei *Meyer/Goez/Schwamberger*, Die Vergütung der steuerberatenden Berufe, Loseblattkommentar, Fach 7, Kz. 7305, 7/2022).

III. Regelungen des Rechtsanwaltsvergütungsgesetzes (RVG)

Rz. 42

Wie in → Rz. 2 ausgeführt, hat das RVG zum 1.7.2004 die Bundesrechtsanwaltsgebührenordnung (BRAGO) abgelöst.

Nach der Tabellenanhebung im August 2013 durch das **2. Kostenrechtsmodernisierungsgesetz** (BGBl. I 2013, 2586) sind nunmehr nach den Erhöhungen der Werte in den Tabellen der StBVV Mitte 2020 auch zum 1.1.2021 eine massive Anhebung der Werte in der Tabelle zu § 13 Abs. 1 RVG (Verwaltungs- und Gerichtsverfahrenstabelle) und auch in der Prozesskostenhilfetabelle gem. § 49 RVG sowie weitere Änderungen durch das **Kostenrechtsänderungsgesetz 2021** vom 21.12.2020 (BGBl. I 2020, 3229) in Kraft getreten. Zwar gab es kleinere Änderungen auch im Jahre 2022 (→ Rz. 25). Diese Änderungen dürften aber bis auf die Neuregelung der Erfolgshonorierung, die auch zukünftig zu einer Änderung in § 9a StBerG führen wird, für Steuerberater zu vernachlässigen sein.

1. Überblick

Rz. 43

Seit 1957 rechnen Rechtsanwälte nach gesetzlichen Vorschriften ab; im Gegensatz zur StBVV (früher: StBGebV), die eine Rechtsverordnung i.S.v. Art. 80 Abs. 1 GG ist, handelte es sich bereits bei der BRAGO um ein **Gesetz im formellen und materiellen Sinne**. Zielsetzung dieses Gesetzes war es, das Gebührenrecht für Rechtsanwälte zu vereinfachen, soweit dieses bei der Vielgestaltigkeit der anwaltlichen Tätigkeit möglich ist. Dies gilt auch für das RVG als Nachfolgegesetz, wobei die Bezeichnung „Vergütung" als Oberbegriff für „Gebühren und Auslagen" Verwendung fand.

Vom Grundsatz her ist das RVG in **neun Abschnitte** gegliedert, beginnend mit den allgemeinen Vorschriften und den darauffolgenden Regelungen zu den Gebührenvorschriften, dem Begriff der Angelegenheit und der Bestimmung des Gegenstandswerts. Der 5. Abschnitt ist der außergerichtlichen Beratung und Vertretung vorbehalten. Anschließend erfolgen die Regeln über spezielle gerichtliche Verfahren, insbesondere vor der Verfassungsgerichtsbarkeit und in Straf- und Bußgeldsachen. Nach den Regeln über die Vergütung von beigeordneten Anwälten sowie für die Beratungshilfe enthält Abschnitt 9 die Übergangs- und Schlussvorschriften.

1. Überblick

Wie sich aus § 2 Abs. 2 RVG ergibt, richtet sich sodann die Höhe der Vergütung nach dem **Vergütungsverzeichnis (VV-RVG)**, das als Anlage 1 zu § 2 Abs. 2 RVG Teil des Gesetzes über die Vergütung der Rechtsanwältinnen und Rechtsanwälte ist.

Die heutige Fassung des RVG unterliegt zwar einer ständigen Überarbeitung und Ergänzung in Einzelpunkten; die Grundstruktur wurde aber seit 2004 beibehalten. Mit dem Gesetz zur Modernisierung des Kostenrechts (Kostenrechtsmodernisierungsgesetz 2004 – KostRMoG) vom 5.5.2004 (BGBl. I 2004, 718) wurde seinerzeit nicht nur das Justizvergütungs- und -entschädigungsrecht neu geregelt (JVEG) sowie das Gerichtskostengesetz (GKG) neu gefasst; insbesondere wurde die BRAGO durch das RVG abgelöst. Das Gesetz trat am **1.7.2004** in Kraft.

Neben einer Verbesserung der Vergütung des Rechtsanwalts für Tätigkeiten in Straf- und Ordnungswidrigkeitenverfahren (Teil 4 und 5 VV-RVG – über § 45 StBVV auch für Steuerberater als Steuerstrafverteidiger hilfreich) war besonders wichtig die ausdrückliche Vorgabe in § 35 RVG, worin für die Vergütung des Rechtsanwalts im **Bereich der steuerlichen Beratung** auf die Vorschriften der StBVV (§§ 23 bis 39) verwiesen wird.

Die **Motive des Gesetzgebers** ergeben sich aus der amtlichen Begründung: *„Die für den Bereich der Rechtsanwaltsvergütung angestrebte Qualitätsverbesserung und die Anpassung der Höhe der Vergütung kann mit einer grundlegenden Strukturreform besser erreicht werden als mit einer linearen Erhöhung der Gebühren"* (BT-Drucks. 15/1971, 2). Der Gesetzgeber wollte das Anwaltsvergütungsrecht beispielsweise durch Wegfall der Beweisgebühr bei gleichzeitiger Erhöhung der an die Stelle der Prozessgebühr tretenden Verfahrensgebühr und der Terminsgebühr **vereinfachen**. Dies konnte bedauerlicherweise im Hinblick auf die komplexe Gesamtregelung nur als teilweise gelungen bewertet werden.

Das Gebührensystem hat sich im Vergleich zur BRAGO nicht wesentlich geändert; vorrangig werden **Verfahrenspauschgebühren** festgesetzt. Diese dienen der Vereinfachung der Gebührenberechnung in Klageverfahren. Dabei wird zwar von den bürgerlich-rechtlichen Streitigkeiten ausgegangen; die Vergütung in Verfahren vor Verfassungs-, Verwaltungs- und Finanzgerichten – mit Zusatzregeln in Bezug auf spezifische Besonderheiten – wird hiervon abgeleitet. Somit entstehen in diesen Verfahren die „Verfahrens- und Terminsgebühren".

III. Regelungen des Rechtsanwaltsvergütungsgesetzes (RVG)

Im Ergebnis handelt es sich somit um **Wertgebühren**, die sich gem. § 2 Abs. 1 RVG nach dem Gegenstandswert richten. Wenn **Rahmengebühren** angesetzt werden müssen, hat der Rechtsanwalt auf Grund der Kriterien des § 14 RVG die im konkreten Fall angemessene Gebühr zu bestimmen. Insbesondere im Strafverfahren verbleibt es bei den schon bekannten **Betragsrahmengebühren** für die anwaltliche Tätigkeit (Mindest- und Höchstbetrag begrenzen den Ansatz). In Ausnahmefällen gibt es daneben auch **Festbetragsgebühren** wie beispielsweise für die Tätigkeit als Pflichtverteidiger. Dies kann über § 45 StBVV auch für den seltenen Fall eines „beigeordneten" Steuerberaters in Steuerstrafsachen gelten.

Geändert wurde die Art der Bezeichnung der Gebührensätze. Während die BRAGO wie die StBVV **Bruchteilsgebühren** (z.B. 3/10) festlegte, wird im RVG von **Dezimalgebühren** ausgegangen (also in dem Beispiel 0,3).

Sodann sind die jeweiligen Gebührenbeträge mittels der **Gebührentabelle zu § 13 Abs. 1 RVG** zu ermitteln (vgl. die Regeltabelle zum Verwaltungs- und Gerichtsverfahren, die die Anlage 2 zum RVG bildet). Die Gebührenbeträge wurden im Vergleich zur BRAGO zunächst nicht geändert, sondern erst durch das Zweite Gesetz zur Modernisierung des Kostenrechts (**2. Kostenrechtsmodernisierungsgesetz** – 2. KostRMoG) vom 23.7.2013 (BGBl. I 2013, 2586). Vorher war die Gebührentabelle zu § 13 Abs. 1 RVG identisch mit der am 1.7.2020 entfallenen Tabelle E der bis Ende 2012 gültigen StBGebV (s. dazu → Rz. 17) wie auch der Tabelle A zur früheren StBGebV bis zu einem Gegenstandswert von 290 000 €.

Nach dem Willen des Gesetzgebers sollte mittels Anhebung der einzelnen Gebühren erreicht werden, die Rechtsanwaltsvergütung angemessen auszugestalten. Dabei ging das Bundesjustizministerium davon aus, dass die Preissteigerung der vergangenen zehn Jahre – ohne Gebührenänderung – bei einer durchschnittlichen Steigerungsrate von 1,4 % in etwa ausgeglichen sei. Das Ziel dürfte auch seinerzeit teilweise erreicht worden sein, jedenfalls dort, wo die Mischkalkulation bzw. Querfinanzierung durch Vergütungen bei höheren Gegenstandswerten als Ausgleich für die kaum die Kosten deckenden Vergütungen bei sehr niedrigen oder niedrigen Gegenstandswerten funktioniert.

Dieselbe Motivation des Gesetzgebers führte zum **1.1.2021** dazu, dass das „Gesetz zur Änderung des Justizkosten- und des Rechtsanwaltsvergütungsrechts und zur Änderung des Gesetzes zur Abmilderung der Folgen der COVID-19-Pandemie im Zivil-,

1. Überblick

Insolvenz- und Strafverfahrensrecht" (**Kostenrechtsänderungsgesetz 2021**) vom 21.12.2020 (BGBl. I 2020, 3229) in Kraft getreten ist. Wiederum steht die Anpassung der Rechtsanwaltsvergütung an die wirtschaftliche Entwicklung im Fokus der Änderungen. Insbesondere wurden die Wertgebühren im neugefassten § 13 RVG um ca. 10 % angehoben – rundungsbedingt in der untersten Wertstufe bis 500,00 € um 9 % –, im Bereich der sozialrechtlichen Mandate sogar um 20 %.

Neben Neuregelung der Anrechnungsbestimmungen von Gebühren, insbesondere aus der außergerichtlichen Beratung bzw. von Vorverfahren in § 14 Abs. 2 und § 15a Abs. 2 RVG, ist im Detail auch interessant, dass im Vergütungsverzeichnis die Erhöhung der Kilometerpauschale auf 0,42 €/km erfolgt (Nr. 7002 VV-RVG) und die Tage- und Abwesenheitsgelder auf 30,00 €/50,00 €/80,00 € (Nr. 7005 VV-RVG) angehoben werden. Bei Letzterem ist bedauerlicherweise wiederum eine Diskrepanz zu § 18 StBVV festzustellen, da die dortige erst seit dem 1.7.2020 erfolgte Anpassung nunmehr 5,00 € bis 10,00 € hinter der RVG-Vorgabe zurückfällt.

Im Ergebnis die höchste Anhebung erfuhr die Prozesskostenhilfe-Vergütung (§ 49 RVG), weil die Kappungsgrenze von 30 000,00 € auf 50 000,00 € erhöht worden ist. Damit kann eine 1,0-Gebühr i.H.v. maximal 659,00 € (bislang 447,00 €) gegen die Staatskasse geltend gemacht werden.

Zudem wurde mit dem Kostenrechtsänderungsgesetz 2021 auch eine Anpassung der Sätze des Justizvergütungs- und -entschädigungsgesetzes (JVEG) für Sachverständige sowie Sprachmittler (Dolmetscher) und die Entschädigung für ehrenamtliche Richter sowie Zeugen vorgenommen; in der Folge ist auch § 1835a BGB zur Aufwandsentschädigung für ehrenamtliche Vormünder, Betreuer und Pfleger aufgrund der Verweisung auf § 22 JVEG erhöhend angepasst worden.

Stringent ist die Übergangsregelung in § 60 Abs. 1 RVG dahingehend klargestellt worden, dass die neuen Vergütungsregeln dann angewendet werden können, wenn die Auftragserteilung nach dem 1.1.2021 liegt; die frühere Ausnahme für Rechtsbehelfsverfahren oder weitere sich ergänzende Verfahren wurde aufgehoben.

Hinsichtlich der weiteren Änderungen im RVG im Jahr 2022 wird auf die Ausführungen unter → Rz. 25 verwiesen; auf die entsprechenden dortigen Ausführungen kann erneut Bezug genommen werden.

III. Regelungen des Rechtsanwaltvergütungsgesetzes (RVG)

2. Rechtsgrundlagen

Rz. 44

Das RVG gliedert sich in einen **Paragraphenteil** mit 78 einzelnen Paragraphen (hier abgedruckt in → Rz. 50) und in ein **Vergütungsverzeichnis (VV-RVG)**, das ca. 250 Gebühren- und Auslagentatbestände enthält. Somit ist der Paragraphenteil der **allgemeine Teil** des anwaltlichen Honorarrechts, während die **einzelnen Gebührentatbestände** im VV-RVG enthalten sind. Das VV-RVG ist als Anlage 1 zu § 2 Abs. 2 Satz 1 RVG dem Gesetz beigefügt (hier abgedruckt in → Rz. 68). Die einzelnen Werte sind sodann der **Tabelle** gem. Anlage 2 zu § 13 Abs 1 RVG zu entnehmen (hier abgedruckt in → Rz. 66); die Tabelle führt die Gegenstandswerte bis zu 500 000 € auf.

a) Der Paragraphenteil (§§ 1 bis 62 RVG)

Rz. 45

§ 1 RVG bestimmt, dass sich die Vergütung für **anwaltliche Tätigkeiten** von Rechtsanwälten nach dem RVG bemisst. Dies gilt auch für **Rechtsbeistände**, so sie verkammert sind. Allerdings sind ausgenommen Tätigkeitsbereiche und deren Honorierung, wenn es dort gesonderte Regelungen gibt wie z.B. beim Insolvenzverwalter (Insolvenzrechtliche Vergütungsverordnung – InsVV) oder Testamentsvollstrecker (§ 2221 BGB), der in der Rechtsprechung anerkannte Tabellen zugrunde zu legen hat (vgl. *Weidlich* in Palandt, Bürgerliches Gesetzbuch mit Nebengesetzen, 80. Aufl. 2021, § 2221 BGB Rz. 3 ff.).

Die **Höhe der Vergütung** wird gem. § 2 RVG nach dem Gegenstandswert berechnet, wobei sich die Einzelheiten aus den jeweiligen Regeln des VV-RVG ergeben.

Auch bedürfen **Vergütungsvereinbarungen** wie bei Steuerberatern mindestens der Textform (§ 3a Abs. 1 RVG), wobei diese tatsächlich als „Vergütungsvereinbarung oder in vergleichbarer Weise bezeichnet werden" müssen. Auch muss eine Vergütungsvereinbarung von anderen Vereinbarungen mit Ausnahme der Auftragserteilung abgesetzt werden und darf nicht in der Vollmacht enthalten sein. Unangemessen hohe Vergütungen können herabgesetzt werden (§ 3a Abs. 2 RVG).

> **Beratungshinweis:**
>
> Hat der Steuerberater insbesondere im Rechtsbehelfs- oder gerichtlichen Verfahren das RVG „entsprechend" anzuwenden, müssen eventuell mit dem Mandanten abgeschlossene Vergütungsvereinbarungen (auch) diese RVG-Vorgaben beachten!

Anders ist es allerdings nach § 34 RVG insofern geregelt, als für eine **Beratung** diese Eingrenzung nicht gilt und entsprechende Vereinbarungen nicht einmal der Textform bedürfen. Dies gilt auch für Steuerberater, die mit der Prüfung der Erfolgsaussichten eines Rechtsmittels i.S.v. § 21 Abs. 2 StBVV beauftragt werden. Hier sind die Regeln nach § 34 RVG direkt anwendbar.

Parallel zu § 9a Abs. 2 StBerG sieht auch § 4a RVG ein **Erfolgshonorar** in bestimmten eingeschränkten Fällen vor, insbesondere, wenn ansonsten der Ratsuchende aus wirtschaftlichen Gründen davon abgehalten wird, sein Recht durchzusetzen. Die bislang analog § 9a StBerG geltende strikte Regulierung eines Erfolgshonorars wurde sodann durch das Gesetz vom 10.8.2021 (BGBl. I 2021, 3415) deutlich liberalisiert. So kann ein Erfolgshonorar vereinbart werden, wenn sich der Auftrag auf eine Geldforderung von höchstens 2 000 € bezieht oder eine Inkassodienstleistung außergerichtlich, im Mahnverfahren oder in der Zwangsvollstreckung wegen Geldforderung in das bewegliche Vermögen erbracht wird. Auch kommt es für die Frage, ob der Mandant aus finanziellen Gründen von der Rechtsverfolgung abgehalten wird, nicht mehr auf die wirtschaftlichen Verhältnisse an, sondern nur noch auf die vollständige Betrachtung aller Umstände des Einzelfalles. Die **Fälligkeit** der Vergütung ist in § 8 RVG entsprechend wie in § 7 StBVV geregelt; parallele Vorschriften existieren auch zum **Vorschuss** gem. § 9 RVG und zur **Berechnung** (§ 10 RVG).

Sodann erfolgen im Abschnitt 2 die Gebührenvorschriften zu **Wertgebühren** (§ 13 RVG), **Rahmengebühren** (§ 14 RVG) und zum **Abgeltungsbereich** (§ 15 RVG). Letztere Regelung stimmt im Wesentlichen mit § 15 StBVV überein. Klargestellt wird, dass ein Rechtsanwalt Gebühren in derselben Angelegenheit nur einmal fordern kann (§ 15 Abs. 2 RVG).

Ob es sich um „dieselbe", „verschiedene" oder „besondere **Angelegenheiten**" handelt, wird ausführlich in den §§ 16 bis 18 RVG erläutert. Zudem gilt der Grundsatz für den Gegenstandswert gem. § 22 Abs. 1 RVG, dass „in derselben Angelegenheit […] die Werte mehrerer Gegenstände zusammengerechnet" werden.

Bei **Gerichtsgebühren** richtet sich die Wertfestsetzung grundsätzlich nach § 32 RVG, ergänzt um § 33 RVG, wobei der für Gerichtsgebühren festgesetzte Gegenstandswert nicht maßgeblich für die Gebühren des Prozessbevollmächtigten ist. In entsprechenden Fällen vor dem Finanzgericht dürfte diese Vorschrift häufiger zur Anwendung kommen.

III. Regelungen des Rechtsanwaltsvergütungsgesetzes (RVG)

Wichtig ist § 35 RVG für Rechtsanwälte, die **Steuerberatung** betreiben. Diese sind an die §§ 23 bis 39 i.V.m. §§ 10 und 13 StBVV gebunden.

> **Beratungshinweis:**
>
> Auch Rechtsanwälte, die Steuerrechtshilfe leisten, müssen sich mit den anders strukturierten Regeln der StBVV auseinandersetzen. Auf die Ausführungen in → Rz. 31 zu den „Einzeltätigkeiten" darf Bezug genommen werden.

In **Straf- und Bußgeldsachen**, auch gültig für **Steuerberater** über § 45 StBVV, gilt der Abschnitt 7 mit der Möglichkeit, auf Antrag eine höhere Vergütung durch das Oberlandesgericht mit der Feststellung einer Pauschgebühr (§ 42 RVG) festsetzen zu lassen. Im Übrigen erfolgt die Konkretisierung der Einzelgebühren für Straf- und Ordnungswidrigkeitenverfahren erst in den Teilen 4 und 5 des VV-RVG.

Die **Prozesskostenhilfe** und deren Vergütung richtet sich nach §§ 45 ff. RVG, wobei gegen Entscheidungen des „Urkundsbeamten der Geschäftsstelle des Gerichts des ersten Rechtszuges" i.S.v. § 55 RVG Rechtsmittel nach der Folgevorschrift in § 56 RVG möglich sind. Wie schon erwähnt, wurde die Prozesskostenhilfetabelle in § 49 RVG mit Wirkung zum 1.1.2021 um 10 % angehoben und geht nunmehr bis zu einem Gegenstandswert bis zu 50 000 € (früher: 30 000 €). Dies ist auch für entsprechend beigeordnete Steuerberater, insbesondere im finanzgerichtlichen Verfahren, über § 65 StBerG i.V.m. § 46 StBVV von erheblicher Bedeutung. Wie § 47a StBVV ist in § 60 RVG eine **Übergangsvorschrift** vorgesehen, ab wann geänderte Regeln von dem Rechtsanwalt anzuwenden sind. Abgestellt wird dabei allein auf den Zeitpunkt der **Auftragserteilung** (vgl. → Rz. 67).

Der wichtige Bereich der **außergerichtlichen Beratung** wird nach dem RVG den Regeln des bürgerlichen Rechtes unterstellt. § 3a RVG sieht Vergütungsvereinbarungen vor, die in Textform abgeschlossen werden können; auch kann in solchen Angelegenheiten eine niedrigere als die gesetzliche Vergütung vereinbart werden (§ 4 Abs. 1 RVG). Demgemäß sagt konsequenterweise § 34 Abs. 1 RVG, dass für die außergerichtliche Beratung vorrangig eine **Vergütungsvereinbarung** abgeschlossen werden soll. Ist eine solche nicht getroffen worden, ist die Honorierung für den Anwalt als Geschäftsbesorger i.S.v. § 675 BGB für die Beratung auf § 612 Abs. 2 BGB und für die Gutachtenerstellung auf § 632 Abs. 2 BGB zu stützen.

Gefährlich ist das Fehlen einer Gebührenvereinbarung mit **Verbrauchern** (§ 13 BGB), also natürlichen Personen, die überwiegend weder gewerblich noch sonst selbständig beruflich tätig sind. § 34 Abs. 1 Satz 2 RVG sieht insofern eine **Kappungsgrenze** vor, wonach für die Beratung oder für die Ausarbeitung eines schriftlichen Gutachtens 250 €, für ein erstes Beratungsgespräch max. 190 € in Rechnung gestellt werden dürfen.

b) Das Vergütungsverzeichnis (VV-RVG)

Rz. 46

Sämtliche Gebühren- und Auslagentatbestände sind im VV-RVG zusammengestellt (abgedruckt in → Rz. 68); die dem Mandanten in Rechnung zu stellende Vergütung soll dadurch transparenter gestaltet und der Aufbau des VV-RVG den übrigen Kostengesetzen angeglichen werden. Auch soll die außergerichtliche Erledigung von Streitigkeiten insbesondere durch die Umgestaltung der bisherigen Vergleichsgebühr zu einer Einigungsgebühr für jede Form der vertraglichen Streitbeilegung gefördert werden. Mit dem Verzicht auf gesetzlich vorgegebene Gebühren für **Beratungstätigkeiten** seit dem 1.7.2006 (bis dahin: Nr. 2100 bis 2103 VV-RVG) sollten zudem eine Deregulierung erreicht und der Abschluss von Vergütungsvereinbarungen gefördert werden (§ 34 RVG). Die Problematik liegt darin, dass bei außergerichtlicher Tätigkeit der „obsiegende" Rechtsanwalt von der Gegenseite (oder dessen Rechtsschutzversicherung) regelmäßig nur die vorbezeichnete sog. „gesetzliche" Gebühr erhält und keineswegs die Vergütung, die entsprechend einer Vereinbarung von dem obsiegenden Mandanten abverlangt werden kann.

Das VV-RVG ist unterteilt und enthält vierstellige Nummern, in denen die **jeweilige anwaltliche Tätigkeit** erfasst wird. Strukturiert ist es damit ähnlich wie das Kostenverzeichnis zum Gerichtskostengesetz (GKG). In Teil 2 VV-RVG sind nur wenige Regelungen zur „außergerichtlichen Tätigkeit einschließlich der Vertretung im Verwaltungsverfahren" vorgesehen. Vorrangig sind nach der Vorbemerkung die §§ 34 bis 36 RVG anzuwenden. Normierte Vorgaben sind insofern nur noch erfolgt in Bezug auf die Prüfung von Erfolgsaussichten eines Rechtsmittels – relevant auch für Steuerberater (§ 21 StBVV) –, für die Herstellung eines Einvernehmens, für bestimmte besondere Verfahren wie das Verwaltungszwangsverfahren und für die Beratungshilfe.

Beginnend mit Teil 3 VV-RVG erfolgen die Regeln über die Gebühren bei Streitigkeiten, orientiert an Zivilrechtsverfahren.

III. Regelungen des Rechtsanwaltsvergütungsgesetzes (RVG)

Teil 4 VV-RVG regelt sodann die Gebühren bei Strafsachen und Teil 5 VV-RVG diejenigen in Bußgeldsachen.

Beratungshinweis:

Bei der Komplexität dieser Verfahren im Steuerstrafrechtsbereich muss fast zwingend eine Vereinbarung zwischen dem Mandanten und dem Berater abgeschlossen werden, um eine angemessene Vergütung zu erhalten!

Nach den in Teil 6 VV-RVG geregelten besonderen Gerichtsverfahren werden abschließend in Teil 7 VV-RVG die Auslagenbestimmungen zusammengefasst.

Im Einzelnen enthalten verschiedene Teile und Unterabschnitte des VV-RVG **Vorbemerkungen**. Diese beinhalten allgemeine Regelungen und Vorgaben wie auch Erläuterungen für den jeweils nachfolgenden Bereich. Die in der Honorarnote anzugebende Ziffer lässt jeweils erkennen, zu welchem Abschnitt eine Vorbemerkung gehört (z.B. gehört die Vorbemerkung 4.1.2 somit zum Unterabschnitt 2 des Abschnitts 1 des 4. Teils VV-RVG). Hinzu kommen weitere Anmerkungen bei einzelnen Nummern des VV-RVG mit **Erläuterungen** des jeweiligen Vergütungstatbestands.

3. Wichtige Regelungen zur Steuerrechtshilfe

Rz. 47

Wie bereits ausgeführt, **verweist die StBVV** in zahlreichen Vorschriften auf das **RVG** (§§ 17 Abs. 2, 21 Abs. 2, 40, 44, 45, 46 StBVV). Damit müssen Steuerberater in wesentlichen Bereichen, wie insbesondere auch im Rechtsbehelfs- und Gerichtsverfahren, nach dem RVG abrechnen.

Einige Regeln im RVG sind daher auch zu beachten, beispielsweise wenn in den Bereichen der StBVV, in denen auf das RVG verwiesen wird, nicht einfach die Regeln für Steuerberater angewandt werden können. Wird beispielsweise ein Einspruchsverfahren oder auch ein Gerichtsverfahren von einem Steuerberater durchgeführt, der eine **Honorarvereinbarung** zugrunde legen will, hat er die Regeln für Rechtsanwälte anzuwenden.

Beratungshinweis:

Es sollte in solchen Fällen eine weitere Honorarvereinbarung mit dem Mandanten unter Bezugnahme insbesondere auf die Vorgaben in § 3a RVG abgeschlossen werden!

Andererseits müssen **Rechtsanwälte** ihre steuerberatende Tätigkeit nach den Grundsätzen der StBVV abrechnen. § 35 RVG bestimmt insofern, dass die §§ 23 bis 39 StBVV auch zwingend von der Rechtsanwaltschaft bei der Steuerrechtshilfe anzuwenden sind.

§ 34 RVG spricht die Vergütung des Anwalts bei der **außergerichtlichen Beratung** und Vertretung an, insbesondere auch die Erstellung von Gutachten und die Mediation. Dem Rechtsanwalt wird empfohlen, auf eine Honorarvereinbarung hinzuwirken, da sich ansonsten die Vergütung des Rechtsanwaltes (nur) nach den Vorschriften des BGB richtet (§§ 675, 612 oder 632 BGB). Geht es um die Prüfung den Erfolgsaussichten eines Rechtsmittels – beispielsweise bei Überlegungen, Einspruch gegen Steuerbescheide einzulegen, die Erhebung einer finanzgerichtlichen Klage bzw. Einlegung der Revision oder einer Nichtzulassungsbeschwerde beim BFH zu prüfen – hat der Steuerberater ebenfalls die Regeln des RVG zu berücksichtigen (§ 21 Abs. 2 StBVV).

Als **Gebühren im Rechtsbehelfsverfahren** entstehen gem. § 40 StBVV i.V.m. Nr. 2300 VV-RVG eine Geschäftsgebühr regelmäßig in Höhe der Schwellengebühr von 1,3, wobei ein Überschreiten dieser Gebühr bis zu 2,5 nur dann möglich ist, wenn „Bedeutung, Umfang, Schwierigkeit, Einkommen, Vermögen oder Haftung überdurchschnittlich" sind; hinzu kommt häufig die Erhöhungsgebühr bei mehreren Auftraggebern (Nr. 1008 VV-RVG) und ggf. die Erledigungsgebühr nach Nr. 1002 VV-RVG sowie die Post- und Telekommunikationspauschale (Nr. 7002 VV-RVG) und letztlich die Umsatzsteuer (Nr. 7008 VV-RVG). Zu beachten ist aber die Notwendigkeit einer Anrechnung auf die Geschäftsgebühr (→ Rz. 19).

> **Beratungshinweis:**
>
> Erneut ist hier aber von dem Steuerberater zunächst zu prüfen, ob der Auftrag vor oder nach dem 1.7.2020 erteilt worden ist! Im ersteren Fall ist weiterhin die „alte" Regelung in § 40 StBVV und die zwischenzeitlich aufgehobene Tabelle E (Rechtsbehelfstabelle) der StBVV anzuwenden (ausführlich: *Meyer/Goez/Schwamberger*, Vergütung der steuerberatenden Berufe, Loseblattkommentar, Fach 3 Kz. 3421 u. 3421 n.F., 7/2022).

Die Regeln zu den **Gerichtsverfahren**, die über § 45 StBVV auch für den Steuerberater im finanz-, sozial- und verwaltungsgerichtlichen (bei Gewerbe- bzw. Grundsteuerprozessen) Verfahren wesentlich sind, wurden einheitlich zusammengefasst (vgl. Nr. 3000 ff. VV-RVG). Allerdings ist bei Sozialgerichtsverfahren ergänzend § 3 RVG zu berücksichtigen, wonach hier einschränkende Besonderheiten im Hinblick auf die soziale Komponente dieser Verfahren vorgesehen sind (vgl. ausführlich *Mayer* in Gerold/Schmidt, 23. Aufl. 2018, § 3 RVG Rz. 2 ff.). Gerade für diesen Bereich sind die Gebühren zum 1.1.2021 um 20 % angehoben worden.

In Teil 3 VV-RVG sind sowohl die bürgerlichen Rechtsstreitigkeiten als auch die der öffentlich-rechtlichen Gerichtsbarkeit geregelt. Grundsätzlich erhält der Anwalt für das Betreiben des Geschäfts einschließlich der Information eine **Verfahrensgebühr**. Dabei wurde der Gebührenrahmen gegenüber der „alten" Prozessgebühr (§ 31 BRAGO) auf 1,3 angehoben. Diese erhöht sich noch um je 3/10 bei einer Vertretung mehrerer Mandanten. Bei **vorzeitiger Beendigung des Auftrags** reduziert sich die Gebühr auf 0,8. Die Verfahrensgebühr deckt die gesamte Tätigkeit des Rechtsanwalts während des gerichtlichen Verfahrens ab. Nur für die Teilnahme an Gerichtsterminen wird eine gesonderte **Terminsgebühr** (1,2) zugestanden. Hinzu kann noch die **Einigungsgebühr** (Nr. 1000 VV-RVG) insbesondere bei einem Vergleich mit der Gegenseite kommen (außergerichtlich: 1,5; gerichtlich: 1,0). Eine **Beweisgebühr** ist nur noch für Ausnahmefälle vorgesehen (Nr. 1010 VV-RVG), wenn besonders umfangreiche Beweisaufnahmen stattfinden und mindestens drei gerichtliche Termine mit Anhörung von Sachverständigen oder Zeugen notwendig geworden sind.

Hat der Anwalt den Auftraggeber vorab **außergerichtlich** vertreten, ist eine schon angefallene Geschäftsgebühr zur Hälfte anzurechnen, höchstens aber mit 0,75 (vgl. ausführlich Vorbemerkung 2.3 Abs. 4 VV-RVG). Auch im **Rechtsmittelverfahren** gibt es eine Verfahrensgebühr, die sich insbesondere für das Revisionsverfahren (BFH) auf 2,3 erhöht. Generell ist aber schon die Vertretung vor einem **Finanzgericht** nunmehr wie bei einem Berufungsverfahren erhöht abzurechnen (Vorbemerkung 3.2.1 Abs. 1 Nr. 1 VV-RVG).

> **Beratungshinweis:**
>
> Dies wird von Steuerberatern, die ein Finanzgerichtsverfahren führen, häufig übersehen. Da das Finanzgericht „Senate" hat, gilt es honorarrechtlich als „2. Instanz"!

Die Höhe der **Terminsgebühr** beträgt daher 1,2. Sie entsteht für die Vertretung in einem Verhandlungs-, Erörterungs- oder ausnahmsweise für einen Beweisaufnahmetermin (Vorbemerkung 3

Abs. 3 VV-RVG). Für das **Revisionsverfahren** oder Nichtzulassungsverfahren beim BFH beträgt die Gebühr 1,5.

Auch wurden die Regelungen für die Gebühren im **Strafverfahren** (Teil 4 VV-RVG), die für den Steuerberater gerade im Bereich des Steuerstrafrechts über § 45 StBVV relevant sind, im Jahr 2013 deutlich angehoben. Dabei kennt das RVG neben einer Grundgebühr die Verfahrens- und Terminsgebühr. Dem Verteidiger wird auch die Teilnahme an Terminen außerhalb der Hauptverhandlung vergütet (z.B. Vernehmungstermine). Die **Grundgebühr** entsteht neben der **Verfahrensgebühr** für die erstmalige Einarbeitung in den Rechtsfall, wobei dies unabhängig davon ist, in welchem Verfahrensabschnitt die Einarbeitung erfolgt. Die **Verfahrensgebühr** entsteht für das Betreiben des Geschäfts einschließlich der Information. Hinzu kommt die **Terminsgebühr**, soweit eine gerichtliche Hauptverhandlung durchgeführt wird. Aber auch darüber hinaus können weitere Terminsgebühren anfallen, beispielsweise bei einem Vernehmungstermin durch die Staatsanwaltschaft (Nr. 4102 VV-RVG). Für andere Termine wie insbesondere Besprechungstermine mit anderen Verfahrensbeteiligten entstehen keine Terminsgebühren, falls nicht eine Sonderregelung – insbesondere durch eine Vereinbarung – abgestimmt wurde. Dies gilt insbesondere auch für Besprechungen im Veranlagungsfinanzamt oder im Finanzamt für Steuerstrafsachen und Steuerfahndung.

Auch in **Bußgeldsachen** (Teil 5 VV-RVG) sind die für Rechtsanwälte gültigen Vergütungsregelungen von Steuerberatern beispielsweise bei Steuerordnungswidrigkeiten gem. § 45 StBVV zu beachten (vor der Verwaltungsbehörde Nr. 5101 ff. VV-RVG; für das Gerichtsverfahren Nr. 5107 ff. VV-RVG). Dabei entsprechen die Regelungen im Wesentlichen denen für das Strafverfahren. Gegenüber der früheren Rechtslage ist die Vergütung in Ordnungswidrigkeitensachen in den wesentlichen Verfahren dreigeteilt. Neben der Grundgebühr entsteht eine abgestufte Terminsgebühr bei Verfahren vor der Verwaltungsbehörde wie auch die entsprechende weitere Verfahrens- und Terminsgebühr bei der gerichtlichen Vertretung. Dabei ist bei der Verfahrensgebühr die Höhe der Geldbuße maßgebend; folgende Stufen wurden festgelegt: Geldbuße von weniger als 60 €: Gebühr bis 110 €; Geldbuße von 60 € bis 5 000 €: Gebühr bis 290 €; Geldbuße von mehr als 5 000 €: Gebühr für einen Wahlanwalt bis 300 €.

Letztlich ist noch darauf hinzuweisen, dass nach § 44 StBVV für das **Verwaltungsvollstreckungsverfahren**, somit für Tätigkeiten i.S.d. §§ 249 ff. AO, das RVG gilt. Bei der Zwangsvollstreckung in das bewegliche Vermögen sind die Gebühren den Nrn. 3309 f. VV-RVG und in das unbewegliche Vermögen den Nrn. 3311 f. VV-RVG zu entnehmen.

Auch bei der Gewährung von **Prozesskostenhilfe** ist nach § 46 StBVV das RVG anzuwenden und zwar dort für die Verfahrensgebühr Nr. 3335 VV-RVG und bei dem ausnahmsweise stattfindenden Prozesskostenhilfe-Prüfungsverfahren mit Terminsanberaumung eine entsprechende Terminsgebühr (Nr. 3104 VV-RVG). Die Tabelle der Einzelwerte, angehoben zum 1.1.2021, ist direkt § 49 RVG zu entnehmen (abgedruckt in → Rz. 67).

> **Beratungshinweis:**
>
> Sollte im Gerichtsverfahren Prozesskostenhilfe für den Mandanten zu beantragen sein, kann der Antrag – unter Beifügung des Entwurfes einer Klageschrift – vorab beim Gericht eingereicht werden, um eine Entscheidung über die Prozesskostenhilfe zu erhalten (Prüfung der Bedürftigkeit und Erfolgsaussichten). Dabei werden insbesondere die für die Klageerhebung vorgegebenen Fristen durch einen rechtzeitig gestellten Prozesskostenhilfe-Antrag gehemmt!

IV. Fazit

Rz. 48

Das Vergütungsrecht sowohl der Angehörigen der steuerberatenden Berufe als auch das der Rechtsanwälte spiegelt in seinen Regeln die Komplexität des deutschen Wirtschaftsrechts wider. Für einen „**Verbraucher**" dürfte es nahezu unmöglich sein, ohne die Hilfestellung klarer Honorarabrechnungen oder professioneller Berater die Bemessung der Vergütung nachzuvollziehen. Gerade die gewünschte Transparenz war in der Vergangenheit aber einer der tragenden Gründe für den Erlass bzw. für spätere Änderungen der gesetzlichen Vorgaben.

Dem **Kenner der Materie** jedoch erschließen sich Chancen bei der Anwendung von StBVV und RVG. Gerade deswegen ist die Kenntnis der Honorarvorgaben notwendig und diese sichert den Erfolg der beruflichen Tätigkeit.

Die weiteren Änderungen in den Jahren 2021 und 2022 in der StBVV zeigen auf, dass die Entwicklung und Ergänzung der Vergütungsvorgaben immer weiter geht. So führte die Grundsteuerreform zu einer entsprechenden Ergänzung in § 24 StBVV; so ist

IV. Fazit

zu erwarten, dass die bestehenden, sehr strikten Regelungen zur fast schon verbotenen Erfolgshonorierung entsprechend der Neuregelung im Rechtsanwaltsbereich liberalisiert wird.

Das RVG ist für die Angehörigen der steuerberatenden Berufe schon auf Grund der **Verweisungsnormen** einschlägig. So gilt dies u.a. für das Prüfen von Erfolgsaussichten von Rechtsmitteln nach **§ 21 Abs. 1 StBVV** wie auch für das Rechtsbehelfsverfahren (**§ 40 StBVV**). In **§ 44 StBVV** wird für das Verwaltungsvollstreckungsverfahren, in **§ 45 StBVV** für die Verfahren vor den Finanz-, Sozial- und Verwaltungsgerichten sowie für Straf- und Bußgeldverfahren, berufsgerichtliche Verfahren und für Gnadensachen sowie in **§ 46 StBVV** für Prozesskostenhilfeverfahren auf das Anwaltsgebührenrecht verwiesen. Für den Rechtsanwalt ist spiegelbildlich die Beachtung der Normen im besonderen Teil der StBVV für Hilfeleistungen in Steuersachen gesetzlich vorgeschrieben (**§ 35 RVG** i.V.m. §§ 23 bis 39 StBVV).

Die **allgemeinen Vorschriften** in beiden Vergütungsordnungen entsprechen sich in vielen Regelungen. Sachlich liegt dies an der Ähnlichkeit der jeweiligen Beratungsleistung. Der Gesetz- bzw. Verordnungsgeber sollte daher auch zukünftig darauf achten, dass die beiden Vergütungsordnungen parallel gestaltet werden und dieser Gleichklang nicht durch einseitige Änderungen eingeschränkt oder sogar beendet wird. Dies ist gerechtfertigt, da in den hier interessierenden Tätigkeitsbereichen des Steuerrechts sowohl Steuerberater als auch Rechtsanwälte „Organe der (Steuer-)Rechtspflege" sind (§ 1 Abs. 3 BRAO bzw. § 32 Abs. 2 StBerG).

Sprachlich muss der Gesetzgeber im Hinblick auf die heutige Bezeichnung als „StBVV" einige Vorschriften ändern, so dass zukünftig auch etwa in § 64 StBerG so wie inzwischen schon in § 35 RVG von der „Steuerberatervergütungsverordnung – StBVV" und nicht mehr von einer „Gebührenordnung" gesprochen wird.

Der Berufsstand der Steuerberater ist zumindest kürzlich erfolgreich vor der Rechtsanwaltschaft bei den zuständigen Gesetzgebungsgremien vorstellig geworden und hat im Jahr 2020 massive Verbesserungen in der StBVV und ordentliche Erhöhungen der Tabellen zur StBVV erreicht; Ähnliches gilt nun zeitverzögert für die Regeln des RVG seit dem 1.1.2021. Die nunmehr durch Corona-Krise und Ukraine-Konflikt massiv gesteigerte Inflation allerdings führt dazu, dass schon bald wiederum Erhöhungen angedacht werden müssen. Der Gesetz- und Verordnungsgeber ist daher aufgerufen, regelmäßiger – eigentlich sogar in jeder Legislaturperiode – im Hinblick nicht nur auf Inflation und kostenintensivere Kanzleiausstattungen, sondern auch zur Sicherung der systemrelevanten Berufe der Steuerberater und Rechtsanwälte Anpassungen entsprechend den allgemeinen Einkommensentwicklungen vorzunehmen.

Beratungshinweis:

Für Abrechnungen sind die **„amtlichen Begründungen" des Verordnungsgebers zu den Vorschriften der StBVV** häufig hilfreich. Sie finden sich u.a. im Loseblattkommentar *Meyer/Goez/Schwamberger*, Die Vergütung der steuerberatenden Berufe (7/2022). Zu neueren Änderungen der StBVV sind die amtlichen Begründungen auch auf der Homepage des Bundesrats (**www.bundesrat.de**) unter dem Reiter „Dokumente" durch Eingabe der einschlägigen Drucksachennummer in die dortige Suchmaske abrufbar.

2. TEIL

Steuerberatervergütungsverordnung

Rz. 49

Nachfolgend abgedruckt sind die §§ 1 bis 49 StBVV sowie die Anlagen 1 bis 4 in der ab 1.8.2022 geltenden Fassung.

Vergütungsverordnung für Steuerberater, Steuerbevollmächtigte und Berufsausübungsgesellschaften (Steuerberatervergütungsverordnung – StBVV)

vom 17.12.1981 (BGBl. I 1981, 1442)

zuletzt geändert durch die Vierte Verordnung zur Änderung der Steuerberatervergütungsverordnung vom 10.6.2022 (BGBl. I 2022, 877)

StBVV

INHALTSÜBERSICHT[1]

Erster Abschnitt
Allgemeine Vorschriften

- § 1 Anwendungsbereich
- § 2 Sinngemäße Anwendung der Verordnung
- § 3 Auslagen
- § 4 Vereinbarung der Vergütung
- § 5 Mehrere Steuerberater
- § 6 Mehrere Auftraggeber
- § 7 Fälligkeit
- § 8 Vorschuß
- § 9 Berechnung

Zweiter Abschnitt
Gebührenberechnung

- § 10 Wertgebühren
- § 11 Rahmengebühren
- § 12 Abgeltungsbereich der Gebühren
- § 13 Zeitgebühr
- § 14 Pauschalvergütung

Dritter Abschnitt
Umsatzsteuer, Ersatz von Auslagen

- § 15 Umsatzsteuer
- § 16 Entgelte für Post- und Telekommunikationsdienstleistungen
- § 17 Dokumentenpauschale
- § 18 Geschäftsreisen
- § 19 Reisen zur Ausführung mehrerer Geschäfte
- § 20 Verlegung der beruflichen Niederlassung

---

[1] **Red. Anm.:** Bei der Inhaltsübersicht zur StBVV handelt es sich um eine redaktionelle (nicht amtliche) Ergänzung.

Vierter Abschnitt
Gebühren für die Beratung und für die Hilfeleistung bei der Erfüllung allgemeiner Steuerpflichten

- § 21 Rat, Auskunft, Erstberatung
- § 22 Gutachten
- § 23 Sonstige Einzeltätigkeiten
- § 24 Steuererklärungen
- § 25 Ermittlung des Überschusses der Betriebseinnahmen über die Betriebsausgaben
- § 26 Ermittlung des Gewinns aus Land- und Forstwirtschaft nach Durchschnittssätzen
- § 27 Ermittlung des Überschusses der Einnahmen über die Werbungskosten
- § 28 Prüfung von Steuerbescheiden
- § 29 Teilnahme an Prüfungen und Nachschauen
- § 30 Selbstanzeige
- § 31 Besprechungen

Fünfter Abschnitt
Gebühren für die Hilfeleistung bei der Erfüllung steuerlicher Buchführungs- und Aufzeichnungspflichten

- § 32 Einrichtung einer Buchführung
- § 33 Buchführung
- § 34 Lohnbuchführung
- § 35 Abschlußarbeiten
- § 36 Steuerliches Revisionswesen
- § 37 Vermögensstatus, Finanzstatus für steuerliche Zwecke
- § 38 Erteilung von Bescheinigungen
- § 39 Buchführungs- und Abschlußarbeiten für land- und forstwirtschaftliche Betriebe

Sechster Abschnitt
Gebühren für die Vertretung im außergerichtlichen Rechtsbehelfsverfahren und im Verwaltungsvollstreckungsverfahren

- § 40 Verfahren vor den Verwaltungsbehörden
- § 41 [Geschäftsgebühr]
- § 42 [Besprechungsgebühr]

§ 43 [Beweisaufnahmegebühr]

§ 44 Verwaltungsvollstreckungsverfahren

Siebenter Abschnitt
Gerichtliche und andere Verfahren

§ 45 Vergütung in gerichtlichen und anderen Verfahren

§ 46 Vergütung bei Prozeßkostenhilfe

Achter Abschnitt
Übergangs- und Schlußvorschriften

§ 47 Anwendung

§ 47a Übergangsvorschriften für Änderungen dieser Verordnung

§ 48 [Berlin-Klausel]

§ 49 Inkrafttreten

Anlage 1 Tabelle A
(Beratungstabelle)

Anlage 2 Tabelle B
(Abschlusstabelle)

Anlage 3 Tabelle C
(Buchführungstabelle)

Anlage 4 Tabelle D
Teil a (Landwirtschaftliche Tabelle – Betriebsfläche)

Teil b (Landwirtschaftliche Tabelle – Jahresumsatz)

Auf Grund des § 64 des Steuerberatungsgesetzes in der Fassung der Bekanntmachung vom 4. November 1975 (BGBl. I S. 2735) wird nach Anhörung der Bundessteuerberaterkammer mit Zustimmung des Bundesrates verordnet:

ERSTER ABSCHNITT

Allgemeine Vorschriften

§ 1 – Anwendungsbereich

(1) ¹Die Vergütung (Gebühren und Auslagenersatz) des Steuerberaters mit Sitz im Inland für seine im Inland selbständig ausgeübte Berufstätigkeit (§ 33 des Steuerberatungsgesetzes) bemisst sich nach dieser Verordnung. ²Dies gilt für die Höhe der Vergütung nur, soweit nicht etwas anderes vereinbart wird.

(2) Für die Vergütung der Steuerbevollmächtigten und der Berufsausübungsgesellschaften gelten die Vorschriften über die Vergütung der Steuerberater entsprechend.

§ 2 – Sinngemäße Anwendung der Verordnung

Ist in dieser Verordnung über die Gebühren für eine Berufstätigkeit des Steuerberaters nichts bestimmt, so sind die Gebühren in sinngemäßer Anwendung der Vorschriften dieser Verordnung zu bemessen.

§ 3 – Auslagen

(1) Mit den Gebühren werden auch die allgemeinen Geschäftskosten entgolten.

(2) Der Anspruch auf Zahlung der auf die Vergütung entfallenden Umsatzsteuer und auf Ersatz für Post- und Telekommunikationsdienstleistungen zu zahlende Entgelte, der Dokumentenpauschale und der Reisekosten bestimmt sich nach den §§ 15 bis 20.

§ 4 – Vereinbarung der Vergütung

(1) ¹Aus einer Vereinbarung kann der Steuerberater eine höhere als die gesetzliche Vergütung nur fordern, wenn die Erklärung des Auftraggebers in Textform abgegeben ist. ²Ist das Schriftstück nicht vom Auftraggeber verfasst, muss

1. das Schriftstück als Vergütungsvereinbarung oder in vergleichbarer Weise bezeichnet sein,
2. das Schriftstück von anderen Vereinbarungen mit Ausnahme der Auftragserteilung deutlich abgesetzt sein und darf nicht in der Vollmacht enthalten sein.

³Art und Umfang des Auftrags nach Satz 2 sind zu bezeichnen. ⁴Hat der Auftraggeber freiwillig und ohne Vorbehalt geleistet,

kann er das Geleistete nicht deshalb zurückfordern, weil seine Erklärung den Vorschriften der Sätze 1 bis 3 nicht entspricht.

(2) Ist eine vereinbarte Vergütung unter Berücksichtigung aller Umstände unangemessen hoch, so kann sie im Rechtsstreit auf den angemessenen Betrag bis zur Höhe der sich aus dieser Verordnung ergebenden Vergütung herabgesetzt werden.

(3) ¹In außergerichtlichen Angelegenheiten kann eine niedrigere als die gesetzliche Vergütung unter den Formerfordernissen des Absatzes 1 vereinbart werden. ²Sie muss in einem angemessenen Verhältnis zu der Leistung, der Verantwortung und dem Haftungsrisiko des Steuerberaters stehen.

(4) Der Steuerberater hat den Auftraggeber in Textform darauf hinzuweisen, dass eine höhere oder niedrigere als die gesetzliche Vergütung in Textform vereinbart werden kann.

§ 5 – Mehrere Steuerberater

Ist die Angelegenheit mehreren Steuerberatern zur gemeinschaftlichen Erledigung übertragen, so erhält jeder Steuerberater für seine Tätigkeit die volle Vergütung.

§ 6 – Mehrere Auftraggeber

(1) Wird der Steuerberater in derselben Angelegenheit für mehrere Auftraggeber tätig, so erhält er die Gebühren nur einmal.

(2) ¹Jeder Auftraggeber schuldet dem Steuerberater die Gebühren und Auslagen, die er schulden würde, wenn der Steuerberater nur in seinem Auftrag tätig geworden wäre. ²Der Steuerberater kann aber insgesamt nicht mehr fordern als die nach Absatz 1 berechneten Gebühren und die insgesamt entstandenen Auslagen.

§ 7 – Fälligkeit

Die Vergütung des Steuerberaters wird fällig, wenn der Auftrag erledigt oder die Angelegenheit beendigt ist.

§ 8 – Vorschuß

Der Steuerberater kann von seinem Auftraggeber für die entstandenen und die voraussichtlich entstehenden Gebühren und Auslagen einen angemessenen Vorschuß fordern.

§ 9 – Berechnung

(1) ¹Der Steuerberater kann die Vergütung nur auf Grund einer dem Auftraggeber mitgeteilten Berechnung einfordern. ²Die Berechnung ist von dem Steuerberater zu unterzeichnen oder vorbehaltlich der Zustimmung des Auftraggebers in Textform zu erstellen. ³Die Zustimmung muss nicht für jede Berechnung einzeln erteilt werden. ⁴Der Lauf der Verjährungsfrist ist von der Mitteilung der Berechnung nicht abhängig.

(2) ¹In der Berechnung sind die Beträge der einzelnen Gebühren und Auslagen, die Vorschüsse, eine kurze Bezeichnung des jeweiligen Gebührentatbestands, die Bezeichnung der Auslagen sowie die angewandten Vorschriften dieser Gebührenverordnung und bei Wertgebühren auch der Gegenstandswert anzugeben. ²Nach demselben Stundensatz berechnete Zeitgebühren können zusammengefaßt werden. ³Bei Entgelten für Post- und Telekommunikationsdienstleistungen genügt die Angabe des Gesamtbetrages.

(3) Hat der Auftraggeber die Vergütung gezahlt, ohne die Berechnung erhalten zu haben, so kann er die Mitteilung der Berechnung noch fordern, solange der Steuerberater zur Aufbewahrung der Handakten nach § 66 des Steuerberatungsgesetzes verpflichtet ist.

ZWEITER ABSCHNITT

Gebührenberechnung

§ 10 – Wertgebühren

(1) ¹Die Wertgebühren bestimmen sich nach den dieser Verordnung als Anlage beigefügten Tabellen A bis D. ²Sie werden nach dem Wert berechnet, den der Gegenstand der beruflichen Tätigkeit hat. ³Maßgebend ist, soweit diese Verordnung nichts anderes bestimmt, der Wert des Interesses.

(2) In derselben Angelegenheit werden die Werte mehrerer Gegenstände zusammengerechnet; dies gilt nicht für die in den §§ 24 bis 27, 30, 35 und 37 bezeichneten Tätigkeiten.

§ 11 – Rahmengebühren

¹Ist für die Gebühren ein Rahmen vorgesehen, so bestimmt der Steuerberater die Gebühr im Einzelfall unter Berücksichtigung al-

ler Umstände, vor allem des Umfangs und der Schwierigkeit der beruflichen Tätigkeit, der Bedeutung der Angelegenheit sowie der Einkommens- und Vermögensverhältnisse des Auftraggebers, nach billigem Ermessen. ²Ein besonderes Haftungsrisiko des Steuerberaters kann bei der Bemessung herangezogen werden. ³Bei Rahmengebühren, die sich nicht nach dem Gegenstandswert richten, ist das Haftungsrisiko zu berücksichtigen. ⁴Ist die Gebühr von einem Dritten zu ersetzen, ist die von dem Steuerberater getroffene Bestimmung nicht verbindlich, wenn sie unbillig ist.

§ 12 – Abgeltungsbereich der Gebühren

(1) Die Gebühren entgelten, soweit diese Verordnung nichts anderes bestimmt, die gesamte Tätigkeit des Steuerberaters vom Auftrag bis zur Erledigung der Angelegenheit.

(2) Der Steuerberater kann die Gebühren in derselben Angelegenheit nur einmal fordern.

(3) Sind für Teile des Gegenstandes verschiedene Gebührensätze anzuwenden, so erhält der Steuerberater für die Teile gesondert berechnete Gebühren, jedoch nicht mehr als die aus dem Gesamtbetrag der Wertteile nach dem höchsten Gebührensatz berechnete Gebühr.

(4) Auf bereits entstandene Gebühren ist es, soweit diese Verordnung nichts anderes bestimmt, ohne Einfluß, wenn sich die Angelegenheit vorzeitig erledigt oder der Auftrag endigt, bevor die Angelegenheit erledigt ist.

(5) ¹Wird der Steuerberater, nachdem er in einer Angelegenheit tätig geworden war, beauftragt, in derselben Angelegenheit weiter tätig zu werden, so erhält er nicht mehr an Gebühren, als er erhalten würde, wenn er von vornherein hiermit beauftragt worden wäre. ²Ist der frühere Auftrag seit mehr als zwei Kalenderjahren erledigt, gilt die weitere Tätigkeit als neue Angelegenheit.

(6) Ist der Steuerberater nur mit einzelnen Handlungen beauftragt, so erhält er nicht mehr an Gebühren, als der mit der gesamten Angelegenheit beauftragte Steuerberater für die gleiche Tätigkeit erhalten würde.

§ 13 – Zeitgebühr

¹Die Zeitgebühr ist zu berechnen

1. in den Fällen, in denen diese Verordnung dies vorsieht,

2. wenn keine genügenden Anhaltspunkte für eine Schätzung des Gegenstandswerts vorliegen; dies gilt nicht für Tätigkeiten nach § 23 sowie für die Vertretung im außergerichtlichen Rechtsbehelfsverfahren (§ 40), im Verwaltungsvollstreckungsverfahren (§ 44) und in gerichtlichen und anderen Verfahren (§§ 45, 46).

[2]Sie beträgt 30 bis 75 Euro[1]) je angefangene halbe Stunde.

§ 14 – Pauschalvergütung

(1) [1]Für einzelne oder mehrere für denselben Auftraggeber laufend auszuführende Tätigkeiten kann der Steuerberater eine Pauschalvergütung vereinbaren. [2]Die Vereinbarung ist in Textform und für einen Zeitraum von mindestens einem Jahr zu treffen. [3]In der Vereinbarung sind die vom Steuerberater zu übernehmenden Tätigkeiten und die Zeiträume, für die sie geleistet werden, im einzelnen aufzuführen.

(2) Die Vereinbarung einer Pauschalvergütung ist ausgeschlossen für

1. die Anfertigung nicht mindestens jährlich wiederkehrender Steuererklärungen;
2. die Ausarbeitung von schriftlichen Gutachten (§ 22);
3. die in § 23 genannten Tätigkeiten;
4. die Teilnahme an Prüfungen (§ 29);
5. die Beratung und Vertretung im außergerichtlichen Rechtsbehelfsverfahren (§ 40), im Verwaltungsvollstreckungsverfahren (§ 44) und in gerichtlichen und anderen Verfahren (§ 45).

(3) Der Gebührenanteil der Pauschalvergütung muß in einem angemessenen Verhältnis zur Leistung des Steuerberaters stehen.

DRITTER ABSCHNITT

Umsatzsteuer, Ersatz von Auslagen

§ 15 – Umsatzsteuer

[1]Der Vergütung ist die Umsatzsteuer hinzuzurechnen, die nach § 12 des Umsatzsteuergesetzes auf die Tätigkeit entfällt. [2]Dies

---
1) Anhebung mit Wirkung ab 1.7.2020. Vorher 70 Euro.

gilt nicht, wenn die Umsatzsteuer nach § 19 Abs. 1 des Umsatzsteuergesetzes unerhoben bleibt.

§ 16 – Entgelte für Post- und Telekommunikationsdienstleistungen

¹Der Steuerberater hat Anspruch auf Ersatz der bei der Ausführung des Auftrags für Post- und Telekommunikationsdienstleistungen zu zahlenden Entgelte. ²Er kann nach seiner Wahl an Stelle der tatsächlich entstandenen Kosten einen Pauschsatz fordern, der 20 Prozent der sich nach dieser Verordnung ergebenden Gebühren beträgt, in derselben Angelegenheit jedoch höchstens 20 Euro.

§ 17 – Dokumentenpauschale

(1) ¹Der Steuerberater erhält eine Dokumentenpauschale

1. für Ablichtungen
    a) aus Behörden- und Gerichtsakten, soweit deren Herstellung zur sachgerechten Bearbeitung der Angelegenheit geboten war,
    b) zur Mitteilung an Gegner oder Beteiligte und Verfahrensbevollmächtigte auf Grund einer Rechtsvorschrift oder nach Aufforderung durch das Gericht, die Behörde oder die sonst das Verfahren führende Stelle, soweit hierfür mehr als 100 Ablichtungen zu fertigen waren,
    c) zur notwendigen Unterrichtung des Auftraggebers, soweit hierfür mehr als 100 Ablichtungen zu fertigen waren,
    d) in sonstigen Fällen nur, wenn sie im Einverständnis mit dem Auftraggeber zusätzlich, auch zur Unterrichtung Dritter, angefertigt worden sind und
2. für die Überlassung elektronischer Dokumente an Stelle der in Nummer 1 Buchstabe d genannten Ablichtungen.

²Eine Übermittlung durch den Steuerberater per Telefax steht der Herstellung einer Ablichtung gleich.

(2) ¹Die Höhe der Dokumentenpauschale bemisst sich nach den für die Dokumentenpauschale im Vergütungsverzeichnis zum Rechtsanwaltsvergütungsgesetz bestimmten Beträgen. ²Die Höhe der Dokumentenpauschale nach Absatz 1 Nr. 1 ist in derselben Angelegenheit und in gerichtlichen Verfahren in demselben Rechtszug einheitlich zu berechnen.

§ 18 – Geschäftsreisen

(1) ¹Für Geschäftsreisen sind dem Steuerberater als Reisekosten die Fahrtkosten und die Übernachtungskosten zu erstatten; ferner erhält er ein Tage- und Abwesenheitsgeld. ²Eine Geschäftsreise liegt vor, wenn das Reiseziel außerhalb der Gemeinde liegt, in der sich die Kanzlei oder die Wohnung des Steuerberaters befindet.

(2) Als Fahrtkosten sind zu erstatten:
1. bei Benutzung eines eigenen Kraftfahrzeugs zur Abgeltung der Anschaffungs-, Unterhaltungs- und Betriebskosten sowie der Abnutzung des Kraftfahrzeugs 0,42[1]) Euro für jeden gefahrenen Kilometer zuzüglich der durch die Benutzung des Kraftfahrzeugs aus Anlaß der Geschäftsreise regelmäßig anfallenden baren Auslagen, insbesondere der Parkgebühren,
2. bei Benutzung anderer Verkehrsmittel die tatsächlichen Aufwendungen, soweit sie angemessen sind.

(3) ¹Als Tage- und Abwesenheitsgeld erhält der Steuerberater bei einer Geschäftsreise von nicht mehr als 4 Stunden 25[2]) Euro, von mehr als 4 bis 8 Stunden 40[3]) Euro und von mehr als 8 Stunden 70[4]) Euro; bei Auslandsreisen kann zu diesen Beträgen ein Zuschlag von 50 Prozent berechnet werden. ²Die Übernachtungskosten sind in Höhe der tatsächlichen Aufwendungen zu erstatten, soweit sie angemessen sind.

§ 19 – Reisen zur Ausführung mehrerer Geschäfte

Dient eine Reise der Ausführung mehrerer Geschäfte, so sind die entstandenen Reisekosten und Abwesenheitsgelder nach dem Verhältnis der Kosten zu verteilen, die bei gesonderter Ausführung der einzelnen Geschäfte entstanden wären.

§ 20 – Verlegung der beruflichen Niederlassung

Ein Steuerberater, der seine berufliche Niederlassung nach einem anderen Ort verlegt, kann bei Fortführung eines ihm vorher erteilten Auftrags Reisekosten und Abwesenheitsgelder nur insoweit verlangen, als sie auch von seiner bisherigen beruflichen Niederlassung aus entstanden wären.

---

1) Anhebung mit Wirkung ab 1.7.2020. Vorher 0,30 Euro.
2) Anhebung mit Wirkung ab 1.7.2020. Vorher 20 Euro.
3) Anhebung mit Wirkung ab 1.7.2020. Vorher 35 Euro.
4) Anhebung mit Wirkung ab 1.7.2020. Vorher 60 Euro.

VIERTER ABSCHNITT

Gebühren für die Beratung und für die Hilfeleistung bei der Erfüllung allgemeiner Steuerpflichten

§ 21 – Rat, Auskunft, Erstberatung

(1) ¹Für einen mündlichen oder schriftlichen Rat oder eine Auskunft, die nicht mit einer anderen gebührenpflichtigen Tätigkeit zusammenhängt, erhält der Steuerberater eine Gebühr in Höhe von 1 Zehntel bis 10 Zehntel der vollen Gebühr nach Tabelle A (Anlage 1). ²Beschränkt sich die Tätigkeit nach Satz 1 auf ein erstes Beratungsgespräch und ist der Auftraggeber Verbraucher, so kann der Steuerberater, der erstmals von diesem Ratsuchenden in Anspruch genommen wird, keine höhere Gebühr als 190 Euro fordern. ³Die Gebühr ist auf eine Gebühr anzurechnen, die der Steuerberater für eine sonstige Tätigkeit erhält, die mit der Raterteilung oder Auskunft zusammenhängt.

(2) ¹Wird ein Steuerberater mit der Prüfung der Erfolgsaussicht eines Rechtsmittels beauftragt, so ist für die Vergütung das Rechtsanwaltsvergütungsgesetz sinngemäß anzuwenden. ²Die Gebühren bestimmen sich nach Teil 2 Abschnitt 1 des Vergütungsverzeichnisses zum Rechtsanwaltsvergütungsgesetz.

§ 22 – Gutachten

Für die Ausarbeitung eines schriftlichen Gutachtens mit eingehender Begründung erhält der Steuerberater eine Gebühr von 10 Zehnteln bis 30 Zehntel der vollen Gebühr nach Tabelle A (Anlage 1).

§ 23 – Sonstige Einzeltätigkeiten

¹Die Gebühr beträgt für

1.	die Berichtigung einer Erklärung	2/10 bis 10/10
2.	einen Antrag auf Stundung	2/10 bis 8/10
3.	einen Antrag auf Anpassung der Vorauszahlungen	2/10 bis 8/10
4.	einen Antrag auf abweichende Steuerfestsetzung aus Billigkeitsgründen	2/10 bis 8/10
5.	einen Antrag auf Erlaß von Ansprüchen aus dem Steuerschuldverhältnis oder aus zollrechtlichen Bestimmungen	2/10 bis 8/10

6. einen Antrag auf Erstattung (§ 37 Abs. 2 der Abgabenordnung)	2/10 bis 8/10
7. einen Antrag auf Aufhebung oder Änderung eines Steuerbescheides oder einer Steueranmeldung	2/10 bis 10/10
8. einen Antrag auf volle oder teilweise Rücknahme oder auf vollen oder teilweisen Widerruf eines Verwaltungsaktes	4/10 bis 10/10
9. einen Antrag auf Wiedereinsetzung in den vorigen Stand außerhalb eines Rechtsbehelfsverfahrens	4/10 bis 10/10
10. sonstige Anträge, soweit sie nicht in Steuererklärungen gestellt werden	2/10 bis 10/10

einer vollen Gebühr nach Tabelle A (Anlage 1). ²Soweit Tätigkeiten nach den Nummern 1 bis 10 denselben Gegenstand betreffen, ist nur eine Tätigkeit maßgebend, und zwar die mit dem höchsten oberen Gebührenrahmen.

§ 24 – Steuererklärungen

(1) Der Steuerberater erhält für die Anfertigung

1. der Einkommensteuererklärung ohne Ermittlung der einzelnen Einkünfte 1/10 bis 6/10

    einer vollen Gebühr nach Tabelle A (Anlage 1); Gegenstandswert ist die Summe der positiven Einkünfte, jedoch mindestens 8 000 Euro;

2. der Erklärung zur gesonderten Feststellung der Einkünfte ohne Ermittlung der Einkünfte 1/10 bis 5/10

    einer vollen Gebühr nach Tabelle A (Anlage 1); Gegenstandswert ist die Summe der positiven Einkünfte, jedoch mindestens 8 000 Euro;

3. der Körperschaftsteuererklärung 2/10 bis 8/10

    einer vollen Gebühr nach Tabelle A (Anlage 1); Gegenstandswert ist das Einkommen vor Berücksichtigung eines Verlustabzugs, jedoch mindestens 16 000 Euro; bei der Anfertigung einer Körperschaftsteuererklärung für eine Organgesellschaft ist das Einkommen der Organgesellschaft vor Zurechnung maßgebend; das entsprechende Einkommen ist bei der Gegenstandswertberechnung des Organträgers zu kürzen;

4. *(aufgehoben)*

5. der Erklärung zur Gewerbesteuer 1/10 bis 6/10

   einer vollen Gebühr nach Tabelle A (Anlage 1); Gegenstandswert ist der Gewerbeertrag vor Berücksichtigung des Freibetrags und eines Gewerbeverlustes, jedoch mindestens 8 000 Euro;

6. der Gewerbesteuerzerlegungserklärung 1/10 bis 6/10

   einer vollen Gebühr nach Tabelle A (Anlage 1); Gegenstandswert sind 10 Prozent der als Zerlegungsmaßstab erklärten Arbeitslöhne, jedoch mindestens 4 000 Euro;

7. der Umsatzsteuer-Voranmeldung sowie hierzu ergänzender Anträge und Meldungen 1/10 bis 6/10

   einer vollen Gebühr nach Tabelle A (Anlage 1); Gegenstandswert sind 10 Prozent der Summe aus dem Gesamtbetrag der Entgelte und der Entgelte, für die der Leistungsempfänger Steuerschuldner ist, jedoch mindestens 650 Euro;

8. der Umsatzsteuererklärung für das Kalenderjahr einschließlich ergänzender Anträge und Meldungen 1/10 bis 8/10

   einer vollen Gebühr nach Tabelle A (Anlage 1); Gegenstandswert sind 10 Prozent der Summe aus dem Gesamtbetrag der Entgelte und der Entgelte, für die der Leistungsempfänger Steuerschuldner ist, jedoch mindestens 8 000 Euro;

9. *(aufgehoben)*

10. der Vermögensteuererklärung oder der Erklärung zur gesonderten Feststellung des Vermögens von Gemeinschaften 1/20 bis 18/20

    einer vollen Gebühr nach Tabelle A (Anlage 1); Gegenstandswert ist das Rohvermögen, jedoch bei natürlichen Personen mindestens 12 500 Euro und bei

Körperschaften, Personenvereinigungen und Vermögensmassen mindestens 25 000 Euro;

11. der Erklärung zur Feststellung nach dem Bewertungsgesetz oder dem Erbschaftsteuer- und Schenkungsteuergesetz, vorbehaltlich der Nummer 11a,   1/20 bis 18/20

    einer vollen Gebühr nach Tabelle A (Anlage 1); Gegenstandswert ist der erklärte Wert, jedoch mindestens 25 000 Euro;

11a. der Erklärung zur Feststellung oder Festsetzung für Zwecke der Grundsteuer im Rahmen des ab dem Jahr 2025 anzuwendenden Grundsteuerrechts   1/20 bis 9/20[1])

    einer vollen Gebühr nach Tabelle A (Anlage 1); Gegenstandswert ist der Grundsteuerwert oder, sofern dessen Feststellung nicht vorgesehen ist, der jeweilige Grundsteuermessbetrag dividiert durch die Grundsteuermesszahl nach § 15 Absatz 1 Nummer 2 Buchstabe a des Grundsteuergesetzes, jedoch jeweils mindestens 25 000 Euro;

12. der Erbschaftsteuererklärung ohne Ermittlung der Zugewinnausgleichsforderung nach § 5 des Erbschaftsteuer- und Schenkungsteuergesetzes   2/10 bis 10/10

    einer vollen Gebühr nach Tabelle A (Anlage 1); Gegenstandswert ist der Wert des Erwerbs von Todes wegen vor Abzug der Schulden und Lasten, jedoch mindestens 16 000 Euro;

13. der Schenkungsteuererklärung   2/10 bis 10/10

    einer vollen Gebühr nach Tabelle A (Anlage 1); Gegenstandswert ist der Rohwert der Schenkung, jedoch mindestens 16 000 Euro;

14. der Kapitalertragsteueranmeldung sowie für jede weitere Erklärung in Zusammenhang mit Kapitalerträgen   1/20 bis 6/20

    einer vollen Gebühr nach Tabelle A (Anlage 1); Gegenstandswert ist die Summe der

---

1) Gebühr neu eingefügt mit Wirkung ab 18.6.2022.

kapitalertragsteuerpflichtigen Kapitalerträge, jedoch mindestens 4 000 Euro;

15. der Lohnsteuer-Anmeldung 1/20 bis 6/20

    einer vollen Gebühr nach Tabelle A (Anlage 1); Gegenstandswert sind 20 Prozent der Arbeitslöhne einschließlich sonstiger Bezüge, jedoch mindestens 1 000 Euro;

16. von Steuererklärungen auf dem Gebiet der Einfuhr- und Ausfuhrabgaben und der Verbrauchsteuern, die als Einfuhrabgaben erhoben werden, 1/10 bis 3/10

    einer vollen Gebühr nach Tabelle A (Anlage 1); Gegenstandswert ist der Betrag, der sich bei Anwendung der höchsten in Betracht kommenden Abgabensätze auf die den Gegenstand der Erklärung bildenden Waren ergibt, jedoch mindestens 1 000 Euro;

17. von Anmeldungen oder Erklärungen auf dem Gebiete der Verbrauchsteuern, die nicht als Einfuhrabgaben geschuldet werden, 1/10 bis 3/10

    einer vollen Gebühr nach Tabelle A (Anlage 1); Gegenstandswert ist für eine Steueranmeldung der angemeldete Betrag und für eine Steuererklärung der festgesetzte Betrag, jedoch mindestens 1 000 Euro;

18. von Anträgen auf Gewährung einer Verbrauchsteuervergütung oder einer einzelgesetzlich geregelten Verbrauchsteuererstattung, sofern letztere nicht in der monatlichen Steuererklärung oder Steueranmeldung geltend zu machen ist, 1/10 bis 3/10

    einer vollen Gebühr nach Tabelle A (Anlage 1); Gegenstandswert ist die beantragte Vergütung oder Erstattung, jedoch mindestens 1 000 Euro;

19. von Anträgen auf Gewährung einer Investitionszulage 1/10 bis 6/10

    einer vollen Gebühr nach Tabelle A (Anlage 1); Gegenstandswert ist die Bemessungsgrundlage;

20.	von Anträgen auf Steuervergütung nach § 4a des Umsatzsteuergesetzes	1/10 bis 6/10

einer vollen Gebühr nach Tabelle A (Anlage 1); Gegenstandswert ist die beantragte Vergütung;

21.	von Anträgen auf Vergütung der abziehbaren Vorsteuerbeträge	1/10 bis 6/10

einer vollen Gebühr nach Tabelle A (Anlage 1); Gegenstandswert ist die beantragte Vergütung, jedoch mindestens 1 300 Euro;

22.	von Anträgen auf Erstattung von Kapitalertragsteuer und Vergütung der anrechenbaren Körperschaftsteuer	1/10 bis 6/10

einer vollen Gebühr nach Tabelle A (Anlage 1); Gegenstandswert ist die beantragte Erstattung, jedoch mindestens 1 000 Euro;

23.	von Anträgen nach Abschnitt X des Einkommensteuergesetzes	2/10 bis 10/10

einer vollen Gebühr nach Tabelle A (Anlage 1); Gegenstandswert ist das beantragte Jahreskindergeld;

24. *(aufgehoben)*

25.	der Anmeldung über den Steuerabzug von Bauleistungen	1/10 bis 6/10

einer vollen Gebühr nach Tabelle A (Anlage 1); Gegenstandswert ist der angemeldete Steuerabzugsbetrag (§§ 48 ff. des Einkommensteuergesetzes), jedoch mindestens 1 000 Euro;

26.	sonstiger Steuererklärungen	1/10 bis 6/10

einer vollen Gebühr nach Tabelle A (Anlage 1); Gegenstandwert ist die jeweilige Bemessungsgrundlage, jedoch mindestens 8 000 Euro.

(2) Für die Ermittlung der Zugewinnausgleichsforderung nach § 5 des Erbschaftsteuer- und Schenkungsteuergesetzes erhält der Steuerberater 5 Zehntel bis 15 Zehntel einer vollen Gebühr nach Tabelle A (Anlage 1); Gegenstandswert ist der ermittelte Betrag, jedoch mindestens 12 500 Euro.

(3) Für einen Antrag auf Lohnsteuer-Ermäßigung (Antrag auf Eintragung von Freibeträgen) erhält der Steuerberater 1/20 bis 4/20 einer vollen Gebühr nach Tabelle A (Anlage 1); Gegenstandswert ist der voraussichtliche Jahresarbeitslohn; er beträgt mindestens 4 500 Euro.

(4) Der Steuerberater erhält die Zeitgebühr

1. *(aufgehoben)*
2. für Arbeiten zur Feststellung des verrechenbaren Verlustes gemäß § 15a des Einkommensteuergesetzes;
3. für die Anfertigung einer Meldung über die Beteiligung an ausländischen Körperschaften, Vermögensmassen und Personenvereinigungen und an ausländischen Personengesellschaften;
4. *(aufgehoben)*
5. für sonstige Anträge und Meldungen nach dem Einkommensteuergesetz;
6. *(aufgehoben)*
7. *(aufgehoben)*
8. *(aufgehoben)*
9. *(aufgehoben)*
10. *(aufgehoben)*
11. *(aufgehoben)*
12. *(aufgehoben)*
13. für die Überwachung und Meldung der Lohnsumme sowie der Behaltensfrist im Sinne von § 13a Absatz 1 in Verbindung mit Absatz 6 Satz 1, Absatz 5 in Verbindung mit Absatz 6 Satz 2 des Erbschaftsteuer- und Schenkungsteuergesetzes;
14. für die Berechnung des Begünstigungsgewinnes im Sinne von § 34a Absatz 1 Satz 1 des Einkommensteuergesetzes (Begünstigung der nicht entnommenen Gewinne).

§ 25 – Ermittlung des Überschusses der Betriebseinnahmen über die Betriebsausgaben

(1) ¹Die Gebühr für die Ermittlung des Überschusses der Betriebseinnahmen über die Betriebsausgaben bei den Einkünften aus Land- und Forstwirtschaft, Gewerbebetrieb oder selbständiger Arbeit beträgt 5 bis 30[1]) Zehntel einer vollen Gebühr nach Tabelle B (Anlage 2). ²Gegenstandswert ist der jeweils höhere

---

1) Anhebung mit Wirkung ab 1.7.2020. Vorher 20 Zehntel.

Betrag, der sich aus der Summe der Betriebseinnahmen oder der Summe der Betriebsausgaben ergibt, jedoch mindestens 17 500[1]) Euro.

(2) Für Vorarbeiten, die über das übliche Maß erheblich hinausgehen, erhält der Steuerberater die Zeitgebühr.

(3) Sind bei mehreren Einkünften aus derselben Einkunftsart die Überschüsse getrennt zu ermitteln, so erhält der Steuerberater die Gebühr nach Absatz 1 für jede Überschußrechnung.

(4) [1]Für die Aufstellung eines schriftlichen Erläuterungsberichts zur Ermittlung des Überschusses der Betriebseinnahmen über die Betriebsausgaben erhält der Steuerberater 2/10 bis 12/10 einer vollen Gebühr nach Tabelle B (Anlage 2). [2]Der Gegenstandswert bemisst sich nach Absatz 1 Satz 2.

§ 26 – Ermittlung des Gewinns aus Land- und Forstwirtschaft nach Durchschnittssätzen

(1) [1]Die Gebühr für die Ermittlung des Gewinns nach Durchschnittssätzen beträgt 5 Zehntel bis 20 Zehntel einer vollen Gebühr nach Tabelle B (Anlage 2). [2]Gegenstandswert ist der Durchschnittssatzgewinn nach § 13a Abs. 3 Satz 1 des Einkommensteuergesetzes.

(2) Sind für mehrere land- und forstwirtschaftliche Betriebe desselben Auftraggebers die Gewinne nach Durchschnittssätzen getrennt zu ermitteln, so erhält der Steuerberater die Gebühr nach Absatz 1 für jede Gewinnermittlung.

§ 27 – Ermittlung des Überschusses der Einnahmen über die Werbungskosten

(1) [1]Die Gebühr für die Ermittlung des Überschusses der Einnahmen über die Werbungskosten bei den Einkünften aus nichtselbständiger Arbeit, Kapitalvermögen, Vermietung und Verpachtung oder sonstigen Einkünften beträgt 1 Zwanzigstel bis 12 Zwanzigstel einer vollen Gebühr nach Tabelle A (Anlage 1). [2]Gegenstandswert ist der jeweils höhere Betrag, der sich aus der Summe der Einnahmen oder der Summe der Werbungskosten ergibt, jedoch mindestens 8 000 Euro.

(2) Beziehen sich die Einkünfte aus Vermietung und Verpachtung auf mehrere Grundstücke oder sonstige Wirtschaftsgüter und ist der Überschuß der Einnahmen über die Werbungskosten

---

1) Anhebung mit Wirkung ab 1.7.2020. Vorher 12 500 Euro.

jeweils getrennt zu ermitteln, so erhält der Steuerberater die Gebühr nach Absatz 1 für jede Überschußrechnung.

(3) Für Vorarbeiten, die über das übliche Maß erheblich hinausgehen, erhält der Steuerberater die Zeitgebühr.

§ 28 – Prüfung von Steuerbescheiden

Für die Prüfung eines Steuerbescheids erhält der Steuerberater die Zeitgebühr.

§ 29 – Teilnahme an Prüfungen und Nachschauen

Der Steuerberater erhält

1. für die Teilnahme an einer Prüfung, insbesondere an einer Außenprüfung, einer Zollprüfung oder einer Nachschau einschließlich der Schlussbesprechung und der Prüfung des Prüfungsberichts, für die Teilnahme an einer Ermittlung der Besteuerungsgrundlagen (§ 208 der Abgabenordnung) oder für die Teilnahme an einer Maßnahme der Steueraufsicht (§§ 209 bis 217 der Abgabenordnung) die Zeitgebühr;
2. für schriftliche Einwendungen gegen den Prüfungsbericht 5 Zehntel bis 10 Zehntel einer vollen Gebühr nach Tabelle A (Anlage 1).

§ 30 – Selbstanzeige

(1) Für die Tätigkeit im Verfahren der Selbstanzeige (§§ 371 und 378 Absatz 3 der Abgabenordnung) einschließlich der Ermittlungen zur Berichtigung, Ergänzung oder Nachholung der Angaben erhält der Steuerberater 10/10 bis 30/10 einer vollen Gebühr nach Tabelle A (Anlage 1).

(2) Der Gegenstandswert bestimmt sich nach der Summe der berichtigten, ergänzten und nachgeholten Angaben, er beträgt jedoch mindestens 8 000 Euro.

§ 31 – Besprechungen

(1) Für Besprechungen mit Behörden oder mit Dritten in abgabenrechtlichen Sachen erhält der Steuerberater 5/10 bis 10/10 einer vollen Gebühr nach Tabelle A (Anlage 1).

(2) ¹Die Besprechungsgebühr entsteht, wenn der Steuerberater an einer Besprechung über tatsächliche oder rechtliche Fragen mitwirkt, die von der Behörde angeordnet ist oder im Einver-

ständnis mit dem Auftraggeber mit der Behörde oder mit einem Dritten geführt wird. ²Der Steuerberater erhält diese Gebühr nicht für die Beantwortung einer mündlichen oder fernmündlichen Nachfrage der Behörde.

FÜNFTER ABSCHNITT

Gebühren für die Hilfeleistung bei der Erfüllung steuerlicher Buchführungs- und Aufzeichnungspflichten

§ 32 – Einrichtung einer Buchführung

Für die Hilfeleistung bei der Einrichtung einer Buchführung im Sinne der §§ 33 und 34 erhält der Steuerberater die Zeitgebühr.

§ 33 – Buchführung

(1) Für die Buchführung oder das Führen steuerlicher Aufzeichnungen einschließlich des Kontierens der Belege beträgt die Monatsgebühr   2/10 bis 12/10

einer vollen Gebühr nach Tabelle C (Anlage 3).

(2) Für das Kontieren der Belege beträgt die Monatsgebühr   1/10 bis 6/10

einer vollen Gebühr nach Tabelle C (Anlage 3).

(3) Für die Buchführung oder das Führen steuerlicher Aufzeichnungen nach vom Auftraggeber kontierten Belegen oder erstellten Kontierungsunterlagen beträgt die Monatsgebühr   1/10 bis 6/10

einer vollen Gebühr nach Tabelle C (Anlage 3).

(4) Für die Buchführung oder das Führen steuerlicher Aufzeichnungen nach vom Auftraggeber erstellten Eingaben für die Datenverarbeitung und mit beim Auftraggeber eingesetzten Datenverarbeitungsprogrammen des Steuerberaters erhält der Steuerberater neben der Vergütung für die Datenverarbeitung und für den Einsatz der Datenverarbeitungsprogramme eine Monatsgebühr von   1/20 bis 10/20

einer vollen Gebühr nach Tabelle C (Anlage 3).

(5) Für die laufende Überwachung der Buchführung oder der steuerlichen Aufzeichnungen des Auftraggebers beträgt die Monatsgebühr 1/10 bis 6/10 einer vollen Gebühr nach Tabelle C (Anlage 3).

(6) Gegenstandswert ist der jeweils höchste Betrag, der sich aus dem Jahresumsatz oder aus der Summe des Aufwandes ergibt.

(7) Für die Hilfeleistung bei sonstigen Tätigkeiten im Zusammenhang mit der Buchführung oder dem Führen steuerlicher Aufzeichnungen erhält der Steuerberater die Zeitgebühr.

(8) Mit der Gebühr nach den Absätzen 1, 3 und 4 sind die Gebühren für die Umsatzsteuervoranmeldung (§ 24 Abs. 1 Nr. 7) abgegolten.

§ 34 – Lohnbuchführung

(1) Für die erstmalige Einrichtung von Lohnkonten und die Aufnahme der Stammdaten erhält der Steuerberater eine Gebühr von 5 bis 18[1]) Euro je Arbeitnehmer.

(2) Für die Führung von Lohnkonten und die Anfertigung der Lohnabrechnung erhält der Steuerberater eine Gebühr von 5 bis 28[2]) Euro je Arbeitnehmer und Abrechnungszeitraum.

(3) Für die Führung von Lohnkonten und die Anfertigung der Lohnabrechnung nach vom Auftraggeber erstellten Buchungsunterlagen erhält der Steuerberater eine Gebühr von 2 bis 9 Euro je Arbeitnehmer und Abrechnungszeitraum.

(4) Für die Führung von Lohnkonten und die Anfertigung der Lohnabrechnung nach vom Auftraggeber erstellten Eingaben für die Datenverarbeitung und mit beim Auftraggeber eingesetzten Datenverarbeitungsprogrammen des Steuerberaters erhält der Steuerberater neben der Vergütung für die Datenverarbeitung und für den Einsatz der Datenverarbeitungsprogramme eine Gebühr von 1 bis 4 Euro je Arbeitnehmer und Abrechnungszeitraum.

(5) Für die Hilfeleistung bei sonstigen Tätigkeiten im Zusammenhang mit dem Lohnsteuerabzug und der Lohnbuchführung erhält der Steuerberater die Zeitgebühr.

---

1) Anhebung mit Wirkung ab 1.7.2020. Vorher 16 Euro.
2) Anhebung mit Wirkung ab 1.7.2020. Vorher 25 Euro.

(6) Mit der Gebühr nach den Absätzen 2 bis 4 sind die Gebühren für die Lohnsteueranmeldung (§ 24 Abs. 1 Nr. 15) abgegolten.

§ 35 – Abschlußarbeiten

(1) Die Gebühr beträgt für

1. a) die Aufstellung eines Jahresabschlusses (Bilanz und Gewinn- und Verlustrechnung) — 10/10 bis 40/10
   b) die Erstellung eines Anhangs — 2/10 bis 12/10
   c) *(aufgehoben)*

2. die Aufstellung eines Zwischenabschlusses oder eines vorläufigen Abschlusses (Bilanz und Gewinn- und Verlustrechnung) — 10/10 bis 40/10

3. a) die Ableitung des steuerlichen Ergebnisses aus dem Handelsbilanzergebnis — 2/10 bis 10/10
   b) die Entwicklung einer Steuerbilanz aus der Handelsbilanz — 5/10 bis 12/10

4. die Aufstellung einer Eröffnungsbilanz — 5/10 bis 12/10

5. die Aufstellung einer Auseinandersetzungsbilanz — 5/10 bis 20/10

6. den schriftlichen Erläuterungsbericht zu Tätigkeiten nach den Nummern 1 bis 5 — 2/10 bis 12/10

7. a) die beratende Mitwirkung bei der Aufstellung eines Jahresabschlusses (Bilanz und Gewinn- und Verlustrechnung) — 2/10 bis 10/10
   b) die beratende Mitwirkung bei der Erstellung eines Anhangs — 2/10 bis 4/10
   c) die beratende Mitwirkung bei der Erstellung eines Lageberichts — 2/10 bis 4/10

8. *(aufgehoben)*

einer vollen Gebühr nach Tabelle B (Anlage 2).

(2) [1]Gegenstandswert ist

1. in den Fällen des Absatzes 1 Nummer 1 bis 3 und 7 das Mittel zwischen der berichtigten Bilanzsumme und der betrieblichen Jahresleistung;

2. in den Fällen des Absatzes 1 Nr. 4 und 5 die berichtigte Bilanzsumme;

3. in den Fällen des Absatzes 1 Nr. 6 der Gegenstandswert, der für die dem Erläuterungsbericht zugrunde liegenden Abschlußarbeiten maßgeblich ist.

²Die berichtigte Bilanzsumme ergibt sich aus der Summe der Posten der Aktivseite der Bilanz zuzüglich Privatentnahmen und offener Ausschüttungen, abzüglich Privateinlagen, Kapitalerhöhungen durch Einlagen und Wertberichtigungen. ³Die betriebliche Jahresleistung umfaßt Umsatzerlöse, sonstige betriebliche Erträge, Erträge aus Beteiligungen, Erträge aus anderen Wertpapieren und Ausleihungen des Finanzanlagevermögens, sonstige Zinsen und ähnliche Erträge, Veränderungen des Bestands an fertigen und unfertigen Erzeugnissen, andere aktivierte Eigenleistungen sowie außerordentliche Erträge. ⁴Ist der betriebliche Jahresaufwand höher als die betriebliche Jahresleistung, so ist dieser der Berechnung des Gegenstandswerts zugrunde zu legen. ⁵Betrieblicher Jahresaufwand ist die Summe der Betriebsausgaben einschließlich der Abschreibungen. ⁶Bei der Berechnung des Gegenstandswerts ist eine negative berichtigte Bilanzsumme als positiver Wert anzusetzen. ⁷Übersteigen die betriebliche Jahresleistung oder der höhere betriebliche Jahresaufwand das 5fache der berichtigten Bilanzsumme, so bleibt der übersteigende Betrag bei der Ermittlung des Gegenstandswerts außer Ansatz. ⁸Der Gegenstandswert besteht nur aus der berichtigten Bilanzsumme, wenn die betriebliche Jahresleistung geringer als 3 000 Euro ist. ⁹Der Gegenstandswert besteht nur aus der betrieblichen Jahresleistung, wenn die berichtigte Bilanzsumme geringer als 3 000 Euro ist.

(3) Für die Anfertigung oder Berichtigung von Inventurunterlagen und für sonstige Abschlußvorarbeiten bis zur abgestimmten Saldenbilanz erhält der Steuerberater die Zeitgebühr.

§ 36 – Steuerliches Revisionswesen

(1) Der Steuerberater erhält für die Prüfung einer Buchführung, einzelner Konten, einzelner Posten des Jahresabschlusses, eines Inventars, einer Überschussrechnung oder von Bescheinigungen für steuerliche Zwecke und für die Berichterstattung hierüber die Zeitgebühr.

(2) Der Steuerberater erhält

1. für die Prüfung einer Bilanz, einer Gewinn- und Verlustrechnung, eines Anhangs, eines Lageberichts oder einer sonstigen Vermögensrechnung für steuerliche Zwecke 2/10 bis 10/10 einer vollen Gebühr nach Tabelle B (Anlage 2) sowie

die Zeitgebühr; der Gegenstandswert bemisst sich nach § 35 Absatz 2;
2. für die Berichterstattung über eine Tätigkeit nach Nummer 1 die Zeitgebühr.

§ 37 – Vermögensstatus, Finanzstatus für steuerliche Zwecke

¹Die Gebühr beträgt für

1. die Erstellung eines Vermögensstatus oder
Finanzstatus   5/10 bis 15/10

2. die Erstellung eines Vermögensstatus oder
Finanzstatus aus übergebenen Endzahlen
(ohne Vornahme von Prüfungsarbeiten)   2/10 bis 6/10

3. den schriftlichen Erläuterungsbericht zu den
Tätigkeiten nach Nummer 1   1/10 bis 6/10

einer vollen Gebühr nach Tabelle B (Anlage 2). ²Gegenstandswert ist für die Erstellung eines Vermögensstatus die Summe der Vermögenswerte, für die Erstellung eines Finanzstatus die Summe der Finanzwerte.

§ 38 – Erteilung von Bescheinigungen

(1) ¹Der Steuerberater erhält für die Erteilung einer Bescheinigung über die Beachtung steuerrechtlicher Vorschriften in Vermögensübersichten und Erfolgsrechnungen 1 Zehntel bis 6 Zehntel einer vollen Gebühr nach Tabelle B (Anlage 2). ²Der Gegenstandswert bemißt sich nach § 35 Abs. 2.

(2) Der Steuerberater erhält für die Mitwirkung an der Erteilung von Steuerbescheinigungen die Zeitgebühr.

§ 39 – Buchführungs- und Abschlußarbeiten für land- und forstwirtschaftliche Betriebe

(1) ¹Für Angelegenheiten, die sich auf land- und forstwirtschaftliche Betriebe beziehen, gelten abweichend von den §§ 32, 33, 35 und 36 die Absätze 2 bis 7.

(2) ¹Die Gebühr beträgt für

1. laufende Buchführungsarbeiten oder für das
Führen steuerlicher Aufzeichnungen ein-
schließlich Kontieren der Belege jährlich   3/10 bis 20/10

2. die Buchführung oder für das Führen steuerlicher Aufzeichnungen nach vom Auftraggeber kontierten Belegen oder erstellten Kontierungsunterlagen jährlich   3/20 bis 20/20

3. die Buchführung oder für das Führen steuerlicher Aufzeichnungen nach vom Auftraggeber erstellten Datenträgern oder anderen Eingabemitteln für die Datenverarbeitung neben der Vergütung für die Datenverarbeitung und für den Einsatz der Datenverarbeitungsprogramme jährlich   1/20 bis 16/20

4. die laufende Überwachung der Buchführung oder für das Führen steuerlicher Aufzeichnungen jährlich   1/10 bis 6/10

einer vollen Gebühr nach Tabelle D (Anlage 4). [2]Die volle Gebühr ist die Summe der Gebühren nach Tabelle D Teil a und Tabelle D Teil b.

(3) [1]Die Gebühr beträgt für

1. die Abschlußvorarbeiten   1/10 bis 5/10
2. die Aufstellung eines Abschlusses   3/10 bis 10/10
3. die Entwicklung eines steuerlichen Abschlusses aus dem betriebswirtschaftlichen Abschluß oder aus der Handelsbilanz oder die Ableitung des steuerlichen Ergebnisses vom Ergebnis des betriebswirtschaftlichen Abschlusses oder der Handelsbilanz   3/20 bis 10/20
4. die beratende Mitwirkung bei der Erstellung eines Abschlusses   1/20 bis 10/20
5. die Prüfung eines Abschlusses für steuerliche Zwecke   1/10 bis 8/10
6. den schriftlichen Erläuterungsbericht zum Abschluß   1/10 bis 8/10

einer vollen Gebühr nach Tabelle D (Anlage 4). [2]Die volle Gebühr ist die Summe der Gebühren nach Tabelle D Teil a und Tabelle D Teil b.

(4) Die Gebühr beträgt für

1. die Hilfeleistung bei der Einrichtung einer Buchführung oder dem Führen steuerlicher Aufzeichnungen   1/10 bis 6/10

2. die Erfassung der Anfangswerte bei Buchführungsbeginn   3/10 bis 15/10

einer vollen Gebühr nach Tabelle D Teil a (Anlage 4).

(5) ¹Gegenstandswert ist für die Anwendung der Tabelle D Teil a die Betriebsfläche. ²Gegenstandswert für die Anwendung der Tabelle D Teil b ist der Jahresumsatz zuzüglich der Privateinlagen, mindestens jedoch die Höhe der Aufwendungen zuzüglich der Privatentnahmen. ³Im Falle des Absatzes 3 vermindert sich der 100 000 Euro übersteigende Betrag auf die Hälfte.

(6) Bei der Errechnung der Betriebsfläche (Absatz 5) ist

1. bei einem Jahresumsatz bis zu 1 000 Euro je Hektar   das Einfache,
2. bei einem Jahresumsatz über 1 000 Euro je Hektar
das sich aus dem durch 1 000 geteilten Betrag des Jahresumsatzes je Hektar ergibt,   das Vielfache,
3. bei forstwirtschaftlich genutzten Flächen   die Hälfte,
4. bei Flächen mit bewirtschafteten Teichen   die Hälfte,
5. bei durch Verpachtung genutzten Flächen   ein Viertel

der tatsächlich genutzten Flächen anzusetzen.

(7) Mit der Gebühr nach Absatz 2 Nr. 1, 2 und 3 ist die Gebühr für die Umsatzsteuervoranmeldungen (§ 24 Abs. 1 Nr. 7) abgegolten.

SECHSTER ABSCHNITT

Gebühren für die Vertretung im außergerichtlichen Rechtsbehelfsverfahren und im Verwaltungsvollstreckungsverfahren

§ 40 – Verfahren vor den Verwaltungsbehörden

Auf die Vergütung des Steuerberaters für Verfahren vor den Verwaltungsbehörden sind die Vorschriften des Rechtsanwaltsvergütungsgesetzes sinngemäß anzuwenden.

§ 41 – [Geschäftsgebühr]

(aufgehoben)

§ 42 – [Besprechungsgebühr]

(aufgehoben)

§ 43 – [Beweisaufnahmegebühr]

(aufgehoben)

§ 44 – Verwaltungsvollstreckungsverfahren

Auf die Vergütung des Steuerberaters im Verwaltungsvollstreckungsverfahren sind die Vorschriften des Rechtsanwaltsvergütungsgesetzes sinngemäß anzuwenden.

SIEBENTER ABSCHNITT

Gerichtliche und andere Verfahren

§ 45 – Vergütung in gerichtlichen und anderen Verfahren

Auf die Vergütung des Steuerberaters im Verfahren vor den Gerichten der Finanzgerichtsbarkeit, der Sozialgerichtsbarkeit und der Verwaltungsgerichtsbarkeit, im Strafverfahren, berufsgerichtlichen Verfahren, Bußgeldverfahren und in Gnadensachen sind die Vorschriften des Rechtsanwaltsvergütungsgesetzes sinngemäß anzuwenden.

§ 46 – Vergütung bei Prozeßkostenhilfe

Für die Vergütung des im Wege der Prozeßkostenhilfe beigeordneten Steuerberaters gelten die Vorschriften des Rechtsanwaltsvergütungsgesetzes sinngemäß.

ACHTER ABSCHNITT

Übergangs- und Schlußvorschriften

§ 47 – Anwendung

(1) Diese Verordnung ist erstmals anzuwenden auf

1. Angelegenheiten, mit deren Bearbeitung nach dem Inkrafttreten dieser Verordnung begonnen wird,

2. die Vertretung in Verfahren vor Verwaltungsbehörden, wenn das Verfahren nach Inkrafttreten dieser Verordnung beginnt.

(2) Hat der Steuerberater vor der Verkündung der Verordnung mit dem Auftraggeber schriftliche Vereinbarungen getroffen, die den Vorschriften dieser Verordnung nicht entsprechen, so ist insoweit diese Verordnung spätestens zwei Jahre nach ihrem Inkrafttreten anzuwenden.

§ 47a – Übergangsvorschriften für Änderungen dieser Verordnung

¹Die Vergütung ist nach bisherigem Recht zu berechnen, wenn der Auftrag zur Erledigung der Angelegenheit vor dem Inkrafttreten einer Änderung der Verordnung erteilt worden ist. ²Hat der Steuerberater mit dem Auftraggeber schriftliche Vereinbarungen über auszuführende Tätigkeiten mit einer Geltungsdauer von mindestens einem Jahr getroffen oder eine Pauschalvergütung im Sinne des § 14 vereinbart und tritt während der Geltungsdauer dieser Vereinbarung eine Änderung der Verordnung in Kraft, so ist die Vergütung bis zum Ablauf des Jahres, in dem eine Änderung der Verordnung in Kraft tritt, nach bisherigem Recht zu berechnen. ³Die Sätze 1 und 2 gelten auch, wenn Vorschriften geändert werden, auf die diese Verordnung verweist.

§ 48 – [Berlin-Klausel]

(aufgehoben)

§ 49 – Inkrafttreten

Diese Verordnung tritt am 1. April 1982 in Kraft.[1]

[...]

---

1) **Red. Anm.:** Das Inkrafttreten der späteren Änderungen ergibt sich aus den jeweiligen Änderungsverordnungen.

ANLAGE 1

Tabelle A[1]
(Beratungstabelle)

Gegenstandswert bis ... Euro	Volle Gebühr (10/10) Euro
300	29
600	53
900	76
1 200	100
1 500	123
2 000	157
2 500	189
3 000	222
3 500	255
4 000	288
4 500	321
5 000	354
6 000	398
7 000	441
8 000	485
9 000	528
10 000	571
13 000	618
16 000	665
19 000	712
22 000	759
25 000	806

---

[1] **Red. Anm.:** Eine auf Basis der Gegenstandswerte anhand der vollen Gebühr aus Anlage 1 (Tabelle A) zur StBVV erstellte Umrechnungstabelle mit den wichtigsten einschlägigen Bruchteilsgebührenwerten (jew. Mindest- und Höchstgebühr der in der StBVV vorgesehenen Spanne des Gebührenrahmens) finden Sie in → Rz. 62 und in einer um zusätzliche Bruchteilswerte (z.B. Mittelgebühren) erweiterten Version in der **Online-Datenbank**, für die Sie sich ohne Zusatzkosten auf **www.stotax-portal.de/registrieren** anmelden können. Ihren **Registrierungscode** finden Sie auf der ersten Seite dieses Ringbuchs.

Anlage 1: Tabelle A (Beratungstabelle) — StBVV

Gegenstandswert bis ... Euro	Volle Gebühr ($^{10}/10$) Euro
30 000	892
35 000	977
40 000	1 061
45 000	1 146
50 000	1 230
65 000	1 320
80 000	1 411
95 000	1 502
110 000	1 593
125 000	1 683
140 000	1 773
155 000	1 864
170 000	1 954
185 000	2 045
200 000	2 136
230 000	2 275
260 000	2 414
290 000	2 552
320 000	2 697
350 000	2 760
380 000	2 821
410 000	2 882
440 000	2 939
470 000	2 995
500 000	3 051
550 000	3 132
600 000	3 211
vom Mehrbetrag bis 5 000 000 Euro je angefangene 50 000 Euro	141
vom Mehrbetrag über 5 000 000 Euro bis 25 000 000 Euro je angefangene 50 000 Euro	106

Gegenstandswert bis ... Euro	Volle Gebühr ($^{10}/10$) Euro
vom Mehrbetrag über 25 000 000 Euro je angefangene 50 000 Euro	83

ANLAGE 2

Tabelle B[1])
(Abschlusstabelle)

Gegenstandswert bis ... Euro	Volle Gebühr ($^{10}/10$) Euro
3 000	46
3 500	54
4 000	64
4 500	72
5 000	81
6 000	91
7 000	99
8 000	109
9 000	114
10 000	120
12 500	126
15 000	142
17 500	157
20 000	168
22 500	180
25 000	190

---

1) **Red. Anm.:** Eine auf Basis der Gegenstandswerte anhand der vollen Gebühr aus Anlage 2 (Tabelle B) zur StBVV erstellte Umrechnungstabelle mit den wichtigsten einschlägigen Bruchteilsgebührenwerten (Mindest- und Höchstgebühren der jew. in der StBVV vorgesehenen Gebührenspanne) finden Sie in → Rz. 63 und in einer um zusätzliche Bruchteilswerte (z.B. Mittelgebühren) erweiterten Version in der ergänzenden **Online-Datenbank**, für die Sie sich ohne Zusatzkosten auf **www.stotax-portal.de/registrieren** anmelden können. Ihren **Registrierungscode** finden Sie auf der ersten Seite dieses Ringbuchs.

Anlage 2: Tabelle B (Abschlusstabelle) **StBVV**

Gegenstandswert bis ... Euro	Volle Gebühr ($^{10}/_{10}$) Euro
37 500	203
50 000	248
62 500	286
75 000	319
87 500	333
100 000	348
125 000	399
150 000	444
175 000	483
200 000	517
225 000	549
250 000	578
300 000	605
350 000	657
400 000	704
450 000	746
500 000	785
625 000	822
750 000	913
875 000	991
1 000 000	1 062
1 250 000	1 126
1 500 000	1 249
1 750 000	1 357
2 000 000	1 455
2 250 000	1 542
2 500 000	1 621
3 000 000	1 695
3 500 000	1 841
4 000 000	1 971
4 500 000	2 089
5 000 000	2 196
7 500 000	2 566

Gegenstandswert bis ... Euro	Volle Gebühr ($10/10$) Euro
10 000 000	2 983
12 500 000	3 321
15 000 000	3 603
17 500 000	3 843
20 000 000	4 050
22 500 000	4 314
25 000 000	4 558
30 000 000	5 014
35 000 000	5 433
40 000 000	5 823
45 000 000	6 187
50 000 000	6 532
vom Mehrbetrag bis 125 000 000 Euro je angefangene 5 000 000 Euro	258
vom Mehrbetrag über 125 000 000 Euro bis 250 000 000 Euro je angefangene 12 500 000 Euro	450
vom Mehrbetrag über 250 000 000 Euro je angefangene 25 000 000 Euro	642

ANLAGE 3

Tabelle C[1])
(Buchführungstabelle)

Gegenstandswert bis ... Euro	Volle Gebühr ($^{10}/_{10}$) Euro
15 000	68
17 500	75
20 000	83
22 500	88
25 000	95
30 000	102
35 000	110
40 000	115
45 000	122
50 000	130
62 500	137
75 000	149
87 500	164
100 000	177
125 000	197
150 000	217
200 000	259
250 000	299
300 000	339
350 000	381
400 000	416
450 000	448
500 000	483

---

[1] **Red. Anm.:** Eine auf Basis der Gegenstandswerte anhand der vollen Gebühr aus Anlage 3 (Tabelle C) zur StBVV erstellte Umrechnungstabelle mit den wichtigsten einschlägigen Bruchteilsgebührenwerten (Mindest- und Höchstgebühr der jew. in der StBVV vorgesehenen Gebührenspanne) finden Sie in → Rz. 64 und in einer um zusätzliche Bruchteilswerte (z.B. Mittegebühr) erweiterten Version in der **Online-Datenbank**, für die Sie sich ohne Zusatzkosten auf **www.stotax-portal.de/registrieren** anmelden können. Ihren **Registrierungscode** finden Sie auf der ersten Seite dieses Ringbuchs.

Gegenstandswert bis ... Euro	Volle Gebühr ($^{10}/_{10}$) Euro
vom Mehrbetrag über 500 000 Euro je angefangene 50 000 Euro	34

ANLAGE 4

Tabelle D[1])

Teil a (Landwirtschaftliche Tabelle – Betriebsfläche)

Betriebsfläche bis ... Hektar	Volle Gebühr ($^{10}/_{10}$) Euro
40	348
45	373
50	396
55	419
60	441
65	461
70	479
75	497
80	514
85	530
90	543
95	556
100	567
110	595
120	622
130	648
140	674
150	700

---

1) **Red. Anm.:** Eine auf Basis der Betriebsflächen bzw. Jahresumsätze anhand der vollen Gebühr aus Anlage 4 (Tabelle D) zur StBVV erstellte Umrechnungstabelle mit den wichtigsten einschlägigen Bruchteilsgebührenwerten (Mindest- und Höchstgebühr der jew. in der StBVV vorgesehenen Gebührenspanne) finden Sie in → Rz. 65 und in einer um zusätzliche Bruchteilswerte (z.B. Mittelgebühr) erweiterten Version in der **Online-Datenbank**, für die Sie sich ohne Zusatzkosten auf **www.stotax-portal.de/registrieren** anmelden können. Ihren **Registrierungscode** finden Sie auf der ersten Seite dieses Ringbuchs.

Anlage 4: Tabelle D (Landwirtschaftliche Tabelle Teil a – Betriebsfläche)

Betriebsfläche bis ... Hektar	Volle Gebühr ($^{10}/_{10}$) Euro
160	725
170	748
180	772
190	794
200	816
210	838
220	859
230	879
240	898
250	917
260	936
270	954
280	970
290	987
300	1 002
320	1 035
340	1 067
360	1 100
380	1 130
400	1 160
420	1 191
440	1 220
460	1 248
480	1 275
500	1 301
520	1 329
540	1 355
560	1 380
580	1 404
600	1 429
620	1 453
640	1 475
660	1 497

Betriebsfläche bis ... Hektar	Volle Gebühr ($^{10}/10$) Euro
680	1 519
700	1 538
750	1 586
800	1 628
850	1 664
900	1 695
950	1 719
1 000	1 738
2 000 je ha	1,59 mehr
3 000 je ha	1,44 mehr
4 000 je ha	1,30 mehr
5 000 je ha	1,15 mehr
6 000 je ha	1,01 mehr
7 000 je ha	0,87 mehr
8 000 je ha	0,72 mehr
9 000 je ha	0,57 mehr
10 000 je ha	0,43 mehr
11 000 je ha	0,28 mehr
12 000 je ha	0,15 mehr
ab 12 000 je ha	0,15 mehr

Teil b (Landwirtschaftliche Tabelle – Jahresumsatz)

Jahresumsatz im Sinne von § 39 Absatz 5 bis ... Euro	Volle Gebühr ($^{10}/10$) Euro
40 000	362
42 500	380
45 000	398
47 500	417
50 000	433
55 000	469
60 000	503
65 000	539

Anlage 4: Tabelle D (Landwirtschaftliche Tabelle Teil b – Jahresumsatz) **StBVV**

Jahresumsatz im Sinne von § 39 Absatz 5 bis ... Euro	Volle Gebühr ($10/10$) Euro
70 000	571
75 000	606
80 000	640
85 000	673
90 000	706
95 000	738
100 000	771
105 000	802
110 000	833
115 000	866
120 000	897
125 000	927
130 000	959
135 000	989
140 000	1 020
145 000	1 051
150 000	1 081
155 000	1 111
160 000	1 141
165 000	1 172
170 000	1 201
175 000	1 230
180 000	1 260
185 000	1 289
190 000	1 318
195 000	1 347
200 000	1 376
205 000	1 406
210 000	1 434
215 000	1 462
220 000	1 491
225 000	1 520

Jahresumsatz im Sinne von § 39 Absatz 5 bis ... Euro	Volle Gebühr ($^{10}/10$) Euro
230 000	1 547
235 000	1 575
240 000	1 603
245 000	1 630
250 000	1 656
255 000	1 684
260 000	1 712
265 000	1 738
270 000	1 765
275 000	1 791
280 000	1 817
285 000	1 842
290 000	1 868
295 000	1 894
300 000	1 919
305 000	1 943
310 000	1 968
315 000	1 991
320 000	2 015
325 000	2 038
330 000	2 062
335 000	2 084
340 000	2 107
345 000	2 129
350 000	2 149
355 000	2 172
360 000	2 193
365 000	2 213
370 000	2 234
375 000	2 255
380 000	2 268
385 000	2 295

Anlage 4: Tabelle D (Landwirtschaftliche Tabelle Teil b – Jahresumsatz)

Jahresumsatz im Sinne von § 39 Absatz 5 bis … Euro	Volle Gebühr ($^{10}/10$) Euro
390 000	2 313
395 000	2 332
400 000	2 351
410 000	2 388
420 000	2 424
430 000	2 461
440 000	2 495
450 000	2 530
460 000	2 564
470 000	2 596
480 000	2 629
490 000	2 658
500 000	2 687
vom Mehrbetrag über 500 000 Euro je angefangene 50 000 Euro	156

3. TEIL

Rechtsanwaltsvergütungsgesetz

RVG

Rz. 50
Nachfolgend abgedruckt sind die §§ 1 bis 62 RVG sowie die Anlagen 1 und 2 mit dem Rechtsstand ab 1.8.2022 (Neufassung des Rechtsanwaltsvergütungsgesetzes unter Berücksichtigung von bereits zuvor verabschiedeten Gesetzesänderungen, die erst nach Wirksamwerden der Neufassung in Kraft getreten sind).

Gesetz über die Vergütung der
Rechtsanwältinnen und Rechtsanwälte
(Rechtsanwaltsvergütungsgesetz – RVG)

vom 15.3.2022
(BGBl. I 2022, 610)

INHALTSÜBERSICHT

Abschnitt 1
Allgemeine Vorschriften

- § 1 Geltungsbereich
- § 2 Höhe der Vergütung
- § 3 Gebühren in sozialrechtlichen Angelegenheiten
- § 3a Vergütungsvereinbarung
- § 4 Unterschreitung der gesetzlichen Vergütung
- § 4a Erfolgshonorar
- § 4b Fehlerhafte Vergütungsvereinbarung
- § 5 Vergütung für Tätigkeiten von Vertretern des Rechtsanwalts
- § 6 Mehrere Rechtsanwälte
- § 7 Mehrere Auftraggeber
- § 8 Fälligkeit, Hemmung der Verjährung
- § 9 Vorschuss
- § 10 Berechnung
- § 11 Festsetzung der Vergütung
- § 12 Anwendung von Vorschriften über die Prozesskostenhilfe
- § 12a Abhilfe bei Verletzung des Anspruchs auf rechtliches Gehör
- § 12b Elektronische Akte, elektronisches Dokument
- § 12c Rechtsbehelfsbelehrung

Abschnitt 2
Gebührenvorschriften

- § 13 Wertgebühren
- § 14 Rahmengebühren
- § 15 Abgeltungsbereich der Gebühren
- § 15a Anrechnung einer Gebühr

Abschnitt 3
Angelegenheit

- § 16 Dieselbe Angelegenheit

- § 17 Verschiedene Angelegenheiten
- § 18 Besondere Angelegenheiten
- § 19 Rechtszug; Tätigkeiten, die mit dem Verfahren zusammenhängen
- § 20 Verweisung, Abgabe
- § 21 Zurückverweisung, Fortführung einer Folgesache als selbständige Familiensache

Abschnitt 4
Gegenstandswert

- § 22 Grundsatz
- § 23 Allgemeine Wertvorschrift
- § 23a Gegenstandswert im Verfahren über die Prozesskostenhilfe
- § 23b Gegenstandswert im Musterverfahren nach dem Kapitalanleger-Musterverfahrensgesetz
- § 24 Gegenstandswert im Sanierungs- und Reorganisationsverfahren nach dem Kreditinstitute-Reorganisationsgesetz
- § 25 Gegenstandswert in der Vollstreckung und bei der Vollziehung
- § 26 Gegenstandswert in der Zwangsversteigerung
- § 27 Gegenstandswert in der Zwangsverwaltung
- § 28 Gegenstandswert im Insolvenzverfahren
- § 29 Gegenstandswert im Verteilungsverfahren nach der Schifffahrtsrechtlichen Verteilungsordnung
- § 29a Gegenstandswert in Verfahren nach dem Unternehmensstabilisierungs- und -restrukturierungsgesetz
- § 30 Gegenstandswert in gerichtlichen Verfahren nach dem Asylgesetz
- § 31 Gegenstandswert in gerichtlichen Verfahren nach dem Spruchverfahrensgesetz
- § 31a Ausschlussverfahren nach dem Wertpapiererwerbs- und Übernahmegesetz
- § 31b Gegenstandswert bei Zahlungsvereinbarungen
- § 32 Wertfestsetzung für die Gerichtsgebühren
- § 33 Wertfestsetzung für die Rechtsanwaltsgebühren

Abschnitt 5
Außergerichtliche Beratung und Vertretung

- § 34 Beratung, Gutachten und Mediation
- § 35 Hilfeleistung in Steuersachen
- § 36 Schiedsrichterliche Verfahren und Verfahren vor dem Schiedsgericht

Abschnitt 6
Gerichtliche Verfahren

- § 37 Verfahren vor den Verfassungsgerichten
- § 38 Verfahren vor dem Gerichtshof der Europäischen Gemeinschaften
- § 38a Verfahren vor dem Europäischen Gerichtshof für Menschenrechte
- § 39 Von Amts wegen beigeordneter Rechtsanwalt
- § 40 Als gemeinsamer Vertreter bestellter Rechtsanwalt
- § 41 Besonderer Vertreter
- § 41a Vertreter des Musterklägers

Abschnitt 7
Straf- und Bußgeldsachen sowie bestimmte sonstige Verfahren

- § 42 Feststellung einer Pauschgebühr
- § 43 Abtretung des Kostenerstattungsanspruchs

Abschnitt 8
Beigeordneter oder bestellter Rechtsanwalt, Beratungshilfe

- § 44 Vergütungsanspruch bei Beratungshilfe
- § 45 Vergütungsanspruch des beigeordneten oder bestellten Rechtsanwalts
- § 46 Auslagen und Aufwendungen
- § 47 Vorschuss
- § 48 Umfang des Anspruchs und der Beiordnung
- § 49 Wertgebühren aus der Staatskasse
- § 50 Weitere Vergütung bei Prozesskostenhilfe
- § 51 Festsetzung einer Pauschgebühr
- § 52 Anspruch gegen den Beschuldigten oder den Betroffenen

§ 53	Anspruch gegen den Auftraggeber, Anspruch des zum Beistand bestellten Rechtsanwalts gegen den Verurteilten
§ 53a	Vergütungsanspruch bei gemeinschaftlicher Nebenklagevertretung
§ 54	Verschulden eines beigeordneten oder bestellten Rechtsanwalts
§ 55	Festsetzung der aus der Staatskasse zu zahlenden Vergütungen und Vorschüsse
§ 56	Erinnerung und Beschwerde
§ 57	Rechtsbehelf in Bußgeldsachen vor der Verwaltungsbehörde
§ 58	Anrechnung von Vorschüssen und Zahlungen
§ 59	Übergang von Ansprüchen auf die Staatskasse
§ 59a	Beiordnung und Bestellung durch Justizbehörden

Abschnitt 9
Übergangs- und Schlussvorschriften

§ 59b	Bekanntmachung von Neufassungen
§ 60	Übergangsvorschrift
§ 61	Übergangsvorschrift aus Anlass des Inkrafttretens dieses Gesetzes
§ 62	Verfahren nach dem Therapieunterbringungsgesetz

Anlage 1
(zu § 2 Abs. 2)   Vergütungsverzeichnis

Anlage 2
(zu § 13 Absatz 1 Satz 3)

ABSCHNITT 1

Allgemeine Vorschriften

§ 1 – Geltungsbereich

(1) ¹Die Vergütung (Gebühren und Auslagen) für anwaltliche Tätigkeiten der Rechtsanwältinnen und Rechtsanwälte bemisst sich nach diesem Gesetz. ²Dies gilt auch für eine Tätigkeit als besonderer Vertreter nach den §§ 57 und 58 der Zivilprozessordnung, nach § 118e der Bundesrechtsanwaltsordnung, nach § 103b der Patentanwaltsordnung oder nach § 111c des Steuerberatungsgesetzes. ³Andere Mitglieder einer Rechtsanwaltskammer, Partnerschaftsgesellschaften und sonstige Gesellschaften stehen einem Rechtsanwalt im Sinne dieses Gesetzes gleich.

(2) ¹Dieses Gesetz gilt nicht für eine Tätigkeit als Syndikusrechtsanwalt (§ 46 Absatz 2 der Bundesrechtsanwaltsordnung). ²Es gilt ferner nicht für eine Tätigkeit als Vormund, Betreuer, Pfleger, Verfahrenspfleger, Verfahrensbeistand, Testamentsvollstrecker, Insolvenzverwalter, Sachwalter, Mitglied des Gläubigerausschusses, Restrukturierungsbeauftragter, Sanierungsmoderator, Mitglied des Gläubigerbeirats, Nachlassverwalter, Zwangsverwalter, Treuhänder oder Schiedsrichter oder für eine ähnliche Tätigkeit. ³§ 1835 Abs. 3 des Bürgerlichen Gesetzbuchs bleibt[1]) unberührt.

(3) Die Vorschriften dieses Gesetzes über die Erinnerung und die Beschwerde gehen den Regelungen der für das zugrunde liegende Verfahren geltenden Verfahrensvorschriften vor.

§ 2 – Höhe der Vergütung

(1) Die Gebühren werden, soweit dieses Gesetz nichts anderes bestimmt, nach dem Wert berechnet, den der Gegenstand der anwaltlichen Tätigkeit hat (Gegenstandswert).

(2) ¹Die Höhe der Vergütung bestimmt sich nach dem Vergütungsverzeichnis der Anlage 1 zu diesem Gesetz. ²Gebühren

---

1) **Red. Anm.:** Die Wörter „§ 1835 Abs. 3 des Bürgerlichen Gesetzbuchs bleibt" werden mit Wirkung ab dem **1.1.2023** durch die Formulierung „**§ 1877 Absatz 3 des Bürgerlichen Gesetzbuchs und § 4 Absatz 2 des Vormünder- und Betreuervergütungsgesetzes bleiben**" ersetzt (vgl. Art. 15 Abs. 16 des Gesetzes zur Reform des Vormundschafts- und Betreuungsrechts vom 4.5.2021, BGBl. I 2021, 882.

werden auf den nächstliegenden Cent auf- oder abgerundet; 0,5 Cent werden aufgerundet.

§ 3 – Gebühren in sozialrechtlichen Angelegenheiten

(1) ¹In Verfahren vor den Gerichten der Sozialgerichtsbarkeit, in denen das Gerichtskostengesetz nicht anzuwenden ist, entstehen Betragsrahmengebühren. ²In sonstigen Verfahren werden die Gebühren nach dem Gegenstandswert berechnet, wenn der Auftraggeber nicht zu den in § 183 des Sozialgerichtsgesetzes genannten Personen gehört; im Verfahren nach § 201 Absatz 1 des Sozialgerichtsgesetzes werden die Gebühren immer nach dem Gegenstandswert berechnet. ³In Verfahren wegen überlanger Gerichtsverfahren (§ 202 Satz 2 des Sozialgerichtsgesetzes) werden die Gebühren nach dem Gegenstandswert berechnet.

(2) Absatz 1 gilt entsprechend für eine Tätigkeit außerhalb eines gerichtlichen Verfahrens.

§ 3a – Vergütungsvereinbarung

(1) ¹Eine Vereinbarung über die Vergütung bedarf der Textform. ²Sie muss als Vergütungsvereinbarung oder in vergleichbarer Weise bezeichnet werden, von anderen Vereinbarungen mit Ausnahme der Auftragserteilung deutlich abgesetzt sein und darf nicht in der Vollmacht enthalten sein. ³Sie hat einen Hinweis darauf zu enthalten, dass die gegnerische Partei, ein Verfahrensbeteiligter oder die Staatskasse im Falle der Kostenerstattung regelmäßig nicht mehr als die gesetzliche Vergütung erstatten muss. ⁴Die Sätze 1 und 2 gelten nicht für eine Gebührenvereinbarung nach § 34.

(2) ¹In der Vereinbarung kann es dem Vorstand der Rechtsanwaltskammer überlassen werden, die Vergütung nach billigem Ermessen festzusetzen. ²Ist die Festsetzung der Vergütung dem Ermessen eines Vertragsteils überlassen, so gilt die gesetzliche Vergütung als vereinbart.

(3) ¹Ist eine vereinbarte, eine nach Absatz 2 Satz 1 von dem Vorstand der Rechtsanwaltskammer festgesetzte oder eine nach § 4a für den Erfolgsfall vereinbarte Vergütung unter Berücksichtigung aller Umstände unangemessen hoch, kann sie im Rechtsstreit auf den angemessenen Betrag bis zur Höhe der gesetzlichen Vergütung herabgesetzt werden. ²Vor der Herabsetzung hat das Gericht ein Gutachten des Vorstands der Rechtsanwaltskammer einzuholen; dies gilt nicht, wenn der Vorstand der

Rechtsanwaltskammer die Vergütung nach Absatz 2 Satz 1 festgesetzt hat. ³Das Gutachten ist kostenlos zu erstatten.

(4) ¹Eine Vereinbarung, nach der ein im Wege der Prozesskostenhilfe beigeordneter Rechtsanwalt für die von der Beiordnung erfasste Tätigkeit eine höhere als die gesetzliche Vergütung erhalten soll, ist nichtig. ²Die Vorschriften des bürgerlichen Rechts über die ungerechtfertigte Bereicherung bleiben unberührt.

§ 4 – Unterschreitung der gesetzlichen Vergütung

(1) ¹In außergerichtlichen Angelegenheiten kann eine niedrigere als die gesetzliche Vergütung vereinbart werden. ²Sie muss in einem angemessenen Verhältnis zu Leistung, Verantwortung und Haftungsrisiko des Rechtsanwalts stehen. ³Ist Gegenstand der außergerichtlichen Angelegenheit eine Inkassodienstleistung (§ 2 Absatz 2 Satz 1 des Rechtsdienstleistungsgesetzes) oder liegen die Voraussetzungen für die Bewilligung von Beratungshilfe vor, gilt Satz 2 nicht und kann der Rechtsanwalt ganz auf eine Vergütung verzichten. ⁴§ 9 des Beratungshilfegesetzes bleibt unberührt.

(2) Ist Gegenstand der Angelegenheit eine Inkassodienstleistung in einem der in § 79 Absatz 2 Satz 2 Nummer 4 der Zivilprozessordnung genannten Verfahren, kann eine niedrigere als die gesetzliche Vergütung vereinbart werden oder kann der Rechtsanwalt ganz auf eine Vergütung verzichten.

§ 4a – Erfolgshonorar

(1) ¹Ein Erfolgshonorar (§ 49b Absatz 2 Satz 1 der Bundesrechtsanwaltsordnung) darf nur vereinbart werden, wenn

1. sich der Auftrag auf eine Geldforderung von höchstens 2 000 Euro bezieht,
2. ine Inkassodienstleistung außergerichtlich oder in einem der in § 79 Absatz 2 Satz 2 Nummer 4 der Zivilprozessordnung genannten Verfahren erbracht wird oder
3. der Auftraggeber im Einzelfall bei verständiger Betrachtung ohne die Vereinbarung eines Erfolgshonorars von der Rechtsverfolgung abgehalten würde.

²Eine Vereinbarung nach Satz 1 Nummer 1 oder 2 ist unzulässig, soweit sich der Auftrag auf eine Forderung bezieht, die der Pfändung nicht unterworfen ist. ³Für die Beurteilung nach Satz 1

Nummer 3 bleibt die Möglichkeit, Beratungs- oder Prozesskostenhilfe in Anspruch zu nehmen, außer Betracht.

(2) In anderen als den in Absatz 1 Satz 1 Nummer 2 genannten Angelegenheiten darf nur dann vereinbart werden, dass für den Fall des Misserfolgs keine oder eine geringere als die gesetzliche Vergütung zu zahlen ist, wenn für den Erfolgsfall ein angemessener Zuschlag auf die gesetzliche Vergütung vereinbart wird.

(3) In eine Vereinbarung über ein Erfolgshonorar sind aufzunehmen:

1. die Angabe, welche Vergütung bei Eintritt welcher Bedingungen verdient sein soll,
2. die Angabe, ob und gegebenenfalls welchen Einfluss die Vereinbarung auf die gegebenenfalls vom Auftraggeber zu zahlenden Gerichtskosten, Verwaltungskosten und die von diesem zu erstattenden Kosten anderer Beteiligter haben soll,
3. die wesentlichen Gründe, die für die Bemessung des Erfolgshonorars bestimmend sind, und
4. im Fall des Absatzes 1 Satz 1 Nummer 3 die voraussichtliche gesetzliche Vergütung und gegebenenfalls die erfolgsunabhängige vertragliche Vergütung, zu der der Rechtsanwalt bereit wäre, den Auftrag zu übernehmen.

§ 4b – Fehlerhafte Vergütungsvereinbarung

[1]Aus einer Vergütungsvereinbarung, die nicht den Anforderungen des § 3a Absatz 1 Satz 1 und 2 oder des § 4a Absatz 1 und 3 Nummer 1 und 4 entspricht, kann der Rechtsanwalt keine höhere als die gesetzliche Vergütung fordern. [2]Die Vorschriften des bürgerlichen Rechts über die ungerechtfertigte Bereicherung bleiben unberührt.

§ 5 – Vergütung für Tätigkeiten von Vertretern des Rechtsanwalts

Die Vergütung für eine Tätigkeit, die der Rechtsanwalt nicht persönlich vornimmt, wird nach diesem Gesetz bemessen, wenn der Rechtsanwalt durch einen Rechtsanwalt, den allgemeinen Vertreter, einen Assessor bei einem Rechtsanwalt oder einen zur Ausbildung zugewiesenen Referendar vertreten wird.

§ 6 – Mehrere Rechtsanwälte

Ist der Auftrag mehreren Rechtsanwälten zur gemeinschaftlichen Erledigung übertragen, erhält jeder Rechtsanwalt für seine Tätigkeit die volle Vergütung.

§ 7 – Mehrere Auftraggeber

(1) Wird der Rechtsanwalt in derselben Angelegenheit für mehrere Auftraggeber tätig, erhält er die Gebühren nur einmal.

(2) ¹Jeder der Auftraggeber schuldet die Gebühren und Auslagen, die er schulden würde, wenn der Rechtsanwalt nur in seinem Auftrag tätig geworden wäre; die Dokumentenpauschale nach Nummer 7000 des Vergütungsverzeichnisses schuldet er auch insoweit, wie diese nur durch die Unterrichtung mehrerer Auftraggeber entstanden ist. ²Der Rechtsanwalt kann aber insgesamt nicht mehr als die nach Absatz 1 berechneten Gebühren und die insgesamt entstandenen Auslagen fordern.

§ 8 – Fälligkeit, Hemmung der Verjährung

(1) ¹Die Vergütung wird fällig, wenn der Auftrag erledigt oder die Angelegenheit beendet ist. ²Ist der Rechtsanwalt in einem gerichtlichen Verfahren tätig, wird die Vergütung auch fällig, wenn eine Kostenentscheidung ergangen oder der Rechtszug beendet ist oder wenn das Verfahren länger als drei Monate ruht.

(2) ¹Die Verjährung der Vergütung für eine Tätigkeit in einem gerichtlichen Verfahren wird gehemmt, solange das Verfahren anhängig ist. ²Die Hemmung endet mit der rechtskräftigen Entscheidung oder anderweitigen Beendigung des Verfahrens. ³Ruht das Verfahren, endet die Hemmung drei Monate nach Eintritt der Fälligkeit. ⁴Die Hemmung beginnt erneut, wenn das Verfahren weiter betrieben wird.

§ 9 – Vorschuss

Der Rechtsanwalt kann von seinem Auftraggeber für die entstandenen und die voraussichtlich entstehenden Gebühren und Auslagen einen angemessenen Vorschuss fordern.

§ 10 – Berechnung

(1) ¹Der Rechtsanwalt kann die Vergütung nur aufgrund einer von ihm unterzeichneten und dem Auftraggeber mitgeteilten Berechnung einfordern. ²Der Lauf der Verjährungsfrist ist von der Mitteilung der Berechnung nicht abhängig.

(2) ¹In der Berechnung sind die Beträge der einzelnen Gebühren und Auslagen, Vorschüsse, eine kurze Bezeichnung des jeweiligen Gebührentatbestands, die Bezeichnung der Auslagen sowie die angewandten Nummern des Vergütungsverzeichnisses und bei Gebühren, die nach dem Gegenstandswert berechnet sind, auch dieser anzugeben. ²Bei Entgelten für Post- und Telekommunikationsdienstleistungen genügt die Angabe des Gesamtbetrags.

(3) Hat der Auftraggeber die Vergütung gezahlt, ohne die Berechnung erhalten zu haben, kann er die Mitteilung der Berechnung noch fordern, solange der Rechtsanwalt zur Aufbewahrung der Handakten verpflichtet ist.

§ 11 – Festsetzung der Vergütung

(1) ¹Soweit die gesetzliche Vergütung, eine nach § 42 festgestellte Pauschgebühr und die zu ersetzenden Aufwendungen (§ 670 des Bürgerlichen Gesetzbuchs) zu den Kosten des gerichtlichen Verfahrens gehören, werden sie auf Antrag des Rechtsanwalts oder des Auftraggebers durch das Gericht des ersten Rechtszugs festgesetzt. ²Getilgte Beträge sind abzusetzen.

(2) ¹Der Antrag ist erst zulässig, wenn die Vergütung fällig ist. ²Vor der Festsetzung sind die Beteiligten zu hören. ³Die Vorschriften der jeweiligen Verfahrensordnung über das Kostenfestsetzungsverfahren mit Ausnahme des § 104 Absatz 2 Satz 3 der Zivilprozessordnung und die Vorschriften der Zivilprozessordnung über die Zwangsvollstreckung aus Kostenfestsetzungsbeschlüssen gelten entsprechend. ⁴Das Verfahren vor dem Gericht des ersten Rechtszugs ist gebührenfrei. ⁵In den Vergütungsfestsetzungsbeschluss sind die von dem Rechtsanwalt gezahlten Auslagen für die Zustellung des Beschlusses aufzunehmen. ⁶Im Übrigen findet eine Kostenerstattung nicht statt; dies gilt auch im Verfahren über Beschwerden.

(3) ¹Im Verfahren vor den Gerichten der Verwaltungsgerichtsbarkeit, der Finanzgerichtsbarkeit und der Sozialgerichtsbarkeit wird die Vergütung vom Urkundsbeamten der Geschäftsstelle festgesetzt. ²Die für die jeweilige Gerichtsbarkeit geltenden Vor-

schriften über die Erinnerung im Kostenfestsetzungsverfahren gelten entsprechend.

(4) Wird der vom Rechtsanwalt angegebene Gegenstandswert von einem Beteiligten bestritten, ist das Verfahren auszusetzen, bis das Gericht hierüber entschieden hat (§§ 32, 33 und 38 Absatz 1).

(5) ¹Die Festsetzung ist abzulehnen, soweit der Antragsgegner Einwendungen oder Einreden erhebt, die nicht im Gebührenrecht ihren Grund haben. ²Hat der Auftraggeber bereits dem Rechtsanwalt gegenüber derartige Einwendungen oder Einreden erhoben, ist die Erhebung der Klage nicht von der vorherigen Einleitung des Festsetzungsverfahrens abhängig.

(6) ¹Anträge und Erklärungen können ohne Mitwirkung eines Bevollmächtigten schriftlich eingereicht oder zu Protokoll der Geschäftsstelle abgegeben werden. ²§ 129a der Zivilprozessordnung gilt entsprechend. ³Für die Bevollmächtigung gelten die Regelungen der für das zugrunde liegende Verfahren geltenden Verfahrensordnung entsprechend.

(7) Durch den Antrag auf Festsetzung der Vergütung wird die Verjährung wie durch Klageerhebung gehemmt.

(8) ¹Die Absätze 1 bis 7 gelten bei Rahmengebühren nur, wenn die Mindestgebühren geltend gemacht werden oder der Auftraggeber der Höhe der Gebühren ausdrücklich zugestimmt hat. ²Die Festsetzung auf Antrag des Rechtsanwalts ist abzulehnen, wenn er die Zustimmungserklärung des Auftraggebers nicht mit dem Antrag vorlegt.

§ 12 – Anwendung von Vorschriften über die Prozesskostenhilfe

¹Die Vorschriften dieses Gesetzes für im Wege der Prozesskostenhilfe beigeordnete Rechtsanwälte und für Verfahren über die Prozesskostenhilfe sind bei Verfahrenskostenhilfe und im Fall des § 4a der Insolvenzordnung entsprechend anzuwenden. ²Der Bewilligung von Prozesskostenhilfe steht die Stundung nach § 4a der Insolvenzordnung gleich.

§ 12a – Abhilfe bei Verletzung des Anspruchs auf rechtliches Gehör

(1) Auf die Rüge eines durch die Entscheidung nach diesem Gesetz beschwerten Beteiligten ist das Verfahren fortzuführen, wenn

1. ein Rechtsmittel oder ein anderer Rechtsbehelf gegen die Entscheidung nicht gegeben ist und

1. Abschnitt: Allgemeine Vorschriften

2. das Gericht den Anspruch dieses Beteiligten auf rechtliches Gehör in entscheidungserheblicher Weise verletzt hat.

(2) [1]Die Rüge ist innerhalb von zwei Wochen nach Kenntnis von der Verletzung des rechtlichen Gehörs zu erheben; der Zeitpunkt der Kenntniserlangung ist glaubhaft zu machen. [2]Nach Ablauf eines Jahres seit Bekanntmachung der angegriffenen Entscheidung kann die Rüge nicht mehr erhoben werden. [3]Formlos mitgeteilte Entscheidungen gelten mit dem dritten Tage nach Aufgabe zur Post als bekannt gemacht. [4]Die Rüge ist bei dem Gericht zu erheben, dessen Entscheidung angegriffen wird; § 33 Absatz 7 Satz 1 und 2 gilt entsprechend. [5]Die Rüge muss die angegriffene Entscheidung bezeichnen und das Vorliegen der in Absatz 1 Nr. 2 genannten Voraussetzungen darlegen.

(3) Den übrigen Beteiligten ist, soweit erforderlich, Gelegenheit zur Stellungnahme zu geben.

(4) [1]Das Gericht hat von Amts wegen zu prüfen, ob die Rüge an sich statthaft und ob sie in der gesetzlichen Form und Frist erhoben ist. [2]Mangelt es an einem dieser Erfordernisse, so ist die Rüge als unzulässig zu verwerfen. [3]Ist die Rüge unbegründet, weist das Gericht sie zurück. [4]Die Entscheidung ergeht durch unanfechtbaren Beschluss. [5]Der Beschluss soll kurz begründet werden.

(5) Ist die Rüge begründet, so hilft ihr das Gericht ab, indem es das Verfahren fortführt, soweit dies aufgrund der Rüge geboten ist.

(6) Kosten werden nicht erstattet.

§ 12b – Elektronische Akte, elektronisches Dokument

[1]In Verfahren nach diesem Gesetz sind die verfahrensrechtlichen Vorschriften über die elektronische Akte und über das elektronische Dokument für das Verfahren anzuwenden, in dem der Rechtsanwalt die Vergütung erhält. [2]Im Fall der Beratungshilfe sind die entsprechenden Vorschriften des Gesetzes über das Verfahren in Familiensachen und in den Angelegenheiten der freiwilligen Gerichtsbarkeit anzuwenden.

§ 12c – Rechtsbehelfsbelehrung

Jede anfechtbare Entscheidung hat eine Belehrung über den statthaften Rechtsbehelf sowie über das Gericht, bei dem dieser Rechtsbehelf einzulegen ist, über dessen Sitz und über die einzuhaltende Form und Frist zu enthalten.

ABSCHNITT 2

Gebührenvorschriften

RVG

§ 13 – Wertgebühren

(1) [1]Wenn sich die Gebühren nach dem Gegenstandswert richten, beträgt bei einem Gegenstandswert bis 500 Euro die Gebühr 49 Euro. [2]Die Gebühr erhöht sich bei einem

Gegenstandswert bis ... Euro	für jeden angefangenen Betrag von weiteren ... Euro	um ... Euro
2 000	500	39
10 000	1 000	56
25 000	3 000	52
50 000	5 000	81
200 000	15 000	94
500 000	30 000	132
über 500 000	50 000	165

[3]Eine Gebührentabelle für Gegenstandswerte bis 500 000 Euro ist diesem Gesetz als Anlage 2 beigefügt.[1])

(2) Bei der Geschäftsgebühr für eine außergerichtliche Inkassodienstleistung, die eine unbestrittene Forderung betrifft (Absatz 2 der Anmerkung zu Nummer 2300 des Vergütungsverzeichnisses), beträgt bei einem Gegenstandswert bis 50 Euro die Gebühr abweichend von Absatz 1 Satz 1 30 Euro.

(3) Der Mindestbetrag einer Gebühr ist 15 Euro.

---

1) **Red. Anm.:** Eine auf Basis der Gegenstands- und Gebührenwerte aus Anlage 2 RVG (zu § 13 Abs. 1 Satz 3 RVG) erstellte Umrechnungstabelle mit den wichtigsten einschlägigen Dezimalgebührenwerten (Mindest- und Höchstgebühr der jeweils vorgesehenen Gebührenspanne) finden Sie in → Rz. 66 und in einer um weitere Dezimalgebührenwerte (z.B. Mittelgebühr) erweiterten Version in der **Online-Datenbank** zu diesem Werk, für die Sie sich ohne Zusatzkosten auf **www.stotax-portal.de/registrieren** anmelden können. Ihren **Registrierungscode** finden Sie auf der ersten Seite dieses Ringbuchs.

2. Abschnitt: Gebührenvorschriften

§ 14 – Rahmengebühren

(1) ¹Bei Rahmengebühren bestimmt der Rechtsanwalt die Gebühr im Einzelfall unter Berücksichtigung aller Umstände, vor allem des Umfangs und der Schwierigkeit der anwaltlichen Tätigkeit, der Bedeutung der Angelegenheit sowie der Einkommens- und Vermögensverhältnisse des Auftraggebers, nach billigem Ermessen. ²Ein besonderes Haftungsrisiko des Rechtsanwalts kann bei der Bemessung herangezogen werden. ³Bei Rahmengebühren, die sich nicht nach dem Gegenstandswert richten, ist das Haftungsrisiko zu berücksichtigen. ⁴Ist die Gebühr von einem Dritten zu ersetzen, ist die von dem Rechtsanwalt getroffene Bestimmung nicht verbindlich, wenn sie unbillig ist.

(2) Ist eine Rahmengebühr auf eine andere Rahmengebühr anzurechnen, ist die Gebühr, auf die angerechnet wird, so zu bestimmen, als sei der Rechtsanwalt zuvor nicht tätig gewesen.

(3) ¹Im Rechtsstreit hat das Gericht ein Gutachten des Vorstands der Rechtsanwaltskammer einzuholen, soweit die Höhe der Gebühr streitig ist; dies gilt auch im Verfahren nach § 495a der Zivilprozessordnung. ²Das Gutachten ist kostenlos zu erstatten.

§ 15 – Abgeltungsbereich der Gebühren

(1) Die Gebühren entgelten, soweit dieses Gesetz nichts anderes bestimmt, die gesamte Tätigkeit des Rechtsanwalts vom Auftrag bis zur Erledigung der Angelegenheit.

(2) Der Rechtsanwalt kann die Gebühren in derselben Angelegenheit nur einmal fordern.

(3) Sind für Teile des Gegenstands verschiedene Gebührensätze anzuwenden, entstehen für die Teile gesondert berechnete Gebühren, jedoch nicht mehr als die aus dem Gesamtbetrag der Wertteile nach dem höchsten Gebührensatz berechnete Gebühr.

(4) Auf bereits entstandene Gebühren ist es, soweit dieses Gesetz nichts anderes bestimmt, ohne Einfluss, wenn sich die Angelegenheit vorzeitig erledigt oder der Auftrag endigt, bevor die Angelegenheit erledigt ist.

(5) ¹Wird der Rechtsanwalt, nachdem er in einer Angelegenheit tätig geworden ist, beauftragt, in derselben Angelegenheit weiter tätig zu werden, erhält er nicht mehr an Gebühren, als er erhalten würde, wenn er von vornherein hiermit beauftragt worden wäre. ²Ist der frühere Auftrag seit mehr als zwei Kalender-

jahren erledigt, gilt die weitere Tätigkeit als neue Angelegenheit und in diesem Gesetz bestimmte Anrechnungen von Gebühren entfallen. ³Satz 2 gilt entsprechend, wenn ein Vergleich mehr als zwei Kalenderjahre nach seinem Abschluss angefochten wird oder wenn mehr als zwei Kalenderjahre nach Zustellung eines Beschlusses nach § 23 Absatz 3 Satz 1 des Kapitalanleger-Musterverfahrensgesetzes der Kläger einen Antrag nach § 23 Absatz 4 des Kapitalanleger-Musterverfahrensgesetzes auf Wiedereröffnung des Verfahrens stellt.

(6) Ist der Rechtsanwalt nur mit einzelnen Handlungen oder mit Tätigkeiten, die nach § 19 zum Rechtszug oder zum Verfahren gehören, beauftragt, erhält er nicht mehr an Gebühren als der mit der gesamten Angelegenheit beauftragte Rechtsanwalt für die gleiche Tätigkeit erhalten würde.

§ 15a – Anrechnung einer Gebühr

(1) Sieht dieses Gesetz die Anrechnung einer Gebühr auf eine andere Gebühr vor, kann der Rechtsanwalt beide Gebühren fordern, jedoch nicht mehr als den um den Anrechnungsbetrag verminderten Gesamtbetrag der beiden Gebühren.

(2) ¹Sind mehrere Gebühren teilweise auf dieselbe Gebühr anzurechnen, so ist der anzurechnende Betrag für jede anzurechnende Gebühr gesondert zu ermitteln. ²Bei Wertgebühren darf der Gesamtbetrag der Anrechnung jedoch denjenigen Anrechnungsbetrag nicht übersteigen, der sich ergeben würde, wenn eine Gebühr anzurechnen wäre, die sich aus dem Gesamtbetrag der betroffenen Wertteile nach dem höchsten für die Anrechnungen einschlägigen Gebührensatz berechnet. ³Bei Betragsrahmengebühren darf der Gesamtbetrag der Anrechnung den für die Anrechnung bestimmten Höchstbetrag nicht übersteigen.

(3) Ein Dritter kann sich auf die Anrechnung nur berufen, soweit er den Anspruch auf eine der beiden Gebühren erfüllt hat, wegen eines dieser Ansprüche gegen ihn ein Vollstreckungstitel besteht oder beide Gebühren in demselben Verfahren gegen ihn geltend gemacht werden.

ABSCHNITT 3

Angelegenheit

§ 16 – Dieselbe Angelegenheit

Dieselbe Angelegenheit sind

1. das Verwaltungsverfahren auf Aussetzung oder Anordnung der sofortigen Vollziehung sowie über einstweilige Maßnahmen zur Sicherung der Rechte Dritter und jedes Verwaltungsverfahren auf Abänderung oder Aufhebung in den genannten Fällen;
2. das Verfahren über die Prozesskostenhilfe und das Verfahren, für das die Prozesskostenhilfe beantragt worden ist;
3. mehrere Verfahren über die Prozesskostenhilfe in demselben Rechtszug;
3a. das Verfahren zur Bestimmung des zuständigen Gerichts und das Verfahren, für das der Gerichtsstand bestimmt werden soll; dies gilt auch dann, wenn das Verfahren zur Bestimmung des zuständigen Gerichts vor Klageerhebung oder Antragstellung endet, ohne dass das zuständige Gericht bestimmt worden ist;
4. eine Scheidungssache oder ein Verfahren über die Aufhebung einer Lebenspartnerschaft und die Folgesachen;
5. das Verfahren über die Anordnung eines Arrests, zur Erwirkung eines Europäischen Beschlusses zur vorläufigen Kontenpfändung, über den Erlass einer einstweiligen Verfügung oder einstweiligen Anordnung, über die Anordnung oder Wiederherstellung der aufschiebenden Wirkung, über die Aufhebung der Vollziehung oder die Anordnung der sofortigen Vollziehung eines Verwaltungsakts und jedes Verfahren über deren Abänderung, Aufhebung oder Widerruf;
6. das Verfahren nach § 3 Absatz 1 des Gesetzes zur Ausführung des Vertrages zwischen der Bundesrepublik Deutschland und der Republik Österreich vom 6. Juni 1959 über die gegenseitige Anerkennung und Vollstreckung von gerichtlichen Entscheidungen, Vergleichen und öffentlichen Urkunden in Zivil- und Handelssachen in der im Bundesgesetzblatt Teil III, Gliederungsnummer 319-12, veröffentlichten bereinigten Fassung, das zuletzt durch Artikel 23 des Gesetzes vom 27. Juli 2001 (BGBl. I S. 1887) geändert worden ist, und das Verfahren nach § 3 Absatz 2 des genannten Gesetzes;

7. das Verfahren über die Zulassung der Vollziehung einer vorläufigen oder sichernden Maßnahme und das Verfahren über einen Antrag auf Aufhebung oder Änderung einer Entscheidung über die Zulassung der Vollziehung (§ 1041 der Zivilprozessordnung);

8. das schiedsrichterliche Verfahren und das gerichtliche Verfahren bei der Bestellung eines Schiedsrichters oder Ersatzschiedsrichters, über die Ablehnung eines Schiedsrichters oder über die Beendigung des Schiedsrichteramts, zur Unterstützung bei der Beweisaufnahme oder bei der Vornahme sonstiger richterlicher Handlungen;

9. das Verfahren vor dem Schiedsgericht und die gerichtlichen Verfahren über die Bestimmung einer Frist (§ 102 Absatz 3 des Arbeitsgerichtsgesetzes), die Ablehnung eines Schiedsrichters (§ 103 Absatz 3 des Arbeitsgerichtsgesetzes) oder die Vornahme einer Beweisaufnahme oder einer Vereidigung (§ 106 Absatz 2 des Arbeitsgerichtsgesetzes);

10. im Kostenfestsetzungsverfahren und im Verfahren über den Antrag auf gerichtliche Entscheidung gegen einen Kostenfestsetzungsbescheid (§ 108 des Gesetzes über Ordnungswidrigkeiten) einerseits und im Kostenansatzverfahren sowie im Verfahren über den Antrag auf gerichtliche Entscheidung gegen den Ansatz der Gebühren und Auslagen (§ 108 des Gesetzes über Ordnungswidrigkeiten) andererseits jeweils mehrere Verfahren über

    a) die Erinnerung,

    b) den Antrag auf gerichtliche Entscheidung,

    c) die Beschwerde in demselben Beschwerderechtszug;

11. das Rechtsmittelverfahren und das Verfahren über die Zulassung des Rechtsmittels; dies gilt nicht für das Verfahren über die Beschwerde gegen die Nichtzulassung eines Rechtsmittels;

12. das Verfahren über die Privatklage und die Widerklage und zwar auch im Fall des § 388 Absatz 2 der Strafprozessordnung und

13. das erstinstanzliche Prozessverfahren und der erste Rechtszug des Musterverfahrens nach dem Kapitalanleger-Musterverfahrensgesetz.

3. Abschnitt: Angelegenheit

§ 17 – Verschiedene Angelegenheiten

Verschiedene Angelegenheiten sind

1. das Verfahren über ein Rechtsmittel und der vorausgegangene Rechtszug, soweit sich aus § 19 Absatz 1 Satz 2 Nummer 10a nichts anderes ergibt,
1a. jeweils das Verwaltungsverfahren, das einem gerichtlichen Verfahren vorausgehende und der Nachprüfung des Verwaltungsakts dienende weitere Verwaltungsverfahren (Vorverfahren, Einspruchsverfahren, Beschwerdeverfahren, Abhilfeverfahren), das Verfahren über die Beschwerde und die weitere Beschwerde nach der Wehrbeschwerdeordnung, das Verwaltungsverfahren auf Aussetzung oder Anordnung der sofortigen Vollziehung sowie über einstweilige Maßnahmen zur Sicherung der Rechte Dritter und ein gerichtliches Verfahren,
2. das Mahnverfahren und das streitige Verfahren,
3. das vereinfachte Verfahren über den Unterhalt Minderjähriger und das streitige Verfahren,
4. das Verfahren in der Hauptsache und ein Verfahren
    a) auf Anordnung eines Arrests oder zur Erwirkung eines Europäischen Beschlusses zur vorläufigen Kontenpfändung,
    b) auf Erlass einer einstweiligen Verfügung oder einer einstweiligen Anordnung,
    c) über die Anordnung oder Wiederherstellung der aufschiebenden Wirkung, über die Aufhebung der Vollziehung oder über die Anordnung der sofortigen Vollziehung eines Verwaltungsakts sowie
    d) über die Abänderung, die Aufhebung oder den Widerruf einer in einem Verfahren nach den Buchstaben a bis c ergangenen Entscheidung,
5. der Urkunden- oder Wechselprozess und das ordentliche Verfahren, das nach Abstandnahme vom Urkunden- oder Wechselprozess oder nach einem Vorbehaltsurteil anhängig bleibt (§§ 596, 600 der Zivilprozessordnung),
6. das Schiedsverfahren und das Verfahren über die Zulassung der Vollziehung einer vorläufigen oder sichernden Maßnahme sowie das Verfahren über einen Antrag auf Aufhebung oder Änderung einer Entscheidung über die Zulassung der Vollziehung (§ 1041 der Zivilprozessordnung),

RVG

7. das gerichtliche Verfahren und ein vorausgegangenes
   a) Güteverfahren vor einer durch die Landesjustizverwaltung eingerichteten oder anerkannten Gütestelle (§ 794 Absatz 1 Nr. 1 der Zivilprozessordnung) oder, wenn die Parteien den Einigungsversuch einvernehmlich unternehmen, vor einer Gütestelle, die Streitbeilegung betreibt (§ 15a Absatz 3 des Einführungsgesetzes zur Zivilprozessordnung),
   b) Verfahren vor einem Ausschuss der in § 111 Absatz 2 des Arbeitsgerichtsgesetzes bezeichneten Art,
   c) Verfahren vor dem Seemannsamt zur vorläufigen Entscheidung von Arbeitssachen und
   d) Verfahren vor sonstigen gesetzlich eingerichteten Einigungsstellen, Gütestellen oder Schiedsstellen,
8. das Vermittlungsverfahren nach § 165 des Gesetzes über das Verfahren in Familiensachen und in den Angelegenheiten der freiwilligen Gerichtsbarkeit und ein sich anschließendes gerichtliches Verfahren,
9. das Verfahren über ein Rechtsmittel und das Verfahren über die Beschwerde gegen die Nichtzulassung des Rechtsmittels,
10. das strafrechtliche Ermittlungsverfahren und
    a) ein nachfolgendes gerichtliches Verfahren und
    b) ein sich nach Einstellung des Ermittlungsverfahrens anschließendes Bußgeldverfahren,
11. das Bußgeldverfahren vor der Verwaltungsbehörde und das nachfolgende gerichtliche Verfahren,
12. das Strafverfahren und das Verfahren über die im Urteil vorbehaltene Sicherungsverwahrung und
13. das Wiederaufnahmeverfahren und das wiederaufgenommene Verfahren, wenn sich die Gebühren nach Teil 4 oder 5 des Vergütungsverzeichnisses richten.

§ 18 – **Besondere Angelegenheiten**

(1) Besondere Angelegenheiten sind

1. jede Vollstreckungsmaßnahme zusammen mit den durch diese vorbereiteten weiteren Vollstreckungshandlungen bis zur Befriedigung des Gläubigers; dies gilt entsprechend im Verwaltungszwangsverfahren (Verwaltungsvollstreckungsverfahren);

3. Abschnitt: Angelegenheit

2. jede Vollziehungsmaßnahme bei der Vollziehung eines Arrests oder einer einstweiligen Verfügung (§§ 928 bis 934 und 936 der Zivilprozessordnung), die sich nicht auf die Zustellung beschränkt;

3. solche Angelegenheiten, in denen sich die Gebühren nach Teil 3 des Vergütungsverzeichnisses richten, jedes Beschwerdeverfahren, jedes Verfahren über eine Erinnerung gegen einen Kostenfestsetzungsbeschluss und jedes sonstige Verfahren über eine Erinnerung gegen eine Entscheidung des Rechtspflegers, soweit sich aus § 16 Nummer 10 nichts anderes ergibt;

4. das Verfahren über Einwendungen gegen die Erteilung der Vollstreckungsklausel, auf das § 732 der Zivilprozessordnung anzuwenden ist;

5. das Verfahren auf Erteilung einer weiteren vollstreckbaren Ausfertigung;

6. jedes Verfahren über Anträge nach den §§ 765a, 851a oder 851b der Zivilprozessordnung und jedes Verfahren über Anträge auf Änderung oder Aufhebung der getroffenen Anordnungen, jedes Verfahren über Anträge nach § 1084 Absatz 1, § 1096 oder § 1109 der Zivilprozessordnung, jedes Verfahren über Anträge auf Aussetzung der Vollstreckung nach § 44f des Internationalen Familienrechtsverfahrensgesetzes und über Anträge nach § 31 des Auslandsunterhaltsgesetzes;

7. das Verfahren auf Zulassung der Austauschpfändung (§ 811a der Zivilprozessordnung);

8. das Verfahren über einen Antrag nach § 825 der Zivilprozessordnung;

9. die Ausführung der Zwangsvollstreckung in ein gepfändetes Vermögensrecht durch Verwaltung (§ 857 Absatz 4 der Zivilprozessordnung);

10. das Verteilungsverfahren (§ 858 Absatz 5, §§ 872 bis 877, 882 der Zivilprozessordnung);

11. das Verfahren auf Eintragung einer Zwangshypothek (§§ 867, 870a der Zivilprozessordnung);

12. die Vollstreckung der Entscheidung, durch die der Schuldner zur Vorauszahlung der Kosten, die durch die Vornahme einer Handlung entstehen, verurteilt wird (§ 887 Absatz 2 der Zivilprozessordnung);

13. das Verfahren zur Ausführung der Zwangsvollstreckung auf Vornahme einer Handlung durch Zwangsmittel (§ 888 der Zivilprozessordnung);
14. jede Verurteilung zu einem Ordnungsgeld gemäß § 890 Absatz 1 der Zivilprozessordnung;
15. die Verurteilung zur Bestellung einer Sicherheit im Fall des § 890 Absatz 3 der Zivilprozessordnung;
16. das Verfahren zur Abnahme der Vermögensauskunft (§§ 802f und 802g der Zivilprozessordnung);
17. das Verfahren auf Löschung der Eintragung im Schuldnerverzeichnis (§ 882e der Zivilprozessordnung);
18. das Ausüben der Veröffentlichungsbefugnis;
19. das Verfahren über Anträge auf Zulassung der Zwangsvollstreckung nach § 17 Absatz 4 der Schifffahrtsrechtlichen Verteilungsordnung;
20. das Verfahren über Anträge auf Aufhebung von Vollstreckungsmaßregeln (§ 8 Absatz 5 und § 41 der Schifffahrtsrechtlichen Verteilungsordnung) und
21. das Verfahren zur Anordnung von Zwangsmaßnahmen durch Beschluss nach § 35 des Gesetzes über das Verfahren in Familiensachen und in den Angelegenheiten der freiwilligen Gerichtsbarkeit.

(2) Absatz 1 gilt entsprechend für

1. die Vollziehung eines Arrestes und
2. die Vollstreckung

nach den Vorschriften des Gesetzes über das Verfahren in Familiensachen und in den Angelegenheiten der freiwilligen Gerichtsbarkeit.

§ 19 – Rechtszug; Tätigkeiten, die mit dem Verfahren zusammenhängen

(1) ¹Zu dem Rechtszug oder dem Verfahren gehören auch alle Vorbereitungs-, Neben- und Abwicklungstätigkeiten und solche Verfahren, die mit dem Rechtszug oder Verfahren zusammenhängen, wenn die Tätigkeit nicht nach § 18 eine besondere Angelegenheit ist. ²Hierzu gehören insbesondere

1. die Vorbereitung der Klage, des Antrags oder der Rechtsverteidigung, soweit kein besonderes gerichtliches oder behördliches Verfahren stattfindet;

1a. die Einreichung von Schutzschriften und die Anmeldung von Ansprüchen oder Rechtsverhältnissen zum Klageregister für Musterfeststellungsklagen sowie die Rücknahme der Anmeldung;
1b. die Verkündung des Streits (§ 72 der Zivilprozessordnung);
2. außergerichtliche Verhandlungen;
3. Zwischenstreite, die Bestellung von Vertretern durch das in der Hauptsache zuständige Gericht, die Ablehnung von Richtern, Rechtspflegern, Urkundsbeamten der Geschäftsstelle oder Sachverständigen, die Entscheidung über einen Antrag betreffend eine Sicherungsanordnung, die Wertfestsetzung, die Beschleunigungsrüge nach § 155b des Gesetzes über das Verfahren in Familiensachen und in den Angelegenheiten der freiwilligen Gerichtsbarkeit;
4. das Verfahren vor dem beauftragten oder ersuchten Richter;
5. das Verfahren
    a) über die Erinnerung (§ 573 der Zivilprozessordnung),
    b) über die Rüge wegen Verletzung des Anspruchs auf rechtliches Gehör,
    c) nach Artikel 18 der Verordnung (EG) Nr. 861/2007 des Europäischen Parlaments und des Rates vom 13. Juni 2007 zur Einführung eines europäischen Verfahrens für geringfügige Forderungen,
    d) nach Artikel 20 der Verordnung (EG) Nr. 1896/2006 des Europäischen Parlaments und des Rates vom 12. Dezember 2006 zur Einführung eines Europäischen Mahnverfahrens und
    e) nach Artikel 19 der Verordnung (EG) Nr. 4/2009 über die Zuständigkeit, das anwendbare Recht, die Anerkennung und Vollstreckung von Entscheidungen und die Zusammenarbeit in Unterhaltssachen;
6. die Berichtigung und Ergänzung der Entscheidung oder ihres Tatbestands;
7. die Mitwirkung bei der Erbringung der Sicherheitsleistung und das Verfahren wegen deren Rückgabe;
8. die für die Geltendmachung im Ausland vorgesehene Vervollständigung der Entscheidung und die Bezifferung eines dynamisierten Unterhaltstitels;

9. die Zustellung oder Empfangnahme von Entscheidungen oder Rechtsmittelschriften und ihre Mitteilung an den Auftraggeber, die Einwilligung zur Einlegung der Sprungrevision oder Sprungrechtsbeschwerde, der Antrag auf Entscheidung über die Verpflichtung, die Kosten zu tragen, die nachträgliche Vollstreckbarerklärung eines Urteils auf besonderen Antrag, die Erteilung des Notfrist- und des Rechtskraftzeugnisses;

9a. die Ausstellung von Bescheinigungen, Bestätigungen oder Formblättern einschließlich deren Berichtigung, Aufhebung oder Widerruf nach
   a) § 1079 oder § 1110 der Zivilprozessordnung,
   b) § 39 Absatz 1 und § 48 des Internationalen Familienrechtsverfahrensgesetzes,
   c) § 57 oder § 58 des Anerkennungs- und Vollstreckungsausführungsgesetzes,
   d) § 14 des EU-Gewaltschutzverfahrensgesetzes,
   e) § 71 Absatz 1 des Auslandsunterhaltsgesetzes,
   f) § 27 des Internationalen Erbrechtsverfahrensgesetzes und
   g) § 27 des Internationalen Güterrechtsverfahrensgesetzes;

10. die Einlegung von Rechtsmitteln bei dem Gericht desselben Rechtszugs in Verfahren, in denen sich die Gebühren nach Teil 4, 5 oder 6 des Vergütungsverzeichnisses richten; die Einlegung des Rechtsmittels durch einen neuen Verteidiger gehört zum Rechtszug des Rechtsmittels;

10a. Beschwerdeverfahren, wenn sich die Gebühren nach Teil 4, 5 oder 6 des Vergütungsverzeichnisses richten und dort nichts anderes bestimmt ist oder keine besonderen Gebührentatbestände vorgesehen sind;

11. die vorläufige Einstellung, Beschränkung oder Aufhebung der Zwangsvollstreckung, wenn nicht eine abgesonderte mündliche Verhandlung hierüber stattfindet;

12. die einstweilige Einstellung oder Beschränkung der Vollstreckung und die Anordnung, dass Vollstreckungsmaßnahmen aufzuheben sind (§ 93 Absatz 1 des Gesetzes über das Verfahren in Familiensachen und in den Angelegenheiten der freiwilligen Gerichtsbarkeit), wenn nicht ein besonderer gerichtlicher Termin hierüber stattfindet;

13. die erstmalige Erteilung der Vollstreckungsklausel, wenn deswegen keine Klage erhoben wird;

14. die Kostenfestsetzung und die Einforderung der Vergütung;
15. *(weggefallen)*
16. die Zustellung eines Vollstreckungstitels, der Vollstreckungsklausel und der sonstigen in § 750 der Zivilprozessordnung genannten Urkunden und
17. die Herausgabe der Handakten oder ihre Übersendung an einen anderen Rechtsanwalt.

(2) Zu den in § 18 Absatz 1 Nr. 1 und 2 genannten Verfahren gehören ferner insbesondere

1. gerichtliche Anordnungen nach § 758a der Zivilprozessordnung sowie Beschlüsse nach §§ 90 und 91 Absatz 1 des Gesetzes über das Verfahren in Familiensachen und in den Angelegenheiten der freiwilligen Gerichtsbarkeit,
2. die Erinnerung nach § 766 der Zivilprozessordnung,
3. die Bestimmung eines Gerichtsvollziehers (§ 827 Absatz 1 und § 854 Absatz 1 der Zivilprozessordnung) oder eines Sequesters (§§ 848 und 855 der Zivilprozessordnung),
4. die Anzeige der Absicht, die Zwangsvollstreckung gegen eine juristische Person des öffentlichen Rechts zu betreiben,
5. die einer Verurteilung vorausgehende Androhung von Ordnungsgeld und
6. die Aufhebung einer Vollstreckungsmaßnahme.

§ 20 – Verweisung, Abgabe

¹Soweit eine Sache an ein anderes Gericht verwiesen oder abgegeben wird, sind die Verfahren vor dem verweisenden oder abgebenden und vor dem übernehmenden Gericht ein Rechtszug. ²Wird eine Sache an ein Gericht eines niedrigeren Rechtszugs verwiesen oder abgegeben, ist das weitere Verfahren vor diesem Gericht ein neuer Rechtszug.

§ 21 – Zurückverweisung, Fortführung einer Folgesache als selbständige Familiensache

(1) Soweit eine Sache an ein untergeordnetes Gericht zurückverwiesen wird, ist das weitere Verfahren vor diesem Gericht ein neuer Rechtszug.

(2) In den Fällen des § 146 des Gesetzes über das Verfahren in Familiensachen und in den Angelegenheiten der freiwilligen

Gerichtsbarkeit, auch in Verbindung mit § 270 des Gesetzes über das Verfahren in Familiensachen und in den Angelegenheiten der freiwilligen Gerichtsbarkeit, bildet das weitere Verfahren vor dem Familiengericht mit dem früheren einen Rechtszug.

(3) Wird eine Folgesache als selbständige Familiensache fortgeführt, sind das fortgeführte Verfahren und das frühere Verfahren dieselbe Angelegenheit.

ABSCHNITT 4

Gegenstandswert

§ 22 – Grundsatz

(1) In derselben Angelegenheit werden die Werte mehrerer Gegenstände zusammengerechnet.

(2) ¹Der Wert beträgt in derselben Angelegenheit höchstens 30 Millionen Euro, soweit durch Gesetz kein niedrigerer Höchstwert bestimmt ist. ²Sind in derselben Angelegenheit mehrere Personen wegen verschiedener Gegenstände Auftraggeber, beträgt der Wert für jede Person höchstens 30 Millionen Euro, insgesamt jedoch nicht mehr als 100 Millionen Euro.

§ 23 – Allgemeine Wertvorschrift

(1) ¹Soweit sich die Gerichtsgebühren nach dem Wert richten, bestimmt sich der Gegenstandswert im gerichtlichen Verfahren nach den für die Gerichtsgebühren geltenden Wertvorschriften. ²In Verfahren, in denen Kosten nach dem Gerichtskostengesetz oder dem Gesetz über Gerichtskosten in Familiensachen erhoben werden, sind die Wertvorschriften des jeweiligen Kostengesetzes entsprechend anzuwenden, wenn für das Verfahren keine Gerichtsgebühr oder eine Festgebühr bestimmt ist. ³Diese Wertvorschriften gelten auch entsprechend für die Tätigkeit außerhalb eines gerichtlichen Verfahrens, wenn der Gegenstand der Tätigkeit auch Gegenstand eines gerichtlichen Verfahrens sein könnte.

⁴§ 22 Absatz 2 Satz 2 bleibt unberührt.

(2) ¹In Beschwerdeverfahren, in denen Gerichtsgebühren unabhängig vom Ausgang des Verfahrens nicht erhoben werden oder sich nicht nach dem Wert richten, ist der Wert unter Berücksichtigung des Interesses des Beschwerdeführers nach Absatz 3 Satz 2 zu bestimmen, soweit sich aus diesem Gesetz nichts ande-

res ergibt. ²Der Gegenstandswert ist durch den Wert des zugrunde liegenden Verfahrens begrenzt. ³In Verfahren über eine Erinnerung oder eine Rüge wegen Verletzung des rechtlichen Gehörs richtet sich der Wert nach den für Beschwerdeverfahren geltenden Vorschriften.

(3) ¹Soweit sich aus diesem Gesetz nichts anderes ergibt, gelten in anderen Angelegenheiten für den Gegenstandswert die Bewertungsvorschriften des Gerichts- und Notarkostengesetzes und die §§ 37, 38, 42 bis 45 sowie 99 bis 102 des Gerichts- und Notarkostengesetzes entsprechend. ²Soweit sich der Gegenstandswert aus diesen Vorschriften nicht ergibt und auch sonst nicht feststeht, ist er nach billigem Ermessen zu bestimmen; in Ermangelung genügender tatsächlicher Anhaltspunkte für eine Schätzung und bei nichtvermögensrechtlichen Gegenständen ist der Gegenstandswert mit 5 000 Euro, nach Lage des Falles niedriger oder höher, jedoch nicht über 500 000 Euro anzunehmen.

§ 23a – Gegenstandswert im Verfahren über die Prozesskostenhilfe

(1) Im Verfahren über die Bewilligung der Prozesskostenhilfe oder die Aufhebung der Bewilligung nach § 124 Absatz 1 Nummer 1 der Zivilprozessordnung bestimmt sich der Gegenstandswert nach dem für die Hauptsache maßgebenden Wert; im Übrigen ist er nach dem Kosteninteresse nach billigem Ermessen zu bestimmen.

(2) Der Wert nach Absatz 1 und der Wert für das Verfahren, für das die Prozesskostenhilfe beantragt worden ist, werden nicht zusammengerechnet.

§ 23b – Gegenstandswert im Musterverfahren nach dem Kapitalanleger-Musterverfahrensgesetz

Im Musterverfahren nach dem Kapitalanleger-Musterverfahrensgesetz bestimmt sich der Gegenstandswert nach der Höhe des von dem Auftraggeber oder gegen diesen im Ausgangsverfahren geltend gemachten Anspruchs, soweit dieser Gegenstand des Musterverfahrens ist.

§ 24 – Gegenstandswert im Sanierungs- und Reorganisationsverfahren nach dem Kreditinstitute-Reorganisationsgesetz

Ist der Auftrag im Sanierungs- und Reorganisationsverfahren von einem Gläubiger erteilt, bestimmt sich der Wert nach dem Nennwert der Forderung.

§ 25 – Gegenstandswert in der Vollstreckung und bei der Vollziehung

(1) In der Zwangsvollstreckung, in der Vollstreckung, in Verfahren des Verwaltungszwangs und bei der Vollziehung eines Arrests oder einer einstweiligen Verfügung bestimmt sich der Gegenstandswert

1. nach dem Betrag der zu vollstreckenden Geldforderung einschließlich der Nebenforderungen; soll ein bestimmter Gegenstand gepfändet werden und hat dieser einen geringeren Wert, ist der geringere Wert maßgebend; wird künftig fällig werdendes Arbeitseinkommen nach § 850d Absatz 3 der Zivilprozessordnung gepfändet, sind die noch nicht fälligen Ansprüche nach § 51 Absatz 1 Satz 1 des Gesetzes über Gerichtskosten in Familiensachen und § 9 der Zivilprozessordnung zu bewerten; im Verteilungsverfahren (§ 858 Absatz 5, §§ 872 bis 877 und 882 der Zivilprozessordnung) ist höchstens der zu verteilende Geldbetrag maßgebend;

2. nach dem Wert der herauszugebenden oder zu leistenden Sachen; der Gegenstandswert darf jedoch den Wert nicht übersteigen, mit dem der Herausgabe- oder Räumungsanspruch nach den für die Berechnung von Gerichtskosten maßgeblichen Vorschriften zu bewerten ist;

3. nach dem Wert, den die zu erwirkende Handlung, Duldung oder Unterlassung für den Gläubiger hat, und

4. in Verfahren über die Erteilung der Vermögensauskunft (§ 802c der Zivilprozessordnung) sowie in Verfahren über die Einholung von Auskünften Dritter über das Vermögen des Schuldners (§ 802l der Zivilprozessordnung) nach dem Betrag, der einschließlich der Nebenforderungen aus dem Vollstreckungstitel noch geschuldet wird; der Wert beträgt jedoch höchstens 2 000 Euro.

(2) In Verfahren über Anträge des Schuldners ist der Wert nach dem Interesse des Antragstellers nach billigem Ermessen zu bestimmen.

§ 26 – Gegenstandswert in der Zwangsversteigerung

In der Zwangsversteigerung bestimmt sich der Gegenstandswert

1. bei der Vertretung des Gläubigers oder eines anderen nach § 9 Nr. 1 und 2 des Gesetzes über die Zwangsversteigerung und die Zwangsverwaltung Beteiligten nach dem Wert des dem Gläubiger oder dem Beteiligten zustehenden Rechts; wird

das Verfahren wegen einer Teilforderung betrieben, ist der Teilbetrag nur maßgebend, wenn es sich um einen nach § 10 Absatz 1 Nr. 5 des Gesetzes über die Zwangsversteigerung und die Zwangsverwaltung zu befriedigenden Anspruch handelt; Nebenforderungen sind mitzurechnen; der Wert des Gegenstands der Zwangsversteigerung (§ 66 Absatz 1, § 74a Absatz 5 des Gesetzes über die Zwangsversteigerung und die Zwangsverwaltung), im Verteilungsverfahren der zur Verteilung kommende Erlös, sind maßgebend, wenn sie geringer sind;

2. bei der Vertretung eines anderen Beteiligten, insbesondere des Schuldners, nach dem Wert des Gegenstands der Zwangsversteigerung, im Verteilungsverfahren nach dem zur Verteilung kommenden Erlös; bei Miteigentümern oder sonstigen Mitberechtigten ist der Anteil maßgebend;

3. bei der Vertretung eines Bieters, der nicht Beteiligter ist, nach dem Betrag des höchsten für den Auftraggeber abgegebenen Gebots, wenn ein solches Gebot nicht abgegeben ist, nach dem Wert des Gegenstands der Zwangsversteigerung.

§ 27 – Gegenstandswert in der Zwangsverwaltung

¹In der Zwangsverwaltung bestimmt sich der Gegenstandswert bei der Vertretung des Antragstellers nach dem Anspruch, wegen dessen das Verfahren beantragt ist; Nebenforderungen sind mitzurechnen; bei Ansprüchen auf wiederkehrende Leistungen ist der Wert der Leistungen eines Jahres maßgebend. ²Bei der Vertretung des Schuldners bestimmt sich der Gegenstandswert nach dem zusammengerechneten Wert aller Ansprüche, wegen derer das Verfahren beantragt ist, bei der Vertretung eines sonstigen Beteiligten nach § 23 Absatz 3 Satz 2.

§ 28 – Gegenstandswert im Insolvenzverfahren

(1) ¹Die Gebühren der Nummern 3313, 3317 sowie im Fall der Beschwerde gegen den Beschluss über die Eröffnung des Insolvenzverfahrens der Nummern 3500 und 3513 des Vergütungsverzeichnisses werden, wenn der Auftrag vom Schuldner erteilt ist, nach dem Wert der Insolvenzmasse (§ 58 des Gerichtskostengesetzes) berechnet. ²Im Fall der Nummer 3313 des Vergütungsverzeichnisses beträgt der Gegenstandswert jedoch mindestens 4000 Euro.

(2) ¹Ist der Auftrag von einem Insolvenzgläubiger erteilt, werden die in Absatz 1 genannten Gebühren und die Gebühr nach Nummer 3314 nach dem Nennwert der Forderung berechnet. ²Nebenforderungen sind mitzurechnen.

(3) Im Übrigen ist der Gegenstandswert im Insolvenzverfahren unter Berücksichtigung des wirtschaftlichen Interesses, das der Auftraggeber im Verfahren verfolgt, nach § 23 Absatz 3 Satz 2 zu bestimmen.

§ 29 – Gegenstandswert im Verteilungsverfahren nach der Schifffahrtsrechtlichen Verteilungsordnung

Im Verfahren nach der Schifffahrtsrechtlichen Verteilungsordnung gilt § 28 entsprechend mit der Maßgabe, dass an die Stelle des Werts der Insolvenzmasse die festgesetzte Haftungssumme tritt.

§ 29a – Gegenstandswert in Verfahren nach dem Unternehmensstabilisierungs- und -restrukturierungsgesetz

Der Gegenstandswert in Verfahren nach dem Unternehmensstabilisierungs- und -restrukturierungsgesetz ist unter Berücksichtigung des wirtschaftlichen Interesses, das der Auftraggeber im Verfahren verfolgt, nach § 23 Absatz 3 Satz 2 zu bestimmen.

§ 30 – Gegenstandswert in gerichtlichen Verfahren nach dem Asylgesetz

(1) ¹In Klageverfahren nach dem Asylgesetz beträgt der Gegenstandswert 5 000 Euro, in Verfahren des vorläufigen Rechtsschutzes 2 500 Euro. ²Sind mehrere natürliche Personen an demselben Verfahren beteiligt, erhöht sich der Wert für jede weitere Person in Klageverfahren um 1 000 Euro und in Verfahren des vorläufigen Rechtsschutzes um 500 Euro.

(2) Ist der nach Absatz 1 bestimmte Wert nach den besonderen Umständen des Einzelfalls unbillig, kann das Gericht einen höheren oder einen niedrigeren Wert festsetzen.

§ 31 – Gegenstandswert in gerichtlichen Verfahren nach dem Spruchverfahrensgesetz

(1) ¹Vertritt der Rechtsanwalt im Verfahren nach dem Spruchverfahrensgesetz einen von mehreren Antragstellern, bestimmt sich der Gegenstandswert nach dem Bruchteil des für die Gerichtsgebühren geltenden Geschäftswerts, der sich aus dem Verhältnis der Anzahl der Anteile des Auftraggebers zu der Gesamtzahl der Anteile aller Antragsteller ergibt. ²Maßgeblicher Zeitpunkt für die Bestimmung der auf die einzelnen Antragsteller entfallenden Anzahl der Anteile ist der jeweilige Zeitpunkt der Antragstellung. ³Ist die Anzahl der auf einen Antragsteller entfallenden Anteile

nicht gerichtsbekannt, wird vermutet, dass er lediglich einen Anteil hält. ⁴Der Wert beträgt mindestens 5.000 Euro.

(2) Wird der Rechtsanwalt von mehreren Antragstellern beauftragt, sind die auf die einzelnen Antragsteller entfallenden Werte zusammenzurechnen; Nummer 1008 des Vergütungsverzeichnisses ist insoweit nicht anzuwenden.

§ 31a – Ausschlussverfahren nach dem Wertpapiererwerbs- und Übernahmegesetz

¹Vertritt der Rechtsanwalt im Ausschlussverfahren nach § 39b des Wertpapiererwerbs- und Übernahmegesetzes einen Antragsgegner, bestimmt sich der Gegenstandswert nach dem Wert der Aktien, die dem Auftraggeber im Zeitpunkt der Antragstellung gehören. ²§ 31 Absatz 1 Satz 2 bis 4 und Absatz 2 gilt entsprechend.

§ 31b – Gegenstandswert bei Zahlungsvereinbarungen

Ist Gegenstand der Einigung nur eine Zahlungsvereinbarung (Gebühr 1000 Nummer 2 des Vergütungsverzeichnisses), beträgt der Gegenstandswert 50[1]) Prozent des Anspruchs.

§ 32 – Wertfestsetzung für die Gerichtsgebühren

(1) Wird der für die Gerichtsgebühren maßgebende Wert gerichtlich festgesetzt, ist die Festsetzung auch für die Gebühren des Rechtsanwalts maßgebend.

(2) ¹Der Rechtsanwalt kann aus eigenem Recht die Festsetzung des Werts beantragen und Rechtsmittel gegen die Festsetzung einlegen. ²Rechtsbehelfe, die gegeben sind, wenn die Wertfestsetzung unterblieben ist, kann er aus eigenem Recht einlegen.

§ 33 – Wertfestsetzung für die Rechtsanwaltsgebühren

(1) Berechnen sich die Gebühren in einem gerichtlichen Verfahren nicht nach dem für die Gerichtsgebühren maßgebenden Wert oder fehlt es an einem solchen Wert, setzt das Gericht des Rechtszugs den Wert des Gegenstands der anwaltlichen Tätigkeit auf Antrag durch Beschluss selbstständig fest.

(2) ¹Der Antrag ist erst zulässig, wenn die Vergütung fällig ist. ²Antragsberechtigt sind der Rechtsanwalt, der Auftraggeber, ein

---

1) Anhebung mit Wirkung ab 1.10.2021. Vorher 20 Prozent.

erstattungspflichtiger Gegner und in den Fällen des § 45 die Staatskasse.

(3) ¹Gegen den Beschluss nach Absatz 1 können die Antragsberechtigten Beschwerde einlegen, wenn der Wert des Beschwerdegegenstands 200 Euro übersteigt. ²Die Beschwerde ist auch zulässig, wenn sie das Gericht, das die angefochtene Entscheidung erlassen hat, wegen der grundsätzlichen Bedeutung der zur Entscheidung stehenden Frage in dem Beschluss zulässt. ³Die Beschwerde ist nur zulässig, wenn sie innerhalb von zwei Wochen nach Zustellung der Entscheidung eingelegt wird.

(4) ¹Soweit das Gericht die Beschwerde für zulässig und begründet hält, hat es ihr abzuhelfen; im Übrigen ist die Beschwerde unverzüglich dem Beschwerdegericht vorzulegen. ²Beschwerdegericht ist das nächsthöhere Gericht, in Zivilsachen der in § 119 Absatz 1 Nr. 1 des Gerichtsverfassungsgesetzes bezeichneten Art jedoch das Oberlandesgericht. ³Eine Beschwerde an einen obersten Gerichtshof des Bundes findet nicht statt. ⁴Das Beschwerdegericht ist an die Zulassung der Beschwerde gebunden; die Nichtzulassung ist unanfechtbar.

(5) ¹War der Beschwerdeführer ohne sein Verschulden verhindert, die Frist einzuhalten, ist ihm auf Antrag von dem Gericht, das über die Beschwerde zu entscheiden hat, Wiedereinsetzung in den vorigen Stand zu gewähren, wenn er die Beschwerde binnen zwei Wochen nach der Beseitigung des Hindernisses einlegt und die Tatsachen, welche die Wiedereinsetzung begründen, glaubhaft macht. ²Ein Fehlen des Verschuldens wird vermutet, wenn eine Rechtsbehelfsbelehrung unterblieben oder fehlerhaft ist. ³Nach Ablauf eines Jahres, von dem Ende der versäumten Frist an gerechnet, kann die Wiedereinsetzung nicht mehr beantragt werden. ⁴Gegen die Ablehnung der Wiedereinsetzung findet die Beschwerde statt. ⁵Sie ist nur zulässig, wenn sie innerhalb von zwei Wochen eingelegt wird. ⁶Die Frist beginnt mit der Zustellung der Entscheidung. ⁷Absatz 4 Satz 1 bis 3 gilt entsprechend.

(6) ¹Die weitere Beschwerde ist nur zulässig, wenn das Landgericht als Beschwerdegericht entschieden und sie wegen der grundsätzlichen Bedeutung der zur Entscheidung stehenden Frage in dem Beschluss zugelassen hat. ²Sie kann nur darauf gestützt werden, dass die Entscheidung auf einer Verletzung des Rechts beruht; die §§ 546 und 547 der Zivilprozessordnung gelten entsprechend. ³Über die weitere Beschwerde entscheidet das Oberlandesgericht. ⁴Absatz 3 Satz 3, Absatz 4 Satz 1 und 4 und Absatz 5 gelten entsprechend.

(7) ¹Anträge und Erklärungen können ohne Mitwirkung eines Bevollmächtigten schriftlich eingereicht oder zu Protokoll der Geschäftsstelle abgegeben werden; § 129a der Zivilprozessordnung gilt entsprechend. ²Für die Bevollmächtigung gelten die Regelungen der für das zugrunde liegende Verfahren geltenden Verfahrensordnung entsprechend. ³Die Beschwerde ist bei dem Gericht einzulegen, dessen Entscheidung angefochten wird.

(8) ¹Das Gericht entscheidet über den Antrag durch eines seiner Mitglieder als Einzelrichter; dies gilt auch für die Beschwerde, wenn die angefochtene Entscheidung von einem Einzelrichter oder einem Rechtspfleger erlassen wurde. ²Der Einzelrichter überträgt das Verfahren der Kammer oder dem Senat, wenn die Sache besondere Schwierigkeiten tatsächlicher oder rechtlicher Art aufweist oder die Rechtssache grundsätzliche Bedeutung hat. ³Das Gericht entscheidet jedoch immer ohne Mitwirkung ehrenamtlicher Richter. ⁴Auf eine erfolgte oder unterlassene Übertragung kann ein Rechtsmittel nicht gestützt werden.

(9) ¹Das Verfahren über den Antrag ist gebührenfrei. ²Kosten werden nicht erstattet; dies gilt auch im Verfahren über die Beschwerde.

ABSCHNITT 5

Außergerichtliche Beratung und Vertretung

§ 34 – Beratung, Gutachten und Mediation

(1) ¹Für einen mündlichen oder schriftlichen Rat oder eine Auskunft (Beratung), die nicht mit einer anderen gebührenpflichtigen Tätigkeit zusammenhängen, für die Ausarbeitung eines schriftlichen Gutachtens und für die Tätigkeit als Mediator soll der Rechtsanwalt auf eine Gebührenvereinbarung hinwirken, soweit in Teil 2 Abschnitt 1 des Vergütungsverzeichnisses keine Gebühren bestimmt sind. ²Wenn keine Vereinbarung getroffen worden ist, erhält der Rechtsanwalt Gebühren nach den Vorschriften des bürgerlichen Rechts. ³Ist im Fall des Satzes 2 der Auftraggeber Verbraucher, beträgt die Gebühr für die Beratung oder für die Ausarbeitung eines schriftlichen Gutachtens jeweils höchstens 250 Euro; § 14 Absatz 1 gilt entsprechend; für ein erstes Beratungsgespräch beträgt die Gebühr jedoch höchstens 190 Euro.

(2) Wenn nichts anderes vereinbart ist, ist die Gebühr für die Beratung auf eine Gebühr für eine sonstige Tätigkeit, die mit der Beratung zusammenhängt, anzurechnen.

§ 35 – Hilfeleistung in Steuersachen

(1) Für die Hilfeleistung bei der Erfüllung allgemeiner Steuerpflichten und bei der Erfüllung steuerlicher Buchführungs- und Aufzeichnungspflichten gelten die §§ 23 bis 39 der Steuerberatervergütungsverordnung in Verbindung mit den §§ 10 und 13 der Steuerberatervergütungsverordnung entsprechend.

(2) [1]Sieht dieses Gesetz die Anrechnung einer Geschäftsgebühr auf eine andere Gebühr vor, stehen die Gebühren nach den §§ 23, 24 und 31 der Steuerberatervergütungsverordnung, bei mehreren Gebühren deren Summe, einer Geschäftsgebühr nach Teil 2 des Vergütungsverzeichnisses gleich. [2]Bei der Ermittlung des Höchstbetrags des anzurechnenden Teils der Geschäftsgebühr ist der Gegenstandswert derjenigen Gebühr zugrunde zu legen, auf die angerechnet wird.

§ 36 – Schiedsrichterliche Verfahren und Verfahren vor dem Schiedsgericht

(1) Teil 3 Abschnitt 1, 2 und 4 des Vergütungsverzeichnisses ist auf die folgenden außergerichtlichen Verfahren entsprechend anzuwenden:
1. schiedsrichterliche Verfahren nach Buch 10 der Zivilprozessordnung und
2. Verfahren vor dem Schiedsgericht (§ 104 des Arbeitsgerichtsgesetzes).

(2) Im Verfahren nach Absatz 1 Nr. 1 erhält der Rechtsanwalt die Terminsgebühr auch, wenn der Schiedsspruch ohne mündliche Verhandlung erlassen wird.

ABSCHNITT 6

Gerichtliche Verfahren

§ 37 – Verfahren vor den Verfassungsgerichten

(1) Die Vorschriften für die Revision in Teil 4 Abschnitt 1 Unterabschnitt 3 des Vergütungsverzeichnisses gelten entsprechend in folgenden Verfahren vor dem Bundesverfassungsgericht oder dem Verfassungsgericht (Verfassungsgerichtshof, Staatsgerichtshof) eines Landes:
1. Verfahren über die Verwirkung von Grundrechten, den Verlust des Stimmrechts, den Ausschluss von Wahlen und Abstimmungen,

2. Verfahren über die Verfassungswidrigkeit von Parteien,
3. Verfahren über Anklagen gegen den Bundespräsidenten, gegen ein Regierungsmitglied eines Landes oder gegen einen Abgeordneten oder Richter und
4. Verfahren über sonstige Gegenstände, die in einem dem Strafprozess ähnlichen Verfahren behandelt werden.

(2) ¹In sonstigen Verfahren vor dem Bundesverfassungsgericht oder dem Verfassungsgericht eines Landes gelten die Vorschriften in Teil 3 Abschnitt 2 Unterabschnitt 2 des Vergütungsverzeichnisses entsprechend. ²Der Gegenstandswert ist unter Berücksichtigung der in § 14 Absatz 1 genannten Umstände nach billigem Ermessen zu bestimmen; er beträgt mindestens 5 000 Euro.

§ 38 – Verfahren vor dem Gerichtshof der Europäischen Gemeinschaften

(1) ¹In Vorabentscheidungsverfahren vor dem Gerichtshof der Europäischen Gemeinschaften gelten die Vorschriften in Teil 3 Abschnitt 2 Unterabschnitt 2 des Vergütungsverzeichnisses entsprechend. ²Der Gegenstandswert bestimmt sich nach den Wertvorschriften, die für die Gerichtsgebühren des Verfahrens gelten, in dem vorgelegt wird. ³Das vorlegende Gericht setzt den Gegenstandswert auf Antrag durch Beschluss fest. ⁴§ 33 Absatz 2 bis 9 gilt entsprechend.

(2) Ist in einem Verfahren, in dem sich die Gebühren nach Teil 4, 5 oder 6 des Vergütungsverzeichnisses richten, vorgelegt worden, sind in dem Vorabentscheidungsverfahren die Nummern 4130 und 4132 des Vergütungsverzeichnisses entsprechend anzuwenden.

(3) Die Verfahrensgebühr des Verfahrens, in dem vorgelegt worden ist, wird auf die Verfahrensgebühr des Verfahrens vor dem Gerichtshof der Europäischen Gemeinschaften angerechnet, wenn nicht eine im Verfahrensrecht vorgesehene schriftliche Stellungnahme gegenüber dem Gerichtshof der Europäischen Gemeinschaften abgegeben wird.

§ 38a – Verfahren vor dem Europäischen Gerichtshof für Menschenrechte

¹In Verfahren vor dem Europäischen Gerichtshof für Menschenrechte gelten die Vorschriften in Teil 3 Abschnitt 2 Unterabschnitt 2 des Vergütungsverzeichnisses entsprechend. ²Der Ge-

§ 39 – Von Amts wegen beigeordneter Rechtsanwalt

(1) Der Rechtsanwalt, der nach § 138 des Gesetzes über das Verfahren in Familiensachen und in den Angelegenheiten der freiwilligen Gerichtsbarkeit, auch in Verbindung mit § 270 des Gesetzes über das Verfahren in Familiensachen und in den Angelegenheiten der freiwilligen Gerichtsbarkeit, dem Antragsgegner beigeordnet ist, kann von diesem die Vergütung eines zum Prozessbevollmächtigten bestellten Rechtsanwalts und einen Vorschuss verlangen.

(2) Der Rechtsanwalt, der nach § 109 Absatz 3 oder § 119a Absatz 6 des Strafvollzugsgesetzes einer Person beigeordnet ist, kann von dieser die Vergütung eines zum Verfahrensbevollmächtigten bestellten Rechtsanwalts und einen Vorschuss verlangen.

§ 40 – Als gemeinsamer Vertreter bestellter Rechtsanwalt

Der Rechtsanwalt kann von den Personen, für die er nach § 67a Absatz 1 Satz 2 der Verwaltungsgerichtsordnung bestellt ist, die Vergütung eines von mehreren Auftraggebern zum Prozessbevollmächtigten bestellten Rechtsanwalts und einen Vorschuss verlangen.

§ 41 – Besonderer Vertreter

[1]Der Rechtsanwalt, der nach § 57 oder § 58 der Zivilprozessordnung, § 118e der Bundesrechtsanwaltsordnung, § 103b der Patentanwaltsordnung oder § 111c des Steuerberatungsgesetzes als besonderer Vertreter bestellt ist, kann von dem Vertretenen die Vergütung eines zum Prozessbevollmächtigten oder zum Verteidiger gewählten Rechtsanwalts verlangen. [2]Er kann von diesem keinen Vorschuss fordern. [3]§ 126 der Zivilprozessordnung ist entsprechend anzuwenden.

§ 41a – Vertreter des Musterklägers

(1) [1]Für das erstinstanzliche Musterverfahren nach dem Kapitalanleger-Musterverfahrensgesetz kann das Oberlandesgericht dem Rechtsanwalt, der den Musterkläger vertritt, auf Antrag eine besondere Gebühr bewilligen, wenn sein Aufwand im Vergleich zu dem Aufwand der Vertreter der beigeladenen Kläger höher ist.

²Bei der Bemessung der Gebühr sind der Mehraufwand sowie der Vorteil und die Bedeutung für die beigeladenen Kläger zu berücksichtigen. ³Die Gebühr darf eine Gebühr mit einem Gebührensatz von 0,3 nach § 13 Absatz 1 nicht überschreiten. ⁴Hierbei ist als Wert die Summe der in sämtlichen nach § 8 des Kapitalanleger-Musterverfahrensgesetzes ausgesetzten Verfahren geltend gemachten Ansprüche zugrunde zu legen, soweit diese Ansprüche von den Feststellungszielen des Musterverfahrens betroffen sind, höchstens jedoch 30 Millionen Euro. ⁵Der Vergütungsanspruch gegen den Auftraggeber bleibt unberührt.

(2) ¹Der Antrag ist spätestens vor dem Schluss der mündlichen Verhandlung zu stellen. ²Der Antrag und ergänzende Schriftsätze werden entsprechend § 12 Absatz 2 des Kapitalanleger-Musterverfahrensgesetzes bekannt gegeben. ³Mit der Bekanntmachung ist eine Frist zur Erklärung zu setzen. ⁴Die Landeskasse ist nicht zu hören.

(3) ¹Die Entscheidung kann mit dem Musterentscheid getroffen werden. ²Die Entscheidung ist dem Musterkläger, den Musterbeklagten, den Beigeladenen sowie dem Rechtsanwalt mitzuteilen. ³§ 16 Absatz 1 Satz 2 des Kapitalanleger-Musterverfahrensgesetzes ist entsprechend anzuwenden. ⁴Die Mitteilung kann durch öffentliche Bekanntmachung ersetzt werden, § 11 Absatz 2 Satz 2 des Kapitalanleger-Musterverfahrensgesetzes ist entsprechend anzuwenden. ⁵Die Entscheidung ist unanfechtbar.

(4) ¹Die Gebühr ist einschließlich der anfallenden Umsatzsteuer aus der Landeskasse zu zahlen. ²Ein Vorschuss kann nicht gefordert werden.

ABSCHNITT 7

Straf- und Bußgeldsachen sowie bestimmte sonstige Verfahren

§ 42 – Feststellung einer Pauschgebühr

(1) ¹In Strafsachen, gerichtlichen Bußgeldsachen, Verfahren nach dem Gesetz über die internationale Rechtshilfe in Strafsachen, in Verfahren nach dem IStGH-Gesetz, in Freiheitsentziehungs- und Unterbringungssachen sowie in Verfahren nach § 151 Nummer 6 und 7 des Gesetzes über das Verfahren in Familiensachen und in den Angelegenheiten der freiwilligen Gerichtsbarkeit stellt das Oberlandesgericht, zu dessen Bezirk das Gericht des ersten Rechtszugs gehört, auf Antrag des Rechtsan-

walts eine Pauschgebühr für das ganze Verfahren oder für einzelne Verfahrensabschnitte durch unanfechtbaren Beschluss fest, wenn die in den Teilen 4 bis 6 des Vergütungsverzeichnisses bestimmten Gebühren eines Wahlanwalts wegen des besonderen Umfangs oder der besonderen Schwierigkeit nicht zumutbar sind. ²Dies gilt nicht, soweit Wertgebühren entstehen. ³Beschränkt sich die Feststellung auf einzelne Verfahrensabschnitte, sind die Gebühren nach dem Vergütungsverzeichnis, an deren Stelle die Pauschgebühr treten soll, zu bezeichnen. ⁴Die Pauschgebühr darf das Doppelte der für die Gebühren eines Wahlanwalts geltenden Höchstbeträge nach den Teilen 4 bis 6 des Vergütungsverzeichnisses nicht übersteigen. ⁵Für den Rechtszug, in dem der Bundesgerichtshof für das Verfahren zuständig ist, ist er auch für die Entscheidung über den Antrag zuständig.

(2) ¹Der Antrag ist zulässig, wenn die Entscheidung über die Kosten des Verfahrens rechtskräftig ist. ²Der gerichtlich bestellte oder beigeordnete Rechtsanwalt kann den Antrag nur unter den Voraussetzungen des § 52 Absatz 1 Satz 1, Absatz 2, auch in Verbindung mit § 53 Absatz 1, stellen. ³Der Auftraggeber, in den Fällen des § 52 Absatz 1 Satz 1 der Beschuldigte, ferner die Staatskasse und andere Beteiligte, wenn ihnen die Kosten des Verfahrens ganz oder zum Teil auferlegt worden sind, sind zu hören.

(3) ¹Der Senat des Oberlandesgerichts ist mit einem Richter besetzt. ²Der Richter überträgt die Sache dem Senat in der Besetzung mit drei Richtern, wenn es zur Sicherung einer einheitlichen Rechtsprechung geboten ist.

(4) Die Feststellung ist für das Kostenfestsetzungsverfahren, das Vergütungsfestsetzungsverfahren (§ 11) und für einen Rechtsstreit des Rechtsanwalts auf Zahlung der Vergütung bindend.

(5) ¹Die Absätze 1 bis 4 gelten im Bußgeldverfahren vor der Verwaltungsbehörde entsprechend. ²Über den Antrag entscheidet die Verwaltungsbehörde. ³Gegen die Entscheidung kann gerichtliche Entscheidung beantragt werden. ⁴Für das Verfahren gilt § 62 des Gesetzes über Ordnungswidrigkeiten.

§ 43 – Abtretung des Kostenerstattungsanspruchs

¹Tritt der Beschuldigte oder der Betroffene den Anspruch gegen die Staatskasse auf Erstattung von Anwaltskosten als notwendige Auslagen an den Rechtsanwalt ab, ist eine von der Staatskasse gegenüber dem Beschuldigten oder dem Betroffenen erklärte Aufrechnung insoweit unwirksam, als sie den Anspruch des Rechtsanwalts vereiteln oder beeinträchtigen würde. ²Dies gilt

jedoch nur, wenn zum Zeitpunkt der Aufrechnung eine Urkunde über die Abtretung oder eine Anzeige des Beschuldigten oder des Betroffenen über die Abtretung in den Akten vorliegt.

ABSCHNITT 8

Beigeordneter oder bestellter Rechtsanwalt, Beratungshilfe

§ 44 – Vergütungsanspruch bei Beratungshilfe

[1]Für die Tätigkeit im Rahmen der Beratungshilfe erhält der Rechtsanwalt eine Vergütung nach diesem Gesetz aus der Landeskasse, soweit nicht für die Tätigkeit in Beratungsstellen nach § 3 Absatz 1 des Beratungshilfegesetzes besondere Vereinbarungen getroffen sind. [2]Die Beratungshilfegebühr (Nummer 2500 des Vergütungsverzeichnisses) schuldet nur der Rechtsuchende.

§ 45 – Vergütungsanspruch des beigeordneten oder bestellten Rechtsanwalts

(1) Der im Wege der Prozesskostenhilfe beigeordnete oder zum besonderen Vertreter im Sinne des § 41 bestellte Rechtsanwalt erhält, soweit in diesem Abschnitt nichts anderes bestimmt ist, die gesetzliche Vergütung in Verfahren vor Gerichten des Bundes aus der Bundeskasse, in Verfahren vor Gerichten eines Landes aus der Landeskasse.

(2) Der Rechtsanwalt, der nach § 138 des Gesetzes über das Verfahren in Familiensachen und in den Angelegenheiten der freiwilligen Gerichtsbarkeit, auch in Verbindung mit § 270 des Gesetzes über das Verfahren in Familiensachen und in den Angelegenheiten der freiwilligen Gerichtsbarkeit, nach § 109 Absatz 3 oder § 119a Absatz 6 des Strafvollzugsgesetzes beigeordnet oder nach § 67a Absatz 1 Satz 2 der Verwaltungsgerichtsordnung bestellt ist, kann eine Vergütung aus der Landeskasse verlangen, wenn der zur Zahlung Verpflichtete (§ 39 oder § 40) mit der Zahlung der Vergütung im Verzug ist.

(3) [1]Ist der Rechtsanwalt sonst gerichtlich bestellt oder beigeordnet worden, erhält er die Vergütung aus der Landeskasse, wenn ein Gericht des Landes den Rechtsanwalt bestellt oder beigeordnet hat, im Übrigen aus der Bundeskasse. [2]Hat zuerst ein Gericht des Bundes und sodann ein Gericht des Landes den Rechtsanwalt bestellt oder beigeordnet, zahlt die Bundeskasse die Vergütung, die der Rechtsanwalt während der Dauer der Bestellung

oder Beiordnung durch das Gericht des Bundes verdient hat, die Landeskasse die dem Rechtsanwalt darüber hinaus zustehende Vergütung. ³Dies gilt entsprechend, wenn zuerst ein Gericht des Landes und sodann ein Gericht des Bundes den Rechtsanwalt bestellt oder beigeordnet hat.

(4) ¹Wenn der Verteidiger von der Stellung eines Wiederaufnahmeantrags abrät, hat er einen Anspruch gegen die Staatskasse nur dann, wenn er nach § 364b Absatz 1 Satz 1 der Strafprozessordnung bestellt worden ist oder das Gericht die Feststellung nach § 364b Absatz 1 Satz 2 der Strafprozessordnung getroffen hat. ²Dies gilt auch im gerichtlichen Bußgeldverfahren (§ 85 Absatz 1 des Gesetzes über Ordnungswidrigkeiten).

(5) ¹Absatz 3 ist im Bußgeldverfahren vor der Verwaltungsbehörde entsprechend anzuwenden. ²An die Stelle des Gerichts tritt die Verwaltungsbehörde.

§ 46 – Auslagen und Aufwendungen

(1) Auslagen, insbesondere Reisekosten, werden nicht vergütet, wenn sie zur sachgemäßen Durchführung der Angelegenheit nicht erforderlich waren.

(2) ¹Wenn das Gericht des Rechtszugs auf Antrag des Rechtsanwalts vor Antritt der Reise feststellt, dass eine Reise erforderlich ist, ist diese Feststellung für das Festsetzungsverfahren (§ 55) bindend. ²Im Bußgeldverfahren vor der Verwaltungsbehörde tritt an die Stelle des Gerichts die Verwaltungsbehörde. ³Für Aufwendungen (§ 670 des Bürgerlichen Gesetzbuchs) gelten Absatz 1 und die Sätze 1 und 2 entsprechend; die Höhe zu ersetzender Kosten für die Zuziehung eines Dolmetschers oder Übersetzers ist auf die nach dem Justizvergütungs- und -entschädigungsgesetz zu zahlenden Beträge beschränkt.

(3) ¹Auslagen, die durch Nachforschungen zur Vorbereitung eines Wiederaufnahmeverfahrens entstehen, für das die Vorschriften der Strafprozessordnung gelten, werden nur vergütet, wenn der Rechtsanwalt nach § 364b Absatz 1 Satz 1 der Strafprozessordnung bestellt worden ist oder wenn das Gericht die Feststellung nach § 364b Absatz 1 Satz 2 der Strafprozessordnung getroffen hat. ²Dies gilt auch im gerichtlichen Bußgeldverfahren (§ 85 Absatz 1 des Gesetzes über Ordnungswidrigkeiten).

§ 47 – Vorschuss

(1) ¹Wenn dem Rechtsanwalt wegen seiner Vergütung ein Anspruch gegen die Staatskasse zusteht, kann er für die entstande-

nen Gebühren und die entstandenen und voraussichtlich entstehenden Auslagen aus der Staatskasse einen angemessenen Vorschuss fordern. ²Der Rechtsanwalt, der nach § 138 des Gesetzes über das Verfahren in Familiensachen und in den Angelegenheiten der freiwilligen Gerichtsbarkeit, auch in Verbindung mit § 270 des Gesetzes über das Verfahren in Familiensachen und in den Angelegenheiten der freiwilligen Gerichtsbarkeit, nach § 109 Absatz 3 oder § 119a Absatz 6 des Strafvollzugsgesetzes beigeordnet oder nach § 67a Absatz 1 Satz 2 der Verwaltungsgerichtsordnung bestellt ist, kann einen Vorschuss nur verlangen, wenn der zur Zahlung Verpflichtete (§ 39 oder § 40) mit der Zahlung des Vorschusses im Verzug ist.

(2) Bei Beratungshilfe kann der Rechtsanwalt aus der Staatskasse keinen Vorschuss fordern.

§ 48 – Umfang des Anspruchs und der Beiordnung

(1) ¹Der Vergütungsanspruch gegen die Staatskasse ist auf die gesetzliche Vergütung gerichtet und bestimmt sich nach den Beschlüssen, durch die die Prozesskostenhilfe bewilligt und der Rechtsanwalt beigeordnet oder bestellt worden ist, soweit nichts anderes bestimmt ist. ²Erstreckt sich die Beiordnung auf den Abschluss eines Vertrags im Sinne der Nummer 1000 des Vergütungsverzeichnisses oder ist die Beiordnung oder die Bewilligung der Prozesskostenhilfe hierauf beschränkt, so umfasst der Anspruch alle gesetzlichen Gebühren und Auslagen, die durch die Tätigkeiten entstehen, die zur Herbeiführung der Einigung erforderlich sind.

(2) ¹In Angelegenheiten, in denen sich die Gebühren nach Teil 3 des Vergütungsverzeichnisses bestimmen und die Beiordnung eine Berufung, eine Beschwerde wegen des Hauptgegenstands, eine Revision oder eine Rechtsbeschwerde wegen des Hauptgegenstands betrifft, wird eine Vergütung aus der Staatskasse auch für die Rechtsverteidigung gegen ein Anschlussrechtsmittel und, wenn der Rechtsanwalt für die Erwirkung eines Arrests, einer einstweiligen Verfügung oder einer einstweiligen Anordnung beigeordnet ist, auch für deren Vollziehung oder Vollstreckung gewährt. ²Dies gilt nicht, wenn der Beiordnungsbeschluss ausdrücklich etwas anderes bestimmt.

(3) ¹Die Beiordnung in einer Ehesache erstreckt sich im Fall des Abschlusses eines Vertrags im Sinne der Nummer 1000 des Vergütungsverzeichnisses auf alle mit der Herbeiführung der Einigung erforderlichen Tätigkeiten, soweit der Vertrag

1. den gegenseitigen Unterhalt der Ehegatten,

2. den Unterhalt gegenüber den Kindern im Verhältnis der Ehegatten zueinander,
3. die Sorge für die Person der gemeinschaftlichen minderjährigen Kinder,
4. die Regelung des Umgangs mit einem Kind,
5. die Rechtsverhältnisse an der Ehewohnung und den Haushaltsgegenständen,
6. die Ansprüche aus dem ehelichen Güterrecht oder
7. den Versorgungsausgleich

betrifft. ²Satz 1 gilt im Fall der Beiordnung in Lebenspartnerschaftssachen nach § 269 Absatz 1 Nr. 1 und 2 des Gesetzes über das Verfahren in Familiensachen und in den Angelegenheiten der freiwilligen Gerichtsbarkeit entsprechend.

(4) ¹Die Beiordnung in Angelegenheiten, in denen nach § 3 Absatz 1 Betragsrahmengebühren entstehen, erstreckt sich auf Tätigkeiten ab dem Zeitpunkt der Beantragung der Prozesskostenhilfe, wenn vom Gericht nichts anderes bestimmt ist. ²Die Beiordnung erstreckt sich ferner auf die gesamte Tätigkeit im Verfahren über die Prozesskostenhilfe einschließlich der vorbereitenden Tätigkeit.

(5) ¹In anderen Angelegenheiten, die mit dem Hauptverfahren nur zusammenhängen, erhält der für das Hauptverfahren beigeordnete Rechtsanwalt eine Vergütung aus der Staatskasse nur dann, wenn er ausdrücklich auch hierfür beigeordnet ist. ²Dies gilt insbesondere für

1. die Zwangsvollstreckung, die Vollstreckung und den Verwaltungszwang;
2. das Verfahren über den Arrest, den Europäischen Beschluss zur vorläufigen Kontenpfändung, die einstweilige Verfügung und die einstweilige Anordnung;
3. das selbstständige Beweisverfahren;
4. das Verfahren über die Widerklage oder den Widerantrag, ausgenommen die Rechtsverteidigung gegen den Widerantrag in Ehesachen und in Lebenspartnerschaftssachen nach § 269 Absatz 1 Nr. 1 und 2 des Gesetzes über das Verfahren in Familiensachen und in den Angelegenheiten der freiwilligen Gerichtsbarkeit.

(6) ¹Wird der Rechtsanwalt in Angelegenheiten nach den Teilen 4 bis 6 des Vergütungsverzeichnisses im ersten Rechtszug bestellt oder beigeordnet, erhält er die Vergütung auch für seine

Tätigkeit vor dem Zeitpunkt seiner Bestellung, in Strafsachen einschließlich seiner Tätigkeit vor Erhebung der öffentlichen Klage und in Bußgeldsachen einschließlich der Tätigkeit vor der Verwaltungsbehörde. ²Wird der Rechtsanwalt in einem späteren Rechtszug beigeordnet, erhält er seine Vergütung in diesem Rechtszug auch für seine Tätigkeit vor dem Zeitpunkt seiner Bestellung. ³Werden Verfahren verbunden und ist der Rechtsanwalt nicht in allen Verfahren bestellt oder beigeordnet, kann das Gericht die Wirkungen des Satzes 1 auch auf diejenigen Verfahren erstrecken, in denen vor der Verbindung keine Beiordnung oder Bestellung erfolgt war.

§ 49 – Wertgebühren aus der Staatskasse

Bestimmen sich die Gebühren nach dem Gegenstandswert, werden bei einem Gegenstandswert von mehr als 4 000 Euro anstelle der Gebühr nach § 13 Absatz 1 folgende Gebühren vergütet:[1])

Gegenstandswert bis ... Euro	Gebühr ... Euro
5 000	284
6 000	295
7 000	306
8 000	317
9 000	328
10 000	339
13 000	354
16 000	369
19 000	384
22 000	399
25 000	414
30 000	453

---

1) **Red. Anm.:** Eine auf Basis der Gegenstands- und Gebührenwerte der Prozesskostenhilfetabelle des § 49 RVG erstellte Umrechnungstabelle mit den wichtigsten einschlägigen Dezimalgebührenwerten (Mindest- und Höchstwert der jew. vorgesehenen Gebührenspanne) finden Sie in → Rz. 67 und in einer um weitere Dezimalgebührenwerte (z.B. Mittelgebühr) erweiterten Version in der **Online-Datenbank**, für die Sie sich ohne Zusatzkosten auf **www.stotax-portal.de/registrieren** anmelden können. Ihren **Registrierungscode** finden Sie auf der ersten Seite dieses Ringbuchs.

Gegenstandswert bis ... Euro	Gebühr ... Euro
35 000	492
40 000	531
45 000	570
50 000	609
über 50 000	659

§ 50 – Weitere Vergütung bei Prozesskostenhilfe

(1) ¹Nach Deckung der in § 122 Absatz 1 Nummer 1 der Zivilprozessordnung bezeichneten Kosten und Ansprüche hat die Staatskasse über die auf sie übergegangenen Ansprüche des Rechtsanwalts hinaus weitere Beträge bis zur Höhe der Regelvergütung einzuziehen, wenn dies nach den Vorschriften der Zivilprozessordnung und nach den Bestimmungen, die das Gericht getroffen hat, zulässig ist. ²Die weitere Vergütung ist festzusetzen, wenn das Verfahren durch rechtskräftige Entscheidung oder in sonstiger Weise beendet ist und die von der Partei zu zahlenden Beträge beglichen sind oder wegen dieser Beträge eine Zwangsvollstreckung in das bewegliche Vermögen der Partei erfolglos geblieben ist oder aussichtslos erscheint.

(2) Der beigeordnete Rechtsanwalt soll eine Berechnung seiner Regelvergütung unverzüglich zu den Prozessakten mitteilen.

(3) Waren mehrere Rechtsanwälte beigeordnet, bemessen sich die auf die einzelnen Rechtsanwälte entfallenden Beträge nach dem Verhältnis der jeweiligen Unterschiedsbeträge zwischen den Gebühren nach § 49 und den Regelgebühren; dabei sind Zahlungen, die nach § 58 auf den Unterschiedsbetrag anzurechnen sind, von diesem abzuziehen.

§ 51 – Festsetzung einer Pauschgebühr

(1) ¹In Strafsachen, gerichtlichen Bußgeldsachen, Verfahren nach dem Gesetz über die internationale Rechtshilfe in Strafsachen, in Verfahren nach dem IStGH-Gesetz, in Freiheitsentziehungs- und Unterbringungssachen sowie in Verfahren nach § 151 Nummer 6 und 7 des Gesetzes über das Verfahren in Familiensachen und in den Angelegenheiten der freiwilligen Gerichtsbarkeit ist dem gerichtlich bestellten oder beigeordneten Rechtsanwalt für das ganze Verfahren oder für einzelne Verfah-

8. Abschnitt: Beiordnung oder Bestellung, Beratungshilfe

rensabschnitte auf Antrag eine Pauschgebühr zu bewilligen, die über die Gebühren nach dem Vergütungsverzeichnis hinausgeht, wenn die in den Teilen 4 bis 6 des Vergütungsverzeichnisses bestimmten Gebühren wegen des besonderen Umfangs oder der besonderen Schwierigkeit nicht zumutbar sind. ²Dies gilt nicht, soweit Wertgebühren entstehen. ³Beschränkt sich die Bewilligung auf einzelne Verfahrensabschnitte, sind die Gebühren nach dem Vergütungsverzeichnis, an deren Stelle die Pauschgebühr treten soll, zu bezeichnen. ⁴Eine Pauschgebühr kann auch für solche Tätigkeiten gewährt werden, für die ein Anspruch nach § 48 Absatz 6 besteht. ⁵Auf Antrag ist dem Rechtsanwalt ein angemessener Vorschuss zu bewilligen, wenn ihm insbesondere wegen der langen Dauer des Verfahrens und der Höhe der zu erwartenden Pauschgebühr nicht zugemutet werden kann, die Festsetzung der Pauschgebühr abzuwarten.

RVG

(2) ¹Über die Anträge entscheidet das Oberlandesgericht, zu dessen Bezirk das Gericht des ersten Rechtszugs gehört, und im Fall der Beiordnung einer Kontaktperson (§ 34a des Einführungsgesetzes zum Gerichtsverfassungsgesetz) das Oberlandesgericht, in dessen Bezirk die Justizvollzugsanstalt liegt, durch unanfechtbaren Beschluss. ²Der Bundesgerichtshof ist für die Entscheidung zuständig, soweit er den Rechtsanwalt bestellt hat. ³In dem Verfahren ist die Staatskasse zu hören. ⁴§ 42 Absatz 3 ist entsprechend anzuwenden.

(3) ¹Absatz 1 gilt im Bußgeldverfahren vor der Verwaltungsbehörde entsprechend. ²Über den Antrag nach Absatz 1 Satz 1 bis 3 entscheidet die Verwaltungsbehörde gleichzeitig mit der Festsetzung der Vergütung.

§ 52 – Anspruch gegen den Beschuldigten oder den Betroffenen

(1) ¹Der gerichtlich bestellte Rechtsanwalt kann von dem Beschuldigten die Zahlung der Gebühren eines gewählten Verteidigers verlangen; er kann jedoch keinen Vorschuss fordern. ²Der Anspruch gegen den Beschuldigten entfällt insoweit, als die Staatskasse Gebühren gezahlt hat.

(2) ¹Der Anspruch kann nur insoweit geltend gemacht werden, als dem Beschuldigten ein Erstattungsanspruch gegen die Staatskasse zusteht oder das Gericht des ersten Rechtszugs auf Antrag des Verteidigers feststellt, dass der Beschuldigte ohne Beeinträchtigung des für ihn und seine Familie notwendigen Unterhalts zur Zahlung oder zur Leistung von Raten in der Lage ist.

²Ist das Verfahren nicht gerichtlich anhängig geworden, entscheidet das Gericht, das den Verteidiger bestellt hat.

(3) ¹Wird ein Antrag nach Absatz 2 Satz 1 gestellt, setzt das Gericht dem Beschuldigten eine Frist zur Darlegung seiner persönlichen und wirtschaftlichen Verhältnisse; § 117 Absatz 2 bis 4 der Zivilprozessordnung gilt entsprechend. ²Gibt der Beschuldigte innerhalb der Frist keine Erklärung ab, wird vermutet, dass er leistungsfähig im Sinne des Absatzes 2 Satz 1 ist.

(4) ¹Gegen den Beschluss nach Absatz 2 ist die sofortige Beschwerde nach den Vorschriften der §§ 304 bis 311a der Strafprozessordnung zulässig. ²Dabei steht im Rahmen des § 44 Satz 2 der Strafprozessordnung die Rechtsbehelfsbelehrung des § 12c der Belehrung nach § 35a Satz 1 der Strafprozessordnung gleich.

(5) ¹Der für den Beginn der Verjährung maßgebende Zeitpunkt tritt mit der Rechtskraft der das Verfahren abschließenden gerichtlichen Entscheidung, in Ermangelung einer solchen mit der Beendigung des Verfahrens ein. ²Ein Antrag des Verteidigers hemmt den Lauf der Verjährungsfrist. ³Die Hemmung endet sechs Monate nach der Rechtskraft der Entscheidung des Gerichts über den Antrag.

(6) ¹Die Absätze 1 bis 3 und 5 gelten im Bußgeldverfahren entsprechend. ²Im Bußgeldverfahren vor der Verwaltungsbehörde tritt an die Stelle des Gerichts die Verwaltungsbehörde.

§ 53 – Anspruch gegen den Auftraggeber, Anspruch des zum Beistand bestellten Rechtsanwalts gegen den Verurteilten

(1) Für den Anspruch des dem Privatkläger, dem Nebenkläger, dem Antragsteller im Klageerzwingungsverfahren oder des sonst in Angelegenheiten, in denen sich die Gebühren nach Teil 4, 5 oder 6 des Vergütungsverzeichnisses bestimmen, beigeordneten Rechtsanwalts gegen seinen Auftraggeber gilt § 52 entsprechend.

(2) ¹Der dem Nebenkläger, dem nebenklageberechtigten Verletzten oder dem Zeugen als Beistand bestellte Rechtsanwalt kann die Gebühren eines gewählten Beistands aufgrund seiner Bestellung nur von dem Verurteilten verlangen. ²Der Anspruch entfällt insoweit, als die Staatskasse die Gebühren bezahlt hat.

(3) ¹Der in Absatz 2 Satz 1 genannte Rechtsanwalt kann einen Anspruch aus einer Vergütungsvereinbarung nur geltend machen, wenn das Gericht des ersten Rechtszugs auf seinen Antrag feststellt, dass der Nebenkläger, der nebenklageberechtigte Ver-

letzte oder der Zeuge zum Zeitpunkt des Abschlusses der Vereinbarung allein auf Grund seiner persönlichen und wirtschaftlichen Verhältnisse die Voraussetzungen für die Bewilligung von Prozesskostenhilfe in bürgerlichen Rechtsstreitigkeiten nicht erfüllt hätte. ²Ist das Verfahren nicht gerichtlich anhängig geworden, entscheidet das Gericht, das den Rechtsanwalt als Beistand bestellt hat. ³§ 52 Absatz 3 bis 5 gilt entsprechend.

§ 53a – Vergütungsanspruch bei gemeinschaftlicher Nebenklagevertretung

¹Stellt ein Gericht gemäß § 397b Absatz 3 der Strafprozessordnung fest, dass für einen nicht als Beistand bestellten oder beigeordneten Rechtsanwalt die Voraussetzungen einer Bestellung oder Beiordnung vorgelegen haben, so steht der Rechtsanwalt hinsichtlich der von ihm bis zu dem Zeitpunkt der Bestellung oder Beiordnung eines anderen Rechtsanwalts erbrachten Tätigkeiten einem bestellten oder beigeordneten Rechtsanwalt gleich. ²Der Rechtsanwalt erhält die Vergütung aus der Landeskasse, wenn die Feststellung von einem Gericht des Landes getroffen wird, im Übrigen aus der Bundeskasse.

§ 54 – Verschulden eines beigeordneten oder bestellten Rechtsanwalts

Hat der beigeordnete oder bestellte Rechtsanwalt durch schuldhaftes Verhalten die Beiordnung oder Bestellung eines anderen Rechtsanwalts veranlasst, kann er Gebühren, die auch für den anderen Rechtsanwalt entstehen, nicht fordern.

§ 55 – Festsetzung der aus der Staatskasse zu zahlenden Vergütungen und Vorschüsse

(1) ¹Die aus der Staatskasse zu gewährende Vergütung und der Vorschuss hierauf werden auf Antrag des Rechtsanwalts von dem Urkundsbeamten der Geschäftsstelle des Gerichts des ersten Rechtszugs festgesetzt. ²Ist das Verfahren nicht gerichtlich anhängig geworden, erfolgt die Festsetzung durch den Urkundsbeamten der Geschäftsstelle des Gerichts, das den Verteidiger bestellt hat.

(2) In Angelegenheiten, in denen sich die Gebühren nach Teil 3 des Vergütungsverzeichnisses bestimmen, erfolgt die Festsetzung durch den Urkundsbeamten des Gerichts des Rechtszugs, solange das Verfahren nicht durch rechtskräftige Entscheidung oder in sonstiger Weise beendet ist.

(3) Im Fall der Beiordnung einer Kontaktperson (§ 34a des Einführungsgesetzes zum Gerichtsverfassungsgesetz) erfolgt die Festsetzung durch den Urkundsbeamten der Geschäftsstelle des Landgerichts, in dessen Bezirk die Justizvollzugsanstalt liegt.

(4) Im Fall der Beratungshilfe wird die Vergütung von dem Urkundsbeamten der Geschäftsstelle des in § 4 Absatz 1 des Beratungshilfegesetzes bestimmten Gerichts festgesetzt.

(5) ¹§ 104 Absatz 2 Satz 1 und 2 der Zivilprozessordnung gilt entsprechend. ²Der Antrag hat die Erklärung zu enthalten, ob und welche Zahlungen der Rechtsanwalt bis zum Tag der Antragstellung erhalten hat. ³Bei Zahlungen auf eine anzurechnende Gebühr sind diese Zahlungen, der Satz oder der Betrag der Gebühr und bei Wertgebühren auch der zugrunde gelegte Wert anzugeben. ⁴Zahlungen, die der Rechtsanwalt nach der Antragstellung erhalten hat, hat er unverzüglich anzuzeigen.

(6) ¹Der Urkundsbeamte kann vor einer Festsetzung der weiteren Vergütung (§ 50) den Rechtsanwalt auffordern, innerhalb einer Frist von einem Monat bei der Geschäftsstelle des Gerichts, dem der Urkundsbeamte angehört, Anträge auf Festsetzung der Vergütungen, für die ihm noch Ansprüche gegen die Staatskasse zustehen, einzureichen oder sich zu den empfangenen Zahlungen (Absatz 5 Satz 2) zu erklären. ²Kommt der Rechtsanwalt der Aufforderung nicht nach, erlöschen seine Ansprüche gegen die Staatskasse.

(7) ¹Die Absätze 1 und 5 gelten im Bußgeldverfahren vor der Verwaltungsbehörde entsprechend. ²An die Stelle des Urkundsbeamten der Geschäftsstelle tritt die Verwaltungsbehörde.

§ 56 – Erinnerung und Beschwerde

(1) ¹Über Erinnerungen des Rechtsanwalts und der Staatskasse gegen die Festsetzung nach § 55 entscheidet das Gericht des Rechtszugs, bei dem die Festsetzung erfolgt ist, durch Beschluss. ²Im Fall des § 55 Absatz 3 entscheidet die Strafkammer des Landgerichts. ³Im Fall der Beratungshilfe entscheidet das nach § 4 Absatz 1 des Beratungshilfegesetzes zuständige Gericht.

(2) ¹Im Verfahren über die Erinnerung gilt § 33 Absatz 4 Satz 1, Absatz 7 und 8 und im Verfahren über die Beschwerde gegen die Entscheidung über die Erinnerung § 33 Absatz 3 bis 8 entsprechend. ²Das Verfahren über die Erinnerung und über die Beschwerde ist gebührenfrei. ³Kosten werden nicht erstattet.

8. Abschnitt: Beiordnung oder Bestellung, Beratungshilfe

§ 57 – Rechtsbehelf in Bußgeldsachen vor der Verwaltungsbehörde

¹Gegen Entscheidungen der Verwaltungsbehörde im Bußgeldverfahren nach den Vorschriften dieses Abschnitts kann gerichtliche Entscheidung beantragt werden. ²Für das Verfahren gilt § 62 des Gesetzes über Ordnungswidrigkeiten.

§ 58 – Anrechnung von Vorschüssen und Zahlungen

(1) Zahlungen, die der Rechtsanwalt nach § 9 des Beratungshilfegesetzes erhalten hat, werden auf die aus der Landeskasse zu zahlende Vergütung angerechnet.

(2) ¹In Angelegenheiten, in denen sich die Gebühren nach Teil 3 des Vergütungsverzeichnisses bestimmen, sind Vorschüsse und Zahlungen, die der Rechtsanwalt vor oder nach der Beiordnung erhalten hat, zunächst auf die Vergütungen anzurechnen, für die ein Anspruch gegen die Staatskasse nicht oder nur unter den Voraussetzungen des § 50 besteht. ²Ist eine Gebühr, für die kein Anspruch gegen die Staatskasse besteht, auf eine Gebühr anzurechnen, für die ein Anspruch gegen die Staatskasse besteht, so vermindert sich der Anspruch gegen die Staatskasse nur insoweit, als der Rechtsanwalt durch eine Zahlung auf die anzurechnende Gebühr und den Anspruch auf die ohne Anrechnung ermittelte andere Gebühr insgesamt mehr als den sich aus § 15a Absatz 1 ergebenden Gesamtbetrag erhalten würde.

(3) ¹In Angelegenheiten, in denen sich die Gebühren nach den Teilen 4 bis 6 des Vergütungsverzeichnisses bestimmen, sind Vorschüsse und Zahlungen, die der Rechtsanwalt vor oder nach der gerichtlichen Bestellung oder Beiordnung für seine Tätigkeit in einer gebührenrechtlichen Angelegenheit erhalten hat, auf die von der Staatskasse für diese Angelegenheit zu zahlenden Gebühren anzurechnen. ²Hat der Rechtsanwalt Zahlungen empfangen, nachdem er Gebühren aus der Staatskasse erhalten hat, ist er zur Rückzahlung an die Staatskasse verpflichtet. ³Die Anrechnung oder Rückzahlung erfolgt nur, soweit der Rechtsanwalt durch die Zahlungen insgesamt mehr als den doppelten Betrag der ihm ohne Berücksichtigung des § 51 aus der Staatskasse zustehenden Gebühren erhalten würde. ⁴Sind die dem Rechtsanwalt nach Satz 3 verbleibenden Gebühren höher als die im Vergütungsverzeichnis vorgesehenen Höchstgebühren eines Wahlanwalts, ist auch der die Höchstgebühren übersteigende Betrag anzurechnen oder zurückzuzahlen.

§ 59 – Übergang von Ansprüchen auf die Staatskasse

(1) ¹Soweit dem im Wege der Prozesskostenhilfe oder nach § 138 des Gesetzes über das Verfahren in Familiensachen und in den Angelegenheiten der freiwilligen Gerichtsbarkeit, auch in Verbindung mit § 270 des Gesetzes über das Verfahren in Familiensachen und in den Angelegenheiten der freiwilligen Gerichtsbarkeit, beigeordneten oder nach § 67a Absatz 1 Satz 2 der Verwaltungsgerichtsordnung bestellten Rechtsanwalt wegen seiner Vergütung ein Anspruch gegen die Partei oder einen ersatzpflichtigen Gegner zusteht, geht der Anspruch mit der Befriedigung des Rechtsanwalts durch die Staatskasse auf diese über. ²Der Übergang kann nicht zum Nachteil des Rechtsanwalts geltend gemacht werden.

(2) ¹Für die Geltendmachung des Anspruchs sowie für die Erinnerung und die Beschwerde gelten die Vorschriften über die Kosten des gerichtlichen Verfahrens entsprechend. ²Ansprüche der Staatskasse werden bei dem Gericht des ersten Rechtszugs angesetzt. ³Ist das Gericht des ersten Rechtszugs ein Gericht des Landes und ist der Anspruch auf die Bundeskasse übergegangen, wird er insoweit bei dem jeweiligen obersten Gerichtshof des Bundes angesetzt.

(3) Absatz 1 gilt entsprechend bei Beratungshilfe.

§ 59a – Beiordnung und Bestellung durch Justizbehörden

(1) ¹Für den durch die Staatsanwaltschaft bestellten Rechtsanwalt gelten die Vorschriften über den gerichtlich bestellten Rechtsanwalt entsprechend. ²Ist das Verfahren nicht gerichtlich anhängig geworden, tritt an die Stelle des Gerichts des ersten Rechtszugs das Gericht, das für die gerichtliche Bestätigung der Bestellung zuständig ist.

(2) ¹Für den durch die Staatsanwaltschaft beigeordneten Zeugenbeistand gelten die Vorschriften über den gerichtlich beigeordneten Zeugenbeistand entsprechend. ²Über Anträge nach § 51 Absatz 1 entscheidet das Oberlandesgericht, in dessen Bezirk die Staatsanwaltschaft ihren Sitz hat. ³Hat der Generalbundesanwalt einen Zeugenbeistand beigeordnet, entscheidet der Bundesgerichtshof.

(3) ¹Für den nach § 87e des Gesetzes über die internationale Rechtshilfe in Strafsachen in Verbindung mit § 53 des Gesetzes über die internationale Rechtshilfe in Strafsachen durch das Bundesamt für Justiz bestellten Beistand gelten die Vorschriften über den gerichtlich bestellten Rechtsanwalt entsprechend. ²An die

Stelle des Urkundsbeamten der Geschäftsstelle tritt das Bundesamt. ³Über Anträge nach § 51 Absatz 1 entscheidet das Bundesamt gleichzeitig mit der Festsetzung der Vergütung.

(4) ¹Gegen Entscheidungen der Staatsanwaltschaft und des Bundesamts für Justiz nach den Vorschriften dieses Abschnitts kann gerichtliche Entscheidung beantragt werden. ²Zuständig ist das Landgericht, in dessen Bezirk die Justizbehörde ihren Sitz hat. ³Bei Entscheidungen des Generalbundesanwalts entscheidet der Bundesgerichtshof.

ABSCHNITT 9

Übergangs- und Schlussvorschriften

§ 59b – Bekanntmachung von Neufassungen

¹Das Bundesministerium der Justiz und für Verbraucherschutz kann nach Änderungen den Wortlaut des Gesetzes feststellen und als Neufassung im Bundesgesetzblatt bekannt machen. ²Die Bekanntmachung muss auf diese Vorschrift Bezug nehmen und angeben

1. den Stichtag, zu dem der Wortlaut festgestellt wird,
2. die Änderungen seit der letzten Veröffentlichung des vollständigen Wortlauts im Bundesgesetzblatt sowie
3. das Inkrafttreten der Änderungen.

§ 60 – Übergangsvorschrift

(1) ¹Für die Vergütung ist das bisherige Recht anzuwenden, wenn der unbedingte Auftrag zur Erledigung derselben Angelegenheit vor dem Inkrafttreten einer Gesetzesänderung erteilt worden ist. ²Dies gilt auch für einen Vergütungsanspruch gegen die Staatskasse (§ 45, auch in Verbindung mit § 59a). ³Steht dem Rechtsanwalt ein Vergütungsanspruch zu, ohne dass ihm zum Zeitpunkt der Beiordnung oder Bestellung ein unbedingter Auftrag desjenigen erteilt worden ist, dem er beigeordnet oder für den er bestellt wurde, so ist für diese Vergütung in derselben Angelegenheit bisheriges Recht anzuwenden, wenn die Beiordnung oder Bestellung des Rechtsanwalts vor dem Inkrafttreten einer Gesetzesänderung wirksam geworden ist. ⁴Erfasst die Beiordnung oder Bestellung auch eine Angelegenheit, in der der Rechtsanwalt erst nach dem Inkrafttreten einer Gesetzesänderung erstmalig beauftragt oder tätig wird, so ist insoweit für die Vergütung neues Recht anzuwen-

den. ⁵Das nach den Sätzen 2 bis 4 anzuwendende Recht findet auch auf Ansprüche des beigeordneten oder bestellten Rechtsanwalts Anwendung, die sich nicht gegen die Staatskasse richten. ⁶Die Sätze 1 bis 5 gelten auch, wenn Vorschriften geändert werden, auf die dieses Gesetz verweist.

(2) Sind Gebühren nach dem zusammengerechneten Wert mehrerer Gegenstände zu bemessen, gilt für die gesamte Vergütung das bisherige Recht auch dann, wenn dies nach Absatz 1 nur für einen der Gegenstände gelten würde.

(3) In Angelegenheiten nach dem Pflegeberufegesetz ist bei der Bestimmung des Gegenstandswerts § 52 Absatz 4 Nummer 4 des Gerichtskostengesetzes nicht anzuwenden, wenn der unbedingte Auftrag zur Erledigung derselben Angelegenheit vor dem 15. August 2019 erteilt worden ist.

§ 61 – Übergangsvorschrift aus Anlass des Inkrafttretens dieses Gesetzes

(1) ¹Die Bundesgebührenordnung für Rechtsanwälte in der im Bundesgesetzblatt Teil III, Gliederungsnummer 368-1, veröffentlichten bereinigten Fassung, zuletzt geändert durch Artikel 2 Absatz 6 des Gesetzes vom 12. März 2004 (BGBl. I S. 390), und Verweisungen hierauf sind weiter anzuwenden, wenn der unbedingte Auftrag zur Erledigung derselben Angelegenheit im Sinne des § 15 vor dem 1. Juli 2004 erteilt oder der Rechtsanwalt vor diesem Zeitpunkt gerichtlich bestellt oder beigeordnet worden ist. ²Ist der Rechtsanwalt am 1. Juli 2004 in derselben Angelegenheit und, wenn ein gerichtliches Verfahren anhängig ist, in demselben Rechtszug bereits tätig, gilt für das Verfahren über ein Rechtsmittel, das nach diesem Zeitpunkt eingelegt worden ist, dieses Gesetz. ³§ 60 Absatz 2 ist entsprechend anzuwenden.

(2) Auf die Vereinbarung der Vergütung sind die Vorschriften dieses Gesetzes auch dann anzuwenden, wenn nach Absatz 1 die Vorschriften der Bundesgebührenordnung für Rechtsanwälte weiterhin anzuwenden und die Willenserklärungen beider Parteien nach dem 1. Juli 2004 abgegeben worden sind.

§ 62 – Verfahren nach dem Therapieunterbringungsgesetz

Die Regelungen des Therapieunterbringungsgesetzes zur Rechtsanwaltsvergütung bleiben unberührt.

ANLAGE 1 (zu § 2 Abs. 2)

Vergütungsverzeichnis

[*Die Anlage 1 zu § 2 Abs. 2, die das **Vergütungsverzeichnis zum RVG (VV-RVG)** enthält, wird in → Rz. 68 abgedruckt.*]

RVG

ANLAGE 2[1]) (zu § 13 Absatz 1 Satz 3)

Gegenstandswert bis ... €	Gebühr ... €
500	49,00
1 000	88,00
1 500	127,00
2 000	166,00
3 000	222,00
4 000	278,00
5 000	334,00
6 000	390,00
7 000	446,00
8 000	502,00
9 000	558,00
10 000	614,00
13 000	666,00
16 000	718,00
19 000	770,00
22 000	822,00
25 000	874,00
30 000	955,00

---

1) **Red. Anm.:** Eine auf Basis der Gegenstands- und Gebührenwerte aus Anlage 2 RVG (zu § 13 Abs. 1 Satz 3 RVG) erstellte Umrechnungstabelle mit den wichtigsten einschlägigen Dezimalgebührenwerten (Mindest- und Höchstgebühr der jew. vorgesehenen Gebührenspanne) finden Sie in → Rz. 66 und in einer um weitere Dezimalgebühren (z.B. Mittelwert) erweiterten Version in der **Online-Datenbank**, für die Sie sich ohne Zusatzkosten auf **www.stotax-portal.de/registrieren** anmelden können. Ihren **Registrierungscode** finden Sie auf der ersten Seite dieses Ringbuchs.

RVG

Gegenstandswert bis … €	Gebühr … €
35 000	1 036,00
40 000	1 117,00
45 000	1 198,00
50 000	1 279,00
65 000	1 373,00
80 000	1 467,00
95 000	1 561,00
110 000	1 655,00
125 000	1 749,00
140 000	1 843,00
155 000	1 937,00
170 000	2 031,00
185 000	2 125,00
200 000	2 219,00
230 000	2 351,00
260 000	2 483,00
290 000	2 615,00
320 000	2 747,00
350 000	2 879,00
380 000	3 011,00
410 000	3 143,00
440 000	3 275,00
470 000	3 407,00
500 000	3 539,00

4. Teil

Gebührenübersichten und Gebührentabellen

Gebührenübersichten

I. Gebührenübersichten

1. Gebührentatbestände

a) Beratungstätigkeiten

Rz. 51

Gebührenübersichten

StBVV	Art der Tätigkeiten	Wert	Gebührenrahmen	Tabelle
§ 21 Abs. 1 Satz 1	Rat, Auskunft	Wert des Interesses	1/10–10/10	A
§ 21 Abs. 1 Satz 2	Erstberatung eines Verbrauchers	–	bis 190 €	–
§ 21 Abs. 2 Satz 1	Prüfung der Erfolgsaussichten einer Berufung oder Revision	Wert des Interesses	0,5 bis 1,0 Prüfgebühr	Nr. 2100 VV-RVG
§ 22	Gutachten	Wert des Interesses	10/10–30/10	A
§ 23 Nr. 1	Berichtigung einer Erklärung	als Berichtigung sich ergebender Betrag	2/10–10/10	A
§ 23 Nr. 2	Antrag auf Stundung	Wert des Interesses	2/10–8/10	A
§ 23 Nr. 3	Antrag auf Anpassung der Vorauszahlung	Differenzbetrag	2/10–8/10	A
§ 23 Nr. 4	Antrag auf abweichende Steuerfestsetzung aus Billigkeitsgründen	Differenzbetrag	2/10–8/10	A
§ 23 Nr. 5	Erlassantrag	zu erlassender Betrag	2/10–8/10	A
§ 23 Nr. 6	Antrag auf Erstattung	zu erstattender Betrag	2/10–8/10	A

1. Gebührentatbestände

StBVV	Art der Tätigkeiten	Wert	Gebührenrahmen	Tabelle
§ 23 Nr. 7	Antrag auf Aufhebung oder Änderung eines Steuerbescheides oder einer Steueranmeldung	wegfallender Steuerbetrag	2/10–10/10	A
§ 23 Nr. 8	Antrag auf Rücknahme oder Widerruf eines Verwaltungsaktes	zu erreichende Verbesserung	4/10–10/10	A
§ 23 Nr. 9	Antrag auf Wiedereinsetzung in den vorigen Stand außerhalb eines Rechtsbehelfsverfahrens	Wert des Interesses	4/10–10/10	A
§ 23 Nr. 10	Sonstige Anträge, soweit sie nicht in Steuererklärungen gestellt werden	Wert des Interesses	2/10–10/10	A

Gebührenübersichten

b) Sonstige Tätigkeiten

Rz. 52

StBVV	Art der Tätigkeiten	Wert	Gebührenrahmen	Tabelle
§ 28	Prüfung eines Steuerbescheides	–	Zeitgebühr (30 € bis 75 € je angefangene halbe Stunde)	§ 13 StBVV

Gebührenübersichten

StBVV	Art der Tätigkeiten	Wert	Gebührenrahmen	Tabelle
§ 29 Nr. 1	Teilnahme an Prüfungen (Außen- oder Zollprüfung) und Nachschauen einschließlich Schlussbesprechung und Prüfung des Prüfungsberichtes, für die Teilnahme an einer Ermittlung der Besteuerungsgrundlagen oder an einer Maßnahme der Steueraufsicht	–	Zeitgebühr (30 € bis 75 € je angefangene halbe Stunde)	§ 13 StBVV
§ 29 Nr. 2	Schriftliche Einwendungen gegen den Prüfungsbericht	Wert des Interesses	5/10–10/10	A
§ 30	Selbstanzeige – einschließlich Ermittlung zur Berichtigung, Ergänzung oder Nachholung der Angaben –	Summe der berichtigten, ergänzten und nachgeholten Angaben, mindestens 8 000 €	10/10–30/10	A
§ 31	Besprechungen mit Behörden oder Dritten; nicht bei Beantwortung (fern-)mündlicher Nachfrage der Behörde	Wert des Interesses	5/10–10/10	A

c) Steuererklärungen

Rz. 53

StBVV	Art der Tätigkeiten	Wert	Gebührenrahmen	Tabelle
§ 24 Abs. 1 Nr. 1	Einkommensteuererklärung ohne Ermittlung der einzelnen Einkünfte	Summe der positiven Einkünfte, mindestens 8 000 €	1/10–6/10	A
§ 24 Abs. 1 Nr. 2	Feststellung der Einkünfte ohne Einkunftsermittlung	Summe der positiven Einkünfte, mindestens 8 000 €	1/10–5/10	A
§ 24 Abs. 1 Nr. 3	Körperschaftsteuererklärung	Einkommen vor Berücksichtigung eines Verlustabzugs, mindestens 16 000 €; bei der Anfertigung einer Körperschaftsteuererklärung für eine Organgesellschaft Einkommen der Organgesellschaft vor Zurechnung; das entsprechende Einkommen ist bei Gegen-	2/10–8/10	A

Gebührenübersichten

StBVV	Art der Tätigkeiten	Wert	Gebühren-rahmen	Tabelle
		standsberechnung des Organträgers zu kürzen		
§ 24 Abs. 1 Nr. 5	Gewerbesteuererklärung	Gewerbeertrag vor Freibetrag und Verlust, mindestens 8 000 €	1/10–6/10	A
§ 24 Abs. 1 Nr. 6	Gewerbesteuerzerlegungserklärung	10 % der als Zerlegungsmaßstab erklärten Arbeitslöhne, mindestens 4 000 €	1/10–6/10	A
§ 24 Abs. 1 Nr. 7	Umsatzsteuervoranmeldung sowie hierzu ergänzende Anträge und Meldungen	10 % der Summe aus dem Gesamtbetrag der Entgelte und der Entgelte, für die der Leistungsempfänger Steuerschuldner ist, jedoch mindestens 650 €	1/10–6/10	A
§ 24 Abs. 1 Nr. 8	Umsatzsteuererklärung für das Kalenderjahr einschließlich ergänzen-	10 % der Entgelte und der Entgelte, für die der	1/10–8/10	A

1. Gebührentatbestände

StBVV	Art der Tätigkeiten	Wert	Gebührenrahmen	Tabelle
	der Anträge und Meldungen	Leistungsempfänger Steuerschuldner ist, jedoch mindestens 8 000 €		
§ 24 Abs. 1 Nr. 10	Vermögensteuererklärung oder Vermögensfeststellung	Rohvermögen bei natürlichen Personen, mindestens 12 500 €; bei Körperschaften, Personenvereinigungen und Vermögensmassen mindestens 25 000 €	1/20–18/20	A
§ 24 Abs. 1 Nr. 11	Feststellungen nach dem BewG oder ErbStG, vorbehaltlich der Nr. 11a	Erklärter Wert, mindestens 25 000 €	1/20–18/20	A
§ 24 Abs. 1 Nr. 11a	Feststellung oder Festsetzung für Zwecke der Grundsteuer im Rahmen des ab dem Jahr 2025 anzuwendenden Grundsteuerrechts	Grundsteuerwert oder, sofern dessen Feststellung nicht vorgesehen ist, der jeweilige Grundsteuermessbetrag divi-	1/20–9/20	A

Gebührenübersichten

StBVV	Art der Tätigkeiten	Wert	Gebührenrahmen	Tabelle
		diert durch die Grundsteuermesszahl nach § 15 Abs. 1 Nr. 2 Buchst. a GrStG, mindestens 25 000 €		
§ 24 Abs. 1 Nr. 12	Erbschaftsteuererklärung ohne Ermittlung der Zugewinnausgleichsforderung	Bruttonachlass, mindestens 16 000 €	2/10–10/10	A
§ 24 Abs. 1 Nr. 13	Schenkungsteuererklärung	Rohwert der Schenkung, mindestens 16 000 €	2/10–10/10	A
§ 24 Abs. 1 Nr. 14	Kapitalertragsteueranmeldung sowie jede weitere Erklärung im Zusammenhang mit Kapitalerträgen	Summe der kapitalertragsteuerpflichtigen Erträge, mindestens 4 000 €	1/20–6/20	A
§ 24 Abs. 1 Nr. 15	Lohnsteuer-Anmeldung	20 % der Arbeitslöhne, mindestens 1 000 €	1/20–6/20	A
§ 24 Abs. 1 Nr. 16	Einfuhr- und Ausfuhrabgaben und Verbrauchsteuern als Einfuhrabgaben	Abgabenbetrag nach Höchstsatz, mindestens 1 000 €	1/10–3/10	A

1. Gebührentatbestände

StBVV	Art der Tätigkeiten	Wert	Gebühren-rahmen	Tabelle
§ 24 Abs. 1 Nr. 17	Anmeldungen/ Erklärungen von Verbrauchsteuern, die nicht als Einfuhrabgaben geschuldet sind	angemeldeter oder festgesetzter Betrag, mindestens 1 000 €	1/10–3/10	A
§ 24 Abs. 1 Nr. 18	Verbrauchsteuervergütung, Verbrauchsteuererstattung	beantragte Vergütung oder Erstattung, mindestens 1 000 €	1/10–3/10	A
§ 24 Abs. 1 Nr. 19	Investitionszulage	Bemessungsgrundlage	1/10–6/10	A
§ 24 Abs. 1 Nr. 20	Anträge auf Steuervergütung nach § 4a UStG	beantragte Vergütung	1/10–6/10	A
§ 24 Abs. 1 Nr. 21	Anträge auf Vorsteuervergütung	beantragte Vergütung, mindestens 1 300 €	1/10–6/10	A
§ 24 Abs. 1 Nr. 22	Kapitalertragsteuererstattung und Vergütung der anrechenbaren KSt	beantragte Erstattung, mindestens 1 000 €	1/10–6/10	A
§ 24 Abs. 1 Nr. 23	Antrag auf Kindergeld	beantragtes Jahreskindergeld	2/10–10/10	A
§ 24 Abs. 1 Nr. 25	Anmeldung über den Steuerabzug von Bauleistungen	angemeldeter Steuerabzugsbetrag, jedoch mindestens 1 000 €	1/10–6/10	A

Gebührenübersichten

Gebührenübersichten

StBVV	Art der Tätigkeiten	Wert	Gebührenrahmen	Tabelle
§ 24 Abs. 1 Nr. 26	Erstellung sonstiger Steuererklärungen	jeweilige Bemessungsgrundlage, mindestens 8 000 €	1/10–6/10	A
§ 24 Abs. 2	Ermittlung der Zugewinnausgleichsforderung	ermittelter Betrag, mindestens 12 500 €	5/10–15/10	A
§ 24 Abs. 3	Antrag auf Lohnsteuerermäßigung (Eintragung von Freibeträgen)	voraussichtlicher Jahresarbeitslohn, mindestens 4 500 €	1/20–4/20	A
§ 24 Abs. 4 Nr. 2	Arbeiten zur Feststellung des verrechenbaren Verlustes nach § 15a EStG	–	Zeitgebühr (30 € bis 75 € je angefangene halbe Stunde)	§ 13 StBVV
§ 24 Abs. 4 Nr. 13	Überwachung und Meldung der Lohnsumme sowie der Behaltensfrist (§ 13a Abs. 1 i.V.m. Abs. 6 Satz 1, Abs. 5 i.V.m. Abs. 6 Satz 2 ErbStG)	–	Zeitgebühr (30 € bis 75 € je angefangene halbe Stunde)	§ 13 StBVV
§ 24 Abs. 4 Nr. 14	Berechnung des Begünstigungsgewinnes i.S.v. § 34a Abs. 1 Satz 1 EStG (nicht entnommene Gewinne)	–	Zeitgebühr (30 € bis 75 € je angefangene halbe Stunde)	§ 13 StBVV

1. Gebührentatbestände

StBVV	Art der Tätigkeiten	Wert	Gebührenrahmen	Tabelle
§ 24 Abs. 4 Nr. 3	Anfertigung einer Meldung über die Beteiligung an ausländischen Körperschaften usw.	–	Zeitgebühr (30 € bis 75 € je angefangene halbe Stunde)	§ 13 StBVV
§ 24 Abs. 4 Nr. 5	Sonstige Anträge und Meldungen nach EStG	–	Zeitgebühr (30 € bis 75 € je angefangene halbe Stunde)	§ 13 StBVV
§ 27 Abs. 1	Überschussermittlung bei den Einkünften aus nichtselbständiger Arbeit, Kapitalvermögen, Vermietung und Verpachtung oder sonstigen Einkünften	der jeweils höhere Betrag, der sich aus der Summe der Einnahmen oder der Summe der Werbungskosten ergibt, mindestens 8 000 €; bei getrennter Ermittlung jeweils für jede Überschussrechnung gesondert (Abs. 2)	1/20–12/20	A
§ 27 Abs. 3	Über das übliche Maß erheblich hinausgehende Vorarbeiten zu Abs. 1	–	Zeitgebühr (30 € bis 75 € je angefangene halbe Stunde)	§ 13 StBVV

Gebührenübersichten

d) Abschlussarbeiten/Buchführung

Rz. 54

StBVV	Art der Tätigkeiten	Wert	Gebührenrahmen	Tabelle
§ 25 Abs. 1	Überschussermittlung	der jeweils höhere Betrag, der sich aus der Summe der Betriebseinnahmen oder der Summe der Betriebsausgaben ergibt, mindestens 17 500 €; bei getrennter Ermittlung für jede Überschussrechnung (Abs. 3)	5/10–30/10	B
§ 25 Abs. 2	Vorarbeiten zur Überschussermittlung, die über das übliche Maß erheblich hinausgehen	–	Zeitgebühr (30 € bis 75 € je angefangene halbe Stunde)	§ 13 StBVV
§ 25 Abs. 4	Aufstellung eines schriftlichen Erläuterungsberichtes zur Ermittlung des Überschusses	bemisst sich nach § 25 Abs. 1 Satz 2 (s. dort)	2/10–12/10	B

1. Gebührentatbestände

StBVV	Art der Tätigkeiten	Wert	Gebührenrahmen	Tabelle
§ 26 Abs. 1	Gewinnermittlung nach Durchschnittssätzen	Durchschnittssatzgewinn nach § 13a Abs. 3 Satz 1 EStG; bei mehreren Betrieben für jede Gewinnermittlung (Abs. 2)	5/10–20/10	B
§ 32	Hilfeleistung bei der Einrichtung einer Buchführung i.S.v. §§ 33 und 34	–	Zeitgebühr (30 € bis 75 € je angefangene halbe Stunde)	§ 13 StBVV
§ 33 Abs. 1	Buchführung oder Führen steuerlicher Aufzeichnungen einschließlich Kontieren	Jahresumsatz oder höhere Aufwandssumme	2/10–12/10	C
§ 33 Abs. 2	Kontieren der Belege	Jahresumsatz oder höhere Aufwandssumme	1/10–6/10	C
§ 33 Abs. 3	Buchführung oder Führen steuerlicher Aufzeichnungen nach kontierten Belegen oder erstellten Kontierungsunterlagen	Jahresumsatz oder höhere Aufwandssumme	1/10–6/10	C

Gebührenübersichten

4. Teil: I. Gebührenübersichten

Gebührenübersichten

StBVV	Art der Tätigkeiten	Wert	Gebührenrahmen	Tabelle
§ 33 Abs. 4	Buchführung oder Führen steuerlicher Aufzeichnungen per Datenverarbeitung beim Auftraggeber	Jahresumsatz oder höhere Aufwandssumme	1/20–10/20 zzgl. Datenverarbeitungskosten	C
§ 33 Abs. 5	laufende Überwachung der Buchführung oder der steuerlichen Aufzeichnungen	Jahresumsatz oder höhere Aufwandssumme	1/10–6/10	C
§ 33 Abs. 7	Hilfeleistung bei sonstigen Tätigkeiten im Zusammenhang mit Buchführung oder dem Führen steuerlicher Aufzeichnungen	–	Zeitgebühr (30 € bis 75 € je angefangene halbe Stunde)	§ 13 StBVV
§ 34 Abs. 1	Erstmalige Einrichtung von Lohnkonten und Aufnahme der Stammdaten	–	5–18 € je Arbeitnehmer	–
§ 34 Abs. 2	Führung von Lohnkonten und Anfertigung von Lohnabrechnungen	–	5–28 € je Arbeitnehmer und Abrechnungszeitraum	–
§ 34 Abs. 3	Führung von Lohnkonten und Anfertigung der Lohnabrechnung nach vom Auftraggeber	–	2–9 € je Arbeitnehmer und Abrechnungszeitraum	–

1. Gebührentatbestände

StBVV	Art der Tätigkeiten	Wert	Gebührenrahmen	Tabelle
	erstellten Buchungsunterlagen			
§ 34 Abs. 4	Führung von Lohnkonten und Anfertigung der Lohnabrechnung per Datenverarbeitung beim Auftraggeber	–	1–4 € je Arbeitnehmer und Abrechnungszeitraum zzgl. Datenverarbeitungskosten	–
§ 34 Abs. 5	Hilfeleistung bei sonstigen Tätigkeiten im Zusammenhang mit dem Lohnsteuerabzug und der Lohnbuchführung	–	Zeitgebühr (30 € bis 75 € je angefangene halbe Stunde)	§ 13 StBVV
§ 35 Abs. 1 Nr. 1 Buchst. a	Aufstellung des Jahresabschlusses	Mittel zwischen der berichtigten Bilanzsumme und der betrieblichen Jahresleistung (im Einzelnen vgl. Abs. 2 Satz 2–9)	10/10–40/10	B
§ 35 Abs. 1 Nr. 1 Buchst. b	Erstellung des Anhangs	wie Nr. 1 Buchst. a	2/10–12/10	B
§ 35 Abs. 1 Nr. 2	Zwischenabschluss oder vorläufiger Abschluss	wie Nr. 1 Buchst. a	10/10–40/10	B

Gebührenübersichten

4. Teil: I. Gebührenübersichten

Gebührenübersichten

StBVV	Art der Tätigkeiten	Wert	Gebührenrahmen	Tabelle
§ 35 Abs. 1 Nr. 3 Buchst. a	Ableitung des steuerlichen Ergebnisses aus dem Handelsbilanzergebnis	wie Nr. 1 Buchst. a	2/10–10/10	B
§ 35 Abs. 1 Nr. 3 Buchst. b	Entwicklung der Steuerbilanz aus der Handelsbilanz	wie Nr. 1 Buchst. a	5/10–12/10	B
§ 35 Abs. 1 Nr. 4	Eröffnungsbilanz	berichtigte Bilanzsumme (vgl. Abs. 2 Satz 2)	5/10–12/10	B
§ 35 Abs. 1 Nr. 5	Auseinandersetzungsbilanz	berichtigte Bilanzsumme (vgl. Abs. 2 Satz 2)	5/10–20/10	B
§ 35 Abs. 1 Nr. 6	schriftlicher Erläuterungsbericht zu Nr. 1–5	Gegenstandswert, der für die dem Erläuterungsbericht zugrunde liegenden Abschlussarbeiten maßgeblich ist	2/10–12/10	B
§ 35 Abs. 1 Nr. 7 Buchst. a	beratende Mitwirkung beim Jahresabschluss	wie Nr. 1 Buchst. a	2/10–10/10	B
§ 35 Abs. 1 Nr. 7 Buchst. b	Beratung bei der Erstellung des Anhangs	wie Nr. 1 Buchst. a	2/10–4/10	B

1. Gebührentatbestände

StBVV	Art der Tätigkeiten	Wert	Gebührenrahmen	Tabelle
§ 35 Abs. 1 Nr. 7 Buchst. c	Beratung bei der Erstellung des Lageberichts	wie Nr. 1 Buchst. a	2/10–4/10	B
§ 35 Abs. 3	Anfertigung/Berichtigung von Inventurunterlagen und sonstige Abschlussvorarbeiten bis zur abgestimmten Saldenbilanz	–	Zeitgebühr (30 € bis 75 € je angefangene halbe Stunde)	§ 13 StBVV
§ 36 Abs. 1	Prüfung einer Buchführung, einzelner Konten, einzelner Posten des Jahresabschlusses, eines Inventars, einer Überschussrechnung oder von Bescheinigungen für steuerliche Zwecke und für die Berichterstattung hierüber	–	Zeitgebühr (30 € bis 75 € je angefangene halbe Stunde)	§ 13 StBVV
§ 36 Abs. 2 Nr. 1	Prüfung einer Bilanz, einer Gewinn- und Verlustrechnung usw.	wie § 35 Abs. 2	2/10–10/10 sowie Zeitgebühr (30 € bis 75 € je angefangene halbe Stunde)	B sowie § 13 StBVV

Gebührenübersichten

4. Teil: I. Gebührenübersichten

Gebührenübersichten

StBVV	Art der Tätigkeiten	Wert	Gebührenrahmen	Tabelle
§ 36 Abs. 2 Nr. 2	Bericht über Prüfung einer Bilanz, einer Gewinn- und Verlustrechnung usw.	–	Zeitgebühr (30 € bis 75 € je angefangene halbe Stunde)	§ 13 StBVV
§ 37 Nr. 1	Erstellung eines Vermögensstatus oder Finanzstatus	Summe der Vermögens- bzw. Finanzwerte	5/10–15/10	B
§ 37 Nr. 2	Status aus übergebenen Endzahlen (ohne Prüfungsarbeiten)	Summe der Vermögens- bzw. Finanzwerte	2/10–6/10	B
§ 37 Nr. 3	schriftlicher Erläuterungsbericht zu Nr. 1	Summe der Vermögens- bzw. Finanzwerte	1/10–6/10	B
§ 38 Abs. 1	Erteilung einer Bescheinigung	vgl. § 35 Abs. 2	1/10–6/10	B
§ 38 Abs. 2	Mitwirkung an der Erteilung von Steuerbescheinigungen	–	Zeitgebühr (30 € bis 75 € je angefangene halbe Stunde)	§ 13 StBVV

e) Land- und forstwirtschaftliche Buchführung

Rz. 55

StBVV	Art der Tätigkeiten	Wert	Gebührenrahmen	Tabelle
§ 39 Abs. 2 Nr. 1	Buchführung oder das Führen steuerlicher Aufzeichnungen mit Kontieren – inkl. USt-Voranmeldung (Abs. 7) –	a) Betriebsfläche b) Jahresumsatz gem. Abs. 5 und 6	3/10–20/10	D Teil a und b
§ 39 Abs. 2 Nr. 2	Buchführung oder das Führen steuerlicher Aufzeichnungen nach kontierten Belegen oder erstellten Kontierungsunterlagen – inkl. USt-Voranmeldung –	wie Nr. 1	3/20–20/20	D Teil a und b
§ 39 Abs. 2 Nr. 3	Buchführung oder das Führen steuerlicher Aufzeichnungen per Datenverarbeitung – inkl. USt-Voranmeldung –	wie Nr. 1	1/20–16/20 zzgl. Datenverarbeitungskosten	D Teil a und b
§ 39 Abs. 2 Nr. 4	Laufende Überwachung der Buchführung oder das Führen steuerlicher Aufzeichnungen, jährlich	wie Nr. 1	1/10–6/10	D Teil a und b

Gebührenübersichten

Gebührenübersichten

StBVV	Art der Tätigkeiten	Wert	Gebührenrahmen	Tabelle
§ 39 Abs. 3 Nr. 1	Abschlussvorarbeiten	wie Nr. 1	1/10–5/10	D Teil a und b
§ 39 Abs. 3 Nr. 2	Abschlussaufstellung	wie Nr. 1	3/10–10/10	D Teil a und b
§ 39 Abs. 3 Nr. 3	Entwicklung eines steuerlichen Abschlusses aus betriebswirtschaftlichem Abschluss oder aus der Handelsbilanz usw.	wie Nr. 1	3/20–10/20	D Teil a und b
§ 39 Abs. 3 Nr. 4	Beratung bei Erstellen des Abschlusses	wie Nr. 1	1/20–10/20	D Teil a und b
§ 39 Abs. 3 Nr. 5	Prüfung eines Abschlusses für steuerliche Zwecke	wie Nr. 1	1/10–8/10	D Teil a und b
§ 39 Abs. 3 Nr. 6	Schriftlicher Erläuterungsbericht zum Jahresabschluss	wie Nr. 1	1/10–8/10	D Teil a und b
§ 39 Abs. 4 Nr. 1	Hilfeleistung bei der Einrichtung einer Buchführung oder dem Führen steuerlicher Aufzeichnungen	Betriebsfläche gem. Abs. 6	1/10–6/10	D Teil a
§ 39 Abs. 4 Nr. 2	Erfassung der Anfangswerte bei Buchführungsbeginn	wie Nr. 1	3/10–15/10	D Teil a

1. Gebührentatbestände

f) Rechtsbehelfs-, insbesondere Einspruchsverfahren

Rz. 56

StBVV	Art der Tätigkeiten	Wert	Gebührenrahmen	Tabelle
§ 40	richtet sich sinngemäß nach RVG	Wert des Interesses = strittiger Steuerwert (Mindestgegenstandswert 1 500 € gem. § 23 Abs. 1 Satz 3 RVG i.V.m. § 52 Abs. 4 Nr. 1 GKG)	0,5–2,5	§ 40 StBVV i.V.m. § 2 Abs. 2 RVG, Nr. 2300 VV-RVG[1])
	Einspruch bzw. Widerspruch	Wert des Interesses = strittiger Steuerwert (Mindestgegenstandswert 1 500 € gem. § 23 Abs. 1 Satz 3 RVG i.V.m. § 52 Abs. 4 Nr. 1 GKG)	0,5–2,5	§ 40 StBVV i.V.m. § 2 Abs. 2 RVG, Nr. 2300 VV-RVG
	Antrag auf AdV	i.d.R. 10 % des Gegenstandswerts des Hauptsacheverfahrens	0,5–2,5	§ 10 StBVV i.V.m. § 2 RVG, Nr. 2300 VV-RVG

Gebührenübersichten

---

[1]) Eine Gebühr von mehr als 1,3 kann nur gefordert werden, wenn die Tätigkeit umfangreich oder schwierig war (sog. Schwellengebühr). Regelung nach Nr. 2301 VV-RVG beachten bei Tätigkeiten einfacher Art, dann nur 0,3-Gebühr. Auslagenersatz richtet sich nach Nr. 7000 VV-RVG.

StBVV	Art der Tätigkeiten	Wert	Gebühren-rahmen	Tabelle
§ 40	Erledigung	Wert des Interesses = strittiger Steuerwert (Mindestgegenstandswert 1 500 € gem. § 23 Abs. 1 Satz 3 RVG i.V.m. § 52 Abs. 4 Nr. 1 GKG)	1,5	Nr. 1002 VV-RVG

g) Verwaltungsvollstreckung

Rz. 57

StBVV	Art der Tätigkeiten	Wert	Gebühren-rahmen	Tabelle
§ 44	richtet sich nach RVG	Wert des Interesses (→ 2. *Streitwertübersicht*) Höhe der zu vollstreckenden Forderung inkl. Nebenkosten	0,3 Verfahrensgebühr und ggf.	Nr. 3309 VV-RVG
			0,3 Terminsgebühr	Nr. 3310 VV-RVG

h) Gerichtliche und andere Verfahren

Rz. 58

StBVV	Art der Tätigkeiten	Wert	Gebührenrahmen	Tabelle
§ 45 Var. 1	Finanzgerichtsverfahren	Streitwert (§ 23 RVG i.V.m. § 52 GKG)	1,6 Verfahrensgebühr	RVG-Tabelle zu § 13 Abs. 1 RVG (Verwaltungs- und Gerichtsverfahrenstabelle) i.V.m. Nr. 3200 VV-RVG
			1,2 Terminsgebühr	Nr. 3202 VV-RVG
§ 45 Var. 2	Sozialgerichtsverfahren	Betragsrahmengebühr (in Fällen, in denen das GKG nicht gilt, vgl. § 3 RVG)	60 €–660 € Verfahrensgebühr	Nr. 3102 VV-RVG
			60 €–610 € Terminsgebühr	Nr. 3106 VV-RVG
		Wert des Interesses (bei Anwendbarkeit des GKG, vgl. § 3 RVG)	1,2 Terminsgebühr	Nr. 3104 VV-RVG
		Wert des Interesses (bei Anwendbarkeit des GKG, vgl. § 3 RVG)	1,6 Verfahrensgebühr	Nr. 3200 VV-RVG

Gebührenübersichten

StBVV	Art der Tätigkeiten	Wert	Gebührenrahmen	Tabelle
§ 45 Var. 3	Verwaltungsgerichtsverfahren	Gegenstandswert (§ 13 RVG i.V.m. § 52 GKG)	1,3 Verfahrensgebühr (1. Rechtszug)	RVG-Tabelle zu § 13 Abs. 1 RVG (Verwaltungs- und Gerichtsverfahrenstabelle) i.V.m. Nr. 3100 VV-RVG
			1,2 Terminsgebühr	Nr. 3104, 3202 VV-RVG
			1,6 Verfahrensgebühr (Berufung)	Nr. 3200 VV-RVG
§ 45 Var. 4	Steuerstrafverfahren	Betragsrahmengebühr (bei Pflichtverteidigung: Festgebühr)	44 € bis 396 € Grundgebühr (bei Pflichtverteidigung 175 €)	Nr. 4100 VV-RVG
			44 € bis 319 € Verfahrensgebühr (vorbereitendes Verfahren; bei Pflichtverteidigung 145 €)	Nr. 4104 VV-RVG
			44 € bis 319 € Verfahrensgebühr (gerichtliches Verfahren 1. Rechtszug Amtsgericht; bei Pflichtverteidigung 150 €).	Nr. 4106 VV-RVG

1. Gebührentatbestände

StBVV	Art der Tätigkeiten	Wert	Gebührenrahmen	Tabelle
§ 45 Var. 4	Steuerstrafverfahren	Betragsrahmengebühr (bei Pflichtverteidigung: Festgebühr)	44 € bis 330 € Terminsgebühr (bei Pflichtverteidigung 150 €)	Nr. 4102 VV-RVG
§ 45 Var. 5	Berufsgerichtliches Verfahren	Betragsrahmengebühr	44 € bis 385 € Grundgebühr	RVG-Tabelle zu § 13 Abs. 1 RVG (Verwaltungs- und Gerichtsverfahrenstabelle) i.V.m. Nr. 6200 VV-RVG
			55 € bis 352 € Verfahrensgebühr im 1. Rechtszug des gerichtlichen Verfahrens (bei Pflichtverteidigung: 163 €)	Nr. 6203 VV-RVG
			88 € bis 616 € Terminsgebühr im 1. Rechtszug des gerichtlichen Verfahrens (bei Pflichtverteidigung: 282 €)	Nr. 6204 VV-RVG

Gebührenübersichten

Gebührenübersichten

StBVV	Art der Tätigkeiten	Wert	Gebührenrahmen	Tabelle
§ 45 Var. 6	Bußgeldverfahren	Betragsrahmengebühr	33 € bis 187 € Grundgebühr (bei Pflichtverteidigung 88 €)	Nr. 5100 VV-RVG
		< 60 € Geldbuße	22 € bis 121 € Verfahrensgebühr (bei Pflichtverteidigung 57 €)	Nr. 5101, 5197 VV-RVG
			22 € bis 121 € Terminsgebühr bei Verfahren vor der Verwaltungsbehörde (bei Pflichtverteidigung: 57 €)	Nr. 5102 VV-RVG
			22 € bis 264 € Terminsgebühr bei gerichtlichem Verfahren im 1. Rechtszug; bei Pflichtverteidigung 114 €	Nr. 5108 VV-RVG
			33 € bis 319 € Verfahrensgebühr (bei Pflichtverteidigung 141 €)	Nr. 5103, 5109 VV-RVG

1. Gebührentatbestände

StBVV	Art der Tätigkeiten	Wert	Gebührenrahmen	Tabelle
§ 45 Var. 6	Bußgeldverfahren	60 € bis 5 000 € Geldbuße	33 € bis 319 € Terminsgebühr bei Verfahren vor der Verwaltungsbehörde (bei Pflichtverteidigung: 141 €)	Nr. 5104 VV-RVG
			44 € bis 517 € Terminsgebühr bei gerichtlichem Verfahren im 1. Rechtszug (bei Pflichtverteidigung: 224 €)	Nr. 5110 VV-RVG
		> 5 000 € Geldbuße	44 € bis 330 € Verfahrensgebühr bei Verfahren vor der Verwaltungsbehörde (bei Pflichtverteidigung: 150 €)	Nr. 5105 VV-RVG
			55 € bis 385 € Verfahrengebühr bei gerichtlichem Verfahren im 1. Rechtszug (bei Pflichtverteidigung: 176 €)	Nr. 5111 VV-RVG

Gebührenübersichten

Gebührenübersichten

StBVV	Art der Tätigkeiten	Wert	Gebührenrahmen	Tabelle
§ 45 Var. 6	Bußgeldverfahren	> 5 000 € Geldbuße	44 € bis 330 € Terminsgebühr bei Verfahren vor der Verwaltungsbehörde (bei Pflichtverteidigung 150 €)	Nr. 5106 VV-RVG
			88 € bis 616 € Terminsgebühr im gerichtlichen Verfahren (bei Pflichtverteidigung: 282 €)	Nr. 5112 VV-RVG
§ 45 Alt. 7	Gnadensachen	Betragsrahmengebühr	22 € bis 121 € Verfahrensgebühr bei Ordnungswidrigkeit (bei Pflichtverteidigung: 57 €)	Nr. 5200 VV-RVG
			33 € bis 330 € Verfahrensgebühr bei Straftat (bei Pflichtverteidigung: 141 €)	Nr. 4303 VV-RVG

i) Prozesskostenhilfe

Rz. 59

StBVV	Art der Tätigkeiten	Wert	Gebührenrahmen	Tabelle
§ 46	richtet sich nach RVG	bei Prozesskostenhilfe §§ 45, 49f. RVG, § 115 ZPO		RVG-Tabelle gem. § 49 RVG (Prozesskostenhilfetabelle) i.V.m. VV-RVG Teil 3 Abschn. 3 Unterabschn. 6
	Verfahren über Prozesskostenhilfe		1,0 Verfahrensgebühr in Höhe der Verfahrensgebühr für das Verfahren, für das die Prozesskostenhilfe beantragt wird, höchstens 1,0, bei Betragsrahmengebühren höchstens 500 €	Nr. 3335 VV-RVG

Gebührenübersichten

2. Streitwertübersicht im FG-Verfahren

Rz. 60

Die Angehörigen der steuerberatenden Berufe haben bei der Prozessvertretung vor dem Finanzgericht über **§ 45 StBVV** die Regeln des RVG – wie Rechtsanwälte als Prozessbevollmächtigte – anzuwenden (→. Rz. 34). Das Honorar für Klagen vor den Finanzgerichten richtet sich vom Grundsatz daher insbesondere nach den Regeln des **VV-RVG**. Die Gebühren ergeben sich aus Teil 3, Abschn. 2 und 5, sowie Teil 7 (Auslagen) VV-RVG.

Bei der **Verfahrensgebühr** ist zu berücksichtigen, dass diese im Finanzgerichtsverfahren – analog der zweiten Instanz in sonstigen Gerichtsverfahren – mit einer erhöhten Gebühr von 1,6 abzurechnen ist (Nr. 3200 VV-RVG). Als weitere Besonderheit ist zu berücksichtigen, dass eine 1,2 „**Terminsgebühr**" (Nr. 3202 VV-RVG) auch dann anfällt, wenn ohne mündliche Verhandlung gem. §§ 79a Abs. 2, 90a, 94a FGO entschieden wird.

Bemessungsgrundlage für die Gebühren, auch für die Gerichtsgebühren, ist der **Streitwert**. Maßgebend für die Berechnung des Streitwertes in einem finanzgerichtlichen Verfahren ist die Bedeutung der Sache für den Kläger (Steuerpflichtigen), wie diese sich aus dem Klageantrag ergibt (§ 52 Abs. 1 GKG). Regelmäßig wird über einen konkreten Steuerbetrag gestritten. Dieser ist sodann als Streitwert festzusetzen (§ 52 Abs. 3 GKG). Einen Anspruch auf eine „vorläufige" Streitwertfestsetzung hat der Prozessvertreter allerdings nicht (BFH vom 17.11.2015, III S 11/15, BFH/NV 2016, 572). Sind keine ausreichenden Anhaltspunkte für die Berechnung des Streitwerts ersichtlich, gilt der **Auffangstreitwert** von 5 000 € (§ 52 Abs. 2 GKG). Allerdings kann dieser entsprechend der Angemessenheit von dem Gericht erhöht oder vermindert werden (BFH vom 30.1.1996, VIII E 1/96, BFH/NV 1996, 575).

Hilfreich ist allerdings, dass § 52 Abs. 4 Nr. 1 GKG einen **Mindeststreitwert** von 1 500 € vorsieht. Dieser gilt sodann auch als Grundlage für das Steuerberaterhonorar (FG Niedersachsen vom 9.6.2005, 11 KO 19/15, n.v.; vom 4.10.2016, 9 KO 3/16, DStRE 2017, 960). Der Mindeststreitwert gilt allerdings nicht bei **einstweiligen Anordnungen** (Streitwert in der Regel 1/3 des Hauptsachestreitwertes) oder anderen **AdV-Verfahren** (BFH vom 14.12.2007, IX E 17/07, BStBl II 2008 S. 199). Ebenso gilt dieser nicht bei Tätigkeiten eines Steuerberaters im **Vorverfahren** (FG Niedersachsen vom 4.10.2016, 9 KO 3/16, DStRE 2017, 960).

Liegt eine **objektive Klagehäufung** vor, werden also mehrere Klagebegehren i.S.v. § 43 FGO in einer Klage zusammengefasst, sind die jeweiligen Gegenstandswerte zu einem Gesamtstreitwert zu addieren (§ 39 Abs. 1 GKG). Auch ist anzumerken, dass bei der Vertretung mehrerer Kläger, beispielsweise auch eines Ehepaares, eine entsprechende **Erhöhungsgebühr** (Nr. 1800 VV-RVG) geltend zu machen ist.

Ansonsten hat die Rechtsprechung für viele Verfahren Grundsätze zur Bestimmung des Gegenstands- und Streitwertes in strittigen Fällen festgelegt. Diese werden unter Angabe der Fundstelle in der **nachfolgenden Übersicht** für die häufigsten finanzgerichtlichen Problemkreise dargestellt (vgl. ausführlich auch das „Streitwert-ABC" in *Meyer/Goez/Schwamberger*, Die Vergütung der steuerberatenden Berufe, Loseblattkommentar, Fach 7, Kz. 5200, 7/2022). Allerdings kann dieser Katalog – auch aufgrund sich ändernder Rechtsprechung – keinen Anspruch auf Verbindlichkeit oder Vollständigkeit erheben.

Gebührenübersichten

Muster für Kostenfestsetzungsanträge können ebenfalls dem Loseblattkommentar *Meyer/Goez/Schwamberger*, Die Vergütung der steuerberatenden Berufe, Loseblattkommentar, Fach 7, Kz. 5080 und 5150, 7/2022, entnommen werden.

Abgabe von Steuererklärungen	Verlangt die FinVerw. die Abgabe von Steuererklärungen nach Schätzungsbescheiden oder wird die Aufforderung zur Abgabe angefochten, ist der Streitwert auf 50 % der zu erwartenden Steuerzahlung festzusetzen (BFH vom 13.8.1986, VIII R 181/85, BFH/NV 1987, 114); wird die Aufforderung zur Abgabe als solche angegriffen, gilt der Auffangwert von 5 000 €
Abgabenvergünstigung	Höhe der Abgabenvergünstigung, zumindest zu erwartender Reingewinn (BFH vom 25.5.1976, VII B 44/74, BStBl II 1976, 568)
Ablehnung von Richtern/Sachverständigen	→ *Befangenheitsantrag*

Gebührenübersichten

Abrechnungsbescheid	Gemäß finanziellem Klägerinteresse (strittig, so FG Düsseldorf vom 1.9.1972, VI 8/71, EFG 1972, 354; nach Hessischem FG vom 2.9.1966, B III 43/66, EFG 1967, 26, nur 1/5 bis 1/10 des Hauptanspruchs), bspw. Berechnung der fehlerhaften Vorauszahlung (BFH vom 16.8.1991, VII S 31/91, BFH/NV 1992, 262)
Akteneinsicht und Aktenkopien	Gemäß Klägerinteresse, bspw. bei Erlassantrag 25 % des Steuerbetrags (so: FG Düsseldorf vom 29.11.1994, 4 K 6535/91 AO, EFG 1995, 401); bei Streit über die Herausgabe von Ablichtungen von Akten: 5 000 € gem. § 52 Abs. 2 GKG
Anschlussrevision	Für Revision und Anschlussrevision ist ein Streitwert festzustellen gemäß den Interessen beider Parteien (BFH vom 23.8.1967, I R 183/66, BStBl II 1968, 60)
Ansparrücklage	Streitwert: 10 % des streitigen Gewinns bzw. Verlusts durch die Bildung der Ansparrücklage nach § 7g Abs. 3 EStG (FG Thüringen vom 10.11.2006, IV 70070/06 Ko, EFG 2007, 449)
Arrest	Streitwert ist die Hälfte der Arrest- bzw. Hinterlegungssumme (BFH vom 17.3.1982, VII S 104/81, BStBl II 1982, 328)
Aufrechnung	Gemäß Wert der zur Aufrechnung gestellten Gegenforderung (BFH vom 29.1.1991, VII E 6/90, BStBl II 1991, 467), wenn über die Gegenforderung insgesamt gestritten wird, sonst nur der Betrag, bezüglich dessen die Aufrechnung bestritten wird (BFH vom 24.1.1962, VII 186/58 U, BStBl III 1962, 144)

2. Streitwertübersicht im FG-Verfahren

Aufrechnung des FA gegen Kostenerstattungsanspruch	Die Aufrechnung des Finanzamts gegen einen Kostenerstattungsanspruch ist bereits nach der Kostengrundentscheidung möglich, somit also schon vor dem Erlass des Kostenfestsetzungsbeschlusses (BFH vom 16.3.2016, VII B 102/15, BFH/NV 2016, 996).
Auskunft	Gemäß finanziellem Klägerinteresse an der Nichterteilung der Auskunft, hilfsweise Auffangwert von 5 000 € (BFH vom 11.7.1986, III R 25/85, BFH/NV 1987, 99)
Außenprüfung	50 % der voraussichtlich zu erwartenden steuerlichen Auswirkung (BFH vom 6.3.1985, IV R 273/84; und vom 29.7.2009, VIII E 4/09, BFH/NV 2009, 1823), sonst Auffangwert von 5 000 €; ist das Abhalten der Schlussbesprechung isoliert Streitgegenstand, sind als Streitwert 10 % der steuerlichen Auswirkungen der zu erörternden Punkte des geplanten Betriebsprüfungsberichts anzusetzen (BFH vom 23.4.1980, I B 45/78, BStBl II 1980, 751)
Aussetzung der Vollziehung	Regelmäßig 10 % des Hauptsacheverfahrens (seit BFH vom 25.9.1985, VII R 45/85), mindestens jedoch Auffangwert von 5 000 €
Aussetzung des Verfahrens	10 % des Hauptsacheverfahrens (FG Hamburg vom 20.1.1972, III 142/69 [II E], EFG 1972, 351); bei Begründung mit laufenden Musterprozessen nur 5 % des Wertes des Hauptsacheverfahrens (BFH vom 18.11.1970, I B 29/70, BStBl II 1971, 154)
Bedarfswertermittlung	Die Ermittlung für Zwecke der Erbschaft-/Schenkungsteuer (bis zum 1.1.2009) ist in Abhängigkeit vom Grundstückswert zu schätzen, somit 10 % der streitigen Differenz des Grundstückswertes bis 512 000 € (BFH vom 9.4.2009, II E 2/09, BFH/NV

Gebührenübersichten

Gebührenübersichten		2009, 1138), sodann 20 % der Differenz bzw. 25 % der streitigen Differenz (BFH vom 11.1.2006, II E 3/05, BStBl II 2006, 333); ab dem 1.1.2009 entsprechend der Folgewirkung bei der Steuerfestsetzung
	Befangenheitsantrag	Bei Richtern: 10 % des Streitwertes der Hauptsache (BFH vom 22.11.1994, VII E 5/94, BFH/NV 1995, 720); bei Sachverständigen 10 % des Werts der Beweisaufnahme
	Beiladung	Bei gleichgelagertem Interesse des Beigeladenen gemäß Streitwert des Hauptgegenstandes, sonst anteilig (FG Berlin vom 6.2.1969, V 207/67, EFG 1969, 363)
	Bescheidbekanntgabe	10 % des Wertes für die Klage gegen den bekanntzugebenden Bescheid (BFH vom 20.1.1988, II R 112/85, BFH/NV 1989, 247), sonst Auffangwert von 5 000 €; a.A.: festgesetzte Steuerschuld (so *Berners*, Praxiskommentar, StBVV, 6. Aufl. 2021, S. 592).
	Bestellung eines Bevollmächtigten	10 % des Gegenstandswertes im Hauptsacheverfahren (BFH vom 15.11.1995, VIII E 1/95, BFH/NV 1996, 351)
	Betriebsprüfung	→ *Außenprüfung*
	Buchführungsverpflichtung	Bei Klage gegen die Anordnung der Buchführungspflicht ist der Auffangwert von 5 000 € maßgebend (BFH vom 12.3.1999, XI E 1/99, BFH/NV 1999, 1346)
	Duldungsbescheid	Gemäß der Höhe der Steuerforderung, wegen der der Duldungsbescheid erlassen wurde; ansonsten der Wert des Vollstreckungsgegenstandes (BFH vom 9.1.1992, VII E 1/91, BFH/NV 1992, 690)
	Durchsuchung	Wird gegen die Anordnung der Durchsuchung vorgegangen, richtet sich der Streitwert nach dem Vollstreckungsbetrag (BFH vom 20.5.1980, VII S 2/80,

	BStBl II 1980, 561)
Eidesstattliche Versicherung	50 % der Steuerrückstände, höchstens 500 000 € (BFH vom 23.10.2003, VII E 14/03, BFH/NV 2004, 351); ist nur die Ladung zur Abgabe strittig, halbiert sich der Wert (FG Baden-Württemberg vom 23.8.1996, 9 K 162/97)
Eigenheimzulage	Das Achtfache des strittigen Jahresbetrages bei Rechtsstreit für den gesamten Förderzeitraum (BFH vom 21.8.2002, IX E 2/02, BFH/NV 2003, 66), ansonsten der streitige Betrag (BFH vom 13.6.2008, IX E 4/08, BFH/NV 2008, 1516)
Einfuhrumsatzsteuer	Betrag der umstrittenen Einfuhrumsatzsteuer – auch bei Vorsteuerabzugsberechtigung (BFH vom 10.9.1974, VII B 60/73, BStBl II 1975, 196)
Einheitliche und gesonderte Feststellung	Sowohl bei der Feststellung von Einkünften wie bei der Feststellung von Gewinn regelmäßig 25 % der festzustellenden Beträge; ohne einkommensteuerliche Auswirkungen allerdings lediglich 1 % des streitigen Feststellungsbetrages (FG Baden-Württemberg vom 21.1.1994, EFG 1994, 740); bei Gewinnfeststellung kann der Satz höher oder niedriger sein (vgl. BFH vom 10.10.2006, VIII B 177/05, BStBl II 2007, 54)
Einheitswert	Bei Grundvermögen 8 % (Hessisches FG vom 15.8.2004, 3 K 1128/01, EFG 2005, 567) nach Wegfall der Vermögensteuer; bei Klage auf Aufhebung ohne steuerliche Auswirkungen wird der Auffangwert von 5 000 € angesetzt (FG Niedersachsen vom 2.5.1988, I 1/88 KO)
Einkommensteuer	Differenz zwischen begehrter und ursprünglicher Steuerfestsetzung ohne Folgesteuern und Nebenabgaben (BFH vom 22.9.1999, IV E 3/99, BFH/NV 2000, 334)

Gebührenübersichten

Gebührenübersichten

Einkunftsart	→ *Gewinnfeststellung*
Einstweilige Anordnung	1/3 des Wertes der Hauptsache (BFH vom 16.11.1976, VII B 84/74, BStBl II 1977, 80); bei Antrag auf einstweilige Einstellung der Zwangsvollstreckung 10 % des Zwangsvollstreckungsbetrags (BFH vom 28.1.1986, VII E 7/95, BFH/NV 1986, 424)
Erinnerung	Die strittigen Kosten bzw. die kostenrechtliche Auswirkung der Erinnerung bilden den Streitwert (BFH vom 28.2.1961, I 114/60, BStBl III 1961, 287)
Erlass	Begehrter Erlassbetrag (BFH vom 23.1.1991, I E 3/90, BStBl II 1991, 528); bei Antrag auf Neubescheidung gem. § 101 Satz 2 FGO lediglich 50 % des Erlassbetrags (FG Baden-Württemberg vom 9.12.1994, 2 K 237/93, EFG 1995, 401)
Erledigung in der Hauptsache	Gemäß Summe der gerichtlichen und erstattungsfähigen außergerichtlichen Kosten (FG Bremen vom 2.6.1994, 2 94 097 K 2, EFG 1994, 975); Gebühr entsteht schon bei fördernder Mitwirkung (OVG Koblenz vom 3.1.2017, 10 E 11382/16, NJW 2017, 905)
Erstattung	Gemäß begehrtem Erstattungsbetrag (BFH vom 30.6.1971, II B 8/68, BStBl II 1971, 603)
Fälligkeit einer Steuerforderung	Bei Klage gegen den Fälligkeitszeitpunkt 10 % der Steuerforderung (FG Düsseldorf vom 31.5.1974, V 234/73 A, EFG 1974, 435)
Feststellungsklage, Fortsetzungsfeststellungsklage	Streitwert ist 20 % geringer als bei Anfechtungs- bzw. Verpflichtungsklagen (KG vom 13.1.1955, NJW 1955, 797), wenn nicht beantragt wird, dass eine bestimmte Steuerhöhe festzusetzen ist, dann entsprechend der steuerlichen Auswirkung (FG Hessen vom 4.12.1967, VI 1/66, EFG 1968, 313); dieselben Grundsätze gelten für Fortsetzungsfest-

	stellungsklagen (BFH vom 9.7.1996, I R 6/91, BFH/NV 1996, 927)
Freistellungsbescheinigung	– Bescheinigung nach § 44a Abs. 5 EStG: Das Dreifache des Zinsverlustes, den der Kläger ohne Vorliegen der Bescheinigung durch Einbehaltung der Zinsabschlagsteuer erleidet (FG Saarland vom 12.1.1995, 1 K 216/94, EFG 1995, 401) – Bescheinigung nach § 48b EStG: 10 % vom Gesamtbetrag der Abzugsteuern (Sächsisches FG vom 6.10.2003, 7 K 1693/02, EFG 2004, 61) – Bescheinigung nach § 50d Abs. 3 Satz 1 EStG: Gemäß der zu erwartenden Steuerersparnis (BFH vom 18.6.1999, I E 1/99, BFH/NV 1999, 1505)
Fristverlängerung	Regelmäßig der Auffangwert von 5 000 €, begrenzt aber wohl durch den zu erwartenden Verspätungszuschlag (BFH vom 20.12.1985, VIII R 341/82, BFH/NV 1986, 481; FG Baden-Württemberg vom 31.10.2000, 4 K 242/00, n.v.)
Gemeinnützigkeit	Auffangwert von 5 000 € (FG Baden-Württemberg vom 26.1.1995, 6 K 10/92, EFG 1995, 855)
Gesamtschuldnerschaft	Auch bei einer Mehrzahl von Klägern ist nur ein Streitwert zu ermitteln; die Gerichtskasse kann sich den Schuldner „aussuchen". Bei getrennten Klagen gegen denselben Verwaltungsakt in jedem Verfahren gemäß der Höhe der vollen Haftungssumme (BFH vom 24.11.1994, VII E 7/94, BFH/NV 1995, 720)
Gesonderte Feststellung	Siehe zunächst unter → *Gewinnfeststellung*; bei der gesonderten Feststellung von Verlusten nach § 15a Abs. 4 EStG 10 % des streitigen Verlustbetrags (BFH vom 5.12.1996, IV R 2/95, BFH/NV 1997, 350); gesonderte Feststellung nach

	§ 18 AStG: 25 % des Werts (FG Nürnberg vom 25.3.1985, VI 309/84, EFG 1985, 413)
Getrennte Veranlagung	Gemäß Gesamtsteuerbetrag aus Zusammenveranlagung und getrennter Veranlagung (BFH vom 13.4.1962, IV S 305/61 U, BStBl III 1962, 321)
Gewerbesteuermessbetrag	Gemäß strittigem Messbetrag multipliziert mit dem Hebesatz der Gemeinde ohne Berücksichtigung evtl. Folgewirkungen auf andere Steuerarten (BFH vom 14.9.1995, VII E 3/95, BFH/NV 1996, 244; BFH vom 26.9.2011, VIII E 3/11, BFH/NV 2012, 60)
Gewinnfeststellung und Gewinnverteilung	Wird über die Einkunftsart (§ 15 oder § 21 EStG) gestritten, beträgt der Streitwert 1 % des streitigen Betrages (BFH vom 30.6.1989, VIII R 372/83, BFH/NV 1989, 802); bei Streit über die Zuordnung zu den Gesellschaftern 25 % des Gewinns, um den gestritten wird (BFH vom 6.9.2001, VIII S 6/01, BFH/NV 2002, 207)
Grunderwerbsteuer	Gemäß streitigem Steuerbetrag (BFH vom 2.2.1977, II R 4/72, BStBl II 1977, 484)
Grundlagenbescheid	Wird um die Berechtigung zur gesonderten und einheitlichen Feststellung von Einkünften gestritten, gilt der Auffangwert von 5 000 €, auch bei Klage auf Aussetzung der Vollziehung (FG Hamburg vom 1.7.1999, V 70/99, EFG 1999, 1157)
Grundsteuer	Bei Klage auf Änderung der Festsetzung des Grundsteuermessbetrages ist das Vierfache der Jahressteuer, die auf den streitigen Messbetrag entfällt, anzusetzen (BFH vom 10.2.1994, VII E 16/93, BFH/NV 1994, 818)

2. Streitwertübersicht im FG-Verfahren

Haftungsbescheid	Gemäß Steuerbetrag, für den gehaftet werden soll (BFH vom 13.3.2009, VII E 1/09, BFH/NV 2009, 1276)
Haupt- und Hilfsantrag	Beinhalten die unterschiedlichen Anträge. Für verschiedene Streitgegenstände, sind die entsprechenden Werte zu addieren, wenn das Gericht über beide entscheidet (BFH vom 23.9.2003, IX E 10/03, BFH/NV 2004, 77); ansonsten ist der weitergehende Antrag maßgebend (BFH vom 8.6.1988, IX E 4/87, BFH/NV 1989, 43)
Hinterziehungszinsen	Gemäß Differenz zwischen festgesetztem und begehrtem Zinsansatz; bei vollständiger Anfechtung entsprechend dem Gesamtbetrag (BFH vom 28.2.1978, VII B 30/77, BStBl II 1978, 314)
Insolvenz	Gemäß zu erwartender Insolvenzquote, sonst gemäß Auffangwert, auch bei Unsicherheit über die Eröffnung des Insolvenzverfahrens (FG Saarland vom 2.6.2004, 1 K 437/02).
Kindergeld	Gemäß Jahresbetrag des Kindergeldes zzgl. rückständiger Beträge (BFH vom 12.10.2005, III E 3/05, BFH/NV 2006, 325; ausführlich mit Differenzierungen: *Zenke* in Feiter, Steuerberatervergütungsverordnung, 3. Aufl. 2020, 618 ff.)
Kirchensteuer	→ *Nebenforderung*
Klagehäufung	Addition der Interessen aller Streitgenossen, falls kein wirtschaftlich identischer Streitwert (FG Bremen vom 7.1.1997, 2 96 108 Ko 2, 2 96 232 Ko 2, EFG 1997, 495; BFH vom 11.4.1962, II 248/60, BStBl III 1962, 320)
Körperschaftsteuer	Gemäß strittigem Körperschaftsteuerbetrag; bei Verlust 10 % des streitigen Verlustbetrages (BFH vom 27.11.1985, I B 41/85, BFH/NV 1986, 625)
Kontenpfändung	Bei vorläufigem Rechtsschutz entsprechend Wert der Hauptsache (FG

Gebührenübersichten

	Baden-Württemberg, 25.10.1999, 9 V 46/99, EFG 2000, 97)
Kontrollmitteilung	Regelmäßig Auffangwert von 5 000 € (BFH vom 8.7.1971, V B 23/71, BStBl II 1971, 562)
Kostenfestsetzung	Das Rechtsmittel der „Erinnerung" (§ 149 FGO) gegen den Kostenansatz ist gebührenfrei; bei Antrag auf Streitwertfestsetzung für das Erinnerungsverfahren gemäß der Höhe der streitigen Gerichtskosten
Kraftfahrzeugsteuer	Gemäß dem einmaligen strittigen Steuerbetrag (BFH vom 16.1.1974, II R 41/68, BStBl II 1974, 432); bei weiteren streitigen Rückständen erfolgt eine entsprechende Anpassung (BFH vom 4.10.2005, VII S 41/05, BFH/NV 2006, 319)
Lohnsteuer	Bei Klage auf Eintragung eines Freibetrags 10 % der auf diesen Betrag entfallenden Lohnsteuer (FG Hamburg vom 24.3.1993, III 42/92, EFG 1993, 602); Zinsvorteile bleiben außer Betracht (BFH vom 25.9.1989, IX E 4/88, BFH/NV 1990, 319)
Mehrere Streitgegenstände	Gemäß § 39 Abs. 1 GKG sind diese zu addieren; bei einheitlichem Klagegegenstand mit steuermindernden und steuererhöhenden Konsequenzen ist der Saldo anzusetzen (BFH vom 25.2.1991, V E 5/90, BFH/NV 1992, 127)
Nebenforderungen oder -leistungen	Nebenforderungen und Folgesteuern werden zwar grundsätzlich bei Klagen wegen steuerlicher Hauptfragen außer Acht gelassen (§ 43 Abs. 1 GKG); wird aber über Solidaritätszuschläge oder Kirchensteuer u. Ä. alleine gestritten, ist gem. § 43 Abs. 2 und 3 GKG von deren Werten auszugehen; beim Streit (nur) über (Verspätungs- oder Säumnis-)Zuschläge oder Zinsen gilt der strittige Betrag – auch hier ist im Vorverfahren zudem

	die mögliche Ermäßigung nach § 40 Abs. 2 StBVV zu beachten (FG Düsseldorf vom 7.1.2013, 4 Ko 3125/12, EFG 2013, 399).
Nichtigkeitsklage	Bei Begehren nach ersatzloser Aufhebung des Steuerbescheides gemäß Streitwert der Anfechtungsklage (BFH vom 3.4.2002, V E 1/02, BFH/NV 2002, 949); bei Änderungsbescheid gemäß Differenz zum ursprünglich festgesetzten Steuerbetrag.
Nichtzulassungsbeschwerde	Gemäß Streitwert des Klageverfahrens, ggf. herabgesetzt, falls im Revisionsverfahren die Klage nicht mehr in vollem Umfang fortgeführt werden soll (BFH vom 9.4.2008, II R 52/06, BFH/NV 2008, 1496)
Pfändung	→ *Vollstreckung*
Prozesskostenhilfe	Verfahren über die Gewährung von Prozesskostenhilfe (ausführlich: *Goez* in Kuhls u.a., Steuerberatungsgesetz, 4. Aufl. 2020, Rz. 4 f. zu § 65 StBerG) sind gerichtsgebührenfrei; bei Antrag auf Streitwertfestsetzung ist der Gegenstandswert nach den dem Kläger durch die Rechtsverfolgung entstehenden Kosten zu bestimmen (BFH vom 13.1.1987, VII S 29/86, BStBl II 1987, 201); dabei evtl. Schätzung der Beraterkosten (BFH vom 24.11.1998, VII S 25/98, BFH/NV 1999, 654); die aufgrund des einzusetzenden eigenen Vermögens zu berücksichtigenden Freibeträge für den Antragsteller (§ 115 ZPO) wurden zum 1.1.2021 insgesamt abgesenkt (Kostenrechtsänderungsgesetz 2021 vom 21.12.2020, BGBl. I 2020, 3229)
Prüfungsanordnung	→ *Außenprüfung*
Restitutionsklage	Streitwert wie für den begehrten aufzuhebenden oder zu ändernden Steuerbescheid (BFH vom 6.4.2021, X E 5/20, HFR 2021, 914)

Gebührenübersichten

Revision	Gemäß Revisionsantrag (regelmäßig wie Streitgegenstand des finanzgerichtlichen Verfahrens)
Richterablehnung	→ *Befangenheit*
Ruhen des Verfahrens	→ *Aussetzung des Verfahrens*
Säumniszuschlag	→ *Nebenforderung*
Solidaritätszuschlag	→ *Nebenforderung*
Sonderabschreibung	Entsprechend den Folgewirkungen bei den Steuern vom Einkommen bzw. vom Ertrag (FG Hamburg vom 14.5.1985, I 1/80, EFG 1985, 466)
Steuerberaterangelegenheiten	Bei Begehren der Zulassung zur Steuerberaterprüfung bislang 4 000 € (BFH vom 14.10.1989, VII S 21/89, BFH/NV 1990, 389); dies dürfte aber zukünftig deutlich angehoben werden. Bei Klagen gegen Steuerberaterprüfungs-Entscheidungen bis zu 50 000 € (Hessisches FG vom 2.4.2001, 13 Ko 1200/01, EFG 2001, 1073); es scheint sich ein einheitlicher Satz von 25 000 € bspw. auch bei Streit über die Befreiung von Steuerberaterprüfungen durchzusetzen (BFH vom 18.11.2003, VII B 299/02, BFH/NV 2004, 515). Auch bei einem Streit um die Anerkennung als Steuerberatungsgesellschaft wurde früher von einem Gegenstandswert von 25 000 € ausgegangen (BFH vom 2.3.1992, VII S 55/91, BFH/NV 1992, 691). Derselbe Gegenstandswert wird bei einer Klage zur Erlangung einer Ausnahmegenehmigung einer „besonders befähigten Person" als Geschäftsführer einer Steuerberatungsgesellschaft gem. § 50 Abs. 3 StBerG angesetzt (FG Hamburg vom 2.9.2004, StB 2004, 690); nunmehr beträgt der Streitwert bei Anerkennung, der Rücknahme oder Widerruf

	50 000 €, bei großen Gesellschaften 100 000 € (BFH vom 10.12.2009, VII R 39/07, BFH/NV 2010, 661)
Steuererklärungspflicht	Bei Streit um das Verlangen der FinVerw., eine Steuererklärung abzugeben, wird der Streitwert auf 50 % der zu erwartenden Steuern festzusetzen sein (FG Baden-Württemberg vom 20.7.1982, X 113/82, DStZ/E 1983, 70). Lässt sich der Streitwert (noch) nicht ermitteln, ist der Auffangstreitwert i.H.v. 5 000 € anzusetzen (FG Berlin vom 15.3.1988, VII 27/88, EFG 1988, 504)
Steuervergünstigung	Unproblematisch ist der Gegenstandswert dann festzustellen, wenn es um eine Vergünstigung für einen Veranlagungszeitraum geht; soll die Steuervergünstigung jedoch für eine unbestimmte Zahl von Jahren erlangt werden, ist dennoch ebenfalls der Gegenstandswert entsprechend einem Jahresbetrag anzusetzen (BFH vom 18.6.1969, I B 8/69, BStBl II 1969, 587); geht es um eine vorläufige Entscheidung über die Steuervergünstigung, ist ein Drittel des Streitwerts anzusetzen (BFH vom 18.7.1968, VII B 41/67, BStBl II 1968, 743)
Streitwertbeschwerde	Der Beschwerdewert ist die Differenz zwischen den anfallenden Gebühren, die sich nach den beiden Streitwerten ergeben (OVG Sachsen-Anhalt vom 11.1.2021, 2 O 139/20, Anwaltsgebühren Spezial 2021, 138)
Streitwertfestsetzung	Nur bei besonderem Rechtsschutzbedürfnis möglich (BFH vom 22.2.2013, VIII R 42/09, BFH/NV 2013, 248), häufig Auffangstreitwert (siehe Vorbemerkung)
Stufenklage	Gegenstandswert ist der Leistungsantrag, auch wenn es nicht zur Bezifferung kommt (OLG München vom 6.7.2021, 2 WF 689/21, NJW Spezial 2021, 507)

Gebührenübersichten

Gebührenübersichten

Stundung	Grundsätzlich 10 % des zu stundenden Betrags (BFH vom 9.11.1962, IV 44/58 U, BStBl III 1963, 76)
Teilnahme an BP-Schlussbesprechung	→ *Außenprüfung*
Umsatzsteuer	Regelmäßig die Differenz zwischen festgesetzter und begehrter Umsatzsteuer; bei Streit um die abzugsfähige Vorsteuer ist der streitige Vorsteuerbetrag zu Grunde zu legen (BFH vom 17.2.1994, VII E 3/93, BFH/NV 1994, 819)
Unbedenklichkeitsbescheinigung	Für die Gegenstandswertbestimmung sind neben den steuerlichen auch die außersteuerlichen Aspekte zu berücksichtigen (BFH vom 12.7.1972, II R 168/70, HFR 1972, 596), der Betrag ist nach dem finanziellen Interesse zu schätzen
Untätigkeitsklage	Gegenstandswert ist die Höhe des streitigen Steuerbetrages entsprechend einer Anfechtungsklage nach Rechtsbehelfsverfahren, da § 46 Abs. 1 FGO lediglich von Letzterem suspendiert (BFH vom 5.5.1970, II B 19/67, BStBl II 1970, 551); wird das Tätigwerden des Finanzamts begehrt, 10 % des Einspruchswerts (BFH vom 30.8.1967, I B 43/67, BStBl III 1967, 786; FG Rheinland-Pfalz vom 16.4.2015, 6 Ko 1093/15, EFG 2015, 1229)
Untersagung von Steuerrechtshilfe	Bei einer Untersagungsverfügung i.S.v. § 5 StBerG ist Gegenstandswert das letzte Jahreseinkommen des Klägers (BFH vom 27.6.1978, VII B 18/77, BStBl II 1978, 631; vom 12.12.1978, VII B 50/78, BStBl II 1979, 264)
Urteilsberichtigung	Der Beschwerdestreitwert ist mit 10 % desjenigen der Hauptsache festzusetzen (BFH vom 26.11.2002, IV E 3/02, BFH/NV 2003, 339)
Veräußerungsgewinn	15 % des streitigen Gewinnbetrags (BFH vom 2.2.1967, IV 224/64, BStBl III 1967, 274)

2. Streitwertübersicht im FG-Verfahren

Verbindliche Auskunft	Bei strittigem Steuerbetrag die Differenz (BFH vom 22.4.2015, IV R 13/12, BStBl II 2015, 989)
Verlustabzug	Grundsätzlich ist nur die Verlustwirkung im Streitjahr zu berücksichtigen, auch wenn die Entscheidung Auswirkung für die Folgeveranlagungszeiträume hat (BFH vom 1.12.2004, I E 3/04, BFH/NV 2005, 572); sind Auswirkungen im Streitjahr nicht gegeben, ist der „Auffangwert" anzusetzen (BFH vom 11.10.1985, III R 71/85, BFH/NV 1986, 159). Für die Feststellung des verbleibenden Verlustvortrags i.S.v. § 10d EStG sind hingegen die steuerlichen Auswirkungen für die entsprechenden Jahre zu berücksichtigen, in die der Verlustübertrag erfolgt (BFH vom 5.5.2009, I R 84/07, BFH/NV 2009, 1446); sollten die Auswirkungen nicht berechnet werden können, sind 10 % der strittigen Verluste anzusetzen (BFH vom 26.1.2006, VIII E 6/05, BFH/NV 2006, 1112)
Vermögensteuer	Gegenstandswert ist das Dreifache des Jahresbetrags, soweit keine kürzere Geltungsdauer der klagegegenständlichen Festsetzung gegeben ist (BFH vom 3.3.1988, IV R 231/85, BFH/NV 1990, 49)
Vermögensverzeichnis	→ *Eidesstattliche Versicherung*
Verpflichtungsklage	Bei Klage auf Vollstreckungsaufschub 10 % der abverlangten Beträge (FG Baden-Württemberg vom 27.7.1990, IX K 182/88, EFG 1990, 655)
Verspätungszuschlag	Streitwertfestsetzung gemäß strittigem Betrag
Vollstreckung	Bei dem Begehren nach einstweiliger Einstellung der Zwangsvollstreckung beträgt der Streitwert 10 % des Zwangsvollstreckungsbetrages (BFH vom 2.6.1967, IV B 15/66, BStBl III 1967, 512), ansonsten entsprechend der Höhe der zu vollstrecken-

Gebührenübersichten

4. Teil: I. Gebührenübersichten

Gebührenübersichten

	den Forderung (BFH vom 27.10.2005, VII E 9/05, BFH/NV 2006, 345)
Vorauszahlung	Gegenstandwert ist der umstrittene Vorauszahlungsbetrag (BFH vom 16.8.1991, VII S 31/91, BFH/NV 1992, 262); auch bei Vorauszahlungsbescheiden über mehrere Jahre wird nur der konkret angegangene Veranlagungszeitraum zu Grunde gelegt
Vorbehalt der Nachprüfung	Bei Klage gegen den „Vorbehalt der Nachprüfung" ist der Auffangstreitwert von 5 000 € zu Grunde zu legen (BFH vom 23.11.1994, II B 102/94, BFH/NV 1995, 537)
Wiederaufnahmeverfahren	→ *Restitutionsklage*
Zinsen	→ *Nebenforderung*
Zolltarifauskunft	Gegenstandwert in Verfahren zur Erlangung einer verbindlichen Zolltarifauskunft ist der Auffanggegenstandswert von 5 000 € (BFH vom 18.12.1991, VII E 8/91, BFH/NV 1992, 542; vom 30.1.2001, VII R 83/99, HFR 2001, 491)
Zurückweisung des Prozessvertreters	10 % des Gegenstandswerts der Hauptsache (BFH vom 5.6.2003, V B 48/03, BFH/NV 2003, 1341)
Zwangsgeld	Gemäß festgesetztem Zwangsgeld (BFH vom 5.2.1993, 5 K 1581/92, StE 1993, 518); bei Klage lediglich gegen die Androhung von Zwangsgeld allerdings nur 50 % des angedrohten Betrags (FG Bremen vom 12.12.1989, IV K 26/87, EFG 1991, 99)
Zwangsverwaltung	Bei Anfechtung des Antrags der FinVerw. auf Anordnung der Zwangsverwaltung gemäß Jahresbetrag der an den Zwangsverwalter zu zahlenden Miete (FG Saarland vom 16.10.1998, 1 K 193/98, EFG 1999, 156)
Zwangsvollstreckung	→ *Vollstreckung* und → *Einstweilige Anordnung*

3. Abrechnung von vereinbaren Tätigkeiten

Rz. 61

Die folgende Aufstellung führt wichtige Tätigkeiten von Steuerberatern auf, die gem. § 57 Abs. 3 StBerG jenseits der Vorbehaltsaufgaben gem. § 33 StBerG mit dem Beruf des Steuerberaters „vereinbar" sind, zugelassen aufgrund von § 57 Abs. 3 StBerG. Neben der jeweiligen vereinbaren Tätigkeit werden dabei stichwortartig die gesetzliche Fundstelle für die entsprechende Abrechnung bzw. sonstige Abrechnungsmodalitäten angegeben. Im Einzelfall sollte aber eine genaue Überprüfung der Rechtsgrundlage erfolgen. In vielen Fällen wird auf die „angemessene Vergütung" aus einem Geschäftsbesorgungsvertrag (§ 675 i.V.m. §§ 611, 612 oder §§ 631, 632 BGB) verwiesen; hier wird regelmäßig ein Stundenhonorar unter Berücksichtigung der individuellen Tätigkeit und der Erfahrung des Beraters (vgl. auch die Kriterien in § 11 StBVV) anzusetzen sein; regelmäßig dürfte die nachgewiesene Arbeit mit 130 € bis 250 €, bei Spezialisten teilweise auch deutlich höher, abrechnungsfähig sein. Auf der sicheren Seite dürfte sein, wer im Rahmen der Spanne des § 13 Satz 2 StBVV (bis 150,00 €/Stunde) bleibt, worauf in der Kostennote hingewiesen werden sollte.

Gebührenübersichten

> **Beratungshinweis:**
>
> Sofern im Einzelfall keine gesonderte Regelung erfolgt, lautet daher die Paragraphenkette mit relativ sicherer Durchsetzbarkeit: „§ 675 i.V.m. §§ 611, 612 BGB i.V.m. § 13 Satz 2 StBVV analog"

Vereinbare Tätigkeiten	Abrechnung
Abwickler:	
– Notabwickler bei Vereinen (gem. § 29 BGB)	Aufwendungsersatz gem. § 670 BGB bzw. wie Insolvenzverwalter gem. InsVV
– Abwickler gem. § 265 Abs. 2 AktG	§ 265 Abs. 2 AktG; Vergütung entsprechend dem Betrag für Vorstandsmitglieder als Abwickler
Allgemeiner Vertreter (§ 69 StBerG)	Angemessene Vergütung gem. §§ 675, 611, 612 BGB; ersatzweise Festlegung durch die Steuerberaterkammer; Kammer haftet als Bürge für Vergütung

Gebührenübersichten

Vereinbare Tätigkeiten	Abrechnung
Anderkonten- und Depotverwalter (Verwaltung fremden Vermögens i.S.v. § 57 Abs. 3 Nr. 2 StBerG)	Hebegebühr gem. Nr. 1009 VV-RVG analog (Staffelung von 1 % bis 0,25 %); bei Depotverwaltung ersatzweise gem. der üblichen Bankgebühren
Anlagenberatung	Gemäß Vereinbarung, zumindest angemessene Vergütung gem. §§ 675, 611, 612 BGB aus Geschäftsbesorgungsvertrag
Aufsichtsrat	Vergütung grundsätzlich gemäß Satzungsregelung, ggf. ehrenamtlich oder aufgrund entsprechender Zusatzvereinbarungen; sonst §§ 113, 114 AktG (BGH vom 22.6.2021, II ZR 225/20, NJW Spezial 2021, 495)
Beratungshilfe	Verpflichtende Übernahme nach § 65a StBerG; aufgrund eines vom Amtsgericht ausgestellten Beratungsscheines; zunächst Grund-Gebühr i.H.v. 15,00 € (Nr. 2500 VV-RVG) und eine Beratungsgebühr i.H.v. 35,00 € (Nr. 2501 VV-RVG); sodann Geschäftsgebühr i.H.v. 85,00 € (Nr. 2503 VV-RVG), die auf ein anschließendes gerichtliches oder behördliches Verfahren zur Hälfte anzurechnen ist (ausführlich *Goez* in Kuhls u.a., Steuerberatungsgesetz, 4. Aufl. 2020, § 65a StBerG Rz. 15 ff.)
Betreuer	→ *Vormund* § 1908i BGB mit Verweis auf §§ 1835 f. BGB i.V.m. § 22 JVEG; um 10 % erhöhte Gebühren seit dem 1.1.2021; Vergütung aber erst bei der Bestellung in der Hauptsache, nicht bei „vorläufiger Bestellung" (BGH vom 2.3.2016, XII ZB 196/13, DStRE 2016, 1534)
Betriebswirtschaftliche Beratung	→ *Unternehmens- und Wirtschaftsberater*

3. Abrechnung von vereinbaren Tätigkeiten

Vereinbare Tätigkeiten	Abrechnung
Controlling	Einmalige oder dauerhafte Hilfestellung für Unternehmen, angemessene Vergütung wie Anlageberater
Corona-Krisenberatung	→ *Pandemie-Beratung*
Ehrenamtlicher Richter	Gemäß §§ 6 f., 15 bis 18 JVEG (seit dem 1.1.2021 um 10 % angehoben); dasselbe gilt gem. § 104 StBerG für StB als Richter im berufsgerichtlichen Verfahren
Existenzgründungsberater	→ *Unternehmens- und Wirtschaftsberater* Bei steuerlichen Fragen i.S.v. § 33 StBerG gem. §§ 21 oder 22 StBVV; ansonsten gem. § 675 i.V.m. §§ 611 f. BGB; dringend anzuraten ist eine Vergütungsvereinbarung
Finanzierungsberater bei Kredit-, Fördermittel- oder Finanzierungsbeschaffung und zur Erfüllung der Vorgaben der Kreditwirtschaft (Basel II; § 18 KWG)	Angemessene Vergütung gem. §§ 675, 611, 612 BGB
Fiskalvertreter (§ 22a UStG)	Angemessene Vergütung gem. § 675 i.V.m. §§ 611, 612 oder §§ 631, 632 BGB
Fördermittelberater	→ *Existenzgründungsberater*
Gegenvormund	→ *Vormund*
Gläubigerausschuss	Mitglieder werden zur Unterstützung des Insolvenzverwalters bestimmt; seit dem 1.1.2021 honoriert gem. § 17 InsVV: 50 € bis 300 €/Stunde; beim vorläufigen Gläubigerausschuss beträgt die Vergütung pauschal 500 €
Gutachter	→ *Sachverständiger*
Hausverwalter	Gemäß § 612 BGB; als angemessen ist wohl auch 1,5 % der Jahresrohmiete anzusehen

Gebührenübersichten

4. Teil: I. Gebührenübersichten

Gebührenübersichten

Vereinbare Tätigkeiten	Abrechnung
Insolvenzberatung	→ *Unternehmens- und Wirtschaftsberater*
Insolvenzverwalter	Gemäß §§ 63, 64 Abs. 1 InsO i.V.m. §§ 1 ff. InsVV; Regelvergütung nach dem Wert der Insolvenzmasse (s. Schlussabrechnung); Festsetzung durch Insolvenzgericht (§ 64 InsO; § 8 InsVV); dabei seit dem 1.1.2021 Staffelung von 40 % (bis 35 000 €), 26 % (Mehrbetrag bis 70 000 €), 7,5 % (Mehrbetrag bis 350 000 €), 3,3 % (Mehrbetrag bis 700 000 €), 2,2 % (Mehrbetrag bis 35 Mio. €),1,1 %(Mehrbetragbis70 Mio. €), 0,5 % (Mehrbetrag bis 350 Mio. €, 0,4 % (Mehrbetrag bis 700 Mio. €), der darüber hinausgehende Betrag wird mit 0,2 % abgerechnet (vgl. § 2 InsVV n.F.); zudem Erhöhung gemäß Anzahl der Gläubiger
Kurzarbeitergeld	Die Abrechnung des Antrags auf Kurzarbeitergeld kann eine Tätigkeit im Zusammenhang mit dem Lohnsteuerabzug und der Lohnbuchführung sein; abzurechnen gem. § 34 Abs. 5 i.V.m. § 13 Satz 1 Nr. 1, Satz 2 StBVV mit einer angemessenen Zeitgebühr; ohne entsprechenden Auftrag zur Lohnbearbeitung ist die übliche Vergütung abzurechnen (§§ 675, 612 Abs. 2 BGB; bei Einzelbeauftragung § 632 Abs. 2 BGB)
Liquidator:	
– In den Fällen des § 265 Abs. 4 AktG	Antrag beim Registergericht auf Festsetzung der angemessenen Vergütung (§ 85 Abs. 3 AktG), häufig analog InsVV
– bei § 146 Abs. 1 HGB	Als Gesellschafter gemäß Gesellschafterbeschluss der OHG, ansonsten weder Vergütungs- noch Auslagenanspruch; als Nichtgesellschafter angemessene Vergütung und Auslagenersatz gemäß InsVV

3. Abrechnung von vereinbaren Tätigkeiten

Vereinbare Tätigkeiten	Abrechnung
Mediator	Gemäß Vereinbarung (insb. Festbetrag); sonst angemessene Vergütung gem. §§ 675, 611, 612 BGB; häufig Tagessätze zwischen 1 000 € und 2 000 €
Mitglied im Gläubigerausschuss/ -beirat	Gemäß § 73 InsO i.V.m. § 17 InsVV regelmäßig 35 € bis 95 €/Stunde; auch Pauschalvereinbarung möglich; analog §§ 8 und 16 InsVV Festsetzung durch Insolvenzgericht; zusätzlich Auslagen (§ 18 InsVV)
Nachlasspfleger	→ *Pfleger* bzw. *Vormund*; bei Berufspflegschaft gem. § 1836 Abs. 1 BGB
Nachlassverwalter	Gemäß § 1987 BGB; regelmäßig je nach Wert zwischen 1 % und 5 % des Aktivvermögens des Nachlasses; auf Antrag oder von Amts wegen entscheidet das Nachlassgericht
Notgeschäftsführer	Angemessene Vergütung gem. §§ 675, 611, 612 BGB
Pandemie-Beratung	Für die Antragstellung von Fördermitteln zur Überbrückung der Corona-Krise oder auch bei Fördermitteln und Inanspruchnahme von Förderprogrammen ist die übliche Vergütung gem. §§ 675, 611 f. bzw. 631 f. BGB zu Grunde zu legen (a.A. *Günther/Grupe*, Rahmenbedingungen der Arbeit des Steuerberaters in der Corona-Krise, NWB 2021, S. 291, 293: Danach Abrechnung nach § 21 Abs. 1 StBVV, was nur richtig ist, wenn es sich um rein steuerliche Sachverhalte i.S.v. § 33 StBerG – Originärtätigkeit des Steuerberaters – handelt)
Pfleger	→ *Vormund* (§§ 1915, 1835 und 1836 BGB i.V.m. § 67a Abs. 3 FGG)
Plausibilitätsprüfung	Häufig gem. § 36 Abs. 1 StBVV, ansonsten § 675 i.V.m. §§ 631, 632 BGB bei Einzelbeauftragung

Gebührenübersichten

Vereinbare Tätigkeiten	Abrechnung
Praxisabwickler und -treuhänder	Angemessene Vergütung gem. §§ 70 Abs. 3, 69 Abs. 4 bzw. § 71 Abs. 2 StBerG; im Zweifel Bestimmung durch die Steuerberaterkammer; zzgl. Aufwendungsersatz; Kammer haftet als Bürge bei Praxisabwicklung
Prozess-(Automatisierungs-)Berater	Die auch „Digitalisierungsberatung" genannte Prozessberatung ist als betriebswirtschaftliche Beratung eine mit dem Beruf des Steuerberaters vereinbare Tätigkeit (§ 57 Abs. 3 StBerG) und abzurechnen gem. § 675 i.V.m. §§ 611 f. BGB oder bei Einzelbeauftragung gem. § 632 Abs. 2 BGB (ausführlich: *Liese*, Digitalisierung der Mandanten begleiten und selbst profitieren, Stbg 2021, 41)
Prüfungen:	
– Freiwillige Prüfungen	Angemessene Vergütung gem. § 675 i.V.m. § 612 bzw. § 632 BGB (ähnlich Vergütung bei Wirtschaftsprüfer); bei steuerlicher Beratung i.S.v. § 33 StBerG gilt die StBVV (insb. § 36)
– Prüfung auf Plausibilität	Vgl. § 18 KWG; siehe auch → *Finanzierungsberatung*
– Prüfungen nach § 34c GewO i.V.m. § 16 MaBV	Gemäß § 675 i.V.m. § 612 bzw. § 632 BGB
– Gründungs- und Sonderprüfungen (§§ 33, 143, 183 AktG)	Gemäß § 675 i.V.m. § 612 bzw. § 632 BGB
Rechtsbeistand	Gemäß RVG, wenn Mitglied einer Rechtsanwaltskammer, sonst gem. Vereinbarung
Restrukturierungsbeauftragter	Gemäß §§ 80 bis 83 des „Gesetzes über den Stabilisierungs- und Restrukturierungsrahmen für Unternehmen" (StaRUG) vom 22.12.2020 (BGBl. I 2020, 3256) Festsetzung der Vergütung durch das Restruk-

3. Abrechnung von vereinbaren Tätigkeiten

Vereinbare Tätigkeiten	Abrechnung
	turierungsgericht mit angemessenen Stundensätzen, auch bei dem Einsatz erforderlicher Mitarbeiter (im Regelfall bis 350,00 € für die persönliche Tätigkeit und bis 200,00 € für qualifizierte Mitarbeiter/Stunde); Bestellung durch das Restrukturierungsgericht von Amts wegen oder auf Antrag (fakultativer Restrukturierungsbeauftragter); Möglichkeit der Anhebung des Höchstbetrages auf Antrag durch das Gericht.
Sachverständiger	In Gerichtsverfahren durch Gerichtsbeschluss gem. § 1 Abs. 1 Nr. 1 i.V.m. §§ 8 bis 14 JVEG, insbesondere gem. Anlage 1 zu § 9 JVEG (gestaffeltes Stundenhonorar von 65 € bis 125 € nach Art der Begutachtung sowie Fahrtkosten und Aufwendungsersatz, z.B. bei Unternehmensbewertung Stufe 10: 95 €); in steuerlichen Angelegenheiten gem. § 22 StBVV; im Übrigen gem. Vereinbarung
Sachwalter	§ 270 InsO i.V.m. § 12 InsVV (i.d.R. 60 % der Vergütung des Insolvenzverwalters)
Sanierungsmoderator	Zur Vermittlung zwischen Schuldnern und dessen Gläubigern auf Antrag durch das Restrukturierungsgericht eingesetzt; Vergütung gem. § 98 des „Gesetzes über den Stabilisierungs- und Restrukturierungsrahmen für Unternehmen" (StaRUG) in angemessener Höhe unter Bezugnahme auf die §§ 80 bis 83 StaRUG (→ *Restrukturierungsbeauftragter*)
Schiedsrichter und -gutachter	Gemäß Vereinbarung (bspw. nach den Regeln zum Schiedsgerichtsverfahren gem. Nr. 3100 – Verfahrensgebühr – und Nr. 3104 Abs. 1 Nr. 3 – Terminsgebühr – VV-RVG) bzw. nach evtl. bestehender Verbandsschiedsgerichtsordnung; ansonsten als gerichtliches Verfahren gem. § 45 StBVV i.V.m. § 36 RVG; bei privater

Gebührenübersichten

Vereinbare Tätigkeiten	Abrechnung
	Beauftragung zumindest angemessene Vergütung gem. § 675 i.V.m. §§ 611, 612 BGB; bei Erstellung eines steuerlichen Gutachtens gem. § 22 StBVV
Sequester	→ *Vorläufiger Insolvenzverwalter*
Subventionsberater	→ *Existenzgründungsberater*
Testamentsvollstrecker	Gemäß § 2221 BGB, falls vom Erblasser nicht durch Testament ausgeschlossen; üblicherweise Konstituierungs- und Verwaltungsgebühr, errechnet nach der Aktivmasse zzgl. Auslagenersatz (§ 2218 BGB); zumeist Anwendung der „Rheinischen Tabelle": 1,5 % – bei über 5 Mio. € Nachlasswert – bis 4 % bei Nachlasswert bis 250 000 €; keine zusätzliche Umsatzsteuer, da Vergütung als Bruttoentgelt angesehen wird (h.M.)
Treuhänder für Mandanten	Angemessene Vergütung gem. § 675 i.V.m. §§ 611, 612 BGB; bei Kontenverwaltung ggf. analog Nr. 1009 VV-RVG; bei Depotverwaltung entsprechend den üblichen Bankgebühren (→ *Anderkontenverwalter*)
Treuhänder im vereinfachten Insolvenzverfahren (§ 293 InsO)	Seit 1.1.2021 gem. § 14 InsVV n.F., danach Staffelung entsprechend der Summe der Beträge, die beim Treuhänder zur Befriedigung der Gläubiger eingehen (von den ersten 35 000 € 5 %; von dem Mehrbetrag bis 70 000 € 3 %; von dem darüber hinausgehenden Betrag 1 %), mindestens 140 €/anno und Erhöhung um 70 €/je fünf Gläubiger bei mehr als fünf Gläubigern
Unternehmens- und Wirtschaftsberater	Angemessene Vergütung gem. § 675 i.V.m. §§ 611, 612 BGB, regelmäßig gemäß Zeitaufwand (zzt. ca. 130 €–250 €/Stunde); auch kann die Anwendung von Honorartabellen, gestaffelt nach Gegenstandswerten, vereinbart werden

3. Abrechnung von vereinbaren Tätigkeiten

Vereinbare Tätigkeiten	Abrechnung
Vereidigter Buchprüfer	→ *Wirtschaftsprüfer*
Verfahrenspfleger	Im Betreuungs- oder Unterbringungsverfahren (§§ 67, 70 FGG) → *Pfleger* bzw. → *Vormund*
Vermögensverwalter	Angemessene Vergütung gem. § 675 i.V.m. §§ 611, 612 BGB; ggf. entsprechend → *Testamentsvollstrecker* oder → *Zwangsverwalter* in mit solcher Funktion vergleichbaren Fällen
Vertreter eines verstorbenen Schuldners (vgl. § 779 ZPO)	→ *Nachlassverwalter*
Vertreter in Gesellschafterversammlungen	Angemessene Vergütung gem. § 675 i.V.m. §§ 611, 612 BGB, regelmäßig gemäß Zeitaufwand (bis ca. 200 €/Stunde) oder gemäß gesonderter Vereinbarung
Vorläufiger Insolvenzverwalter	Bei Bestellung gem. § 21 InsO i.V.m. §§ 10, 11 InsVV ca. 25 % der Vergütung eines → *Insolvenzverwalters* (→ *Zwangsverwalter*)
Vormund	Gemäß § 1836 Abs. 1 BGB unentgeltlich, aber Aufwendungsersatz gem. § 1835 BGB und Aufwandsentschädigung nach § 1835a BGB mit Verweis auf das JVEG (Anhebung um 10 % seit dem 1.1.2021; ansonsten auf Grund gerichtlicher Feststellung als „berufsmäßig" – insb. bei erheblichem Umfang der Tätigkeit – Bestimmung einer angemessenen Vergütung durch Vormundschaftsgericht gemäß dem Vormünder- und Betreuungsvergütungsgesetz (VBVG), dort Nr. 3 (bei Steuerberatern regelmäßig 44 €/Stunde netto; Gericht kann angemessen erhöhen); Abtretung an Verrechnungsstelle ist zulässig (BGH vom 19.6.2013, XII ZB 357/11, DStR 2014, 671)

Gebührenübersichten

Vereinbare Tätigkeiten	Abrechnung
Wirtschaftsberater	→ *Unternehmens- und Wirtschaftsberater*
Wirtschaftsprüfer	Trotz §§ 55 f. WPO besteht keine Gebührenordnung; angemessene Vergütung i.S.v. §§ 675, 611, 612 oder § 632 BGB nach „Tageswerken" (= Stundensätze) entsprechend Berufserfahrung zzgl. Auslagenersatz; dabei sehr große Spannweite der Stundenhonorare (zwischen 100 € und 250 €, teilweise deutlich höher); im Ergebnis regelmäßig gem. Vereinbarung mit dem zu prüfenden Unternehmen
Zeuge	Zeugen erhalten nach dem Justizvergütungs- und -entschädigungsgesetz seit 2021 neben dem Fahrtkostenersatz eine Entschädigung für Aufwand und Zeitversäumnis bzw. Verdienstausfall (§ 20 JVEG): dies ist regelmäßig ein Pauschalbetrag von 4 €/Stunde, soweit weder Verdienstausfall noch für Nachteile bei der Haushaltsführung eine Entschädigung gewährt wird)
Zustellungsbevollmächtigter und -vertreter (gem. § 7 Abs. 2 ZVG)	Entscheidung über Höhe durch das Vollstreckungsgericht; keine zusätzliche Vergütung des Steuerberaters bei Zustellungsvollmacht im steuerlichen Mandat (bspw. gegenüber Finanzamt)
Zwangsverwalter	Gemäß § 153 ZVG i.V.m. §§ 17 ff. Zwangsverwalterverordnung (ZwVwV; bei Immobilien 10 % der eingezogenen Mieten; ansonsten angemessene Zeitvergütung zwischen 35 € und 95 €/Stunde); Festsetzung durch das Gericht; heute regelmäßig Ansatz des Doppelten der Regelvergütung; Schuldner erhält als Zwangsverwalter keine Vergütung (§§ 150b, 150e ZVG)

II. Gebührentabellen

StBVV-Beratungstabelle

Tabelle **A**
StBVV

Rz. 62
StBVV-Beratungstabelle (Tabelle A)

Anlage 1 der StBVV, redaktionell ergänzt um Bruchteilsgebührenwerte

Gegen-standswert in € bis	Volle Gebühr in €	Bruchteilsgebühr in €			
	10/10	1/20	1/10	2/20	2/10
300	29	1,45	2,90	2,90	5,80
600	53	2,65	5,30	5,30	10,60
900	76	3,80	7,60	7,60	15,20
1 200	100	5,00	10,00	10,00	20,00
1 500	123	6,15	12,30	12,30	24,60
2 000	157	7,85	15,70	15,70	31,40
2 500	189	9,45	18,90	18,90	37,80
3 000	222	11,10	22,20	22,20	44,40
3 500	255	12,75	25,50	25,50	51,00
4 000	288	14,40	28,80	28,80	57,60
4 500	321	16,05	32,10	32,10	64,20
5 000	354	17,70	35,40	35,40	70,80
6 000	398	19,90	39,80	39,80	79,60
7 000	441	22,05	44,10	44,10	88,20
8 000	485	24,25	48,50	48,50	97,00
9 000	528	26,40	52,80	52,80	105,60
10 000	571	28,55	57,10	57,10	114,20
13 000	618	30,90	61,80	61,80	123,60
16 000	665	33,25	66,50	66,50	133,00
19 000	712	35,60	71,20	71,20	142,40
22 000	759	37,95	75,90	75,90	151,80
25 000	806	40,30	80,60	80,60	161,20
30 000	892	44,60	89,20	89,20	178,40
35 000	977	48,85	97,70	97,70	195,40
40 000	1 061	53,05	106,10	106,10	212,20
45 000	1 146	57,30	114,60	114,60	229,20
50 000	1 230	61,50	123,00	123,00	246,00
65 000	1 320	66,00	132,00	132,00	264,00
80 000	1 411	70,55	141,10	141,10	282,20
95 000	1 502	75,10	150,20	150,20	300,40
110 000	1 593	79,65	159,30	159,30	318,60
125 000	1 683	84,15	168,30	168,30	336,60
140 000	1 773	88,65	177,30	177,30	354,60
155 000	1 864	93,20	186,40	186,40	372,80
170 000	1 954	97,70	195,40	195,40	390,80
185 000	2 045	102,25	204,50	204,50	409,00
200 000	2 136	106,80	213,60	213,60	427,20
230 000	2 275	113,75	227,50	227,50	455,00
260 000	2 414	120,70	241,40	241,40	482,80
290 000	2 552	127,60	255,20	255,20	510,40
320 000	2 697	134,85	269,70	269,70	539,40
350 000	2 760	138,00	276,00	276,00	552,00

Tabelle A StBVV

StBVV-Beratungstabelle (Tabelle A)

Anlage 1 der StBVV, redaktionell ergänzt um Bruchteilsgebührenwerte

3/10	4/20	4/10	5/20	5/10	6/20
8,70	5,80	11,60	7,25	14,50	8,70
15,90	10,60	21,20	13,25	26,50	15,90
22,80	15,20	30,40	19,00	38,00	22,80
30,00	20,00	40,00	25,00	50,00	30,00
36,90	24,60	49,20	30,75	61,50	36,90
47,10	31,40	62,80	39,25	78,50	47,10
56,70	37,80	75,60	47,25	94,50	56,70
66,60	44,40	88,80	55,50	111,00	66,60
76,50	51,00	102,00	63,75	127,50	76,50
86,40	57,60	115,20	72,00	144,00	86,40
96,30	64,20	128,40	80,25	160,50	96,30
106,20	70,80	141,60	88,50	177,00	106,20
119,40	79,60	159,20	99,50	199,00	119,40
132,30	88,20	176,40	110,25	220,50	132,30
145,50	97,00	194,00	121,25	242,50	145,50
158,40	105,60	211,20	132,00	264,00	158,40
171,30	114,20	228,40	142,75	285,50	171,30
185,40	123,60	247,20	154,50	309,00	185,40
199,50	133,00	266,00	166,25	332,50	199,50
213,60	142,40	284,80	178,00	356,00	213,60
227,70	151,80	303,60	189,75	379,50	227,70
241,80	161,20	322,40	201,50	403,00	241,80
267,60	178,40	356,80	223,00	446,00	267,60
293,10	195,40	390,80	244,25	488,50	293,10
318,30	212,20	424,40	265,25	530,50	318,30
343,80	229,20	458,40	286,50	573,00	343,80
369,00	246,00	492,00	307,50	615,00	369,00
396,00	264,00	528,00	330,00	660,00	396,00
423,30	282,20	564,40	352,75	705,50	423,30
450,60	300,40	600,80	375,50	751,00	450,60
477,90	318,60	637,20	398,25	796,50	477,90
504,90	336,60	673,20	420,75	841,50	504,90
531,90	354,60	709,20	443,25	886,50	531,90
559,20	372,80	745,60	466,00	932,00	559,20
586,20	390,80	781,60	488,50	977,00	586,20
613,50	409,00	818,00	511,25	1 022,50	613,50
640,80	427,20	854,40	534,00	1 068,00	640,80
682,50	455,00	910,00	568,75	1 137,50	682,50
724,20	482,80	965,60	603,50	1 207,00	724,20
765,60	510,40	1 020,80	638,00	1 276,00	765,60
809,10	539,40	1 078,80	674,25	1 348,50	809,10
828,00	552,00	1 104,00	690,00	1 380,00	828,00

Tabelle A StBVV

StBVV-Beratungstabelle (Tabelle A)

Anlage 1 der StBVV, redaktionell ergänzt um Bruchteilsgebührenwerte

Gegenstandswert in € bis	Volle Gebühr in €	Bruchteilsgebühr in €			
	10/10	1/20	1/10	2/20	2/10
380 000	2 821	141,05	282,10	282,10	564,20
410 000	2 882	144,10	288,20	288,20	576,40
440 000	2 939	146,95	293,90	293,90	587,80
470 000	2 995	149,75	299,50	299,50	599,00
500 000	3 051	152,55	305,10	305,10	610,20
550 000	3 132	156,60	313,20	313,20	626,40
600 000	3 211	160,55	321,10	321,10	642,20
bis 5 000 000 €[1]	141,00[2]	7,05	14,10	14,10	28,20
über 5 000 000 € bis 25 000 000 €[3]	106,00[4]	5,30	10,60	10,60	21,20
über 25 000 000 €[5]	83,00[6]	4,15	8,30	8,30	16,60

Tabelle A StBVV

---

1) Bei Gegenstandswerten von über 600 000 bis 5 000 000 € erhöht sich die volle Gebühr **für jede angefangenen 50 000 €** zusätzlich um **141 €**. Bei einem Gegenstandswert von 600 000,01 € beträgt somit z.B. die zusätzliche Gebühr 141 € (also insgesamt 3 211 € + 141 € = 3 352 €), bei 650 000,01 € sind es 2 × 141 € (also insgesamt 3 211 € + 2 × 141 € = 3 493 €) usw. Bei 4 950 000,1 € sind es 88 (50 000-er-Schritte) × 141 € (also insgesamt 3 211 € + 88 × 141 € = 15 619 €). Sieht die StBVV keine volle Gebühr vor, sondern nur eine Bruchteilsgebühr, wird nur der entsprechende Bruchteil von 141 € addiert.
2) Vom Mehrbetrag bis 5 000 000 € je **angefangene 50 000 €**.
3) Bei Gegenstandswerten von über 5 000 000 € bis 25 000 000 € erhöht sich die volle Gebühr **für jede angefangenen 50 000 €** zusätzlich um **106 €**. Bei einem Gegenstandswert von 5 000 000,01 € beträgt somit z.B. die zusätzliche Gebühr 106 € zu 15 619 € (also insgesamt 15 619 € + 106 € = 15 725 €), bei 5 050 000,01 € sind es

StBVV-Beratungstabelle (Tabelle A)

Anlage 1 der StBVV, redaktionell ergänzt um Bruchteilsgebührenwerte

3/10	4/20	4/10	5/20	5/10	6/20
846,30	564,20	1 128,40	705,25	1 410,50	846,30
864,60	576,40	1 152,80	720,50	1 441,00	864,60
881,70	587,80	1 175,60	734,75	1 469,50	881,70
898,50	599,00	1 198,00	748,75	1 497,50	898,50
915,30	610,20	1 220,40	762,75	1 525,50	915,30
939,60	626,40	1 252,80	783,00	1 566,00	939,60
963,30	642,20	1 284,40	802,75	1 605,50	963,30
42,30	28,20	56,40	35,25	70,50	42,30
31,80	21,20	42,40	26,50	53,00	31,80
24,90	16,60	33,20	20,75	41,50	24,90

2 × 106 € (also insgesamt 15 619 € + 2 × 106 € = 15 831 €) usw. Bei 24 950 000,01 € sind es 400 (50 000-er-Schritte) × 106 € (also insgesamt 15 619 € + 400 × 106 € = 58 019 €). Sieht die StBVV keine volle Gebühr vor, sondern nur eine Bruchteilsgebühr, wird nur der entsprechende Bruchteil von 106 € addiert.

4) Vom Mehrbetrag über 5 000 000 € bis 25 000 000 € je angefangene 50 000 €.
5) Bei Gegenstandswerten von über 25 000 000 € erhöht sich die volle Gebühr **für jede angefangenen 50 000** € zusätzlich um **83** €. Bei einem Gegenstandswert von 25 000 000,01 € beträgt somit z.B. die zusätzliche Gebühr 83 € zu 58 019 € (also insgesamt 58 019 € + 83 € = 58 102 €), bei 25 050 000,01 € sind es 2 × 83 € (insgesamt 58 019 € + 2 × 83 € = 58 185 €) usw. Sieht die StBVV keine volle Gebühr vor, sondern nur eine Bruchteilsgebühr, wird nur der entsprechende Bruchteil von 83 € addiert.
6) Vom Mehrbetrag über 25 000 000 € je angefangene 50 000 €.

StBVV-Beratungstabelle (Tabelle A)

Anlage 1 der StBVV, redaktionell ergänzt um Bruchteilsgebührenwerte

Gegenstandswert in € bis	Volle Gebühr in €	Bruchteilsgebühr in €			
	10/10	6/10	8/20	8/10	12/20
300	29	17,40	11,60	23,20	17,40
600	53	31,80	21,20	42,40	31,80
900	76	45,60	30,40	60,80	45,60
1 200	100	60,00	40,00	80,00	60,00
1 500	123	73,80	49,20	98,40	73,80
2 000	157	94,20	62,80	125,60	94,20
2 500	189	113,40	75,60	151,20	113,40
3 000	222	133,20	88,80	177,60	133,20
3 500	255	153,00	102,00	204,00	153,00
4 000	288	172,80	115,20	230,40	172,80
4 500	321	192,60	128,40	256,80	192,60
5 000	354	212,40	141,60	283,20	212,40
6 000	398	238,80	159,20	318,40	238,80
7 000	441	264,60	176,40	352,80	264,60
8 000	485	291,00	194,00	388,00	291,00
9 000	528	316,80	211,20	422,40	316,80
10 000	571	342,60	228,40	456,80	342,60
13 000	618	370,80	247,20	494,40	370,80
16 000	665	399,00	266,00	532,00	399,00
19 000	712	427,20	284,80	569,60	427,20
22 000	759	455,40	303,60	607,20	455,40
25 000	806	483,60	322,40	644,80	483,60
30 000	892	535,20	356,80	713,60	535,20
35 000	977	586,20	390,80	781,60	586,20
40 000	1 061	636,60	424,40	848,80	636,60
45 000	1 146	687,60	458,40	916,80	687,60
50 000	1 230	738,00	492,00	984,00	738,00
65 000	1 320	792,00	528,00	1 056,00	792,00
80 000	1 411	846,60	564,40	1 128,80	846,60
95 000	1 502	901,20	600,80	1 201,60	901,20
110 000	1 593	955,80	637,20	1 274,40	955,80
125 000	1 683	1 009,80	673,20	1 346,40	1 009,80
140 000	1 773	1 063,80	709,20	1 418,40	1 063,80
155 000	1 864	1 118,40	745,60	1 491,20	1 118,40
170 000	1 954	1 172,40	781,60	1 563,20	1 172,40
185 000	2 045	1 227,00	818,00	1 636,00	1 227,00
200 000	2 136	1 281,60	854,40	1 708,80	1 281,60
230 000	2 275	1 365,00	910,00	1 820,00	1 365,00
260 000	2 414	1 448,40	965,60	1 931,20	1 448,40
290 000	2 552	1 531,20	1020,80	2 041,60	1 531,20
320 000	2 697	1 618,20	1078,80	2 157,60	1 618,20
350 000	2 760	1 656,00	1104,00	2 208,00	1 656,00
380 000	2 821	1 692,60	1128,40	2 256,80	1 692,60

Tabelle A StBVV

StBVV-Beratungstabelle (Tabelle A)

Anlage 1 der StBVV, redaktionell ergänzt um Bruchteilsgebührenwerte

12/10	15/20	15/10	18/20	18/10	30/10
34,80	21,75	43,50	26,10	52,20	87,00
63,60	39,75	79,50	47,70	95,40	159,00
91,20	57,00	114,00	68,40	136,80	228,00
120,00	75,00	150,00	90,00	180,00	300,00
147,60	92,25	184,50	110,70	221,40	369,00
188,40	117,75	235,50	141,30	282,60	471,00
226,80	141,75	283,50	170,10	340,20	567,00
266,40	166,50	333,00	199,80	399,60	666,00
306,00	191,25	382,50	229,50	459,00	765,00
345,60	216,00	432,00	259,20	518,40	864,00
385,20	240,75	481,50	288,90	577,80	963,00
424,80	265,50	531,00	318,60	637,20	1 062,00
477,60	298,50	597,00	358,20	716,40	1 194,00
529,20	330,75	661,50	396,90	793,80	1 323,00
582,00	363,75	727,50	436,50	873,00	1 455,00
633,60	396,00	792,00	475,20	950,40	1 584,00
685,20	428,25	856,50	513,90	1 027,80	1 713,00
741,60	463,50	927,00	556,20	1 112,40	1 854,00
798,00	498,75	997,50	598,50	1 197,00	1 995,00
854,40	534,00	1 068,00	640,80	1 281,60	2 136,00
910,80	569,25	1 138,50	683,10	1 366,20	2 277,00
967,20	604,50	1 209,00	725,40	1 450,80	2 418,00
1 070,40	669,00	1 338,00	802,80	1 605,60	2 676,00
1 172,40	732,75	1 465,50	879,30	1 758,60	2 931,00
1 273,20	795,75	1 591,50	954,90	1 909,80	3 183,00
1 375,20	859,50	1 719,00	1 031,40	2 062,80	3 438,00
1 476,00	922,50	1 845,00	1 107,00	2 214,00	3 690,00
1 584,00	990,00	1 980,00	1 188,00	2 376,00	3 960,00
1 693,20	1 058,25	2 116,50	1 269,90	2 539,80	4 233,00
1 802,40	1 126,50	2 253,00	1 351,80	2 703,60	4 506,00
1 911,60	1 194,75	2 389,50	1 433,70	2 867,40	4 779,00
2 019,60	1 262,25	2 524,50	1 514,70	3 029,40	5 049,00
2 127,60	1 329,75	2 659,50	1 595,70	3 191,40	5 319,00
2 236,80	1 398,00	2 796,00	1 677,60	3 355,20	5 592,00
2 344,80	1 465,50	2 931,00	1 758,60	3 517,20	5 862,00
2 454,00	1 533,75	3 067,50	1 840,50	3 681,00	6 135,00
2 563,20	1 602,00	3 204,00	1 922,40	3 844,80	6 408,00
2 730,00	1 706,25	3 412,50	2 047,50	4 095,00	6 825,00
2 896,80	1 810,50	3 621,00	2 172,60	4 345,20	7 242,00
3 062,40	1 914,00	3 828,00	2 296,80	4 593,60	7 656,00
3 236,40	2 022,75	4 045,50	2 427,30	4 854,60	8 091,00
3 312,00	2 070,00	4 140,00	2 484,00	4 968,00	8 280,00
3 385,20	2 115,75	4 231,50	2 538,90	5 077,80	8 463,00

Tabelle A StBVV

StBVV-Beratungstabelle (Tabelle A)

Anlage 1 der StBVV, redaktionell ergänzt um Bruchteilsgebührenwerte

Gegen-standswert in € bis	Volle Gebühr in €	Bruchteilsgebühr in €			
	10/10	6/10	8/20	8/10	12/20
410 000	2 882	1 729,20	1152,80	2 305,60	1 729,20
440 000	2 939	1 763,40	1175,60	2 351,20	1 763,40
470 000	2 995	1 797,00	1198,00	2 396,00	1 797,00
500 000	3 051	1 830,60	1220,40	2 440,80	1 830,60
550 000	3 132	1 879,20	1252,80	2 505,60	1 879,20
600 000	3 211	1 926,60	1284,40	2 568,80	1 926,60
bis 5 000 000 €[1]	141,00[2]	84,60	56,40	112,80	84,60
über 5 000 000 € bis 25 000 000 €[3]	106,00[4]	63,60	42,40	84,80	63,60
über 25 000 000 €[5]	83,00[6]	49,80	33,20	66,40	49,80

Tabelle A StBVV

---

1) Bei Gegenstandswerten von über 600 000 bis 5 000 000 € erhöht sich die volle Gebühr **für jede angefangenen 50 000 €** zusätzlich um **141 €**. Bei einem Gegenstandswert von 600 000,01 € beträgt somit z.B. die zusätzliche Gebühr 141 € (also insgesamt 3 211 € + 141 € = 3 352 €), bei 650 000,01 € sind es 2 × 141 € (also insgesamt 3 211 € + 2 × 141 € = 3 493 €) usw. Bei 4 950 000,1 € sind es 88 (50 000-er-Schritte) × 141 € (also insgesamt 3 211 € + 88 × 141 € = 15 619 €). Sieht die StBVV keine volle Gebühr vor, sondern nur eine Bruchteilsgebühr, wird nur der entsprechende Bruchteil von 141 € addiert.
2) Vom Mehrbetrag bis 5 000 000 € **je angefangene 50 000 €**.
3) Bei Gegenstandswerten von über 5 000 000 € bis 25 000 000 € erhöht sich die volle Gebühr **für jede angefangenen 50 000 €** zusätzlich um **106 €**. Bei einem Gegenstandswert von 5 000 000,01 € beträgt somit z.B. die zusätzliche Gebühr 106 € zu 15 619 € (also insgesamt 15 619 € + 106 € = 15 725 €), bei 5 050 000,01 € sind es

StBVV-Beratungstabelle (Tabelle A)

Anlage 1 der StBVV, redaktionell ergänzt um Bruchteilsgebührenwerte

12/10	15/20	15/10	18/20	18/10	30/10
3 458,40	2 161,50	4 323,00	2 593,80	5 187,60	8 646,00
3 526,80	2 204,25	4 408,50	2 645,10	5 290,20	8 817,00
3 594,00	2 246,25	4 492,50	2 695,50	5 391,00	8 985,00
3 661,20	2 288,25	4 576,50	2 745,90	5 491,80	9 153,00
3 758,40	2 349,00	4 698,00	2 818,80	5 637,60	9 396,00
3 853,20	2 408,25	4 816,50	2 889,90	5 779,80	9 633,00
169,20	105,750	211,50	126,90	253,80	423,00
127,20	79,50	159	95,40	190,80	318,00
99,60	62,250	124,50	74,70	149,40	249,00

Tabelle A StBVV

2 × 106 € (also insgesamt 15 619 € + 2 × 106 € = 15 831 €) usw. Bei 24 950 000,01 € sind es 400 (50 000-er-Schritte) × 106 € (also insgesamt 15 619 € + 400 × 106 € = 58 019 €. Sieht die StBVV keine volle Gebühr vor, sondern nur eine Bruchteilsgebühr, wird nur der entsprechende Bruchteil von 106 € addiert.
4) Vom Mehrbetrag über 5 000 000 € bis 25 000 000 € je angefangene 50 000 €.
5) Bei Gegenstandswerten von über 25 000 000 € erhöht sich die volle Gebühr **für jede angefangenen 50 000** € zusätzlich um **83** €. Bei einem Gegenstandswert von 25 000 000,01 € beträgt somit z.B. die zusätzliche Gebühr 83 € zu 58 019 € (also insgesamt 58 019 € + 83 € = 58 102 €), bei 25 050 000,01 € sind es 2 × 83 € (insgesamt 58 019 € + 2 × 83 € = 58 185 €) usw. Sieht die StBVV keine volle Gebühr vor, sondern nur eine Bruchteilsgebühr, wird nur der entsprechende Bruchteil von 106 € addiert.
6) Vom Mehrbetrag über 25 000 000 € je angefangene 50 000 €.

StBVV-Abschlusstabelle

Tabelle B StBVV

Rz. 63

StBVV-Abschlusstabelle (Tabelle B)
Anlage 2 der StBVV, redaktionell ergänzt um Bruchteilsgebührenwerte

Gegen-standswert in € bis	Volle Gebühr in €	Bruchteilsgebühr in €				
	10/10	1/10	2/10	4/10	5/10	6/10
3 000	46	4,60	9,20	18,40	23,00	27,60
3 500	54	5,40	10,80	21,60	27,00	32,40
4 000	64	6,40	12,80	25,60	32,00	38,40
4 500	72	7,20	14,40	28,80	36,00	43,20
5 000	81	8,10	16,20	32,40	40,50	48,60
6 000	91	9,10	18,20	36,40	45,50	54,60
7 000	99	9,90	19,80	39,60	49,50	59,40
8 000	109	10,90	21,80	43,60	54,50	65,40
9 000	114	11,40	22,80	45,60	57,00	68,40
10 000	120	12,00	24,00	48,00	60,00	72,00
12 500	126	12,60	25,20	50,40	63,00	75,60
15 000	142	14,20	28,40	56,80	71,00	85,20
17 500	157	15,70	31,40	62,80	78,50	94,20
20 000	168	16,80	33,60	67,20	84,00	100,80
22 500	180	18,00	36,00	72,00	90,00	108,00
25 000	190	19,00	38,00	76,00	95,00	114,00
37 500	203	20,30	40,60	81,20	101,50	121,80
50 000	248	24,80	49,60	99,20	124,00	148,80
62 500	286	28,60	57,20	114,40	143,00	171,60
75 000	319	31,90	63,80	127,60	159,50	191,40
87 500	333	33,30	66,60	133,20	166,50	199,80
100 000	348	34,80	69,60	139,20	174,00	208,80
125 000	399	39,90	79,80	159,60	199,50	239,40
150 000	444	44,40	88,80	177,60	222,00	266,40
175 000	483	48,30	96,60	193,20	241,50	289,80
200 000	517	51,70	103,40	206,80	258,50	310,20
225 000	549	54,90	109,80	219,60	274,50	329,40
250 000	578	57,80	115,60	231,20	289,00	346,80
300 000	605	60,50	121,00	242,00	302,50	363,00
350 000	657	65,70	131,40	262,80	328,50	394,20
400 000	704	70,40	140,80	281,60	352,00	422,40
450 000	746	74,60	149,20	298,40	373,00	447,60
500 000	785	78,50	157,00	314,00	392,50	471,00
625 000	822	82,20	164,40	328,80	411,00	493,20
750 000	913	91,30	182,60	365,20	456,50	547,80
875 000	991	99,10	198,20	396,40	495,50	594,60
1 000 000	1 062	106,20	212,40	424,80	531,00	637,20
1 250 000	1 126	112,60	225,20	450,40	563,00	675,60
1 500 000	1 249	124,90	249,80	499,60	624,50	749,40
1 750 000	1 357	135,70	271,40	542,80	678,50	814,20
2 000 000	1 455	145,50	291,00	582,00	727,50	873,00
2 250 000	1 542	154,20	308,40	616,80	771,00	925,20
2 500 000	1 621	162,10	324,20	648,40	810,50	972,60

Tabelle B StBVV

StBVV-Abschlusstabelle (Tabelle B)

Anlage 2 der StBVV, redaktionell ergänzt um Bruchteilsgebührenwerte

12/10	15/10	20/10	25/10	30/10	40/10
55,20	69,00	92,00	115,00	138,00	184,00
64,80	81,00	108,00	135,00	162,00	216,00
76,80	96,00	128,00	160,00	192,00	256,00
86,40	108,00	144,00	180,00	216,00	288,00
97,20	121,50	162,00	202,50	243,00	324,00
109,20	136,50	182,00	227,50	273,00	364,00
118,80	148,50	198,00	247,50	297,00	396,00
130,80	163,50	218,00	272,50	327,00	436,00
136,80	171,00	228,00	285,00	342,00	456,00
144,00	180,00	240,00	300,00	360,00	480,00
151,20	189,00	252,00	315,00	378,00	504,00
170,40	213,00	284,00	355,00	426,00	568,00
188,40	235,50	314,00	392,50	471,00	628,00
201,60	252,00	336,00	420,00	504,00	672,00
216,00	270,00	360,00	450,00	540,00	720,00
228,00	285,00	380,00	475,00	570,00	760,00
243,60	304,50	406,00	507,50	609,00	812,00
297,60	372,00	496,00	620,00	744,00	992,00
343,20	429,00	572,00	715,00	858,00	1 144,00
382,80	478,50	638,00	797,50	957,00	1 276,00
399,60	499,50	666,00	832,50	999,00	1 332,00
417,60	522,00	696,00	870,00	1 044,00	1 392,00
478,80	598,50	798,00	997,50	1 197,00	1 596,00
532,80	666,00	888,00	1 110,00	1 332,00	1 776,00
579,60	724,50	966,00	1 207,50	1 449,00	1 932,00
620,40	775,50	1 034,00	1 292,50	1 551,00	2 068,00
658,80	823,50	1 098,00	1 372,50	1 647,00	2 196,00
693,60	867,00	1 156,00	1 445,00	1 734,00	2 312,00
726,00	907,50	1 210,00	1 512,50	1 815,00	2 420,00
788,40	985,50	1 314,00	1 642,50	1 971,00	2 628,00
844,80	1 056,00	1 408,00	1 760,00	2 112,00	2 816,00
895,20	1 119,00	1 492,00	1 865,00	2 238,00	2 984,00
942,00	1 177,50	1 570,00	1 962,50	2355,00	3 140,00
986,40	1 233,00	1 644,00	2 055,00	2466,00	3 288,00
1 095,60	1 369,50	1 826,00	2 282,50	2 739,00	3 652,00
1 189,20	1 486,50	1 982,00	2 477,50	2 973,00	3 964,00
1 274,40	1 593,00	2 124,00	2 655,00	3 186,00	4 248,00
1 351,20	1 689,00	2 252,00	2 815,00	3 378,00	4 504,00
1 498,80	1 873,50	2 498,00	3 122,50	3 747,00	4 996,00
1 628,40	2 035,50	2 714,00	3 392,50	4 071,00	5 428,00
1 746,00	2 182,50	2 910,00	3 637,50	4 365,00	5 820,00
1 850,40	2 313,00	3 084,00	3 855,00	4 626,00	6 168,00
1 945,20	2 431,50	3 242,00	4 052,50	4 863,00	6 484,00

Tabelle B
StBVV

StBVV-Abschlusstabelle (Tabelle B)
Anlage 2 der StBVV, redaktionell ergänzt um Bruchteilsgebührenwerte

Tabelle B StBVV

Gegen-standswert in € bis	Volle Gebühr in € 10/10	Bruchteilsgebühr in €				
		1/10	2/10	4/10	5/10	6/10
3 000 000	1 695	169,50	339,00	678,00	847,50	1 017,00
3 500 000	1 841	184,10	368,20	736,40	920,50	1 104,60
4 000 000	1 971	197,10	394,20	788,40	985,50	1 182,60
4 500 000	2 089	208,90	417,80	835,60	1 044,50	1 253,40
5 000 000	2 196	219,60	439,20	878,40	1 098,00	1 317,60
7 500 000	2 566	256,60	513,20	1 026,40	1 283,00	1 539,60
10 000 000	2 983	298,30	596,60	1 193,20	1 491,50	1 789,80
12 500 000	3 321	332,10	664,20	1 328,40	1 660,50	1 992,60
15 000 000	3 603	360,30	720,60	1 441,20	1 801,50	2 161,80
17 500 000	3 843	384,30	768,60	1 537,20	1 921,50	2 305,80
20 000 000	4 050	405,00	810,00	1 620,00	2 025,00	2 430,00
22 500 000	4 314	431,40	862,80	1 725,60	2 157,00	2 588,40
25 000 000	4 558	455,80	911,60	1 823,20	2 279,00	2 734,80
30 000 000	5 014	501,40	1 002,80	2 005,60	2 507,00	3 008,40
35 000 000	5 433	543,30	1 086,60	2 173,20	2 716,50	3 259,80
40 000 000	5 823	582,30	1 164,60	2 329,20	2 911,50	3 493,80
45 000 000	6 187	618,70	1 237,40	2 474,80	3 093,50	3 712,20
50 000 000	6 532	653,20	1 306,40	2 612,80	3 266,00	3 919,20
bis 125 000 000 €[1]	[2]	25,80	51,60	103,20	129,00	154,80
über 125 000 000 € bis 250 000 000 €[3]	450[4]	45,00	90,00	180,00	225,00	270,00
über 250 000 000 €[5]	642	64,20	128,40	256,80	321,00	385,20

---

1) Bei Gegenstandswerten von über 50 000 000 € bis 125 000 000 € erhöht sich die volle Gebühr **für jede angefangenen 5 000 000 €** zusätzlich um **258 €**. Bei einem Gegenstandswert von 50 000 000,01 € beträgt somit z.B. die zusätzliche Gebühr 258 € (also insgesamt 6 532 € + 258 € = 6 790 €), bei 5 500 000,01 € sind es 2 × 258 € (also insgesamt 6 532 € + 2 × 258 € = 7 048 €) usw. Bei 120 000 000,01 € sind es 15 (5 000 000-er-Schritte) × 258 (also insgesamt 6 532 + 15 × 258 € = 10 402 €). Sieht die StBVV keine volle Gebühr vor, sondern nur eine Bruchteilsgebühr, wird nur der entsprechende Bruchteil von 258 € addiert.
2) Vom Mehrbetrag bis 125 000 000 € **je angefangene 5 000 000 €**.
3) Bei Gegenstandswerten von über 125 000 000 € bis 250 000 000 € erhöht sich die volle Gebühr **für jede angefangenen 12 500 000 €** zusätzlich um **450 €**. Bei einem Gegenstandswert von 125 000 000,01 € beträgt somit z.B. die zusätzliche Gebühr **450 €** (also insgesamt 10 402 € + 450 € = 10 852 €), bei 137 500 000,01 € sind es

StBVV-Abschlusstabelle (Tabelle B)

Anlage 2 der StBVV, redaktionell ergänzt um Bruchteilsgebührenwerte

12/10	15/10	20/10	25/10	30/10	40/10
2 034,00	2 542,50	3 390,00	4 237,50	5 085,00	6 780,00
2 209,20	2 761,50	3 682,00	4 602,50	5 523,00	7 364,00
2 365,20	2 956,50	3 942,00	4 927,50	5 913,00	7 884,00
2 506,80	3 133,50	4 178,00	5 222,50	6 267,00	8 356,00
2 635,20	3 294,00	4 392,00	5 490,00	6 588,00	8 784,00
3 079,20	3 849,00	5 132,00	6 415,00	7 698,00	10 264,00
3 579,60	4 474,50	5 966,00	7 457,50	8 949,00	11 932,00
3 985,20	4 981,50	6 642,00	8 302,50	9 963,00	13 284,00
4 323,60	5 404,50	7 206,00	9 007,50	10 809,00	14 412,00
4 611,60	5 764,50	7 686,00	9 607,50	11 529,00	15 372,00
4 860,00	6 075,00	8 100,00	10 125,00	12 150,00	16 200,00
5 176,80	6 471,00	8 628,00	10 785,00	12 942,00	17 256,00
5 469,60	6 837,00	9 116,00	11 395,00	13 674,00	18 232,00
6 016,80	7 521,00	10 028,00	12 535,00	15 042,00	20 056,00
6 519,60	8 149,50	10 866,00	13 582,50	16 299,00	21 732,00
6 987,60	8 734,50	11 646,00	14 557,50	17 469,00	23 292,00
7 424,40	9 280,50	12 374,00	15 467,50	18 561,00	24 748,00
7 838,40	9 798,00	13 064,00	16 330,00	19 596,00	26 128,00
309,60	387,00	516,00	645,00	774,00	1 032,00
540,00	675,00	900,00	1 125,00	1 350,00	1 800,00
770,40	963,00	1 284,00	1 605,00	1 926,00	2 568,00

Tabelle B StBVV

2×450 € (also insgesamt 10 402 € + 2 × 450 € = 11 302 €) usw. Bei 237 500 000,01 € sind es 10 (12 500 000-er-Schritte) × 450 € (also insgesamt 10 402 € + 10 × 450 € = 14 902 €). Sieht die StBVV keine volle Gebühr vor, sondern nur eine Bruchteilsgebühr, wird nur der entsprechende Bruchteil von 450 € addiert.

4) Vom Mehrbetrag über 125 000 000 € bis 250 000 000 € je angefangene 12 500 000 €.

5) Bei Gegenstandswerten von über 250 000 000 € erhöht sich die volle Gebühr **für jede angefangenen 25 000 000 €** zusätzlich um **642 €**. Bei einem Gegenstandswert von 250 000 000,01 € beträgt somit z.B. die zusätzliche Gebühr 642 € (also insgesamt 14 902 € + 642 € = 15 544 €), bei 175 000 000,01 € sind es 2 × 642 € (also insgesamt 14 902 € + 2 × 642 € = 16 186 €) usw. Sieht die StBVV keine volle Gebühr vor, sondern nur eine Bruchteilsgebühr, wird nur der entsprechende Bruchteil von 642 € addiert.

StBVV-Buchführungstabelle

Tabelle C StBVV

Rz. 64

StBVV-Buchführungstabelle (Tabelle C)
Anlage 3 der StBVV, redaktionell ergänzt um Bruchteilsgebührenwerte

Gegen-standswert in € bis	Volle Gebühr in € 10/10	1/20	1/10	2/10	3/10
15 000	68	3,40	6,80	13,60	20,40
17 500	75	3,75	7,50	15,00	22,50
20 000	83	4,15	8,30	16,60	24,90
22 500	88	4,40	8,80	17,60	26,40
25 000	95	4,75	9,50	19,00	28,50
30 000	102	5,10	10,20	20,40	30,60
35 000	110	5,50	11,00	22,00	33,00
40 000	115	5,75	11,50	23,00	34,50
45 000	122	6,10	12,20	24,40	36,60
50 000	130	6,50	13,00	26,00	39,00
62 500	137	6,85	13,70	27,40	41,10
75 000	149	7,45	14,90	29,80	44,70
87 500	164	8,20	16,40	32,80	49,20
100 000	177	8,85	17,70	35,40	53,10
125 000	197	9,85	19,70	39,40	59,10
150 000	217	10,85	21,70	43,40	65,10
200 000	259	12,95	25,90	51,80	77,70
250 000	299	14,95	29,90	59,80	89,70
300 000	339	16,95	33,90	67,80	101,70
350 000	381	19,05	38,10	76,20	114,30
400 000	416	20,80	41,60	83,20	124,80
450 000	448	22,40	44,80	89,60	134,40
500 000	483	24,15	48,30	96,60	144,90
über 500 000 €[1]	34,00[2]	1,70	3,40	6,80	10,20

Tabelle C StBVV

---

1) Bei Gegenstandswerten über 500 000 € erhöht sich die volle Gebühr für **jede angefangen 50 000 €** zusätzlich um **34 €** (Beispiel: Bei Gegenstandswerten von 500 000,01 € bis 550 000 € beträgt die zusätzliche volle Gebühr 34 € (also in der Summe: 517 €), bei Gegenstandswerten von 550 000,01 € bis 600 000 € beträgt die zusätzliche volle Gebühr 2 × 34 € = 68 € (also in der Summe: 551 €), bei Gegenstandswerten von 600 000,01 bis 650 000 € beträgt die Gebühr zusätzlich 3 × 34 € = 102 € über der Gebühr von 500 000 € (also in der Summe: 585 €) usw. Sieht die StBVV keine volle Gebühr, sondern nur eine Bruchteilsgebühr vor, wird nur der entsprechende Bruchteil von 34 € addiert.
2) **Je angefangene 50 000 €** über 500 000 € zusätzlich.

StBVV-Buchführungstabelle (Tabelle C)

Anlage 3 der StBVV, redaktionell ergänzt um Bruchteilsgebührenwerte

Bruchteilsgebühr in €

4/10	5/20	5/10	6/10	10/20	12/10
27,20	17,00	34,00	40,80	34,00	81,60
30,00	18,75	37,50	45,00	37,50	90,00
33,20	20,75	41,50	49,80	41,50	99,60
35,20	22,00	44,00	52,80	44,00	105,60
38,00	23,75	47,50	57,00	47,50	114,00
40,80	25,50	51,00	61,20	51,00	122,40
44,00	27,50	55,00	66,00	55,00	132,00
46,00	28,75	57,50	69,00	57,50	138,00
48,80	30,50	61,00	73,20	61,00	146,40
52,00	32,50	65,00	78,00	65,00	156,00
54,80	34,25	68,50	82,20	68,50	164,40
59,60	37,25	74,50	89,40	74,50	178,80
65,60	41,00	82,00	98,40	82,00	196,80
70,80	44,25	88,50	106,20	88,50	212,40
78,80	49,25	98,50	118,20	98,50	236,40
86,80	54,25	108,50	130,20	108,50	260,40
103,60	64,75	129,50	155,40	129,50	310,80
119,60	74,75	149,50	179,40	149,50	358,80
135,60	84,75	169,50	203,40	169,50	406,80
152,40	95,25	190,50	228,60	190,50	457,20
166,40	104,00	208,00	249,60	208,00	499,20
179,20	112,00	224,00	268,80	224,00	537,60
193,20	120,75	241,50	289,80	241,50	579,60
13,60	8,50	17,00	20,40	17,00	40,80

Tabelle C StBVV

StBVV-Landwirtschaftstabelle

Tabelle
D
StBVV

Rz. 65
StBVV-Landwirtschaftstabelle (Tabelle D)
(Teil a – Betriebsfläche)
Anlage 4 der StBVV, redaktionell ergänzt um Bruchteilsgebührenwerte

Betriebsfläche bis ... Hektar	Volle Gebühr in €	Bruchteilsgebühr in €			
	10/10	1/20	1/10	3/20	3/10
40	348,00	17,40	34,80	52,20	104,40
45	373,00	18,65	37,30	55,95	111,90
50	396,00	19,80	39,60	59,40	118,80
55	419,00	20,95	41,90	62,85	125,70
60	441,00	22,05	44,10	66,15	132,30
65	461,00	23,05	46,10	69,15	138,30
70	479,00	23,95	47,90	71,85	143,70
75	497,00	24,85	49,70	74,55	149,10
80	514,00	25,70	51,40	77,10	154,20
85	530,00	26,50	53,00	79,50	159,00
90	543,00	27,15	54,30	81,45	162,90
95	556,00	27,80	55,60	83,40	166,80
100	567,00	28,35	56,70	85,05	170,10
110	595,00	29,75	59,50	89,25	178,50
120	622,00	31,10	62,20	93,30	186,60
130	648,00	32,40	64,80	97,20	194,40
140	674,00	33,70	67,40	101,10	202,20
150	700,00	35,00	70,00	105,00	210,00
160	725,00	36,25	72,50	108,75	217,50
170	748,00	37,40	74,80	112,20	224,40
180	772,00	38,60	77,20	115,80	231,60
190	794,00	39,70	79,40	119,10	238,20
200	816,00	40,80	81,60	122,40	244,80
210	838,00	41,90	83,80	125,70	251,40
220	859,00	42,95	85,90	128,85	257,70
230	879,00	43,95	87,90	131,85	263,70
240	898,00	44,90	89,80	134,70	269,40
250	917,00	45,85	91,70	137,55	275,10
260	936,00	46,80	93,60	140,40	280,80
270	954,00	47,70	95,40	143,10	286,20
280	970,00	48,50	97,00	145,50	291,00
290	987,00	49,35	98,70	148,05	296,10
300	1 002,00	50,10	100,20	150,30	300,60
320	1 035,00	51,75	103,50	155,20	310,50
340	1 067,00	53,35	106,70	160,05	320,10
360	1 100,00	55,00	110,00	165,00	330,00
380	1 130,00	56,50	113,00	169,50	339,00
400	1 160,00	58,00	116,00	174,00	348,00
420	1 191,00	59,55	119,10	178,65	357,30
440	1 220,00	61,00	122,00	183,00	366,00
460	1 248,00	62,40	124,80	187,20	374,40

Tabelle **D** StBVV

StBVV-Landwirtschaftstabelle (Tabelle D)
(Teil a – Betriebsfläche)
Anlage 4 der StBVV, redaktionell ergänzt um Bruchteilsgebührenwerte

5/10	6/10	8/10	15/10	20/10
174,00	208,80	278,40	522,00	696,00
186,50	223,80	298,40	559,50	746,00
198,00	237,60	316,80	594,00	792,00
209,50	251,40	335,20	628,50	838,00
220,50	264,60	352,80	661,50	882,00
230,50	276,60	368,80	691,50	922,00
239,50	287,40	383,20	718,50	958,00
248,50	298,20	397,60	745,50	994,00
257,00	308,40	411,20	771,00	1 028,00
265,00	318,00	424,00	795,00	1 060,00
271,50	325,80	434,40	814,50	1 086,00
278,00	333,60	444,80	834,00	1 112,00
283,50	340,20	453,60	850,50	1 134,00
297,50	357,00	476,00	892,50	1 190,00
311,00	373,20	497,60	933,00	1 244,00
324,00	388,80	518,40	972,00	1 296,00
337,00	404,40	539,20	1 011,00	1 348,00
350,00	420,00	560,00	1 050,00	1 400,00
362,50	435,00	580,00	1 087,50	1 450,00
374,00	448,80	598,40	1 122,00	1 496,00
386,00	463,20	617,60	1 158,00	1 544,00
397,00	476,40	635,20	1 191,00	1 588,00
408,00	489,60	652,80	1 224,00	1 632,00
419,00	502,80	670,40	1 257,00	1 676,00
429,50	515,40	687,20	1 288,50	1 718,00
439,50	527,40	703,20	1 318,50	1 758,00
449,00	538,80	718,40	1 347,00	1 796,00
458,50	550,20	733,60	1 375,50	1 834,00
468,00	561,60	748,80	1 404,00	1 872,00
477,00	572,40	763,20	1 431,00	1 908,00
485,00	582,00	776,00	1 455,00	1 940,00
493,50	592,20	789,60	1 480,50	1 974,00
501,00	601,20	801,60	1 503,00	2 004,00
517,50	621,00	828,00	1 552,50	2 070,00
533,50	640,20	853,60	1 600,50	2 134,00
550,00	660,00	880,00	1 650,00	2 200,00
565,00	678,00	904,00	1 695,00	2 260,00
580,00	696,00	928,00	1 740,00	2 320,00
595,50	714,60	952,80	1 786,50	2 382,00
610,00	732,00	976,00	1 830,00	2 440,00
624,00	748,80	998,40	1 872,00	2 496,00

Tabelle D StBVV

StBVV-Landwirtschaftstabelle (Tabelle D)
(Teil a – Betriebsfläche)
Anlage 4 der StBVV, redaktionell ergänzt um Bruchteilsgebührenwerte

Betriebsfläche bis ... Hektar	Volle Gebühr in € 10/10	Bruchteilsgebühr in € 1/20	1/10	3/20	3/10
480	1 275,00	63,75	127,50	191,25	382,50
500	1 301,00	65,05	130,10	195,15	390,30
520	1 329,00	66,45	132,90	199,35	398,70
540	1 355,00	67,75	135,50	203,25	406,50
560	1 380,00	69,00	138,00	207,00	414,00
580	1 404,00	70,20	140,40	210,60	421,20
600	1 429,00	71,45	142,90	214,35	428,70
620	1 453,00	72,65	145,30	217,95	435,90
640	1 475,00	73,75	147,50	221,25	442,50
660	1 497,00	74,85	149,70	224,55	449,10
680	1 519,00	75,95	151,90	227,85	455,70
700	1 538,00	76,90	153,80	230,70	461,40
750	1 586,00	79,30	158,60	237,90	475,80
800	1 628,00	81,40	162,80	244,20	488,40
850	1 664,00	83,20	166,40	249,60	499,20
900	1 695,00	84,75	169,50	254,25	508,50
950	1 719,00	85,95	171,90	257,85	515,70
1 000	1 738,00	86,90	173,80	260,70	521,40
2 000 je ha	1,59 mehr	0,0795	0,159	0,2385	0,477
3 000 je ha	1,44 mehr	0,072	0,144	0,216	0,432
4 000 je ha	1,30 mehr	0,065	0,130	0,195	0,39
5 000 je ha	1,15 mehr	0,0575	0,115	0,1725	0,345
6 000 je ha	1,01 mehr	0,0505	0,101	0,1515	0,303
7 000 je ha	0,87 mehr	0,0435	0,087	0,1305	0,261
8 000 je ha	0,72 mehr	0,036	0,072	0,108	0,216
9 000 je ha	0,57 mehr	0,0285	0,057	0,0855	0,171
10 000 je ha	0,43 mehr	0,0215	0,043	0,0645	0,129
11 000 je ha	0,28 mehr	0,014	0,028	0,042	0,084
12 000 je ha	0,15 mehr	0,0075	0,015	0,0225	0,045
ab 12 000 je ha	0,15 mehr	0,0075	0,015	0,0225	0,045

Tabelle D StBVV

StBVV-Landwirtschaftstabelle (Tabelle D)
(Teil a – Betriebsfläche)
Anlage 4 der StBVV, redaktionell ergänzt um Bruchteilsgebührenwerte

5/10	6/10	8/10	15/10	20/10
637,50	765,00	1 020,00	1 912,50	2 550,00
650,50	780,60	1 040,80	1 951,50	2 602,00
664,50	797,40	1 063,20	1 993,50	2 658,00
677,50	813,00	1 084,00	2 032,50	2 710,00
690,00	828,00	1 104,00	2 070,00	2 760,00
702,00	842,40	1 123,20	2 106,00	2 808,00
714,50	857,40	1 143,20	2 143,50	2 858,00
726,50	871,80	1 162,40	2 179,50	2 906,00
737,50	885,00	1 180,00	2 212,50	2 950,00
748,50	898,20	1 197,60	2 245,50	2 994,00
759,50	911,40	1 215,20	2 278,50	3 038,00
769,00	922,80	1 230,40	2 307,00	3 076,00
793,00	951,60	1 268,80	2 379,00	3 172,00
814,00	976,80	1 302,40	2 442,00	3 256,00
832,00	998,40	1 331,20	2 496,00	3 328,00
847,50	1 017,00	1 356,00	2 542,50	3 390,00
859,50	1 031,40	1 375,20	2 578,50	3 438,00
869,00	1 042,80	1 390,40	2 607,00	3 476,00
0,795	0,954	1,272	2,385	3,18
0,72	0,864	1,152	2,16	2,88
0,65	0,78	1,04	1,95	2,60
0,575	0,69	0,92	1,725	2,30
0,505	0,606	0,808	1,515	2,02
0,435	0,522	0,696	1,305	1,74
0,36	0,432	0,576	1,08	1,44
0,285	0,342	0,456	0,855	1,14
0,215	0,258	0,344	0,645	0,86
0,14	0,168	0,224	0,42	0,56
0,075	0,09	0,12	0,225	0,30
0,075	0,09	0,12	0,225	0,30

Tabelle D StBVV

StBVV-Landwirtschaftstabelle (Tabelle D)
(Teil b – Jahresumsatz)
Anlage 4 der StBVV, redaktionell ergänzt um Bruchteilsgebührenwerte

Jahresumsatz i.S.v. § 39 Abs. 5 StBVV in € bis ...	Volle Gebühr in € 10/10	Bruchteilsgebühr in € 1/20	1/10	3/20	3/10
40 000	362,00	18,10	36,20	54,30	108,60
42 500	380,00	19,00	38,00	57,00	114,00
45 000	398,00	19,90	39,80	59,70	119,40
47 500	417,00	20,85	41,70	62,55	125,10
50 000	433,00	21,65	43,30	64,95	129,90
55 000	469,00	23,45	46,90	70,35	140,70
60 000	503,00	25,15	50,30	75,45	150,90
65 000	539,00	26,95	53,90	80,85	161,70
70 000	571,00	28,55	57,10	85,65	171,30
75 000	606,00	30,30	60,60	90,90	181,80
80 000	640,00	32,00	64,00	96,00	192,00
85 000	673,00	33,65	67,30	100,95	201,90
90 000	706,00	35,30	70,60	105,90	211,80
95 000	738,00	36,90	73,80	110,70	221,40
100 000	771,00	38,55	77,10	115,65	231,30
105 000	802,00	40,10	80,20	120,30	240,60
110 000	833,00	41,65	83,30	124,95	249,90
115 000	866,00	43,30	86,60	129,90	259,80
120 000	897,00	44,85	89,70	134,55	269,10
125 000	927,00	46,35	92,70	139,05	278,10
130 000	959,00	47,95	95,90	143,85	287,70
135 000	989,00	49,45	98,90	148,35	296,70
140 000	1 020,00	51,00	102,00	153,00	306,00
145 000	1 051,00	52,55	105,10	157,65	315,30
150 000	1 081,00	54,05	108,10	162,15	324,30
155 000	1 111,00	55,55	111,10	166,65	333,30
160 000	1 141,00	57,05	114,10	171,15	342,30
165 000	1 172,00	58,60	117,20	175,80	351,60
170 000	1 201,00	60,05	120,10	180,15	360,30
175 000	1 230,00	61,50	123,00	184,50	369,00
180 000	1 260,00	63,00	126,00	189,00	378,00
185 000	1 289,00	64,45	128,90	193,35	386,70
190 000	1 318,00	65,90	131,80	197,70	395,40
195 000	1 347,00	67,35	134,70	202,05	404,10
200 000	1 376,00	68,80	137,60	206,40	412,80
205 000	1 406,00	70,30	140,60	210,90	421,80
210 000	1 434,00	71,70	143,40	215,10	430,20
215 000	1 462,00	73,10	146,20	219,30	438,60
220 000	1 491,00	74,55	149,10	223,65	447,30
225 000	1 520,00	76,00	152,00	228,00	456,00
230 000	1 547,00	77,35	154,70	232,05	464,10

Tabelle D StBVV

StBVV-Landwirtschaftstabelle (Tabelle D)
(Teil b – Jahresumsatz)
Anlage 4 der StBVV, redaktionell ergänzt um Bruchteilsgebührenwerte

5/10	6/10	8/10	15/10	20/10
181,00	217,20	289,60	543,00	724,00
190,00	228,00	304,00	570,00	760,00
199,00	238,80	318,40	597,00	796,00
208,50	250,20	333,60	625,50	834,00
216,50	259,80	346,40	649,50	866,00
234,50	281,40	375,20	703,50	938,00
251,50	301,80	402,40	754,50	1 006,00
269,50	323,40	431,20	808,50	1 078,00
285,50	342,60	456,80	856,50	1 142,00
303,00	363,60	484,80	909,00	1 212,00
320,00	384,00	512,00	960,00	1 280,00
336,50	403,80	538,40	1 009,00	1 346,00
353,00	423,60	564,80	1 059,00	1 412,00
369,00	442,80	590,40	1 107,00	1 476,00
385,50	462,60	616,80	1 156,50	1 542,00
401,00	481,20	641,60	1 203,00	1 604,00
416,50	499,80	666,40	1 249,50	1 666,00
433,00	519,60	692,80	1 299,00	1 732,00
448,50	538,20	717,60	1 345,50	1 794,00
463,50	556,20	741,60	1 390,50	1 854,00
479,50	575,40	767,20	1 438,50	1 918,00
494,50	593,40	791,20	1 483,50	1 978,00
510,00	612,00	816,00	1 530,00	2 040,00
525,50	630,60	840,80	1 576,50	2 102,00
540,50	648,60	864,80	1 621,50	2 162,00
555,50	666,60	888,80	1 666,50	2 222,00
570,50	684,60	912,80	1 711,50	2 282,00
586,00	703,20	937,60	1 758,00	2 344,00
600,50	720,60	960,80	1 801,50	2 402,00
615,00	738,00	984,00	1 845,00	2 460,00
630,00	756,00	1 008,00	1 890,00	2 520,00
644,50	773,40	1 031,20	1 933,50	2 578,00
659,00	790,80	1 054,40	1 977,00	2 636,00
673,50	808,20	1 077,60	2 020,50	2 694,00
688,00	825,60	1 100,80	2 064,00	2 752,00
703,00	843,60	1 124,80	2 109,00	2 812,00
717,00	860,40	1 147,20	2 151,00	2 868,00
731,00	877,20	1 169,60	2 193,00	2 924,00
745,50	894,60	1 192,80	2 236,50	2 982,00
760,00	912,00	1 216,00	2 280,00	3 040,00
773,50	928,20	1 237,60	2 320,50	3 094,00

Tabelle D StBVV

StBVV-Landwirtschaftstabelle (Tabelle D)
(Teil b – Jahresumsatz)
Anlage 4 der StBVV, redaktionell ergänzt um Bruchteilsgebührenwerte

Jahresumsatz i. S. v. § 39 Abs. 5 StBVV in € bis ...	Volle Gebühr in € 10/10	Bruchteilsgebühr in € 1/20	1/10	3/20	3/10
235 000	1 575,00	78,75	157,50	236,25	472,50
240 000	1 603,00	80,15	160,30	240,45	480,90
245 000	1 630,00	81,50	163,00	244,50	489,00
250 000	1 656,00	82,80	165,60	248,40	496,80
255 000	1 684,00	84,20	168,40	252,60	505,40
260 000	1 712,00	85,60	171,20	256,80	513,60
265 000	1 738,00	86,90	173,80	260,70	521,40
270 000	1 765,00	88,25	176,50	264,75	529,50
275 000	1 791,00	89,55	179,10	268,65	537,30
280 000	1 817,00	90,85	181,70	272,55	545,10
285 000	1 842,00	92,10	184,20	276,30	552,60
290 000	1 868,00	93,40	186,80	280,20	560,40
295 000	1 894,00	94,70	189,40	284,10	568,20
300 000	1 919,00	95,95	191,90	287,85	575,70
305 000	1 943,00	97,15	194,30	291,45	582,90
310 000	1 968,00	98,40	196,80	295,20	590,40
315 000	1 991,00	99,55	199,10	298,65	597,30
320 000	2 015,00	100,75	201,50	302,25	604,50
325 000	2 038,00	101,90	203,80	305,70	611,40
330 000	2 062,00	103,10	206,20	309,30	618,60
335 000	2 084,00	104,20	208,40	312,60	625,20
340 000	2 107,00	105,35	210,70	316,05	632,10
345 000	2 129,00	106,45	212,90	319,35	638,70
350 000	2 149,00	107,45	214,90	322,35	644,70
355 000	2 172,00	108,60	217,20	325,80	651,60
360 000	2 193,00	109,65	219,30	328,95	657,90
365 000	2 213,00	110,65	221,30	331,95	663,90
370 000	2 234,00	111,70	223,40	335,10	670,20
375 000	2 255,00	112,75	225,50	338,25	676,50
380 000	2 268,00	113,40	226,80	340,20	680,40
385 000	2 295,00	114,75	229,50	344,25	688,50
390 000	2 313,00	115,65	231,30	346,95	693,90
395 000	2 332,00	116,60	233,20	349,80	699,60
400 000	2 351,00	117,55	235,10	352,65	705,30
410 000	2 388,00	119,40	238,80	358,20	716,40
420 000	2 424,00	121,20	242,40	363,60	727,20
430 000	2 461,00	123,05	246,10	369,15	738,30
440 000	2 495,00	124,75	249,50	374,25	748,50
450 000	2 530,00	126,50	253,00	379,50	759,00
460 000	2 564,00	128,20	256,40	384,60	769,20
470 000	2 596,00	129,80	259,60	389,40	778,80

Tabelle D StBVV

StBVV-Landwirtschaftstabelle (Tabelle D)
(Teil b – Jahresumsatz)
Anlage 4 der StBVV, redaktionell ergänzt um Bruchteilsgebührenwerte

5/10	6/10	8/10	15/10	20/10
787,50	945,00	1 260,00	2 362,50	3 150,00
801,50	961,80	1 282,40	2 404,50	3 206,00
815,00	978,00	1 304,00	2 445,00	3 260,00
828,00	993,60	1 324,80	2 484,00	3 312,00
842,00	1 010,40	1 347,20	2 526,00	3 368,00
856,00	1 027,20	1 369,60	2 568,00	3 424,00
869,00	1 042,80	1 390,40	2 607,00	3 476,00
882,50	1 059,00	1 412,00	2 647,50	3 530,00
895,50	1 074,60	1 432,80	2 686,50	3 582,00
908,50	1 090,20	1 453,60	2 725,50	3 634,00
921,00	1 105,20	1 473,60	2 763,00	3 684,00
934,00	1 120,80	1 494,40	2 802,00	3 736,00
947,00	1 136,40	1 515,20	2 841,00	3 788,00
959,50	1 151,40	1 535,20	2 878,50	3 838,00
971,50	1 165,80	1 554,40	2 914,50	3 886,00
984,00	1 180,80	1 574,40	2 952,00	3 936,00
995,50	1 194,60	1 592,80	2 986,50	3 982,00
1 007,50	1 209,00	1 612,00	3 022,50	4 030,00
1 019,00	1 222,80	1 630,40	3 057,00	4 076,00
1 031,00	1 237,20	1 649,20	3 093,00	4 124,00
1 042,00	1 250,40	1 667,20	3 126,00	4 168,00
1 053,50	1 264,20	1 685,60	3 160,50	4 214,00
1 064,50	1 277,40	1 703,20	3 193,50	4 258,00
1 074,50	1 289,40	1 719,20	3 223,50	4 298,00
1 086,00	1 303,20	1 737,60	3 258,00	4 344,00
1 096,50	1 315,80	1 754,40	3 289,50	4 386,00
1 106,50	1 327,80	1 770,40	3 319,50	4 426,00
1 117,00	1 340,40	1 787,20	3 351,00	4 468,00
1 127,50	1 353,00	1 804,00	3 382,50	4 510,00
1 134,00	1 360,80	1 814,40	3 402,00	4 536,00
1 147,50	1 377,00	1 836,00	3 442,50	4 590,00
1 156,50	1 387,80	1 850,40	3 469,50	4 626,00
1 166,00	1 399,20	1 865,60	3 498,00	4 664,00
1 175,50	1 410,60	1 880,80	3 526,50	4 702,00
1 194,00	1 432,80	1 910,40	3 582,00	4 776,00
1 212,00	1 454,40	1 939,20	3 636,00	4 848,00
1 230,50	1 476,60	1 968,80	3 691,50	4 922,00
1 247,50	1 497,00	1 996,00	3 742,50	4 990,00
1 265,00	1 518,00	2 024,00	3 795,00	5 060,00
1 282,00	1 538,40	2 051,20	3 846,00	5 128,00
1 298,00	1 557,60	2 076,80	3 894,00	5 192,00

Tabelle
D
StBVV

StBVV-Landwirtschaftstabelle (Tabelle D)
(Teil b – Jahresumsatz)
Anlage 4 der StBVV, redaktionell ergänzt um Bruchteilsgebührenwerte

Jahresumsatz i. S. v. § 39 Abs. 5 StBVV in € bis ...	Volle Gebühr in € 10/10	Bruchteilsgebühr in €			
		1/20	1/10	3/20	3/10
480 000	2 629,00	131,45	262,90	394,35	788,70
490 000	2 658	132,90	265,80	398,70	797,40
500 000	2 687,00	134,35	268,70	403,05	806,10
über 500 000 €[1]	156[2]	7,80	15,60	23,40	46,80

Tabelle D StBVV

---

[1] Bei Gegenstandswerten von über 500 000 € erhöht sich die volle Gebühr **für jede angefangenen 50 000 €** zusätzlich um **156 €**. Bei einem Gegenstandswert von 500 000,01 € beträgt somit z.B. die zusätzliche Gebühr 156 € (also insgesamt 2 687 € + 156 € = 2843 €), bei 550 000,01 € sind es 2 × 156 € (also insgesamt 2 687 € + 2 × 156 € = 2 999 €) usw. Sieht die StBVV keine volle Gebühr vor, sondern nur eine Bruchteilsgebühr, wird nur der entsprechende Bruchteil von 156 € addiert.

[2] Vom Mehrbetrag über 500 000 € **je angefangene 50 000 €**.

StBVV-Landwirtschaftstabelle (Tabelle D)
(Teil b – Jahresumsatz)
Anlage 4 der StBVV, redaktionell ergänzt um Bruchteilsgebührenwerte

5/10	6/10	8/10	15/10	20/10
1 314,50	1 577,40	2 103,20	3 943,50	5 258,00
1 329,00	1 594,80	2 126,40	3 987,00	5 316,00
1 343,50	1 612,20	2 149,60	4 030,50	5 374,00
78,00	93,60	124,80	234,00	312,00

Tabelle D StBVV

RVG-Verwaltungs-, Gerichtsverfahrens- und Prozesskostenhilfetabelle

Tabellen RVG

Rz. 66
RVG-Verwaltungs- und Gerichtsverfahrenstabelle (Tabelle § 13 RVG)[1]

Anlage 2 RVG (zu § 13 Abs. 1 Satz 3 RVG), redaktionell ergänzt um einschlägige Dezimalgebührenwerte

Gegen-standswert in € bis	Volle Gebühr in €	Dezimalgebühren in €			
	1	0,3	0,5	1,1	1,2
500	49,00	14,70	24,50	53,90	58,80
1 000	88,00	26,40	44,00	96,80	105,60
1 500	127,00	38,10	63,50	139,70	152,40
2 000	166,00	49,80	83,00	182,60	199,20
3 000	222,00	66,60	111,00	244,20	266,40
4 000	278,00	83,40	139,00	305,80	333,60
5 000	334,00	100,20	167,00	367,40	400,80
6 000	390,00	117,00	195,00	429,00	468,00
7 000	446,00	133,80	223,00	490,60	535,20
8 000	502,00	150,60	251,00	552,20	602,40
9 000	558,00	167,40	279,00	613,80	669,60
10 000	614,00	184,20	307,00	675,40	736,80
13 000	666,00	199,80	333,00	732,60	799,20
16 000	718,00	215,40	359,00	789,80	861,60
19 000	770,00	231,00	385,00	847,00	924,00
22 000	822,00	246,60	411,00	904,20	986,40
25 000	874,00	262,20	437,00	961,40	1 048,80
30 000	955,00	286,50	477,50	1 050,50	1 146,00
35 000	1 036,00	310,80	518,00	1 139,60	1 243,20
40 000	1 117,00	335,10	558,50	1 228,70	1 340,40
45 000	1 198,00	359,40	599,00	1 317,80	1 437,60
50 000	1 279,00	383,70	639,50	1 406,90	1 534,80
65 000	1 373,00	411,90	686,50	1 510,30	1 647,60
80 000	1 467,00	440,10	733,50	1 613,70	1 760,40
95 000	1 561,00	468,30	780,50	1 717,10	1 873,20
110 000	1 655,00	496,50	827,50	1 820,50	1 986,00
125 000	1 749,00	524,70	874,50	1 923,90	2 098,80
140 000	1 843,00	552,90	921,50	2 027,30	2 211,60
155 000	1 937,00	581,10	968,50	2 130,70	2 324,40
170 000	2 031,00	609,30	1 015,50	2 234,10	2 437,20
185 000	2 125,00	637,50	1 062,50	2 337,50	2 550,00
200 000	2 219,00	665,70	1 109,50	2 440,90	2 662,80
230 000	2 351,00	705,30	1 175,50	2 586,10	2 821,20
260 000	2 483,00	744,90	1 241,50	2 731,30	2 979,60

---

[1] **Hinweis:** Die eigentlich für Rechtsanwälte einschlägige Regeltabelle des RVG (**Anlage 2 zu § 13 Abs. 1 Satz 3 RVG**) für das Verwaltungs- und Gerichtsverfahren gilt gem. **§§ 40, 44 und 45 StBVV** in folgenden Fällen auch für Steuerberater/Steuerbevollmächtigte: **Verwaltungsverfahren (inklusive Einspruchsverfahren und Bußgeldverfahren), Verwaltungsvollstreckungsverfahren, Gerichtsverfahren (inklusive Finanz-, Sozial-, Verwaltungs- und Steuerstraf- und berufsgerichtliche Verfahren)** (vgl. dazu auch → Rz. 32 ff.; → Rz. 47).

RVG-Verwaltungs- und Gerichtsverfahrenstabelle (Tabelle § 13 RVG)

Anlage 2 RVG (zu § 13 Abs. 1 Satz 3 RVG), redaktionell ergänzt um einschlägige Dezimalgebührenwerte

1,3	1,5	1,6	2,5	2,8	3,0
63,70	73,50	78,40	122,50	137,20	147,00
114,40	132,00	140,80	220,00	246,40	264,00
165,10	190,50	203,20	317,50	355,60	381,00
215,80	249,00	265,60	415,00	464,80	498,00
288,60	333,00	355,20	555,00	621,60	666,00
361,40	417,00	444,80	695,00	778,40	834,00
434,20	501,00	534,40	835,00	935,20	1002,00
507,00	585,00	624,00	975,00	1 092,00	1 170,00
579,80	669,00	713,60	1 115,00	1 248,80	1 338,00
652,60	753,00	803,20	1 255,00	1 405,60	1 506,00
725,40	837,00	892,80	1 395,00	1 562,40	1 674,00
798,20	921,00	982,40	1 535,00	1 719,20	1 842,00
865,80	999,00	1 065,60	1 665,00	1 864,80	1 998,00
933,40	1 077,00	1 148,80	1 795,00	2 010,40	2 154,00
1 001,00	1 155,00	1 232,00	1 925,00	2 156,00	2 310,00
1 068,60	1 233,00	1 315,20	2 055,00	2 301,60	2 466,00
1 136,20	1 311,00	1 398,40	2 185,00	2 447,20	2 622,00
1 241,50	1 432,50	1 528,00	2 387,50	2 674,00	2 865,00
1 346,80	1 554,00	1 657,60	2 590,00	2 900,80	3 108,00
1 452,10	1 675,50	1 787,20	2 792,50	3 127,60	3 351,00
1 557,40	1 797,00	1 916,80	2 995,00	3 354,40	3 594,00
1 662,70	1 918,50	2 046,40	3 197,50	3 581,20	3 837,00
1 784,90	2 059,50	2 196,80	3 432,50	3 844,40	4 119,00
1 907,10	2 200,50	2 347,20	3 667,50	4 107,60	4 401,00
2 029,30	2 341,50	2 497,60	3 902,50	4 370,80	4 683,00
2 151,50	2 482,50	2 648,00	4 137,50	4 634,00	4 965,00
2 273,70	2 623,50	2 798,40	4 372,50	4 897,20	5 247,00
2 395,90	2 764,50	2 948,80	4 607,50	5 160,40	5 529,00
2 518,10	2 905,50	3 099,20	4 842,50	5 423,60	5 811,00
2 640,30	3 046,50	3 249,60	5 077,50	5 686,80	6 093,00
2 762,50	3 187,50	3 400,00	5 312,50	5 950,00	6 375,00
2 884,70	3 328,50	3 550,40	5 547,50	6 213,20	6 657,00
3 056,30	3 526,50	3761,60	5 877,50	6 582,80	7 053,00
3 227,90	3 724,50	3 972,80	6 207,50	6 952,40	7 449,00

Tabellen

RVG

RVG-Verwaltungs- und Gerichtsverfahrenstabelle (Tabelle § 13 RVG)[1]

Anlage 2 RVG (zu § 13 Abs. 1 Satz 3 RVG), redaktionell ergänzt um einschlägige Dezimalgebührenwerte

Gegen-standswert in € bis	Volle Gebühr in €	Dezimalgebühren in €			
	1	0,3	0,5	1,1	1,2
290 000	2 615,00	784,50	1 307,50	2 876,50	3 138,00
320 000	2 747,00	824,10	1 373,50	3 021,70	3 296,40
350 000	2 879,00	863,70	1 439,50	3 166,90	3 454,80
380 000	3 011,00	903,30	1 505,50	3 312,10	3 613,20
410 000	3 143,00	942,90	1 571,50	3 457,30	3 771,60
440 000	3 275,00	982,50	1 637,50	3 602,50	3 930,00
470 000	3 407,00	1 022,10	1 703,50	3 747,70	4 088,40
500 000	3 539,00	1 061,70	1 769,50	3 892,90	4 246,80
über 500 000[2]	165,00[3]	49,50	82,50	181,50	198,00

Tabellen

RVG

1) Über 500 000 (Gebühr erhöht sich gem. § 13 Abs. 1 Satz 2 RVG für jeden angefangenen Betrag von weiteren 50 000 € um 165 €). Ab 500 000,01 € beträgt die Gebühr also 3 539 € + 165 € = 3 704 €. Ab 550 000,01 € beträgt die Gebühr 3 539 € + 2 × 165 € = 3 869 € usw. Sieht die StBVV keine volle Gebühr, sondern nur eine Bruchteilsgebühr vor, wird nur der entsprechende Bruchteil von 165 € addiert.
2) Wert, um den sich bei einem Gegenstandswert von über 500 000 € für jeden angefangenen Betrag von weiteren 50 000 € die Gebühr gem. § 13 Abs. 1 Satz 1 RVG erhöht.

RVG-Verwaltungs- und Gerichtsverfahrenstabelle (Tabelle § 13 RVG)

Anlage 2 RVG (zu § 13 Abs. 1 Satz 3 RVG), redaktionell ergänzt um einschlägige Dezimalgebührenwerte

1,3	1,5	1,6	2,5	2,8	3,0
3 399,50	3 922,50	4 184,00	6 537,50	7 322,00	7 845,00
3 571,10	4 120,50	4 395,20	6 867,50	7 691,60	8 241,00
3 742,70	4 318,50	4 606,40	7 197,50	8 061,20	8 637,00
3 914,30	4 516,50	4 817,60	7 527,50	8 430,80	9 033,00
4 085,90	4 714,50	5 028,80	7 857,50	8 800,40	9 429,00
4 257,50	4 912,50	5 240,00	8 187,50	9 170,00	9 825,00
4 429,10	5 110,50	5 451,20	8 517,50	9 539,60	10 221,00
4 600,70	5 308,50	5 662,40	8 847,50	9 909,20	10 617,00
214,50	247,50	264,00	412,50	462,00	495,00

Tabellen

RVG

Rz. 67
RVG-Prozesskostenhilfetabelle (Tabelle § 49 RVG)[1]

Tabelle gem. § 49 RVG, redaktionell ergänzt um einschlägige Dezimalgebührenwerte

Gegenstandswert in € bis	Volle Gebühr in € 1	Dezimalgebühren in € 0,3	0,4	0,5	1,2
500	49,00	14,70	19,60	24,50	58,80
1 000	88,00	26,40	35,20	44,00	105,60
1 500	127,00	38,10	50,80	63,50	152,40
2 000	166,00	49,80	66,40	83,00	199,20
3 000	222,00	66,60	88,80	111,00	266,40
4 000	278,00	83,40	111,20	139,00	333,60
5 000	284,00	85,20	113,60	142,00	340,80
6 000	295,00	88,50	118,00	147,50	354,00
7 000	306,00	91,80	122,40	153,00	367,20
8 000	317,00	95,10	126,80	158,50	380,40
9 000	328,00	98,40	131,20	164,00	393,60
10 000	339,00	101,70	135,60	169,50	406,80
13 000	354,00	106,20	141,60	177,00	424,80
16 000	369,00	110,70	147,60	184,50	442,80
19 000	384,00	115,20	153,60	192,00	460,80
22 000	399,00	119,70	159,60	199,50	478,80
25 000	414,00	124,20	165,60	207,00	496,80
30 000	453,00	135,90	181,20	226,50	543,60
35 000	492,00	147,60	196,80	246,00	590,40
40 000	531,00	159,30	212,40	265,50	637,20
45 000	570,00	171,00	228,00	285,00	684,00
50 000	609,00	182,70	243,60	304,50	730,80
über 50 000	659,00	197,70	263,60	329,50	790,80

Tabellen

RVG

---

[1] **Hinweis:** Die eigentlich für Rechtsanwälte einschlägige Tabelle gem. **§ 49 RVG** gilt gem. **§ 46 StBVV** in Fällen der **Prozesskostenhilfe** auch für Steuerberater/Steuerbevollmächtigte; vgl. dazu auch → Rz. 32 ff., → Rz. 47.

RVG-Prozesskostenhilfetabelle (Tabelle § 49 RVG)

Tabelle gem. § 49 RVG, redaktionell ergänzt um einschlägige Dezimalgebührenwerte

1,3	1,4	1,5	1,6	2,0	2,5
63,70	68,60	73,50	78,40	98,00	122,50
114,40	123,20	132,00	140,80	176,00	220,00
165,10	177,80	190,50	203,20	254,00	317,50
215,80	232,40	249,00	265,60	332,00	415,00
288,60	310,80	333,00	355,20	444,00	555,00
361,40	389,20	417,00	444,80	556,00	695,00
369,20	397,60	426,00	454,40	568,00	710,00
383,50	413,00	442,50	472,00	590,00	737,50
397,80	428,40	459,00	489,60	612,00	765,00
412,10	443,80	475,50	507,20	634,00	792,50
426,40	459,20	492,00	524,80	656,00	820,00
440,70	474,60	508,50	542,40	678,00	847,50
460,20	495,60	531,00	566,40	708,00	885,00
479,70	516,60	553,50	590,40	738,00	922,50
499,20	537,60	576,00	614,40	768,00	960,00
518,70	558,60	598,50	638,40	798,00	997,50
538,20	579,60	621,00	662,40	828,00	1 035,00
588,90	634,20	679,50	724,80	906,00	1 132,50
639,60	688,80	738,00	787,20	984,00	1 230,00
690,30	743,40	796,50	849,60	1 062,00	1 327,50
741,00	798,00	855,00	912,00	1 140,00	1 425,00
791,70	852,60	913,50	974,40	1 218,00	1 522,50
856,70	922,60	988,50	1 054,40	1 318,00	1 647,50

Tabellen

RVG

RVG-Vergütungsverzeichnis

VV-
RVG

Vergütungsverzeichnis

[des Rechtsanwaltsvergütungsgesetzes (VV-RVG)]

– Anlage 1 zu § 2 Abs. 2 RVG –

Rz. 68

Anlage 1 zu § 2 Abs. 2 RVG in der Fassung der Bekanntmachung des Kostenrechtsmodernisierungsgesetzes (Kostenrechtsmodernisierungsgesetz – KostRMoG) vom 5.5.2004 (BGBl. I 2004, 718, 732), zuletzt geändert durch Artikel 24 Absatz 8 des Gesetzes zur Modernisierung des notariellen Berufsrechts und zur Änderung weiterer Vorschriften vom 25.6.2021 (BGBl. I 2021, 2154).

GLIEDERUNG

Teil 1 Allgemeine Gebühren

Teil 2 Außergerichtliche Tätigkeiten einschließlich der Vertretung im Verwaltungsverfahren

    Abschnitt 1 Prüfung der Erfolgsaussicht eines Rechtsmittels

    Abschnitt 2 Herstellung des Einvernehmens

    Abschnitt 3 Vertretung

    Abschnitt 4 *(weggefallen)*

    Abschnitt 5 Beratungshilfe

Teil 3 Zivilsachen, Verfahren der öffentlich-rechtlichen Gerichtsbarkeiten, Verfahren nach dem Strafvollzugsgesetz, auch in Verbindung mit § 92 des Jugendgerichtsgesetzes, und ähnliche Verfahren

    Abschnitt 1 Erster Rechtszug

    Abschnitt 2 Berufung, Revision, bestimmte Beschwerden und Verfahren vor dem Finanzgericht

        Unterabschnitt 1 Berufung, bestimmte Beschwerden und Verfahren vor dem Finanzgericht

        Unterabschnitt 2 Revision, bestimmte Beschwerden und Rechtsbeschwerden

Abschnitt 3 **Gebühren für besondere Verfahren**

- Unterabschnitt 1 Besondere erstinstanzliche Verfahren
- Unterabschnitt 2 Mahnverfahren
- Unterabschnitt 3 Vollstreckung und Vollziehung
- Unterabschnitt 4 Zwangsversteigerung und Zwangsverwaltung
- Unterabschnitt 5 Insolvenzverfahren, Verteilungsverfahren nach der Schifffahrtsrechtlichen Verteilungsordnung, Verfahren nach dem Unternehmensstabilisierungs- und -restrukturierungsgesetz
- Unterabschnitt 6 Sonstige besondere Verfahren

Abschnitt 4 **Einzeltätigkeiten**

Abschnitt 5 **Beschwerde, Nichtzulassungsbeschwerde und Erinnerung**

Teil 4 Strafsachen

Abschnitt 1 Gebühren des Verteidigers

- Unterabschnitt 1 Allgemeine Gebühren
- Unterabschnitt 2 Vorbereitendes Verfahren
- Unterabschnitt 3 Gerichtliches Verfahren
  - *Erster Rechtszug*
  - *Berufung*
  - *Revision*
- Unterabschnitt 4 Wiederaufnahmeverfahren
- Unterabschnitt 5 Zusätzliche Gebühren

Abschnitt 2 **Gebühren in der Strafvollstreckung**

Abschnitt 3 **Einzeltätigkeiten**

Teil 5 Bußgeldsachen

Abschnitt 1 Gebühren des Verteidigers

- Unterabschnitt 1 Allgemeine Gebühr

	Unterabschnitt 2	Verfahren vor der Verwaltungsbehörde
	Unterabschnitt 3	Gerichtliches Verfahren im ersten Rechtszug
	Unterabschnitt 4	Verfahren über die Rechtsbeschwerde
	Unterabschnitt 5	Zusätzliche Gebühren
Abschnitt 2	**Einzeltätigkeiten**	

Teil 6 Sonstige Verfahren

Abschnitt 1 Verfahren nach dem Gesetz über die internationale Rechtshilfe in Strafsachen und Verfahren nach dem Gesetz über die Zusammenarbeit mit dem Internationalen Strafgerichtshof

Unterabschnitt 1	Verfahren vor der Verwaltungsbehörde
Unterabschnitt 2	Gerichtliches Verfahren

Abschnitt 2 Disziplinarverfahren, berufsgerichtliche Verfahren wegen der Verletzung einer Berufspflicht

Unterabschnitt 1	Allgemeine Gebühren
Unterabschnitt 2	Außergerichtliches Verfahren
Unterabschnitt 3	Gerichtliches Verfahren
	Erster Rechtszug
	Zweiter Rechtszug
	Dritter Rechtszug
Unterabschnitt 4	Zusatzgebühr

Abschnitt 3 Gerichtliche Verfahren bei Freiheitsentziehung, bei Unterbringung und bei sonstigen Zwangsmaßnahmen

Abschnitt 4 Gerichtliche Verfahren nach der Wehrbeschwerdeordnung

Abschnitt 5 Einzeltätigkeiten und Verfahren auf Aufhebung oder Änderung einer Disziplinarmaßnahme

Teil 7 Auslagen

TEIL 1
Allgemeine Gebühren

Nr.	Gebührentatbestand	Gebühr oder Satz der Gebühr nach § 13 RVG

Vorbemerkung 1:

Die Gebühren dieses Teils entstehen neben den in anderen Teilen bestimmten Gebühren oder einer Gebühr für die Beratung nach § 34 RVG.

1000	Einigungsgebühr für die Mitwirkung beim Abschluss eines Vertrags	
	1. durch den der Streit oder die Ungewissheit über ein Rechtsverhältnis beseitigt wird	1,5
	2. durch den die Erfüllung des Anspruchs geregelt wird bei gleichzeitigem vorläufigem Verzicht auf seine gerichtliche Geltendmachung oder, wenn bereits ein zur Zwangsvollstreckung geeigneter Titel vorliegt, bei gleichzeitigem vorläufigem Verzicht auf Vollstreckungsmaßnahmen (Zahlungsvereinbarung)	0,7
	(1) Die Gebühr nach Nummer 1 entsteht nicht, wenn der Hauptanspruch anerkannt oder wenn auf ihn verzichtet wird. Im Privatklageverfahren ist Nummer 4147 anzuwenden.	
	(2) Die Gebühr entsteht auch für die Mitwirkung bei Vertragsverhandlungen, es sei denn, dass diese für den Abschluss des Vertrags im Sinne dieser Vorschrift nicht ursächlich war.	
	(3) Für die Mitwirkung bei einem unter einer aufschiebenden Bedingung oder unter dem Vorbehalt des Widerrufs geschlossenen Vertrag entsteht die Gebühr, wenn die Bedingung eingetreten ist oder der Vertrag nicht mehr widerrufen werden kann.	

Nr.	Gebührentatbestand	Gebühr oder Satz der Gebühr nach § 13 RVG
	(4) Bei Rechtsverhältnissen des öffentlichen Rechts entsteht die Gebühr, soweit über die Ansprüche vertraglich verfügt werden kann. Absatz 1 Satz 1 und Absatz 2 sind anzuwenden.	
	(5) Die Gebühr entsteht nicht in Ehesachen und in Lebenspartnerschaftssachen (§ 269 Abs. 1 Nr. 1 und 2 FamFG). Wird ein Vertrag, insbesondere über den Unterhalt, im Hinblick auf die in Satz 1 genannten Verfahren geschlossen, bleibt der Wert dieser Verfahren bei der Berechnung der Gebühr außer Betracht. In Kindschaftssachen entsteht die Gebühr auch für die Mitwirkung an einer Vereinbarung, über deren Gegenstand nicht vertraglich verfügt werden kann. Absatz 1 Satz 1 ist entsprechend anzuwenden.	
1001	Aussöhnungsgebühr .... Die Gebühr entsteht für die Mitwirkung bei der Aussöhnung, wenn der ernstliche Wille eines Ehegatten, eine Scheidungssache oder ein Verfahren auf Aufhebung der Ehe anhängig zu machen, hervorgetreten ist und die Ehegatten die eheliche Lebensgemeinschaft fortsetzen oder die eheliche Lebensgemeinschaft wieder aufnehmen. Dies gilt entsprechend bei Lebenspartnerschaften.	1,5
1002	Erledigungsgebühr, soweit nicht Nummer 1005 gilt .... Die Gebühr entsteht, wenn sich eine Rechtssache ganz oder teilweise nach Aufhebung oder Änderung des mit einem Rechtsbehelf angefochtenen Verwaltungsakts durch die anwaltliche Mitwirkung erledigt. Das Gleiche gilt, wenn sich eine Rechtssache ganz oder teilweise durch Erlass eines bisher abgelehnten Verwaltungsakts erledigt.	1,5

Nr.	Gebührentatbestand	Gebühr oder Satz der Gebühr nach § 13 RVG
1003	Über den Gegenstand ist ein anderes gerichtliches Verfahren als ein selbstständiges Beweisverfahren anhängig: Die Gebühr 1000 Nr. 1 sowie die Gebühren 1001 und 1002 betragen	1,0
	(1) Dies gilt auch, wenn ein Verfahren über die Prozesskostenhilfe anhängig ist, soweit nicht lediglich Prozesskostenhilfe für ein selbständiges Beweisverfahren oder die gerichtliche Protokollierung des Vergleichs beantragt wird oder sich die Beiordnung auf den Abschluss eines Vertrags im Sinne der Nummer 1000 erstreckt (§ 48 Abs. 1 und 3 RVG). Die Anmeldung eines Anspruchs zum Musterverfahren nach dem KapMuG steht einem anhängigen gerichtlichen Verfahren gleich. Das Verfahren vor dem Gerichtsvollzieher steht einem gerichtlichen Verfahren gleich.	
	(2) In Kindschaftssachen entsteht die Gebühr auch für die Mitwirkung am Abschluss eines gerichtlich gebilligten Vergleichs (§ 156 Abs. 2 FamFG) und an einer Vereinbarung, über deren Gegenstand nicht vertraglich verfügt werden kann, wenn hierdurch eine gerichtliche Entscheidung entbehrlich wird oder wenn die Entscheidung der getroffenen Vereinbarung folgt.	
1004	Über den Gegenstand ist ein Berufungs- oder Revisionsverfahren, ein Verfahren über die Beschwerde gegen die Nichtzulassung eines dieser Rechtsmittel oder ein Verfahren vor dem Rechtsmittelgericht über die Zulassung des Rechtsmittels anhängig:	

Nr.	Gebührentatbestand	Gebühr oder Satz der Gebühr nach § 13 RVG
	Die Gebühr 1000 Nr. 1 sowie die Gebühren 1001 und 1002 betragen	1,3
	(1) Dies gilt auch in den in den Vorbemerkungen 3.2.1 und 3.2.2 genannten Beschwerde- und Rechtsbeschwerdeverfahren.	
	(2) Absatz 2 der Anmerkung zu Nummer 1003 ist anzuwenden.	
1005	Einigung oder Erledigung in einem Verwaltungsverfahren in sozialrechtlichen Angelegenheiten, in denen im gerichtlichen Verfahren Betragsrahmengebühren entstehen (§ 3 RVG):	
	Die Gebühren 1000 und 1002 entstehen ..	in Höhe der Geschäftsgebühr
	(1) Die Gebühr bestimmt sich einheitlich nach dieser Vorschrift, wenn in die Einigung Ansprüche aus anderen Verwaltungsverfahren einbezogen werden. Ist über einen Gegenstand ein gerichtliches Verfahren anhängig, bestimmt sich die Gebühr nach Nummer 1006. Maßgebend für die Höhe der Gebühr ist die höchste entstandene Geschäftsgebühr ohne Berücksichtigung einer Erhöhung nach Nummer 1008. Steht dem Rechtsanwalt ausschließlich eine Gebühr nach § 34 RVG zu, beträgt die Gebühr die Hälfte des in der Anmerkung zu Nummer 2302 genannten Betrags.	
	(2) Betrifft die Einigung oder Erledigung nur einen Teil der Angelegenheit, ist der auf diesen Teil der Angelegenheit entfallende Anteil an der Geschäftsgebühr unter Berücksichtigung der in § 14 Abs. 1 RVG genannten Umstände zu schätzen.	

Nr.	Gebührentatbestand	Gebühr oder Satz der Gebühr nach § 13 RVG
1006	Über den Gegenstand ist ein gerichtliches Verfahren anhängig: Die Gebühr 1005 entsteht .... (1) Die Gebühr bestimmt sich auch dann einheitlich nach dieser Vorschrift, wenn in die Einigung Ansprüche einbezogen werden, die nicht in diesem Verfahren rechtshängig sind. Maßgebend für die Höhe der Gebühr ist die im Einzelfall bestimmte Verfahrensgebühr in der Angelegenheit, in der die Einigung erfolgt. Eine Erhöhung nach Nummer 1008 ist nicht zu berücksichtigen. (2) Betrifft die Einigung oder Erledigung nur einen Teil der Angelegenheit, ist der auf diesen Teil der Angelegenheit entfallende Anteil an der Verfahrensgebühr unter Berücksichtigung der in § 14 Abs. 1 RVG genannten Umstände zu schätzen.	in Höhe der Verfahrensgebühr
1008	Auftraggeber sind in derselben Angelegenheit mehrere Personen: Die Verfahrens- oder Geschäftsgebühr erhöht sich für jede weitere Person um ..... (1) Dies gilt bei Wertgebühren nur, soweit der Gegenstand der anwaltlichen Tätigkeit derselbe ist. (2) Die Erhöhung wird nach dem Betrag berechnet, an dem die Personen gemeinschaftlich beteiligt sind. (3) Mehrere Erhöhungen dürfen einen Gebührensatz von 2,0 nicht übersteigen; bei Festgebühren dürfen die Erhöhungen das Doppelte der Festgebühr und bei Betragsrahmengebühren das Doppelte des Mindest- und Höchstbetrags nicht übersteigen.	0,3 oder 30 % bei Festgebühren, bei Betragsrahmengebühren erhöhen sich der Mindest- und Höchstbetrag um 30%

Nr.	Gebührentatbestand	Gebühr oder Satz der Gebühr nach § 13 RVG
	(4) Im Fall der Anmerkung zu den Gebühren 2300 und 2302 erhöht sich der Gebührensatz oder Betrag dieser Gebühren entsprechend.	
1009	Hebegebühr	
	1. bis einschließlich 2 500,00 €	1,0 %
	2. von dem Mehrbetrag bis einschließlich 10 000,00 €	0,5 %
	3. von dem Mehrbetrag über 10 000,00 €	0,25 % des aus- oder zurückgezahlten Betrags – mindestens 1,00 €
	(1) Die Gebühr wird für die Auszahlung oder Rückzahlung von entgegengenommenen Geldbeträgen erhoben.	
	(2) Unbare Zahlungen stehen baren Zahlungen gleich. Die Gebühr kann bei der Ablieferung an den Auftraggeber entnommen werden.	
	(3) Ist das Geld in mehreren Beträgen gesondert ausgezahlt oder zurückgezahlt, wird die Gebühr von jedem Betrag besonders erhoben.	
	(4) Für die Ablieferung oder Rücklieferung von Wertpapieren und Kostbarkeiten entsteht die in den Absätzen 1 bis 3 bestimmte Gebühr nach dem Wert.	
	(5) Die Hebegebühr entsteht nicht, soweit Kosten an ein Gericht oder eine Behörde weitergeleitet oder eingezogene Kosten an den Auftraggeber abgeführt oder eingezogene Beträge auf die Vergütung verrechnet werden.	

Nr.	Gebührentatbestand	Gebühr oder Satz der Gebühr nach § 13 RVG
1010	Zusatzgebühr für besonders umfangreiche Beweisaufnahmen in Angelegenheiten, in denen sich die Gebühren nach Teil 3 richten und mindestens drei gerichtliche Termine stattfinden, in denen Sachverständige oder Zeugen vernommen werden ..... Die Gebühr entsteht für den durch besonders umfangreiche Beweisaufnahmen anfallenden Mehraufwand.	0,3 oder bei Betragsrahmengebühren erhöhen sich der Mindest- und Höchstbetrag der Terminsgebühr um 30 %

TEIL 2

Außergerichtliche Tätigkeiten einschließlich der Vertretung im Verwaltungsverfahren

Nr.	Gebührentatbestand	Gebühr oder Satz der Gebühr nach § 13 RVG

Vorbemerkung 2:

(1) Die Vorschriften dieses Teils sind nur anzuwenden, soweit nicht die §§ 34 bis 36 RVG etwas anderes bestimmen.

(2) ¹Für die Tätigkeit als Beistand für einen Zeugen oder Sachverständigen in einem Verwaltungsverfahren, für das sich die Gebühren nach diesem Teil bestimmen, entstehen die gleichen Gebühren wie für einen Bevollmächtigten in diesem Verfahren. ²Für die Tätigkeit als Beistand eines Zeugen oder Sachverständigen vor einem parlamentarischen Untersuchungsausschuss entstehen die gleichen Gebühren wie für die entsprechende Beistandsleistung in einem Strafverfahren des ersten Rechtszugs vor dem Oberlandesgericht.

Abschnitt 1
Prüfung der Erfolgsaussicht eines Rechtsmittels

Nr.	Gebührentatbestand	Gebühr
2100	Gebühr für die Prüfung der Erfolgsaussicht eines Rechtsmittels, soweit in Nummer 2102 nichts anderes bestimmt ist	0,5 bis 1,0
	Die Gebühr ist auf eine Gebühr für das Rechtsmittelverfahren anzurechnen.	
2101	Die Prüfung der Erfolgsaussicht eines Rechtsmittels ist mit der Ausarbeitung eines schriftlichen Gutachtens verbunden:	
	Die Gebühr 2100 beträgt	1,3
2102	Gebühr für die Prüfung der Erfolgsaussicht eines Rechtsmittels in sozialrechtlichen Angelegenheiten, in denen im gerichtlichen Verfahren Betragsrahmengebühren entstehen (§ 3 RVG), und in den Angelegenheiten, für die nach den Teilen 4 bis 6 Betragsrahmengebühren entstehen	36,00 bis 384,00 €

Nr.	Gebührentatbestand	Gebühr oder Satz der Gebühr nach § 13 RVG
	Die Gebühr ist auf eine Gebühr für das Rechtsmittelverfahren anzurechnen.	
2103	Die Prüfung der Erfolgsaussicht eines Rechtsmittels ist mit der Ausarbeitung eines schriftlichen Gutachtens verbunden:	
	Die Gebühr 2102 beträgt	60,00 bis 660,00 €

Abschnitt 2
Herstellung des Einvernehmens

Nr.	Gebührentatbestand	Gebühr oder Satz der Gebühr nach § 13 RVG
2200	Geschäftsgebühr für die Herstellung des Einvernehmens nach § 28 EuRAG	in Höhe der einem Bevollmächtigten oder Verteidiger zustehenden Verfahrensgebühr
2201	Das Einvernehmen wird nicht hergestellt:	
	Die Gebühr 2200 beträgt	0,1 bis 0,5 oder Mindestbetrag der einem Bevollmächtigten oder Verteidiger zustehenden Verfahrensgebühr

Nr.	Gebührentatbestand	Gebühr oder Satz der Gebühr nach § 13 RVG

Abschnitt 3
Vertretung

Vorbemerkung 2.3:

(1) Im Verwaltungszwangsverfahren ist Teil 3 Abschnitt 3 Unterabschnitt 3 entsprechend anzuwenden.

(2) Dieser Abschnitt gilt nicht für die in den Teilen 4 bis 6 geregelten Angelegenheiten.

(3) Die Geschäftsgebühr entsteht für das Betreiben des Geschäfts einschließlich der Information und für die Mitwirkung bei der Gestaltung eines Vertrags.

(4) ¹Soweit wegen desselben Gegenstands eine Geschäftsgebühr für eine Tätigkeit im Verwaltungsverfahren entstanden ist, wird diese Gebühr zur Hälfte, bei Wertgebühren jedoch höchstens mit einem Gebührensatz von 0,75, auf eine Geschäftsgebühr für eine Tätigkeit im weiteren Verwaltungsverfahren, das der Nachprüfung des Verwaltungsakts dient, angerechnet. ²Bei einer Betragsrahmengebühr beträgt der Anrechnungsbetrag höchstens 207,00 €. ³Bei einer Wertgebühr erfolgt die Anrechnung nach dem Wert des Gegenstands, der auch Gegenstand des weiteren Verfahrens ist.

(5) Absatz 4 gilt entsprechend bei einer Tätigkeit im Verfahren nach der Wehrbeschwerdeordnung, wenn darauf eine Tätigkeit im Beschwerdeverfahren oder wenn der Tätigkeit im Beschwerdeverfahren eine Tätigkeit im Verfahren der weiteren Beschwerde vor den Disziplinarvorgesetzten folgt.

(6) ¹Soweit wegen desselben Gegenstands eine Geschäftsgebühr nach Nummer 2300 entstanden ist, wird diese Gebühr zur Hälfte, jedoch höchstens mit einem Gebührensatz von 0,75, auf eine Geschäftsgebühr nach Nummer 2303 angerechnet. ²Absatz 4 Satz 3 gilt entsprechend.

Nr.	Gebührentatbestand	Gebühr oder Satz der Gebühr nach § 13 RVG
2300	Geschäftsgebühr, soweit in den Nummern 2302 und 2303 nichts anderes bestimmt ist	0,5 bis 2,5
	(1) Eine Gebühr von mehr als 1,3 kann nur gefordert werden, wenn die Tätigkeit umfangreich oder schwierig war.	
	(2) Ist Gegenstand der Tätigkeit eine Inkassodienstleistung, die eine unbestrittene Forderung betrifft, kann eine Gebühr von mehr als 0,9 nur gefordert werden, wenn die Inkassodienstleistung besonders umfangreich oder besonders schwierig war. In einfachen Fällen kann nur eine Gebühr von 0,5 gefordert werden; ein einfacher Fall liegt in der Regel vor, wenn die Forderung auf die erste Zahlungsaufforderung hin beglichen wird. Der Gebührensatz beträgt höchstens 1,3.	
2301	Der Auftrag beschränkt sich auf ein Schreiben einfacher Art:	
	Die Gebühr 2300 beträgt	0,3
	Es handelt sich um ein Schreiben einfacher Art, wenn dieses weder schwierige rechtliche Ausführungen noch größere sachliche Auseinandersetzungen enthält.	
2302	Geschäftsgebühr in	
	1. sozialrechtlichen Angelegenheiten, in denen im gerichtlichen Verfahren Betragsrahmengebühren entstehen (§ 3 RVG), und	
	2. Verfahren nach der Wehrbeschwerdeordnung, wenn im gerichtlichen Verfahren das Verfahren vor dem Truppendienstgericht oder vor dem Bundesverwaltungsgericht an die Stelle des Verwaltungsrechtswegs gemäß § 82 SG tritt	60,00 bis 768,00 €

Nr.	Gebührentatbestand	Gebühr oder Satz der Gebühr nach § 13 RVG
	Eine Gebühr von mehr als 359,00 € kann nur gefordert werden, wenn die Tätigkeit umfangreich oder schwierig war.	
2303	Geschäftsgebühr für	
	1. Güteverfahren vor einer durch die Landesjustizverwaltung eingerichteten oder anerkannten Gütestelle (§ 794 Abs. 1 Nr. 1 ZPO) oder, wenn die Parteien den Einigungsversuch einvernehmlich unternehmen, vor einer Gütestelle, die Streitbeilegung betreibt (§ 15a Abs. 3 EGZPO),	
	2. Verfahren vor einem Ausschuss der in § 111 Abs. 2 des Arbeitsgerichtsgesetzes bezeichneten Art,	
	3. Verfahren vor dem Seemannsamt zur vorläufigen Entscheidung von Arbeitssachen und	
	4. Verfahren vor sonstigen gesetzlich eingerichteten Einigungsstellen, Gütestellen oder Schiedsstellen	1,5

Abschnitt 4
(weggefallen)

Abschnitt 5
Beratungshilfe

Vorbemerkung 2.5:

Im Rahmen der Beratungshilfe entstehen Gebühren ausschließlich nach diesem Abschnitt.

2500	Beratungshilfegebühr	15,00 €
	¹Neben der Gebühr werden keine Auslagen erhoben. ²Die Gebühr kann erlassen werden.	

VV-RVG. Teil 2: Verwaltungsverfahren

Nr.	Gebührentatbestand	Gebühr oder Satz der Gebühr nach § 13 RVG
2501	Beratungsgebühr	38,50 €
	(1) Die Gebühr entsteht für eine Beratung, wenn die Beratung nicht mit einer anderen gebührenpflichtigen Tätigkeit zusammenhängt.	
	(2) Die Gebühr ist auf eine Gebühr für eine sonstige Tätigkeit anzurechnen, die mit der Beratung zusammenhängt.	
2502	Beratungstätigkeit mit dem Ziel einer außergerichtlichen Einigung mit den Gläubigern über die Schuldenbereinigung auf der Grundlage eines Plans (§ 305 Abs. 1 Nr. 1 InsO):	
	Die Gebühr 2501 beträgt	77,00 €
2503	Geschäftsgebühr	93,50 €
	(1) Die Gebühr entsteht für das Betreiben des Geschäfts einschließlich der Information oder die Mitwirkung bei der Gestaltung eines Vertrags.	
	(2) [1]Auf die Gebühren für ein anschließendes gerichtliches oder behördliches Verfahren ist diese Gebühr zur Hälfte anzurechnen. [2]Auf die Gebühren für ein Verfahren auf Vollstreckbarerklärung eines Vergleichs nach den §§ 796a, 796b und 796c Abs. 2 Satz 2 ZPO ist die Gebühr zu einem Viertel anzurechnen.	
2504	Tätigkeit mit dem Ziel einer außergerichtlichen Einigung mit den Gläubigern über die Schuldenbereinigung auf der Grundlage eines Plans (§ 305 Abs. 1 Nr. 1 InsO):	
	Die Gebühr 2503 beträgt bei bis zu 5 Gläubigern	297,00 €
2505	Es sind 6 bis 10 Gläubiger vorhanden:	
	Die Gebühr 2503 beträgt	446,00 €

Nr.	Gebührentatbestand	Gebühr oder Satz der Gebühr nach § 13 RVG
2506	Es sind 11 bis 15 Gläubiger vorhanden:	
	Die Gebühr 2503 beträgt	594,00 €
2507	Es sind mehr als 15 Gläubiger vorhanden:	
	Die Gebühr 2503 beträgt	743,00 €
2508	Einigungs- und Erledigungsgebühr	165,00 €
	(1) Die Anmerkungen zu Nummern 1000 und 1002 sind anzuwenden.	
	(2) Die Gebühr entsteht auch für die Mitwirkung bei einer außergerichtlichen Einigung mit den Gläubigern über die Schuldenbereinigung auf der Grundlage eines Plans (§ 305 Abs. 1 Nr. 1 InsO).	

TEIL 3

Zivilsachen, Verfahren der öffentlich-rechtlichen Gerichtsbarkeiten, Verfahren nach dem Strafvollzugsgesetz, auch in Verbindung mit § 92 des Jugendgerichtsgesetzes, und ähnliche Verfahren

Nr.	Gebührentatbestand	Gebühr oder Satz der Gebühr nach § 13 RVG

Vorbemerkung 3:

(1) ¹Gebühren nach diesem Teil erhält der Rechtsanwalt, dem ein unbedingter Auftrag als Prozess- oder Verfahrensbevollmächtigter, als Beistand für einen Zeugen oder Sachverständigen oder für eine sonstige Tätigkeit in einem gerichtlichen Verfahren erteilt worden ist. ²Der Beistand für einen Zeugen oder Sachverständigen erhält die gleichen Gebühren wie ein Verfahrensbevollmächtigter.

(2) Die Verfahrensgebühr entsteht für das Betreiben des Geschäfts einschließlich der Information.

(3) ¹Die Terminsgebühr entsteht sowohl für die Wahrnehmung von gerichtlichen Terminen als auch für die Wahrnehmung von außergerichtlichen Terminen und Besprechungen, wenn nichts anderes bestimmt ist. ²Sie entsteht jedoch nicht für die Wahrnehmung eines gerichtlichen Termins nur zur Verkündung einer Entscheidung. ³Die Gebühr für außergerichtliche Termine und Besprechungen entsteht für

1. die Wahrnehmung eines von einem gerichtlich bestellten Sachverständigen anberaumten Termins und
2. die Mitwirkung an Besprechungen, die auf die Vermeidung oder Erledigung des Verfahrens gerichtet sind; dies gilt nicht für Besprechungen mit dem Auftraggeber.

(4) ¹Soweit wegen desselben Gegenstands eine Geschäftsgebühr nach Teil 2 entsteht, wird diese Gebühr zur Hälfte, bei Wertgebühren jedoch höchstens mit einem Gebührensatz von 0,75, auf die Verfahrensgebühr des gerichtlichen Verfahrens angerechnet. ²Bei Betragsrahmengebühren beträgt der Anrechnungsbetrag höchstens 207,00 €. ³Sind mehrere Gebühren entstanden, ist für die Anrechnung die zuletzt entstandene Gebühr maßgebend. ⁴Bei einer wertabhängigen Gebühr erfolgt die Anrechnung nach

Nr.	Gebührentatbestand	Gebühr oder Satz der Gebühr nach § 13 RVG

dem Wert des Gegenstands, der auch Gegenstand des gerichtlichen Verfahrens ist.

(5) Soweit der Gegenstand eines selbstständigen Beweisverfahrens auch Gegenstand eines Rechtsstreits ist oder wird, wird die Verfahrensgebühr des selbstständigen Beweisverfahrens auf die Verfahrensgebühr des Rechtszugs angerechnet.

(6) Soweit eine Sache an ein untergeordnetes Gericht zurückverwiesen wird, das mit der Sache bereits befasst war, ist die vor diesem Gericht bereits entstandene Verfahrensgebühr auf die Verfahrensgebühr für das erneute Verfahren anzurechnen.

(7) Die Verfahrensgebühr für einen Urkunden- oder Wechselprozess wird auf die Verfahrensgebühr für das ordentliche Verfahren angerechnet, wenn dieses nach Abstandnahme vom Urkunden- oder Wechselprozess oder nach einem Vorbehaltsurteil anhängig bleibt (§§ 596 und 600 ZPO)

(8) Die Vorschriften dieses Teils sind nicht anzuwenden, soweit Teil 6 besondere Vorschriften enthält.

Abschnitt 1
Erster Rechtszug

Vorbemerkung 3.1:

Die Gebühren dieses Abschnitts entstehen in allen Verfahren, für die in den folgenden Abschnitten dieses Teils keine Gebühren bestimmt sind.

3100	Verfahrensgebühr, soweit in Nummer 3102 nichts anderes bestimmt ist	1,3
	(1) Die Verfahrensgebühr für ein vereinfachtes Verfahren über den Unterhalt Minderjähriger wird auf die Verfahrensgebühr angerechnet, die in dem nachfolgenden Rechtsstreit entsteht (§ 255 FamFG)	
	(2) Die Verfahrensgebühr für ein Vermittlungsverfahren nach § 165 FamFG wird auf die Verfahrensgebühr für ein sich anschließendes Verfahren angerechnet.	

Nr.	Gebührentatbestand	Gebühr oder Satz der Gebühr nach § 13 RVG
3101	1. Endigt der Auftrag, bevor der Rechtsanwalt die Klage, den ein Verfahren einleitenden Antrag oder einen Schriftsatz, der Sachanträge, Sachvortrag, die Zurücknahme der Klage oder die Zurücknahme des Antrags enthält, eingereicht oder bevor er einen gerichtlichen Termin wahrgenommen hat; 2. soweit Verhandlungen vor Gericht zur Einigung der Parteien oder der Beteiligten oder mit Dritten über in diesem Verfahren nicht rechtshängige Ansprüche geführt werden; der Verhandlung über solche Ansprüche steht es gleich, wenn beantragt ist, eine Einigung zu Protokoll zu nehmen oder das Zustandekommen einer Einigung festzustellen (§ 278 Abs. 6 ZPO), oder wenn eine Einigung dadurch erfolgt, dass die Beteiligten einen in der Form eines Beschlusses ergangenen Vorschlag schriftlich oder durch Erklärung zu Protokoll in der mündlichen Verhandlung gegenüber dem Gericht annehmen (§ 101 Abs. 1 Satz 2 SGG, § 106 Satz 2 VwGO); oder 3. soweit in einer Familiensache, die nur die Erteilung einer Genehmigung oder die Zustimmung des Familiengerichts zum Gegenstand hat, oder in einem Verfahren der freiwilligen Gerichtsbarkeit lediglich ein Antrag gestellt und eine Entscheidung entgegengenommen wird, beträgt die Gebühr 3100	0,8
	(1) Soweit in den Fällen der Nummer 2 der sich nach § 15 Abs. 3 RVG ergebende Gesamtbetrag der Verfahrensgebühren die Gebühr 3100 übersteigt, wird der übestei-	

Nr.	Gebührentatbestand	Gebühr oder Satz der Gebühr nach § 13 RVG
	gende Betrag auf eine Verfahrensgebühr angerechnet, die wegen desselben Gegenstands in einer anderen Angelegenheit entsteht.	
	(2) Nummer 3 ist in streitigen Verfahren der freiwilligen Gerichtsbarkeit, insbesondere in Verfahren nach dem Gesetz über das gerichtliche Verfahren in Landwirtschaftssachen, nicht anzuwenden.	
3102	Verfahrensgebühr für Verfahren vor den Sozialgerichten, in denen Betragsrahmengebühren entstehen (§ 3 RVG)	60,00 bis 660,00 €
3103	*(weggefallen)*	
3104	Terminsgebühr, soweit in Nummer 3106 nichts anderes bestimmt ist	1,2
	(1) Die Gebühr entsteht auch, wenn	
	1. in einem Verfahren, für das mündliche Verhandlung vorgeschrieben ist, im Einverständnis mit den Parteien oder Beteiligten oder gemäß § 307 oder § 495a ZPO ohne mündliche Verhandlung entschieden oder in einem solchen Verfahren mit oder ohne Mitwirkung des Gerichts ein Vertrag im Sinne der Nummer 1000 geschlossen wird oder eine Erledigung der Rechtssache im Sinne der Nummer 1002 eingetreten ist,	
	2. nach § 84 Abs. 1 Satz 1 VwGO oder § 105 Abs. 1 Satz 1 SGG durch Gerichtsbescheid entschieden wird und eine mündliche Verhandlung beantragt werden kann oder	
	3. das Verfahren vor dem Sozialgericht, für das mündliche Verhandlung vorgeschrieben ist, nach angenommenem Anerkenntnis ohne mündliche Verhandlung endet.	

Nr.	Gebührentatbestand	Gebühr oder Satz der Gebühr nach § 13 RVG
	(2) Sind in dem Termin auch Verhandlungen zur Einigung über in diesem Verfahren nicht rechtshängige Ansprüche geführt worden, wird die Terminsgebühr, soweit sie den sich ohne Berücksichtigung der nicht rechtshängigen Ansprüche ergebenden Gebührenbetrag übersteigt, auf eine Terminsgebühr angerechnet, die wegen desselben Gegenstands in einer anderen Angelegenheit entsteht.	
	(3) Die Gebühr entsteht nicht, soweit lediglich beantragt ist, eine Einigung der Parteien oder der Beteiligten oder mit Dritten über nicht rechtshängige Ansprüche zu Protokoll zu nehmen.	
	(4) Eine in einem vorausgegangenen Mahnverfahren oder vereinfachten Verfahren über den Unterhalt Minderjähriger entstandene Terminsgebühr wird auf die Terminsgebühr des nachfolgenden Rechtsstreits angerechnet.	
3105	Wahrnehmung nur eines Termins, in dem eine Partei oder ein Beteiligter nicht erschienen oder nicht ordnungsgemäß vertreten ist und lediglich ein Antrag auf Versäumnisurteil, Versäumnisentscheidung oder zur Prozess-, Verfahrens- oder Sachleitung gestellt wird:	
	Die Gebühr 3104 beträgt	0,5
	(1) Die Gebühr entsteht auch, wenn 1. das Gericht bei Säumnis lediglich Entscheidungen zur Prozess-, Verfahrens- oder Sachleitung von Amts wegen trifft oder 2. eine Entscheidung gemäß § 331 Abs. 3 ZPO ergeht.	
	(2) § 333 ZPO ist nicht entsprechend anzuwenden.	

Nr.	Gebührentatbestand	Gebühr oder Satz der Gebühr nach § 13 RVG
3106	Terminsgebühr in Verfahren vor den Sozialgerichten, in denen Betragsrahmengebühren entstehen (§ 3 RVG) . . . . Die Gebühr entsteht auch, wenn 1. in einem Verfahren, für das mündliche Verhandlung vorgeschrieben ist, im Einverständnis mit den Parteien ohne mündliche Verhandlung entschieden oder in einem solchen Verfahren mit oder ohne Mitwirkung des Gerichts ein Vertrag im Sinne der Nummer 1000 geschlossen wird oder eine Erledigung der Rechtssache im Sinne der Nummer 1002 eingetreten ist, 2. nach § 105 Abs. 1 Satz 1 SGG durch Gerichtsbescheid entschieden wird und eine mündliche Verhandlung beantragt werden kann oder 3. das Verfahren, für das mündliche Verhandlung vorgeschrieben ist, nach angenommenem Anerkenntnis ohne mündliche Verhandlung endet. In den Fällen des Satzes 1 beträgt die Gebühr 90% der in derselben Angelegenheit dem Rechtsanwalt zustehenden Verfahrensgebühr ohne Berücksichtigung einer Erhöhung nach Nummer 1008.	60,00 bis 610,00 €

Abschnitt 2
Berufung, Revision, bestimmte Beschwerden und Verfahren vor dem Finanzgericht

Vorbemerkung 3.2:

(1) Dieser Abschnitt ist auch in Verfahren vor dem Rechtsmittelgericht über die Zulassung des Rechtsmittels anzuwenden.

(2) [1]Wenn im Verfahren auf Anordnung eines Arrests, zur Erwirkung eines Europäischen Beschlusses zur vorläufigen Kontenpfändung oder auf Erlass einer einstweiligen Verfügung sowie im Verfahren über die Aufhebung, den Widerruf oder die Abän-

Nr.	Gebührentatbestand	Gebühr oder Satz der Gebühr nach § 13 RVG

derung der genannten Entscheidungen das Rechtsmittelgericht als Gericht der Hauptsache anzusehen ist (§ 943, auch i.V.m. § 946 Abs. 1 Satz 2 ZPO), bestimmen sich die Gebühren nach den für die erste Instanz geltenden Vorschriften. ²Dies gilt entsprechend im Verfahren der einstweiligen Anordnung und im Verfahren auf Anordnung oder Wiederherstellung der aufschiebenden Wirkung, auf Aussetzung oder Aufhebung der Vollziehung oder Anordnung der sofortigen Vollziehung eines Verwaltungsakts. ³Satz 1 gilt ferner entsprechend in Verfahren über einen Antrag nach § 169 Abs. 2 Satz 5 und 6, § 173 Abs. 1 Satz 3 oder nach § 176 GWB.

Unterabschnitt 1
Berufung, bestimmte Beschwerden und Verfahren
vor dem Finanzgericht

Vorbemerkung 3.2.1:

Dieser Unterabschnitt ist auch anzuwenden in Verfahren

1. vor dem Finanzgericht,
2. über Beschwerden
   a) gegen die den Rechtszug beendenden Entscheidungen in Verfahren über Anträge auf Vollstreckbarerklärung ausländischer Titel oder auf Erteilung der Vollstreckungsklausel zu ausländischen Titeln sowie über Anträge auf Aufhebung oder Abänderung der Vollstreckbarerklärung oder der Vollstreckungsklausel,
   b) gegen die Endentscheidung wegen des Hauptgegenstands in Familiensachen und in den Angelegenheiten der freiwilligen Gerichtsbarkeit,
   c) gegen die den Rechtszug beendenden Entscheidungen im Beschlussverfahren vor den Gerichten für Arbeitssachen,
   d) gegen die den Rechtszug beendenden Entscheidungen im personalvertretungsrechtlichen Beschlussverfahren vor den Gerichten der Verwaltungsgerichtsbarkeit,
   e) nach dem GWB,
   f) nach dem EnWG,
   g) nach dem KSpG,
   h) nach dem EU-VSchDG,

Nr.	Gebührentatbestand	Gebühr oder Satz der Gebühr nach § 13 RVG
	i) nach dem SpruchG,	
	j) nach dem WpÜG,	
	3. über Beschwerden	
	a) gegen die Entscheidung des Verwaltungs- oder Sozialgerichts wegen des Hauptgegenstands in Verfahren des vorläufigen oder einstweiligen Rechtsschutzes,	
	b) nach dem WpHG,	
	c) gegen die Entscheidung über den Widerspruch des Schuldners (§ 954 Abs. 1 Satz 1 ZPO) im Fall des Artikels 5 Buchstabe a der Verordnung (EU) Nr. 655/2014,	
	4. über Rechtsbeschwerden nach dem StVollzG, auch i.V.m. § 92 JGG.	
3200	Verfahrensgebühr, soweit in Nummer 3204 nichts anderes bestimmt ist	1,6
3201	Vorzeitige Beendigung des Auftrags oder eingeschränkte Tätigkeit des Anwalts:	
	Die Gebühr 3200 beträgt	1,1
	(1) Eine vorzeitige Beendigung liegt vor,	
	1. wenn der Auftrag endet, bevor der Rechtsanwalt das Rechtsmittel eingelegt oder einen Schriftsatz, der Sachanträge, Sachvortrag, die Zurücknahme der Klage oder die Zurücknahme des Rechtsmittels enthält, eingereicht oder bevor er einen gerichtlichen Termin wahrgenommen hat, oder	
	2. soweit Verhandlungen vor Gericht zur Einigung der Parteien oder der Beteiligten oder mit Dritten über in diesem Verfahren nicht rechtshängige Ansprüche geführt werden; der Verhandlung über solche Ansprüche steht es gleich, wenn beantragt ist, eine Einigung zu Protokoll zu nehmen oder das Zustandekommen einer Einigung festzustellen (§ 278 Abs. 6 ZPO).	

Nr.	Gebührentatbestand	Gebühr oder Satz der Gebühr nach § 13 RVG
	Soweit in den Fällen der Nummer 2 der sich nach § 15 Abs. 3 RVG ergebende Gesamtbetrag der Verfahrensgebühren die Gebühr 3200 übersteigt, wird der übersteigende Betrag auf eine Verfahrensgebühr angerechnet, die wegen desselben Gegenstands in einer anderen Angelegenheit entsteht.	
	(2) Eine eingeschränkte Tätigkeit des Anwalts liegt vor, wenn sich seine Tätigkeit 1. in einer Familiensache, die nur die Erteilung einer Genehmigung oder die Zustimmung des Familiengerichts zum Gegenstand hat, oder 2. in einer Angelegenheit der freiwilligen Gerichtsbarkeit auf die Einlegung und Begründung des Rechtsmittels und die Entgegennahme der Rechtsmittelentscheidung beschränkt.	
3202	Terminsgebühr, soweit in Nummer 3205 nichts anderes bestimmt ist	1,2
	(1) Absatz 1 Nr. 1 und 3 sowie die Absätze 2 und 3 der Anmerkung zu Nummer 3104 gelten entsprechend.	
	(2) Die Gebühr entsteht auch, wenn nach § 79a Abs. 2, § 90a oder § 94a FGO ohne mündliche Verhandlung durch Gerichtsbescheid entschieden wird.	
3203	Wahrnehmung nur eines Termins, in dem eine Partei oder ein Beteiligter, im Berufungsverfahren der Berufungskläger, im Beschwerdeverfahren der Beschwerdeführer, nicht erschienen oder nicht ordnungsgemäß vertreten ist und lediglich ein Antrag auf Versäumnisurteil, Versäumnisentscheidung oder zur Prozess-, Verfahrens- oder Sachleitung gestellt wird:	
	Die Gebühr 3202 beträgt	0,5

Nr.	Gebührentatbestand	Gebühr oder Satz der Gebühr nach § 13 RVG
	Die Anmerkung zu Nummer 3105 und Absatz 2 der Anmerkung zu Nummer 3202 gelten entsprechend.	
3204	Verfahrensgebühr für Verfahren vor den Landessozialgerichten, in denen Betragsrahmengebühren entstehen (§ 3 RVG)	72,00 bis 816,00 €
3205	[1]Terminsgebühr in Verfahren vor den Landessozialgerichten, in denen Betragsrahmengebühren entstehen (§ 3 RVG)	60,00 bis 610,00 €
	Satz 1 Nr. 1 und 3 der Anmerkung zu Nummer 3106 gilt entsprechend. [2]In den Fällen des Satzes 1 beträgt die Gebühr 75% der in derselben Angelegenheit dem Rechtsanwalt zustehenden Verfahrensgebühr ohne Berücksichtigung einer Erhöhung nach Nummer 1008.	

Unterabschnitt 2
Revision, bestimmte Beschwerden und Rechtsbeschwerden

Vorbemerkung 3.2.2:

Dieser Unterabschnitt ist auch anzuwenden in Verfahren
1. über Rechtsbeschwerden
    a) in den in der Vorbemerkung 3.2.1 Nr. 2 genannten Fällen,
    b) nach § 20 KapMuG und
    c) nach § 1065 ZPO,
2. vor dem Bundesgerichtshof über Berufungen, Beschwerden oder Rechtsbeschwerden gegen Entscheidungen des Bundespatentgerichts und
3. vor dem Bundesfinanzhof über Beschwerden nach § 128 Abs. 3 FGO.

3206	Verfahrensgebühr, soweit in Nummer 3212 nichts anderes bestimmt ist	1,6
3207	Vorzeitige Beendigung des Auftrags oder eingeschränkte Tätigkeit des Anwalts:	

VV-RVG. Teil 3: Öffentlich-rechtliche Gerichtsbarkeit

Nr.	Gebührentatbestand	Gebühr oder Satz der Gebühr nach § 13 RVG
	Die Gebühr 3206 beträgt	1,1
	Die Anmerkung zu Nummer 3201 gilt entsprechend.	
3208	Im Verfahren können sich die Parteien oder die Beteiligten nur durch einen beim Bundesgerichtshof zugelassenen Rechtsanwalt vertreten lassen:	
	Die Gebühr 3206 beträgt	2,3
3209	Vorzeitige Beendigung des Auftrags, wenn sich die Parteien oder die Beteiligten nur durch einen beim Bundesgerichtshof zugelassenen Rechtsanwalt vertreten lassen können:	
	Die Gebühr 3206 beträgt	1,8
	Die Anmerkung zu Nummer 3201 gilt entsprechend.	
3210	Terminsgebühr, soweit in Nummer 3213 nichts anderes bestimmt ist	1,5
	Absatz 1 Nr. 1 und 3 sowie die Absätze 2 und 3 der Anmerkung zu Nummer 3104 und Absatz 2 der Anmerkung zu Nummer 3202 gelten entsprechend.	
3211	Wahrnehmung nur eines Termins, in dem der Revisionskläger oder Beschwerdeführer nicht ordnungsgemäß vertreten ist und lediglich ein Antrag auf Versäumnisurteil, Versäumnisentscheidung oder zur Prozess-, Verfahrens- oder Sachleitung gestellt wird:	
	Die Gebühr 3210 beträgt	0,8
	Die Anmerkung zu Nummer 3105 und Absatz 2 der Anmerkung zu Nummer 3202 gelten entsprechend.	
3212	Verfahrensgebühr für Verfahren vor dem Bundessozialgericht, in denen Betragsrahmengebühren entstehen (§ 3 RVG)	96,00 bis 1 056,00 €

Nr.	Gebührentatbestand	Gebühr oder Satz der Gebühr nach § 13 RVG
3213	Terminsgebühr in Verfahren vor dem Bundessozialgericht, in denen Betragsrahmengebühren entstehen (§ 3 RVG).	96,00 bis 990,00 €
	Satz 1 Nr. 1 und 3 sowie Satz 2 der Anmerkung zu Nummer 3106 gelten entsprechend.	

Abschnitt 3
Gebühren für besondere Verfahren
Unterabschnitt 1
Besondere erstinstanzliche Verfahren

Vorbemerkung 3.3.1:

Die Terminsgebühr bestimmt sich nach Abschnitt 1.

3300	Verfahrensgebühr 1. für das Verfahren vor dem Oberlandesgericht nach § 129 VGG oder § 32 AgrarOLkG, 2. für das erstinstanzliche Verfahren vor dem Bundesverwaltungsgericht, dem Bundessozialgericht, dem Oberverwaltungsgericht (Verwaltungsgerichtshof) und dem Landessozialgericht sowie 3. für das Verfahren bei überlangen Gerichtsverfahren und strafrechtlichen Ermittlungsverfahren vor den Oberlandesgerichten, den Landessozialgerichten, den Oberverwaltungsgerichten, den Landesarbeitsgerichten oder einem obersten Gerichtshof des Bundes	1,6
3301	Vorzeitige Beendigung des Auftrags: Die Gebühr 3300 beträgt	1,0
	Die Anmerkung zu Nummer 3201 gilt entsprechend.	

VV-RVG. Teil 3: Öffentlich-rechtliche Gerichtsbarkeit

Nr.	Gebührentatbestand	Gebühr oder Satz der Gebühr nach § 13 RVG

Unterabschnitt 2
Mahnverfahren

Vorbemerkung 3.3.2:

Die Terminsgebühr bestimmt sich nach Abschnitt 1.

Nr.	Gebührentatbestand	
3305	Verfahrensgebühr für die Vertretung des Antragstellers	1,0
	Die Gebühr wird auf die Verfahrensgebühr für einen nachfolgenden Rechtsstreit angerechnet.	
3306	Beendigung des Auftrags, bevor der Rechtsanwalt den verfahrenseinleitenden Antrag oder einen Schriftsatz, der Sachanträge, Sachvortrag oder die Zurücknahme des Antrags enthält, eingereicht hat:	
	Die Gebühr 3305 beträgt	0,5
3307	Verfahrensgebühr für die Vertretung des Antragsgegners	0,5
	Die Gebühr wird auf die Verfahrensgebühr für einen nachfolgenden Rechtsstreit angerechnet.	
3308	Verfahrensgebühr für die Vertretung des Antragstellers im Verfahren über den Antrag auf Erlass eines Vollstreckungsbescheids	0,5
	[1]Die Gebühr entsteht neben der Gebühr 3305 nur, wenn innerhalb der Widerspruchsfrist kein Widerspruch erhoben oder der Widerspruch gemäß § 703a Abs. 2 Nr. 4 ZPO beschränkt worden ist. [2]Nummer 1008 ist nicht anzuwenden, wenn sich bereits die Gebühr 3305 erhöht.	

Nr.	Gebührentatbestand	Gebühr oder Satz der Gebühr nach § 13 RVG

Unterabschnitt 3
Vollstreckung und Vollziehung

Vorbemerkung 3.3.3:

(1) ¹Dieser Unterabschnitt gilt für
1. die Zwangsvollstreckung,
2. die Vollstreckung,
3. Verfahren des Verwaltungszwangs und
4. die Vollziehung eines Arrestes oder einstweiligen Verfügung, soweit nachfolgend keine besonderen Gebühren bestimmt sind.

²Er gilt auch für Verfahren auf Eintragung einer Zwangshypothek (§§ 867 und 870a ZPO).

(2) ¹Im Verfahren nach der Verordnung (EU) Nr. 655/2014 werden Gebühren nach diesem Unterabschnitt nur im Fall des Artikels 5 Buchstabe b der Verordnung (EU) Nr. 655/2014 erhoben. ²In den Fällen des Artikels 5 Buchstabe a der Verordnung (EU) Nr. 655/2014 bestimmen sich die Gebühren nach den für Arrestverfahren geltenden Vorschriften.

Nr.	Gebührentatbestand	Satz
3309	Verfahrensgebühr	0,3
3310	Terminsgebühr .... Die Gebühr entsteht für die Teilnahme an einem gerichtlichen Termin, einem Termin zur Abgabe der Vermögensauskunft oder zur Abnahme der eidesstattlichen Versicherung.	0,3

Unterabschnitt 4
Zwangsversteigerung und Zwangsverwaltung

Nr.	Gebührentatbestand	Satz
3311	Verfahrensgebühr .... Die Gebühr entsteht jeweils gesondert 1. für die Tätigkeit im Zwangsversteigerungsverfahren bis zur Einleitung des Verteilungsverfahrens; 2. im Zwangsversteigerungsverfahren für die Tätigkeit im Verteilungsverfahren,	0,4

Nr.	Gebührentatbestand	Gebühr oder Satz der Gebühr nach § 13 RVG
	und zwar auch für eine Mitwirkung an einer außergerichtlichen Verteilung;	
	3. im Verfahren der Zwangsverwaltung für die Vertretung des Antragstellers im Verfahren über den Antrag auf Anordnung der Zwangsverwaltung oder auf Zulassung des Beitritts;	
	4. im Verfahren der Zwangsverwaltung für die Vertretung des Antragstellers im weiteren Verfahren einschließlich des Verteilungsverfahrens;	
	5. im Verfahren der Zwangsverwaltung für die Vertretung eines sonstigen Beteiligten im ganzen Verfahren einschließlich des Verteilungsverfahrens und	
	6. für die Tätigkeit im Verfahren über Anträge auf einstweilige Einstellung oder Beschränkung der Zwangsvollstreckung und einstweilige Einstellung des Verfahrens sowie für Verhandlungen zwischen Gläubiger und Schuldner mit dem Ziel der Aufhebung des Verfahrens.	
3312	Terminsgebühr	0,4
	¹Die Gebühr entsteht nur für die Wahrnehmung eines Versteigerungstermins für einen Beteiligten. ²Im Übrigen entsteht im Verfahren der Zwangsversteigerung und der Zwangsverwaltung keine Terminsgebühr.	

Nr.	Gebührentatbestand	Gebühr oder Satz der Gebühr nach § 13 RVG

Unterabschnitt 5
Insolvenzverfahren, Verteilungsverfahren
nach der Schifffahrtsrechtlichen Verteilungsordnung, Verfahren nach dem Unternehmensstabilisierungs- und -restrukturierungsgesetz

Vorbemerkung 3.3.5:

(1) Die Gebührenvorschriften gelten für die Verteilungsverfahren nach der SVertO und Verfahren nach dem StaRUG, soweit dies ausdrücklich angeordnet ist.

(2) ¹Bei der Vertretung mehrerer Gläubiger, die verschiedene Forderungen geltend machen, entstehen die Gebühren jeweils besonders. ²Das Gleiche gilt in Verfahren nach dem StaRUG, wenn mehrere Gläubiger verschiedene Rechte oder wenn mehrere am Schuldner beteiligte Personen Ansprüche aus ihren jeweiligen Beteiligungen geltend machen.

(3) Für die Vertretung des ausländischen Insolvenzverwalters entstehen die gleichen Gebühren wie für die Vertretung des Schuldners.

Nr.	Gebührentatbestand	Satz
3313	Verfahrensgebühr für die Vertretung des Schuldners im Eröffnungsverfahren	1,0
	Die Gebühr entsteht auch im Verteilungsverfahren nach der SVertO.	
3314	Verfahrensgebühr für die Vertretung des Gläubigers im Eröffnungsverfahren	0,5
	Die Gebühr entsteht auch im Verteilungsverfahren nach der SVertO.	
3315	Tätigkeit auch im Verfahren über den Schuldenbereinigungsplan:	
	Die Verfahrensgebühr 3313 beträgt	1,5
3316	Tätigkeit auch im Verfahren über den Schuldenbereinigungsplan:	
	Die Verfahrensgebühr 3314 beträgt	1,0
3317	Verfahrensgebühr für das Insolvenzverfahren	1,0
	Die Gebühr entsteht auch im Verteilungsverfahren nach der SVertO, in einem Ver-	

Nr.	Gebührentatbestand	Gebühr oder Satz der Gebühr nach § 13 RVG
	fahren nach dem StaRUG und im Verfahren über Anträge nach Artikel 36 Abs. 9 der Verordnung (EU) 2015/848.	
3318	Verfahrensgebühr für das Verfahren über einen Insolvenzplan	1,0
3319	Vertretung des Schuldners, der den Plan vorgelegt hat: Die Verfahrensgebühr 3318 beträgt	3,0
3320	Die Tätigkeit beschränkt sich auf die Anmeldung einer Insolvenzforderung:	
	Die Verfahrensgebühr 3317 beträgt	0,5
	Die Gebühr entsteht auch im Verteilungsverfahren nach der SVertO.	
3321	Verfahrensgebühr für das Verfahren über einen Antrag auf Versagung oder Widerruf der Restschuldbefreiung	0,5
	(1) Das Verfahren über mehrere gleichzeitig anhängige Anträge ist eine Angelegenheit.	
	(2) Die Gebühr entsteht auch gesondert, wenn der Antrag bereits vor Aufhebung des Insolvenzverfahrens gestellt wird.	
3322	Verfahrensgebühr für das Verfahren über Anträge auf Zulassung der Zwangsvollstreckung nach § 17 Abs. 4 SVertO	0,5
3323	Verfahrensgebühr für das Verfahren über Anträge auf Aufhebung von Vollstreckungsmaßregeln (§ 8 Abs. 5 und § 41 SVertO)	0,5

Unterabschnitt 6
Sonstige besondere Verfahren

Vorbemerkung 3.3.6:

¹Die Terminsgebühr bestimmt sich nach Abschnitt 1, soweit in diesem Unterabschnitt nichts anderes bestimmt ist. ²Im Verfahren über die Prozesskostenhilfe bestimmt sich die Terminsgebühr nach den für dasjenige Verfahren geltenden Vorschriften, für das die Prozesskostenhilfe beantragt wird.

Nr.	Gebührentatbestand	Gebühr oder Satz der Gebühr nach § 13 RVG
3324	Verfahrensgebühr für das Aufgebotsverfahren	1,0
3325	Verfahrensgebühr für Verfahren nach § 148 Abs. 1 und 2, nach § 246a des Aktiengesetzes (auch i. V. m. § 20 Abs. 3 Satz 4 SchVG), nach § 319 Abs. 6 des Aktiengesetzes (auch i. V. m. § 327e Abs. 2 des Aktiengesetzes), oder nach § 16 Abs. 3 UmwG ...	0,75
3326	Verfahrensgebühr für Verfahren vor den Gerichten für Arbeitssachen, wenn sich die Tätigkeit auf eine gerichtliche Entscheidung über die Bestimmung einer Frist (§ 102 Abs. 3 des Arbeitsgerichtsgesetzes), die Ablehnung eines Schiedsrichters (§ 103 Abs. 3 des Arbeitsgerichtsgesetzes) oder die Vornahme einer Beweisaufnahme oder einer Vereidigung (§ 106 Abs. 2 des Arbeitsgerichtsgesetzes) beschränkt	0,75
3327	Verfahrensgebühr für gerichtliche Verfahren über die Bestellung eines Schiedsrichters oder Ersatzschiedsrichters, über die Ablehnung eines Schiedsrichters oder über die Beendigung des Schiedsrichteramts, zur Unterstützung bei der Beweisaufnahme oder bei der Vornahme sonstiger richterlicher Handlungen anlässlich eines schiedsrichterlichen Verfahrens	0,75
3328	Verfahrensgebühr für Verfahren über die vorläufige Einstellung, Beschränkung, Aussetzung oder Aufhebung der Zwangsvollstreckung oder die einstweilige Einstellung oder Beschränkung der Vollstreckung und die Anordnung, dass Vollstreckungsmaßnahmen aufzuheben sind	0,5
	Die Gebühr entsteht nicht, wenn die Tätigkeit zum Rechtszug gehört (§ 19 Abs. 1 Satz 2 Nr. 12 RVG). Wird der Antrag beim Vollstreckungsgericht und beim Prozessgericht gestellt, entsteht die Gebühr nur einmal.	

Nr.	Gebührentatbestand	Gebühr oder Satz der Gebühr nach § 13 RVG
3329	Verfahrensgebühr für Verfahren auf Vollstreckbarerklärung der durch Rechtsmittelanträge nicht angefochtenen Teile eines Urteils (§§ 537, 558 ZPO)	0,5
3330	Verfahrensgebühr für Verfahren über eine Rüge wegen Verletzung des Anspruchs auf rechtliches Gehör	in Höhe der Verfahrensgebühr für das Verfahren, in dem die Rüge erhoben wird, höchstens 0,5, bei Betragsrahmengebühren höchstens 260,00 €
3331	Terminsgebühr in Verfahren über eine Rüge wegen Verletzung des Anspruchs auf rechtliches Gehör	in Höhe der Terminsgebühr für das Verfahren, in dem die Rüge erhoben wird, höchstens 0,5, bei Betragsrahmengebühren höchstens 260,00 €

Nr.	Gebührentatbestand	Gebühr oder Satz der Gebühr nach § 13 RVG
3332	Terminsgebühr in den in Nummern 3324 bis 3329 genannten Verfahren	0,5
3333	Verfahrensgebühr für ein Verteilungsverfahren außerhalb der Zwangsversteigerung und der Zwangsverwaltung	0,4
	¹Der Wert bestimmt sich nach § 26 Nr. 1 und 2 RVG. ²Eine Terminsgebühr entsteht nicht.	
3334	Verfahrensgebühr für Verfahren vor dem Prozessgericht oder dem Amtsgericht auf Bewilligung, Verlängerung oder Verkürzung einer Räumungsfrist (§§ 721, 794a ZPO), wenn das Verfahren mit dem Verfahren über die Hauptsache nicht verbunden ist	1,0
3335	Verfahrensgebühr für das Verfahren über die Prozesskostenhilfe	in Höhe der Verfahrensgebühr für das Verfahren, für das die Prozesskostenhilfe beantragt wird, höchstens 1,0, bei Betragsrahmengebühren höchstens 500,00 €
3336	*(weggefallen)*	

Nr.	Gebührentatbestand	Gebühr oder Satz der Gebühr nach § 13 RVG
3337	Vorzeitige Beendigung des Auftrags im Fall der Nummern 3324 bis 3327, 3334 und 3335: Die Gebühren 3324 bis 3327, 3334 und 3335 betragen höchstens	0,5
	Eine vorzeitige Beendigung liegt vor, 1. wenn der Auftrag endigt, bevor der Rechtsanwalt den das Verfahren einleitenden Antrag oder einen Schriftsatz, der Sachanträge, Sachvortrag oder die Zurücknahme des Antrags enthält, eingereicht oder bevor er einen gerichtlichen Termin wahrgenommen hat, oder 2. soweit lediglich beantragt ist, eine Einigung der Parteien oder der Beteiligten zu Protokoll zu nehmen oder soweit lediglich Verhandlungen vor Gericht zur Einigung geführt werden.	
3338	Verfahrensgebühr für die Tätigkeit als Vertreter des Anmelders eines Anspruchs zum Musterverfahren (§ 10 Abs. 2 KapMuG) ..	0,8

Abschnitt 4
Einzeltätigkeiten

Vorbemerkung 3.4:

Für in diesem Abschnitt genannte Tätigkeiten entsteht eine Terminsgebühr nur, wenn dies ausdrücklich bestimmt ist.

3400	Der Auftrag beschränkt sich auf die Führung des Verkehrs der Partei oder des Beteiligten mit dem Verfahrensbevollmächtigten: Verfahrensgebühr .... Die gleiche Gebühr entsteht auch, wenn im Einverständnis mit dem Auftraggeber mit der Übersendung der Akten an den	in Höhe der dem Verfahrensbevollmächtigten

Nr.	Gebührentatbestand	Gebühr oder Satz der Gebühr nach § 13 RVG
	Rechtsanwalt des höheren Rechtszugs gutachterliche Äußerungen verbunden sind.	zustehenden Verfahrensgebühr, höchstens 1,0, bei Betragsrahmengebühren höchstens 500,00 €
3401	Der Auftrag beschränkt sich auf die Vertretung in einem Termin im Sinne der Vorbemerkung 3 Abs. 3: Verfahrensgebühr	in Höhe der Hälfte der dem Verfahrensbevollmächtigten zustehenden Verfahrensgebühr
3402	Terminsgebühr in dem in Nummer 3401 genannten Fall	in Höhe der einem Verfahrensbevollmächtigten zustehenden Terminsgebühr
3403	Verfahrensgebühr für sonstige Einzeltätigkeiten, soweit in Nummer 3406 nichts anderes bestimmt ist .... Die Gebühr entsteht für sonstige Tätigkeiten in einem gerichtlichen Verfahren,	0,8

Nr.	Gebührentatbestand	Gebühr oder Satz der Gebühr nach § 13 RVG
	wenn der Rechtsanwalt nicht zum Prozess- oder Verfahrensbevollmächtigten bestellt ist, soweit in diesem Abschnitt nichts anderes bestimmt ist.	
	Der Auftrag beschränkt sich auf ein Schreiben einfacher Art:	
	Die Gebühr 3403 beträgt	0,3
	Die Gebühr entsteht insbesondere, wenn das Schreiben weder schwierige rechtliche Ausführungen noch größere sachliche Auseinandersetzungen enthält.	
3405	Endet der Auftrag	
	1. im Fall der Nummer 3400, bevor der Verfahrensbevollmächtigte beauftragt oder der Rechtsanwalt gegenüber dem Verfahrensbevollmächtigten tätig geworden ist,	
	2. im Fall der Nummer 3401, bevor der Termin begonnen hat:	
	Die Gebühren 3400 und 3401 betragen ...	höchstens 0,5, bei Betragsrahmengebühren höchstens 250,00 €
	Im Fall der Nummer 3403 gilt die Vorschrift entsprechend.	
3406	Verfahrensgebühr für sonstige Einzeltätigkeiten in Verfahren vor Gerichten der Sozialgerichtsbarkeit, wenn Betragsrahmengebühren entstehen (§ 3 RVG)	36,00 bis 408,00 €
	Die Anmerkung zu Nummer 3403 gilt entsprechend.	

Nr.	Gebührentatbestand	Gebühr oder Satz der Gebühr nach § 13 RVG

Abschnitt 5
Beschwerde, Nichtzulassungsbeschwerde und Erinnerung

Vorbemerkung 3.5:

Die Gebühren nach diesem Abschnitt entstehen nicht in den Vorbemerkungen 3.2.1 und 3.2.2 genannten Beschwerdeverfahren.

Nr.	Gebührentatbestand	Gebühr
3500	Verfahrensgebühr für Verfahren über die Beschwerde und die Erinnerung, soweit in diesem Abschnitt keine besonderen Gebühren bestimmt sind	0,5
3501	Verfahrensgebühr für Verfahren vor den Gerichten der Sozialgerichtsbarkeit über die Beschwerde und die Erinnerung, wenn in den Verfahren Betragsrahmengebühren entstehen (§ 3 RVG), soweit in diesem Abschnitt keine besonderen Gebühren bestimmt sind	24,00 bis 250,00 €
3502	Verfahrensgebühr für das Verfahren über die Rechtsbeschwerde	1,0
3503	Vorzeitige Beendigung des Auftrags: Die Gebühr 3502 beträgt .... Die Anmerkung zu Nummer 3201 ist entsprechend anzuwenden.	0,5
3504	Verfahrensgebühr für das Verfahren über die Beschwerde gegen die Nichtzulassung der Berufung, soweit in Nummer 3511 nichts anderes bestimmt ist .... Die Gebühr wird auf die Verfahrensgebühr für ein nachfolgendes Berufungsverfahren angerechnet.	1,6
3505	Vorzeitige Beendigung des Auftrags: Die Gebühr 3504 beträgt .... Die Anmerkung zu Nummer 3201 ist entsprechend anzuwenden.	1,0

Nr.	Gebührentatbestand	Gebühr oder Satz der Gebühr nach § 13 RVG
3506	Verfahrensgebühr für das Verfahren über die Beschwerde gegen die Nichtzulassung der Revision oder über die Beschwerde gegen die Nichtzulassung einer der in der Vorbemerkung 3.2.2 genannten Rechtsbeschwerden, soweit in Nummer 3512 nichts anderes bestimmt ist . . . . Die Gebühr wird auf die Verfahrensgebühr für ein nachfolgendes Revisions- oder Rechtsbeschwerdeverfahren angerechnet.	1,6
3507	Vorzeitige Beendigung des Auftrags: Die Gebühr 3506 beträgt . . . . Die Anmerkung zu Nummer 3201 ist entsprechend anzuwenden.	1,1
3508	In dem Verfahren über die Beschwerde gegen die Nichtzulassung der Revision können sich die Parteien nur durch einen beim Bundesgerichtshof zugelassenen Rechtsanwalt vertreten lassen: Die Gebühr 3506 beträgt	2,3
3509	Vorzeitige Beendigung des Auftrags, wenn sich die Parteien nur durch einen beim Bundesgerichtshof zugelassenen Rechtsanwalt vertreten lassen können: Die Gebühr 3506 beträgt . . . . Die Anmerkung zu Nummer 3201 ist entsprechend anzuwenden.	1,8
3510	Verfahrensgebühr für Beschwerdeverfahren vor dem Bundespatentgericht 1. nach dem Patentgesetz, wenn sich die Beschwerde gegen einen Beschluss richtet, a) durch den die Vergütung bei Lizenzbereitschaftserklärung festgesetzt wird oder Zahlung der Vergütung an das Deutsche Patent- und Markenamt angeordnet wird,	

Nr.	Gebührentatbestand	Gebühr oder Satz der Gebühr nach § 13 RVG

	b) durch den eine Anordnung nach § 50 Abs. 1 PatG oder die Aufhebung dieser Anordnung erlassen wird,
	 c) durch den die Anmeldung zurückgewiesen oder über die Aufrechterhaltung, den Widerruf oder die Beschränkung des Patents entschieden wird,
	 2. nach dem Gebrauchsmustergesetz, wenn sich die Beschwerde gegen einen Beschluss richtet, ...
	   a) durch den die Anmeldung zurückgewiesen wird,
	   b) durch den über den Löschungsantrag entschieden wird,
	 3. nach dem Markengesetz, wenn sich die Beschwerde gegen einen Beschluss richtet,
	   a) durch den über die Anmeldung einer Marke, einen Widerspruch oder einen Antrag auf Löschung oder über die Erinnerung gegen einen solchen Beschluss entschieden worden ist oder
	   b) durch den ein Antrag auf Eintragung einer geographischen Angabe oder einer Ursprungsbezeichnung zurückgewiesen worden ist,
	 4. nach dem Halbleiterschutzgesetz, wenn sich die Beschwerde gegen einen Beschluss richtet,
	   a) durch den die Anmeldung zurückgewiesen wird,
	   b) durch den über den Löschungsantrag entschieden wird,
	 5. nach dem Designgesetz, wenn sich die Beschwerde gegen einen Beschluss richtet,
		1,3

Nr.	Gebührentatbestand	Gebühr oder Satz der Gebühr nach § 13 RVG
	a) durch den die Anmeldung eines Designs zurückgewiesen worden ist,	
	b) durch den über den Löschungsantrag gemäß § 36 DesignG entschieden worden ist,	
	c) durch den über den Antrag auf Feststellung oder Erklärung der Nichtigkeit gemäß § 34a DesignG entschieden worden ist,	
	6. nach dem Sortenschutzgesetz, wenn sich die Beschwerde gegen einen Beschluss des Widerspruchsausschusses richtet	1,3
3511	Verfahrensgebühr für das Verfahren über die Beschwerde gegen die Nichtzulassung der Berufung vor dem Landessozialgericht, wenn Betragsrahmengebühren entstehen (§ 3 RVG)	72,00 bis 816,00 €
	Die Gebühr wird auf die Verfahrensgebühr für ein nachfolgendes Berufungsverfahren angerechnet.	
3512	Verfahrensgebühr für das Verfahren über die Beschwerde gegen die Nichtzulassung der Revision vor dem Bundessozialgericht, wenn Betragsrahmengebühren entstehen (§ 3 RVG)	96,00 bis 1 056,00 €
	Die Gebühr wird auf die Verfahrensgebühr für ein nachfolgendes Revisionsverfahren angerechnet.	
3513	Terminsgebühr in den in Nummer 3500 genannten Verfahren	0,5
3514	In dem Verfahren über die Beschwerde gegen die Zurückweisung des Antrags auf Anordnung eines Arrests, des Antrags auf Erlass eines Europäischen Beschlusses zur	

Nr.	Gebührentatbestand	Gebühr oder Satz der Gebühr nach § 13 RVG
	vorläufigen Kontenpfändung oder des Antrags auf Erlass einer einstweiligen Verfügung bestimmt das Beschwerdegericht Termin zur mündlichen Verhandlung:	
	Die Gebühr 3513 beträgt	1,2
3515	Terminsgebühr in den in Nummer 3501 genannten Verfahren	24,00 bis 250,00 €
3516	Terminsgebühr in den in Nummern 3502, 3504, 3506 und 3510 genannten Verfahren	1,2
3517	Terminsgebühr in den in Nummer 3511 genannten Verfahren	60,00 bis 610,00 €
3518	Terminsgebühr in den in Nummer 3512 genannten Verfahren	72,00 bis 792,00 €

TEIL 4

Strafsachen

Nr.	Gebührentatbestand	Gebühr oder Satz der Gebühr nach § 13 oder § 49 RVG	
		Wahlanwalt	gerichtlich bestellter oder beigeordneter Rechtsanwalt

Vorbemerkung 4:

(1) Für die Tätigkeit als Beistand oder Vertreter eines Privatklägers, eines Nebenklägers, eines Einziehungs- oder Nebenbeteiligten, eines Verletzten, eines Zeugen oder Sachverständigen und im Verfahren nach dem Strafrechtlichen Rehabilitierungsgesetz sind die Vorschriften dieses Teils entsprechend anzuwenden.

(2) Die Verfahrensgebühr entsteht für das Betreiben des Geschäfts einschließlich der Information.

(3) ^{1}Die Terminsgebühr entsteht für die Teilnahme an gerichtlichen Terminen, soweit nichts anderes bestimmt ist. ^{2}Der Rechtsanwalt erhält die Terminsgebühr auch, wenn er zu einem anberaumten Termin erscheint, dieser aber aus Gründen, die er nicht zu vertreten hat, nicht stattfindet. ^{3}Dies gilt nicht, wenn er rechtzeitig von der Aufhebung oder Verlegung des Termins in Kenntnis gesetzt worden ist.

(4) Befindet sich der Beschuldigte nicht auf freiem Fuß, entsteht die Gebühr mit Zuschlag.

(5) Für folgende Tätigkeiten entstehen Gebühren nach den Vorschriften des Teils 3:
1. im Verfahren über die Erinnerung oder die Beschwerde gegen einen Kostenfestsetzungsbeschluss (§ 464b StPO) und im Verfahren über die Erinnerung gegen den Kostenansatz und im Verfahren über die Beschwerde gegen die Entscheidung über diese Erinnerung,
2. in der Zwangsvollstreckung aus Entscheidungen, die über einen aus der Straftat erwachsenen vermögensrechtlichen Anspruch oder die Erstattung von Kosten ergangen sind (§§ 406b, 464b StPO), für die Mitwirkung bei der Ausübung

Nr.	Gebührentatbestand	Gebühr oder Satz der Gebühr nach § 13 oder § 49 RVG	
		Wahlanwalt	gerichtlich bestellter oder beigeordneter Rechtsanwalt

der Veröffentlichungsbefugnis und im Beschwerdeverfahren gegen eine dieser Entscheidungen.

Abschnitt 1
Gebühren des Verteidigers

Vorbemerkung 4.1:

(1) Dieser Abschnitt ist auch anzuwenden auf die Tätigkeit im Verfahren über die im Urteil vorbehaltene Sicherungsverwahrung und im Verfahren über die nachträgliche Anordnung der Sicherungsverwahrung.

(2) [1]Durch die Gebühren wird die gesamte Tätigkeit als Verteidiger entgolten. [2]Hierzu gehören auch Tätigkeiten im Rahmen des Täter-Opfer-Ausgleichs, soweit der Gegenstand nicht vermögensrechtlich ist.

(3) [1]Kommt es für eine Gebühr auf die Dauer der Teilnahme an der Hauptverhandlung an, so sind auch Wartezeiten und Unterbrechungen an einem Hauptverhandlungstag als Teilnahme zu berücksichtigen. [2]Dies gilt nicht für Wartezeiten und Unterbrechungen, die der Rechtsanwalt zu vertreten hat, sowie für Unterbrechungen von jeweils mindestens einer Stunde, soweit diese unter Angabe einer konkreten Dauer der Unterbrechung oder eines Zeitpunkts der Fortsetzung der Hauptverhandlung angeordnet wurden.

Unterabschnitt 1
Allgemeine Gebühren

| 4100 | Grundgebühr . . . . (1) Die Gebühr entsteht neben der Verfahrensgebühr für die erstmalige Einarbeitung in den Rechtsfall nur einmal, unabhängig davon, in welchem Verfahrensabschnitt sie erfolgt. | 44,00 bis 396,00 € | 176,00 € |

VV-RVG. Teil 4: Strafsachen

Nr.	Gebührentatbestand	Gebühr oder Satz der Gebühr nach § 13 oder § 49 RVG	
		Wahlanwalt	gerichtlich bestellter oder beigeordneter Rechtsanwalt
	(2) Eine wegen derselben Tat oder Handlung bereits entstandene Gebühr 5100 ist anzurechnen.		
4101	Gebühr 4100 mit Zuschlag ...	44,00 bis 495,00 €	216,00 €
4102	Terminsgebühr für die Teilnahme an 1. richterlichen Vernehmungen und Augenscheinseinnahmen, 2. Vernehmungen durch die Staatsanwaltschaft oder eine andere Strafverfolgungsbehörde, 3. Terminen außerhalb der Hauptverhandlung, in denen über die Anordnung oder Fortdauer der Untersuchungshaft oder der einstweiligen Unterbringung verhandelt wird, 4. Verhandlungen im Rahmen des Täter-Opfer-Ausgleichs sowie 5. Sühneterminen nach § 380 StPO	44,00 bis 330,00 €	150,00 €
	[1]Mehrere Termine an einem Tag gelten als ein Termin. [2]Die Gebühr entsteht im vorbereitenden Verfahren und in jedem Rechtszug für die		

Nr.	Gebührentatbestand	Gebühr oder Satz der Gebühr nach § 13 oder § 49 RVG	
		Wahlanwalt	gerichtlich bestellter oder beigeordneter Rechtsanwalt
	Teilnahme an jeweils bis zu drei Terminen einmal.		
4103	Gebühr 4102 mit Zuschlag ...	44,00 bis 413,00 €	183,00 €

Unterabschnitt 2
Vorbereitendes Verfahren

Vorbemerkung 4.1.2:

Die Vorbereitung der Privatklage steht der Tätigkeit im vorbereitenden Verfahren gleich.

4104	Verfahrensgebühr .... Die Gebühr entsteht für eine Tätigkeit in dem Verfahren bis zum Eingang der Anklageschrift, des Antrags auf Erlass eines Strafbefehls bei Gericht oder im beschleunigten Verfahren bis zum Vortrag der Anklage, wenn diese nur mündlich erhoben wird.	44,00 bis 319,00 €	145,00 €
4105	Gebühr 4104 mit Zuschlag ...	44,00 bis 399,00 €	177,00 €

Unterabschnitt 3
Gerichtliches Verfahren
Erster Rechtszug

4106	Verfahrensgebühr für den ersten Rechtszug vor dem Amtsgericht	44,00 bis 319,00 €	145,00 €
4107	Gebühr 4106 mit Zuschlag ...	44,00 bis 399,00 €	177,00 €

Nr.	Gebührentatbestand	Gebühr oder Satz der Gebühr nach § 13 oder § 49 RVG	
		Wahlanwalt	gerichtlich bestellter oder beigeordneter Rechtsanwalt
4108	Terminsgebühr je Hauptverhandlungstag in den in Nummer 4106 genannten Verfahren	77,00 bis 528,00 €	242,00 €
4109	Gebühr 4108 mit Zuschlag ...	77,00 bis 660,00 €	295,00 €
4110	Der gerichtlich bestellte oder beigeordnete Rechtsanwalt nimmt mehr als 5 und bis 8 Stunden an der Hauptverhandlung teil: Zusätzliche Gebühr neben der Gebühr 4108 oder 4109		121,00 €
4111	Der gerichtlich bestellte oder beigeordnete Rechtsanwalt nimmt mehr als 8 Stunden an der Hauptverhandlung teil: Zusätzliche Gebühr neben der Gebühr 4108 oder 4109		242,00 €
4112	Verfahrensgebühr für den ersten Rechtszug vor der Strafkammer	55,00 bis 352,00 €	163,00 €
	Die Gebühr entsteht auch für Verfahren 1. vor der Jugendkammer, soweit sich die Gebühr nicht nach Nummer 4118 bestimmt, 2. im Rehabilitierungsverfahren nach Abschnitt 2 StrRehaG.		

Nr.	Gebührentatbestand	Gebühr oder Satz der Gebühr nach § 13 oder § 49 RVG	
		Wahlanwalt	gerichtlich bestellter oder beigeordneter Rechtsanwalt
4113	Gebühr 4112 mit Zuschlag ...	55,00 bis 440,00 €	198,00 €
4114	Terminsgebühr je Hauptverhandlungstag in den in Nummer 4112 genannten Verfahren	88,00 bis 616,00 €	282,00 €
4115	Gebühr 4114 mit Zuschlag ...	88,00 bis 770,00 €	343,00 €
4116	Der gerichtlich bestellte oder beigeordnete Rechtsanwalt nimmt mehr als 5 und bis 8 Stunden an der Hauptverhandlung teil: Zusätzliche Gebühr neben der Gebühr 4114 oder 4115 ..		141,00 €
4117	Der gerichtlich bestellte oder beigeordnete Rechtsanwalt nimmt mehr als 8 Stunden an der Hauptverhandlung teil: Zusätzliche Gebühr neben der Gebühr 4114 oder 4115 ..		282,00 €
4118	Verfahrensgebühr für den ersten Rechtszug vor dem Oberlandesgericht, dem Schwurgericht oder der Strafkammer nach den §§ 74a und 74c GVG	110,00 bis 759,00 €	348,00 €
	Die Gebühr entsteht auch für Verfahren vor der Jugendkammer, soweit diese in Sachen entscheidet, die nach den allgemeinen Vorschriften		

Nr.	Gebührentatbestand	Gebühr oder Satz der Gebühr nach § 13 oder § 49 RVG	
		Wahlanwalt	gerichtlich bestellter oder beigeordneter Rechtsanwalt
	zur Zuständigkeit des Schwurgerichts gehören.		
4119	Gebühr 4118 mit Zuschlag …	110,00 bis 949,00 €	424,00 €
4120	Terminsgebühr je Hauptverhandlungstag in den in Nummer 4118 genannten Verfahren …	143,00 bis 1 023,00 €	466,00 €
4121	Gebühr 4120 mit Zuschlag …	143,00 bis 1 279,00 €	569,00 €
4122	Der gerichtlich bestellte oder beigeordnete Rechtsanwalt nimmt mehr als 5 und bis 8 Stunden an der Hauptverhandlung teil: Zusätzliche Gebühr neben der Gebühr 4120 oder 4121 ..		233,00 €
4123	Der gerichtlich bestellte oder beigeordnete Rechtsanwalt nimmt mehr als 8 Stunden an der Hauptverhandlung teil: Zusätzliche Gebühr neben der Gebühr 4120 oder 4121 ..		466,00 €
	Berufung		
4124	Verfahrensgebühr für das Berufungsverfahren … Die Gebühr entsteht auch für Beschwerdeverfahren nach § 13 StrRehaG.	88,00 bis 616,00 €	282,00 €
4125	Gebühr 4124 mit Zuschlag …	88,00 bis 770,00 €	343,00 €

Nr.	Gebührentatbestand	Gebühr oder Satz der Gebühr nach § 13 oder § 49 RVG	
		Wahlanwalt	gerichtlich bestellter oder beigeordneter Rechtsanwalt
4126	Terminsgebühr je Hauptverhandlungstag im Berufungsverfahren	88,00 bis 616,00 €	282,00 €
	Die Gebühr entsteht auch für Beschwerdeverfahren nach § 13 StrRehaG.		
4127	Gebühr 4126 mit Zuschlag ...	88,00 bis 770,00 €	343,00 €
4128	Der gerichtlich bestellte oder beigeordnete Rechtsanwalt nimmt mehr als 5 und bis 8 Stunden an der Hauptverhandlung teil: Zusätzliche Gebühr neben der Gebühr 4126 oder 4127 ..		141,00 €
4129	Der gerichtlich bestellte oder beigeordnete Rechtsanwalt nimmt mehr als 8 Stunden an der Hauptverhandlung teil: Zusätzliche Gebühr neben der Gebühr 4126 oder 4127 ..		282,00 €
	Revision		
4130	Verfahrensgebühr für das Revisionsverfahren	132,00 bis 1 221,00 €	541,00 €
4131	Gebühr 4130 mit Zuschlag ...	132,00 bis 1 526,00 €	663,00 €
4132	Terminsgebühr je Hauptverhandlungstag im Revisionsverfahren	132,00 bis 616,00 €	300,00 €

VV-RVG. Teil 4: Strafsachen

Nr.	Gebührentatbestand	Gebühr oder Satz der Gebühr nach § 13 oder § 49 RVG	
		Wahlanwalt	gerichtlich bestellter oder beigeordneter Rechtsanwalt
4133	Gebühr 4132 mit Zuschlag …	132,00 bis 770,00 €	361,00 €
4134	Der gerichtlich bestellte oder beigeordnete Rechtsanwalt nimmt mehr als 5 und bis 8 Stunden an der Hauptverhandlung teil: Zusätzliche Gebühr neben der Gebühr 4132 oder 4133 ..		150,00 €
4135	Der gerichtlich bestellte oder beigeordnete Rechtsanwalt nimmt mehr als 8 Stunden an der Hauptverhandlung teil: Zusätzliche Gebühr neben der Gebühr 4132 oder 4133 ..		300,00 €

Unterabschnitt 4
Wiederaufnahmeverfahren

Vorbemerkung 4.1.4:

Eine Grundgebühr entsteht nicht.

4136	Geschäftsgebühr für die Vorbereitung eines Antrags …. Die Gebühr entsteht auch, wenn von der Stellung eines Antrags abgeraten wird.	in Höhe der Verfahrensgebühr für den ersten Rechtszug	
4137	Verfahrensgebühr für das Verfahren über die Zulässigkeit des Antrags …………	in Höhe der Verfahrensgebühr für den ersten Rechtszug	

4. Teil: II. Gebührentabellen

Nr.	Gebührentatbestand	Gebühr oder Satz der Gebühr nach § 13 oder § 49 RVG	
		Wahlanwalt	gerichtlich bestellter oder beigeordneter Rechtsanwalt
4138	Verfahrensgebühr für das weitere Verfahren		in Höhe der Verfahrensgebühr für den ersten Rechtszug
4139	Verfahrensgebühr für das Beschwerdeverfahren (§ 372 StPO)		in Höhe der Verfahrensgebühr für den ersten Rechtszug
4140	Terminsgebühr für jeden Verhandlungstag		in Höhe der Terminsgebühr für den ersten Rechtszug

Unterabschnitt 5
Zusätzliche Gebühren

Nr.	Gebührentatbestand	Gebühr
4141	Durch die anwaltliche Mitwirkung wird die Hauptverhandlung entbehrlich: Zusätzliche Gebühr .... (1) ¹Die Gebühr entsteht, wenn 1. das Strafverfahren nicht nur vorläufig eingestellt wird oder 2. das Gericht beschließt, das Hauptverfahren nicht zu eröffnen oder 3. sich das gerichtliche Verfahren durch Rücknahme des Einspruchs gegen den Strafbefehl, der Berufung oder der Revision des Angeklagten oder eines ande-	in Höhe der Verfahrensgebühr

Nr.	Gebührentatbestand	Gebühr oder Satz der Gebühr nach § 13 oder § 49 RVG	
		Wahlanwalt	gerichtlich bestellter oder beigeordneter Rechtsanwalt
	ren Verfahrensbeteiligten erledigt; ist bereits ein Termin zur Hauptverhandlung bestimmt, entsteht die Gebühr nur, wenn der Einspruch, die Berufung oder die Revision früher als zwei Wochen vor Beginn des Tages, der für die Hauptverhandlung vorgesehen war, zurückgenommen wird; oder 4. das Verfahren durch Beschluss nach § 411 Abs. 1 Satz 3 StPO endet. ²Nummer 3 ist auf den Beistand oder Vertreter eines Privatklägers entsprechend anzuwenden, wenn die Privatklage zurückgenommen wird. (2) ¹Die Gebühr entsteht nicht, wenn eine auf die Förderung des Verfahrens gerichtete Tätigkeit nicht ersichtlich ist. ²Sie entsteht nicht neben der Gebühr 4147. (3) ¹Die Höhe der Gebühr richtet sich nach dem Rechtszug, in dem die Hauptverhandlung vermieden wurde. ²Für den Wahlanwalt bemisst sich die Gebühr nach der Rahmenmitte. ³Eine Erhö-		

Nr.	Gebührentatbestand	Gebühr oder Satz der Gebühr nach § 13 oder § 49 RVG	
		Wahlanwalt	gerichtlich bestellter oder beigeordneter Rechtsanwalt
	hung nach Nummer 1008 und der Zuschlag (Vorbemerkung 4 Abs. 4) sind nicht zu berücksichtigen.		
4142	Verfahrensgebühr bei Einziehung und verwandten Maßnahmen	1,0	1,0
	(1) Die Gebühr entsteht für eine Tätigkeit für den Beschuldigten, die sich auf die Einziehung, dieser gleichstehende Rechtsfolgen (§ 439 StPO), die Abführung des Mehrerlöses oder auf eine diesen Zwecken dienende Beschlagnahme bezieht.		
	(2) Die Gebühr entsteht nicht, wenn der Gegenstandswert niedriger als 30,00 € ist.		
	(3) Die Gebühr entsteht für das Verfahren des ersten Rechtszugs einschließlich des vorbereitenden Verfahrens und für jeden weiteren Rechtszug.		
4143	Verfahrensgebühr für das erstinstanzliche Verfahren über vermögensrechtliche Ansprüche (§ 403 StPO)	2,0	2,0
	(1) Die Gebühr entsteht auch, wenn der Anspruch erstmalig im Berufungsverfahren geltend gemacht wird.		

Nr.	Gebührentatbestand	Gebühr oder Satz der Gebühr nach § 13 oder § 49 RVG	
		Wahlanwalt	gerichtlich bestellter oder beigeordneter Rechtsanwalt
	(2) Die Gebühr wird zu einem Drittel auf die Verfahrensgebühr, die für einen bürgerlichen Rechtsstreit wegen desselben Anspruchs entsteht, angerechnet.		
4144	Verfahrensgebühr im Berufungs- und Revisionsverfahren über vermögensrechtliche Ansprüche (§ 403 StPO)	2,5	2,5
4145	Verfahrensgebühr für das Verfahren über die Beschwerde gegen den Beschluss, mit dem nach § 406 Abs. 5 Satz 2 StPO von einer Entscheidung abgesehen wird	0,5	0,5
4146	Verfahrensgebühr für das Verfahren über einen Antrag auf gerichtliche Entscheidung oder über die Beschwerde gegen eine den Rechtszug beendende Entscheidung nach § 25 Abs. 1 Satz 3 bis 5, § 13 StrRehaG . .	1,5	1,5
4147	Einigungsgebühr im Privatklageverfahren bezüglich des Strafanspruchs und des Kostenerstattungsanspruchs:		
	Die Gebühr 1000 entsteht . . .	in Höhe der Verfahrensgebühr	

¹Für einen Vertrag über sonstige Ansprüche entsteht eine weitere Einigungsgebühr nach Teil 1. ²Maßgebend für die Höhe der Gebühr ist die im Einzelfall be-

Nr.	Gebührentatbestand	Gebühr oder Satz der Gebühr nach § 13 oder § 49 RVG	
		Wahlanwalt	gerichtlich bestellter oder beigeordneter Rechtsanwalt

stimmte Verfahrensgebühr in der Angelegenheit, in der die Einigung erfolgt. ³Eine Erhöhung nach Nummer 1008 und der Zuschlag (Vorbemerkung 4 Abs. 4) sind nicht zu berücksichtigen.

Abschnitt 2
Gebühren in der Strafvollstreckung

Vorbemerkung 4.2:

Im Verfahren über die Beschwerde gegen die Entscheidung in der Hauptsache entstehen die Gebühren besonders.

| 4200 | Verfahrensgebühr als Verteidiger für ein Verfahren über
 1. die Erledigung oder Aussetzung der Maßregel der Unterbringung
   a) in der Sicherungsverwahrung,
   b) in einem psychiatrischen Krankenhaus oder
   c) in einer Entziehungsanstalt
 2. die Aussetzung des Restes einer zeitigen Freiheitsstrafe oder einer lebenslangen Freiheitsstrafe oder
 3. den Widerruf einer Strafaussetzung zur Bewährung oder den Widerruf der Aussetzung einer Maßregel der Besserung und Sicherung zur Bewährung .... | 66,00 bis 737,00 € | 321,00 € |

Nr.	Gebührentatbestand	Gebühr oder Satz der Gebühr nach § 13 oder § 49 RVG	
		Wahlanwalt	gerichtlich bestellter oder beigeordneter Rechtsanwalt
4201	Gebühr 4200 mit Zuschlag ...	66,00 bis 921,00 €	395,00 €
4202	Terminsgebühr in den in Nummer 4200 genannten Verfahren	66,00 bis 330,00 €	158,00 €
4203	Gebühr 4202 mit Zuschlag ...	66,00 bis 413,00 €	192,00 €
4204	Verfahrensgebühr für sonstige Verfahren in der Strafvollstreckung	33,00 bis 330,00 €	145,00 €
4205	Gebühr 4204 mit Zuschlag ...	33,00 bis 413,00 €	178,00 €
4206	Terminsgebühr für sonstige Verfahren	33,00 bis 330,00 €	145,00 €
4207	Gebühr 4206 mit Zuschlag ...	33,00 bis 413,00 €	178,00 €

Abschnitt 3
Einzeltätigkeiten

Vorbemerkung 4.3:

(1) Die Gebühren entstehen für einzelne Tätigkeiten, ohne dass dem Rechtsanwalt sonst die Verteidigung oder Vertretung übertragen ist.

(2) Beschränkt sich die Tätigkeit des Rechtsanwalts auf die Geltendmachung oder Abwehr eines aus der Straftat erwachsenen vermögensrechtlichen Anspruchs im Strafverfahren, so erhält er die Gebühren nach den Nummern 4143 bis 4145.

Nr.	Gebührentatbestand	Gebühr oder Satz der Gebühr nach § 13 oder § 49 RVG	
		Wahlanwalt	gerichtlich bestellter oder beigeordneter Rechtsanwalt

(3) ¹Die Gebühr entsteht für jede der genannten Tätigkeiten gesondert, soweit nichts anderes bestimmt ist. ²§ 15 RVG bleibt unberührt. ³Das Beschwerdeverfahren gilt als besondere Angelegenheit.

(4) Wird dem Rechtsanwalt die Verteidigung oder die Vertretung für das Verfahren übertragen, werden die nach diesem Abschnitt entstandenen Gebühren auf die für die Verteidigung oder Vertretung entstehenden Gebühren angerechnet.

4300	Verfahrensgebühr für die Anfertigung oder Unterzeichnung einer Schrift 1. zur Begründung der Revision, 2. zur Erklärung auf die von dem Staatsanwalt, Privatkläger oder Nebenkläger eingelegte Revision oder 3. in Verfahren nach den §§ 57a und 67e StGB ...	66,00 bis 737,00 €	321,00 €
	Neben der Gebühr für die Begründung der Revision entsteht für die Einlegung der Revision keine besondere Gebühr.		
4301	Verfahrensgebühr für 1. die Anfertigung oder Unterzeichnung einer Privatklage, 2. die Anfertigung oder Unterzeichnung einer Schrift zur Rechtfertigung der		

Nr.	Gebührentatbestand	Gebühr oder Satz der Gebühr nach § 13 oder § 49 RVG	
		Wahlanwalt	gerichtlich bestellter oder beigeordneter Rechtsanwalt
	Berufung oder zur Beantwortung der von dem Staatsanwalt, Privatkläger oder Nebenkläger eingelegten Berufung,		
	3. die Führung des Verkehrs mit dem Verteidiger,		
	4. die Beistandsleistung für den Beschuldigten bei einer richterlichen Vernehmung, einer Vernehmung durch die Staatsanwaltschaft oder eine andere Strafverfolgungsbehörde oder in einer Hauptverhandlung, einer mündlichen Anhörung oder bei einer Augenscheinseinnahme,		
	5. die Beistandsleistung im Verfahren zur gerichtlichen Erzwingung der Anklage (§ 172 Abs. 2 bis 4, § 173 StPO) oder		
	6. sonstige Tätigkeiten in der Strafvollstreckung ..	44,00 bis 506,00 €	220,00 €
	Neben der Gebühr für die Rechtfertigung der Berufung entsteht für die Einlegung der Berufung keine besondere Gebühr.		

Nr.	Gebührentatbestand	Gebühr oder Satz der Gebühr nach § 13 oder § 49 RVG	
		Wahlanwalt	gerichtlich bestellter oder beigeordneter Rechtsanwalt
4302	Verfahrensgebühr für 1. die Einlegung eines Rechtsmittels, 2. die Anfertigung oder Unterzeichnung anderer Anträge, Gesuche oder Erklärungen oder 3. eine andere nicht in Nummer 4300 oder 4301 erwähnte Beistandsleistung	33,00 bis 319,00 €	141,00 €
4303	Verfahrensgebühr für die Vertretung in einer Gnadensache	33,00 bis 330,00 €	
	Der Rechtsanwalt erhält die Gebühr auch, wenn ihm die Verteidigung übertragen war.		
4304	Gebühr für den als Kontaktperson beigeordneten Rechtsanwalt (§ 34a EGGVG)		3 850,00 €

VV-RVG

TEIL 5

Bußgeldsachen

Nr.	Gebührentatbestand	Gebühr oder Satz der Gebühr nach § 13 oder § 49 RVG	
		Wahlanwalt	gerichtlich bestellter oder beigeordneter Rechtsanwalt

Vorbemerkung 5:

(1) Für die Tätigkeit als Beistand oder Vertreter eines Einziehungs- oder Nebenbeteiligten, eines Zeugen oder eines Sachverständigen sind die Vorschriften dieses Teils entsprechend anzuwenden.

(2) Die Verfahrensgebühr entsteht für das Betreiben des Geschäfts einschließlich der Information.

(3) ¹Die Terminsgebühr entsteht für die Teilnahme an gerichtlichen Terminen, soweit nichts anderes bestimmt ist. ²Der Rechtsanwalt erhält die Terminsgebühr auch, wenn er zu einem anberaumten Termin erscheint, dieser aber aus Gründen, die er nicht zu vertreten hat, nicht stattfindet. ³Dies gilt nicht, wenn er rechtzeitig von der Aufhebung oder Verlegung des Termins in Kenntnis gesetzt worden ist.

(4) Für folgende Tätigkeiten entstehen Gebühren nach den Vorschriften des Teils 3:
1. für das Verfahren über die Erinnerung oder die Beschwerde gegen einen Kostenfestsetzungsbeschluss, für das Verfahren über die Erinnerung gegen den Kostenansatz, für das Verfahren über die Beschwerde gegen die Entscheidung über diese Erinnerung und für Verfahren über den Antrag auf gerichtliche Entscheidung gegen einen Kostenfestsetzungsbescheid und den Ansatz der Gebühren und Auslagen (§ 108 OWiG), dabei steht das Verfahren über den Antrag auf gerichtliche Entscheidung dem Verfahren über die Erinnerung oder die Beschwerde gegen einen Kostenfestsetzungsbeschluss gleich,
2. in der Zwangsvollstreckung aus Entscheidungen, die über die Erstattung von Kosten ergangen sind, und für das Be-

Nr.	Gebührentatbestand	Gebühr oder Satz der Gebühr nach § 13 oder § 49 RVG	
		Wahlanwalt	gerichtlich bestellter oder beigeordneter Rechtsanwalt

schwerdeverfahren gegen die gerichtliche Entscheidung nach Nummer 1.

Abschnitt 1
Gebühren des Verteidigers

Vorbemerkung 5.1:

(1) Durch die Gebühren wird die gesamte Tätigkeit als Verteidiger entgolten.

(2) ¹Hängt die Höhe der Gebühren von der Höhe der Geldbuße ab, ist die zum Zeitpunkt des Entstehens der Gebühr zuletzt festgesetzte Geldbuße maßgebend. ²Ist eine Geldbuße nicht festgesetzt, richtet sich die Höhe der Gebühren im Verfahren vor der Verwaltungsbehörde nach dem mittleren Betrag der in der Bußgeldvorschrift angedrohten Geldbuße. ³Sind in einer Rechtsvorschrift Regelsätze bestimmt, sind diese maßgebend. ⁴Mehrere Geldbußen sind zusammenzurechnen.

Unterabschnitt 1
Allgemeine Gebühr

5100	Grundgebühr .... (1) Die Gebühr entsteht neben der Verfahrensgebühr für die erstmalige Einarbeitung in den Rechtsfall nur einmal, unabhängig davon, in welchem Verfahrensabschnitt sie erfolgt. (2) Die Gebühr entsteht nicht, wenn in einem vorangegangenen Strafverfahren für dieselbe Handlung oder Tat die Gebühr 4100 entstanden ist.	33,00 bis 187,00 €	88,00 €

Nr.	Gebührentatbestand	Gebühr oder Satz der Gebühr nach § 13 oder § 49 RVG	
		Wahlanwalt	gerichtlich bestellter oder beigeordneter Rechtsanwalt

Unterabschnitt 2
Verfahren vor der Verwaltungsbehörde

Vorbemerkung 5.1.2:

(1) Zu dem Verfahren vor der Verwaltungsbehörde gehört auch das Verwarnungsverfahren und das Zwischenverfahren (§ 69 OWiG) bis zum Eingang der Akten bei Gericht.

(2) Die Terminsgebühr entsteht auch für die Teilnahme an Vernehmungen vor der Polizei oder der Verwaltungsbehörde.

5101	Verfahrensgebühr bei einer Geldbuße von weniger als 60,00 €	22,00 bis 121,00 €	57,00 €
5102	Terminsgebühr für jeden Tag, an dem ein Termin in den in Nummer 5101 genannten Verfahren stattfindet	22,00 bis 121,00 €	57,00 €
5103	Verfahrensgebühr bei einer Geldbuße von 60,00 bis 5 000,00 €	33,00 bis 319,00 €	141,00 €
5104	Terminsgebühr für jeden Tag, an dem ein Termin in den in Nummer 5103 genannten Verfahren stattfindet	33,00 bis 319,00 €	141,00 €
5105	Verfahrensgebühr bei einer Geldbuße von mehr als 5 000,00 €	44,00 bis 330,00 €	150,00 €

Nr.	Gebührentatbestand	Gebühr oder Satz der Gebühr nach § 13 oder § 49 RVG	
		Wahlanwalt	gerichtlich bestellter oder beigeordneter Rechtsanwalt
5106	Terminsgebühr für jeden Tag, an dem ein Termin in den in Nummer 5105 genannten Verfahren stattfindet	44,00 bis 330,00 €	150,00 €

Unterabschnitt 3
Gerichtliches Verfahren im ersten Rechtszug

Vorbemerkung 5.1.3:

(1) Die Terminsgebühr entsteht auch für die Teilnahme an gerichtlichen Terminen außerhalb der Hauptverhandlung.

(2) Die Gebühren dieses Unterabschnitts entstehen für das Wiederaufnahmeverfahren einschließlich seiner Vorbereitung gesondert; die Verfahrensgebühr entsteht auch, wenn von der Stellung eines Wiederaufnahmeantrags abgeraten wird.

Nr.	Gebührentatbestand	Wahlanwalt	gerichtlich bestellter oder beigeordneter Rechtsanwalt
5107	Verfahrensgebühr bei einer Geldbuße von weniger als 60,00 €	22,00 bis 121,00 €	57,00 €
5108	Terminsgebühr je Hauptverhandlungstag in den in Nummer 5107 genannten Verfahren	22,00 bis 264,00 €	114,00 €
5109	Verfahrensgebühr bei einer Geldbuße von 60,00 bis 5 000,00 €	33,00 bis 319,00 €	141,00 €
5110	Terminsgebühr je Hauptverhandlungstag in den in Nummer 5109 genannten Verfahren	44,00 bis 517,00 €	224,00 €

Nr.	Gebührentatbestand	Gebühr oder Satz der Gebühr nach § 13 oder § 49 RVG	
		Wahlanwalt	gerichtlich bestellter oder beigeordneter Rechtsanwalt
5111	Verfahrensgebühr bei einer Geldbuße von mehr als 5 000,00 €	55,00 bis 385,00 €	176,00 €
5112	Terminsgebühr je Hauptverhandlungstag in den in Nummer 5111 genannten Verfahren	88,00 bis 616,00 €	282,00 €

Unterabschnitt 4
Verfahren über die Rechtsbeschwerde

5113	Verfahrensgebühr	88,00 bis 616,00 €	282,00 €
5114	Terminsgebühr je Hauptverhandlungstag	88,00 bis 616,00 €	282,00 €

Unterabschnitt 5
Zusätzliche Gebühren

5115	Durch die anwaltliche Mitwirkung wird das Verfahren vor der Verwaltungsbehörde erledigt oder die Hauptverhandlung entbehrlich: Zusätzliche Gebühr	in Höhe der jeweiligen Verfahrensgebühr	
	(1) Die Gebühr entsteht, wenn		
	1. das Verfahren nicht nur vorläufig eingestellt wird oder		
	2. der Einspruch gegen den Bußgeldbescheid zurückgenommen wird oder		

Nr.	Gebührentatbestand	Gebühr oder Satz der Gebühr nach § 13 oder § 49 RVG	
		Wahlanwalt	gerichtlich bestellter oder beigeordneter Rechtsanwalt
	3. der Bußgeldbescheid nach Einspruch von der Verwaltungsbehörde zurückgenommen und gegen einen neuen Bußgeldbescheid kein Einspruch eingelegt wird oder		
	4. sich das gerichtliche Verfahren durch Rücknahme des Einspruchs gegen den Bußgeldbescheid oder der Rechtsbeschwerde des Betroffenen oder eines anderen Verfahrensbeteiligten erledigt; ist bereits ein Termin zur Hauptverhandlung bestimmt, entsteht die Gebühr nur, wenn der Einspruch oder die Rechtsbeschwerde früher als zwei Wochen vor Beginn des Tages, der für die Hauptverhandlung vorgesehen war, zurückgenommen wird, oder		
	5. das Gericht nach § 72 Abs. 1 Satz 1 OWiG durch Beschluss entscheidet.		
	(2) Die Gebühr entsteht nicht, wenn eine auf die Förderung des Verfahrens gerichtete Tätigkeit nicht ersichtlich ist.		

Nr.	Gebührentatbestand	Gebühr oder Satz der Gebühr nach § 13 oder § 49 RVG	
		Wahlanwalt	gerichtlich bestellter oder beigeordneter Rechtsanwalt
	(3) ¹Die Höhe der Gebühr richtet sich nach dem Rechtszug, in dem die Hauptverhandlung vermieden wurde. ²Für den Wahlanwalt bemisst sich die Gebühr nach der Rahmenmitte.		
5116	Verfahrensgebühr bei Einziehung und verwandten Maßnahmen	1,0	1,0
	(1) Die Gebühr entsteht für eine Tätigkeit für den Betroffenen, die sich auf die Einziehung oder dieser gleichstehende Rechtsfolgen (§ 46 Abs. 1 OWiG, § 439 StPO) oder auf eine diesen Zwecken dienende Beschlagnahme bezieht.		
	(2) Die Gebühr entsteht nicht, wenn der Gegenstandswert niedriger als 30,00 € ist.		
	(3) ¹Die Gebühr entsteht nur einmal für das Verfahren vor der Verwaltungsbehörde und für das gerichtliche Verfahren im ersten Rechtszug. ²Im Rechtsbeschwerdeverfahren entsteht die Gebühr besonders.		

Nr.	Gebührentatbestand	Gebühr oder Satz der Gebühr nach § 13 oder § 49 RVG	
		Wahlanwalt	gerichtlich bestellter oder beigeordneter Rechtsanwalt

Abschnitt 2
Einzeltätigkeiten

5200	Verfahrensgebühr	22,00 bis 121,00 €	57,00 €
	(1) Die Gebühr entsteht für einzelne Tätigkeiten, ohne dass dem Rechtsanwalt sonst die Verteidigung übertragen ist.		
	(2) ¹Die Gebühr entsteht für jede Tätigkeit gesondert, soweit nichts anderes bestimmt ist. ²§ 15 RVG bleibt unberührt.		
	(3) Wird dem Rechtsanwalt die Verteidigung für das Verfahren übertragen, werden die nach dieser Nummer entstandenen Gebühren auf die für die Verteidigung entstehenden Gebühren angerechnet.		
	(4) Der Rechtsanwalt erhält die Gebühr für die Vertretung in der Vollstreckung und in einer Gnadensache auch, wenn ihm die Verteidigung übertragen war.		

TEIL 6

Sonstige Verfahren

Nr.	Gebührentatbestand	Gebühr	
		Wahlanwalt	gerichtlich bestellter oder beigeordneter Rechtsanwalt

Vorbemerkung 6:

(1) Für die Tätigkeit als Beistand für einen Zeugen oder Sachverständigen in einem Verfahren, für das sich die Gebühren nach diesem Teil bestimmen, entstehen die gleichen Gebühren wie für einen Verfahrensbevollmächtigten in diesem Verfahren.

(2) Die Verfahrensgebühr entsteht für das Betreiben des Geschäfts einschließlich der Information.

(3) [1]Die Terminsgebühr entsteht für die Teilnahme an gerichtlichen Terminen, soweit nichts anderes bestimmt ist. [2]Der Rechtsanwalt erhält die Terminsgebühr auch, wenn er zu einem anberaumten Termin erscheint, dieser aber aus Gründen, die er nicht zu vertreten hat, nicht stattfindet. [3]Dies gilt nicht, wenn er rechtzeitig von der Aufhebung oder Verlegung des Termins in Kenntnis gesetzt worden ist.

Abschnitt 1
Verfahren nach dem Gesetz über die internationale Rechtshilfe in Strafsachen und Verfahren nach dem Gesetz über die Zusammenarbeit mit dem Internationalen Strafgerichtshof

Unterabschnitt 1
Verfahren vor der Verwaltungsbehörde

Vorbemerkung 6.1.1:

Die Gebühr nach diesem Unterabschnitt entsteht für die Tätigkeit gegenüber der Bewilligungsbehörde in Verfahren nach Abschnitt 2 Unterabschnitt 2 des Neunten Teils des Gesetzes über die internationale Rechtshilfe in Strafsachen.

6100	**Verfahrensgebühr**	55,00 bis 374,00 €	172,00 €

Nr.	Gebührentatbestand	Gebühr	
		Wahlanwalt	gerichtlich bestellter oder beigeordneter Rechtsanwalt

Unterabschnitt 2
Gerichtliches Verfahren

6101	Verfahrensgebühr	110,00 bis 759,00 €	348,00 €
6102	Terminsgebühr je Verhandlungstag	143,00 bis 1 023,00 €	466,00 €

Abschnitt 2
Disziplinarverfahren, berufsgerichtliche Verfahren wegen der Verletzung einer Berufspflicht

Vorbemerkung 6.2:

(1) Durch die Gebühren wird die gesamte Tätigkeit im Verfahren abgegolten.

(2) Für die Vertretung gegenüber der Aufsichtsbehörde außerhalb eines Disziplinarverfahrens entstehen Gebühren nach Teil 2.

(3) Für folgende Tätigkeiten entstehen Gebühren nach Teil 3:
1. für das Verfahren über die Erinnerung oder die Beschwerde gegen einen Kostenfestsetzungsbeschluss, für das Verfahren über die Erinnerung gegen den Kostenansatz und für das Verfahren über die Beschwerde gegen die Entscheidung über diese Erinnerung,
2. in der Zwangsvollstreckung aus einer Entscheidung, die über die Erstattung von Kosten ergangen ist, und für das Beschwerdeverfahren gegen diese Entscheidung.

Unterabschnitt 1
Allgemeine Gebühren

6200	Grundgebühr .... Die Gebühr entsteht neben der Verfahrensgebühr für die erstmalige Einarbeitung in den Rechtsfall nur einmal,	44,00 bis 385,00 €	172,00 €

Nr.	Gebührentatbestand	Gebühr	
		Wahlanwalt	gerichtlich bestellter oder beigeordneter Rechtsanwalt
	unabhängig davon, in welchem Verfahrensabschnitt sie erfolgt.		
6201	Terminsgebühr für jeden Tag, an dem ein Termin stattfindet	44,00 bis 407,00 €	180,00 €
	Die Gebühr entsteht für die Teilnahme an außergerichtlichen Anhörungsterminen und außergerichtlichen Terminen zur Beweiserhebung.		

Unterabschnitt 2
Außergerichtliches Verfahren

6202	Verfahrensgebühr	44,00 bis 319,00 €	145,00 €
	(1) Die Gebühr entsteht gesondert für eine Tätigkeit in einem dem gerichtlichen Verfahren vorausgehenden und der Überprüfung der Verwaltungsentscheidung dienenden weiteren außergerichtlichen Verfahren.		
	(2) Die Gebühr entsteht für eine Tätigkeit in dem Verfahren bis zum Eingang des Antrags oder der Anschuldigungsschrift bei Gericht.		

Unterabschnitt 3
Gerichtliches Verfahren
Erster Rechtszug

Vorbemerkung 6.2.3:

(1) Die nachfolgenden Gebühren entstehen für das Wiederaufnahmeverfahren einschließlich seiner Vorbereitung gesondert.

Nr.	Gebührentatbestand	Gebühr	
		Wahlanwalt	gerichtlich bestellter oder beigeordneter Rechtsanwalt

(2) ¹Kommt es für eine Gebühr auf die Dauer der Teilnahme an der Hauptverhandlung an, sind auch Wartezeiten und Unterbrechungen an einem Hauptverhandlungstag als Teilnahme zu berücksichtigen. ²Dies gilt nicht für Wartezeiten und Unterbrechungen, die der Rechtsanwalt zu vertreten hat, sowie für Unterbrechungen von jeweils mindestens einer Stunde, soweit diese unter Angabe einer konkreten Dauer der Unterbrechung oder eines Zeitpunkts der Fortsetzung der Hauptverhandlung angeordnet wurden.

Nr.	Gebührentatbestand	Wahlanwalt	gerichtlich bestellter oder beigeordneter Rechtsanwalt
6203	Verfahrensgebühr	55,00 bis 352,00 €	163,00 €
6204	Terminsgebühr je Verhandlungstag	88,00 bis 616,00 €	282,00 €
6205	Der gerichtlich bestellte Rechtsanwalt nimmt mehr als 5 und bis 8 Stunden an der Hauptverhandlung teil: Zusätzliche Gebühr neben der Gebühr 6204		141,00 €
6206	Der gerichtlich bestellte Rechtsanwalt nimmt mehr als 8 Stunden an der Hauptverhandlung teil: Zusätzliche Gebühr neben der Gebühr 6204		282,00 €
Zweiter Rechtszug			
6207	Verfahrensgebühr	88,00 bis 616,00 €	282,00 €
6208	Terminsgebühr je Verhandlungstag	88,00 bis 616,00 €	282,00 €
6209	Der gerichtlich bestellte Rechtsanwalt nimmt mehr als 5 und bis 8 Stunden an der Hauptverhandlung teil:		

Nr.	Gebührentatbestand	Gebühr	
		Wahlanwalt	gerichtlich bestellter oder beigeordneter Rechtsanwalt
	Zusätzliche Gebühr neben der Gebühr 6208		141,00 €
6210	Der gerichtlich bestellte Rechtsanwalt nimmt mehr als 8 Stunden an der Hauptverhandlung teil: Zusätzliche Gebühr neben der Gebühr 6208		282,00 €
	Dritter Rechtszug		
6211	Verfahrensgebühr	132,00 bis 1 221,00 €	541,00 €
6212	Terminsgebühr je Verhandlungstag	132,00 bis 605,00 €	294,00 €
6213	Der gerichtlich bestellte Rechtsanwalt nimmt mehr als 5 und bis 8 Stunden an der Hauptverhandlung teil: Zusätzliche Gebühr neben der Gebühr 6212		147,00 €
6214	Der gerichtlich bestellte Rechtsanwalt nimmt mehr als 8 Stunden an der Hauptverhandlung teil: Zusätzliche Gebühr neben der Gebühr 6212		294,00 €
6215	Verfahrensgebühr für das Verfahren über die Beschwerde gegen die Nichtzulassung der Revision .... Die Gebühr wird auf die Verfahrensgebühr für ein nachfolgendes Revisionsverfahren angerechnet.	77,00 bis 1 221,00 €	519,00 €

Nr.	Gebührentatbestand	Gebühr	
		Wahlanwalt	gerichtlich bestellter oder beigeordneter Rechtsanwalt

Unterabschnitt 4
Zusatzgebühr

6216	Durch die anwaltliche Mitwirkung wird die mündliche Verhandlung entbehrlich: Zusätzliche Gebühr	in Höhe der jeweiligen Verfahrensgebühr	
	(1) Die Gebühr entsteht, wenn eine gerichtliche Entscheidung mit Zustimmung der Beteiligten ohne mündliche Verhandlung ergeht oder einer beabsichtigten Entscheidung ohne Hauptverhandlungstermin nicht widersprochen wird.		
	(2) Die Gebühr entsteht nicht, wenn eine auf die Förderung des Verfahrens gerichtete Tätigkeit nicht ersichtlich ist.		
	(3) ¹Die Höhe der Gebühr richtet sich nach dem Rechtszug, in dem die Hauptverhandlung vermieden wurde. ²Für den Wahlanwalt bemisst sich die Gebühr nach der Rahmenmitte.		

Abschnitt 3
Gerichtliche Verfahren bei Freiheitsentziehung, bei Unterbringung und bei sonstigen Zwangsmaßnahmen

6300	Verfahrensgebühr in Freiheitsentziehungssachen nach § 415 FamFG, in Unterbringungssachen nach § 312		

Nr.	Gebührentatbestand	Gebühr	
		Wahlanwalt	gerichtlich bestellter oder beigeordneter Rechtsanwalt
	FamFG und in Verfahren nach § 151 Nr. 6 und 7 FamFG	44,00 bis 517,00 €	224,00 €
	Die Gebühr entsteht für jeden Rechtszug.		
6301	Terminsgebühr in den Fällen der Nummer 6300	44,00 bis 517,00 €	224,00 €
	Die Gebühr entsteht für die Teilnahme an gerichtlichen Terminen.		
6302	Verfahrensgebühr in sonstigen Fällen	22,00 bis 330,00 €	141,00 €
	Die Gebühr entsteht für jeden Rechtszug des Verfahrens über die Verlängerung oder Aufhebung einer Freiheitsentziehung nach den §§ 425 und 426 FamFG oder einer Unterbringungsmaßnahme nach den §§ 329 und 330 FamFG.		
6303	Terminsgebühr in den Fällen der Nummer 6302	22,00 bis 330,00 €	141,00 €
	Die Gebühr entsteht für die Teilnahme an gerichtlichen Terminen.		

Abschnitt 4
Gerichtliche Verfahren nach der Wehrbeschwerdeordnung

Vorbemerkung 6.4:

(1) Die Gebühren nach diesem Abschnitt entstehen in Verfahren auf gerichtliche Entscheidung nach der WBO, auch i. V. m. § 42

Nr.	Gebührentatbestand	Gebühr	
		Wahlanwalt	gerichtlich bestellter oder beigeordneter Rechtsanwalt

WDO, wenn das Verfahren vor dem Truppendienstgericht oder vor dem Bundesverwaltungsgericht an die Stelle des Verwaltungsrechtswegs gemäß § 82 SG tritt.

(2) ¹Soweit wegen desselben Gegenstands eine Geschäftsgebühr nach Nummer 2302 für eine Tätigkeit im Verfahren über die Beschwerde oder über die weitere Beschwerde vor einem Disziplinarvorgesetzten entstanden ist, wird diese Gebühr zur Hälfte, höchstens jedoch mit einem Betrag von 207,00 €, auf die Verfahrensgebühr des gerichtlichen Verfahrens vor dem Truppendienstgericht oder dem Bundesverwaltungsgericht angerechnet. ²Sind mehrere Gebühren entstanden, ist für die Anrechnung die zuletzt entstandene Gebühr maßgebend.

Nr.	Gebührentatbestand	Gebühr	
6400	Verfahrensgebühr für das Verfahren auf gerichtliche Entscheidung vor dem Truppendienstgericht	88,00 bis 748,00 €	
6401	Terminsgebühr je Verhandlungstag in den in Nummer 6400 genannten Verfahren	88,00 bis 748,00 €	
6402	Verfahrensgebühr für das Verfahren auf gerichtliche Entscheidung vor dem Bundesverwaltungsgericht, im Verfahren über die Rechtsbeschwerde oder im Verfahren über die Beschwerde gegen die Nichtzulassung der Rechtsbeschwerde	110,00 bis 869,00 €	
	Die Gebühr für ein Verfahren über die Beschwerde gegen die Nichtzulassung der		

Nr.	Gebührentatbestand	Gebühr	
		Wahlanwalt	gerichtlich bestellter oder beigeordneter Rechtsanwalt
	Rechtsbeschwerde wird auf die Gebühr für ein nachfolgendes Verfahren über die Rechtsbeschwerde angerechnet.		
6403	Terminsgebühr je Verhandlungstag in den in Nummer 6402 genannten Verfahren	110,00 bis 869,00 €	

Abschnitt 5
Einzeltätigkeiten und Verfahren auf Aufhebung oder Änderung einer Disziplinarmaßnahme

Nr.	Gebührentatbestand	Wahlanwalt	gerichtlich bestellter oder beigeordneter Rechtsanwalt
6500	Verfahrensgebühr	22,00 bis 330,00 €	141,00 €
	(1) Für eine Einzeltätigkeit entsteht die Gebühr, wenn dem Rechtsanwalt nicht die Verteidigung oder Vertretung übertragen ist.		
	(2) ¹Die Gebühr entsteht für jede einzelne Tätigkeit gesondert, soweit nichts anderes bestimmt ist. ²§ 15 RVG bleibt unberührt.		
	(3) Wird dem Rechtsanwalt die Verteidigung oder Vertretung für das Verfahren übertragen, werden die nach dieser Nummer entstandenen Gebühren auf die für die Verteidigung oder Vertretung entstehenden Gebühren angerechnet.		

Nr.	Gebührentatbestand	Gebühr	
		Wahlanwalt	gerichtlich bestellter oder beigeordneter Rechtsanwalt
	(4) Eine Gebühr nach dieser Vorschrift entsteht jeweils auch für das Verfahren nach der WDO vor einem Disziplinarvorgesetzten auf Aufhebung oder Änderung einer Disziplinarmaßnahme und im gerichtlichen Verfahren vor dem Wehrdienstgericht.		

TEIL 7

Auslagen

Nr.	Auslagentatbestand	Höhe

Vorbemerkung 7:

(1) ¹Mit den Gebühren werden auch die allgemeinen Geschäftskosten entgolten. ²Soweit nachfolgend nichts anderes bestimmt ist, kann der Rechtsanwalt Ersatz der entstandenen Aufwendungen (§ 675 i. V. m. § 670 BGB) verlangen.

(2) Eine Geschäftsreise liegt vor, wenn das Reiseziel außerhalb der Gemeinde liegt, in der sich die Kanzlei oder die Wohnung des Rechtsanwalts befindet.

(3) ¹Dient eine Reise mehreren Geschäften, sind die entstandenen Auslagen nach den Nummern 7003 bis 7006 nach dem Verhältnis der Kosten zu verteilen, die bei gesonderter Ausführung der einzelnen Geschäfte entstanden wären. ²Ein Rechtsanwalt, der seine Kanzlei an einen anderen Ort verlegt, kann bei Fortführung eines ihm vorher erteilten Auftrags Auslagen nach den Nummern 7003 bis 7006 nur insoweit verlangen, als sie auch von seiner bisherigen Kanzlei aus entstanden wären.

7000	Pauschale für die Herstellung und Überlassung von Dokumenten:
	1. für Kopien und Ausdrucke
	    a) aus Behörden- und Gerichtsakten, soweit deren Herstellung zur sachgemäßen Bearbeitung der Rechtssache geboten war,
	    b) zur Zustellung oder Mitteilung an Gegner oder Beteiligte und Verfahrensbevollmächtigte aufgrund einer Rechtsvorschrift oder nach Aufforderung durch das Gericht, die Behörde oder die sonst das Verfahren führende Stelle, soweit hierfür mehr als 100 Seiten zu fertigen waren,
	    c) zur notwendigen Unterrichtung des Auftraggebers, soweit hierfür mehr als 100 Seiten zu fertigen waren,	

Nr.	Auslagentatbestand	Höhe
	d) in sonstigen Fällen nur, wenn sie im Einverständnis mit dem Auftraggeber zusätzlich, auch zur Unterrichtung Dritter, angefertigt worden sind:	
	für die ersten 50 abzurechnenden Seiten je Seite	0,50 €
	für jede weitere Seite	0,15 €
	für die ersten 50 abzurechnenden Seiten in Farbe je Seite	1,00 €
	für jede weitere Seite in Farbe	0,30 €
	2. Überlassung von elektronisch gespeicherten Dateien oder deren Bereitstellung zum Abruf anstelle der in Nummer 1 Buchstabe d genannten Kopien und Ausdrucke:	
	je Datei	1,50 €
	für die in einem Arbeitsgang überlassenen, bereitgestellten oder in einem Arbeitsgang auf denselben Datenträger übertragenen Dokumente insgesamt höchstens	5,00 €

(1) ¹Die Höhe der Dokumentenpauschale nach Nummer 1 ist in derselben Angelegenheit und in gerichtlichen Verfahren in demselben Rechtszug einheitlich zu berechnen. ²Eine Übermittlung durch den Rechtsanwalt per Telefax steht der Herstellung einer Kopie gleich.

(2) Werden zum Zweck der Überlassung von elektronisch gespeicherten Dateien Dokumente im Einverständnis mit dem Auftraggeber zuvor von der Papierform in die elektronische Form übertragen, beträgt die Dokumentenpauschale nach Nummer 2 nicht weniger, als die Dokumentenpauschale im Fall der Nummer 1 betragen würde.

Nr.	Auslagentatbestand	Höhe
7001	Entgelte für Post- und Telekommunikationsdienstleistungen	in voller Höhe
	Für die durch die Geltendmachung der Vergütung entstehenden Entgelte kann kein Ersatz verlangt werden.	
7002	Pauschale für Entgelte für Post- und Telekommunikationsdienstleistungen ...	20% der Gebühren – höchstens 20,00 €
	(1) Die Pauschale kann in jeder Angelegenheit anstelle der tatsächlichen Auslagen nach Nummer 7001 gefordert werden.	
	(2) Werden Gebühren aus der Staatskasse gezahlt, sind diese maßgebend.	
7003	Fahrtkosten für eine Geschäftsreise bei Benutzung eines eigenen Kraftfahrzeugs für jeden gefahrenen Kilometer	0,42 €
	Mit den Fahrtkosten sind die Anschaffungs-, Unterhaltungs- und Betriebskosten sowie die Abnutzung des Kraftfahrzeugs abgegolten.	
7004	Fahrtkosten für eine Geschäftsreise bei Benutzung eines anderen Verkehrsmittels, soweit sie angemessen sind	in voller Höhe
7005	Tage- und Abwesenheitsgeld bei einer Geschäftsreise	
	1. von nicht mehr als 4 Stunden	30,00 €
	2. von mehr als 4 bis 8 Stunden	50,00 €
	3. von mehr als 8 Stunden	80,00 €
	Bei Auslandsreisen kann zu diesen Beträgen ein Zuschlag von 50% berechnet werden.	
7006	Sonstige Auslagen anlässlich einer Geschäftsreise, soweit sie angemessen sind	in voller Höhe

Nr.	Auslagentatbestand	Höhe
7007	Im Einzelfall gezahlte Prämie für eine *Haftpflichtversicherung für Vermögensschäden*, soweit die Prämie auf Haftungsbeträge von mehr als 30 Mio. € entfällt	in voller Höhe
	Soweit sich aus der Rechnung des Versicherers nichts anderes ergibt, ist von der Gesamtprämie der Betrag zu erstatten, der sich aus dem Verhältnis der 30 Mio. € übersteigenden Versicherungssumme zu der Gesamtversicherungssumme ergibt.	
7008	Umsatzsteuer auf die Vergütung	in voller Höhe
	Dies gilt nicht, wenn die Umsatzsteuer nach § 19 Abs. 1 UStG unerhoben bleibt.	